Robert Capa

Photographien

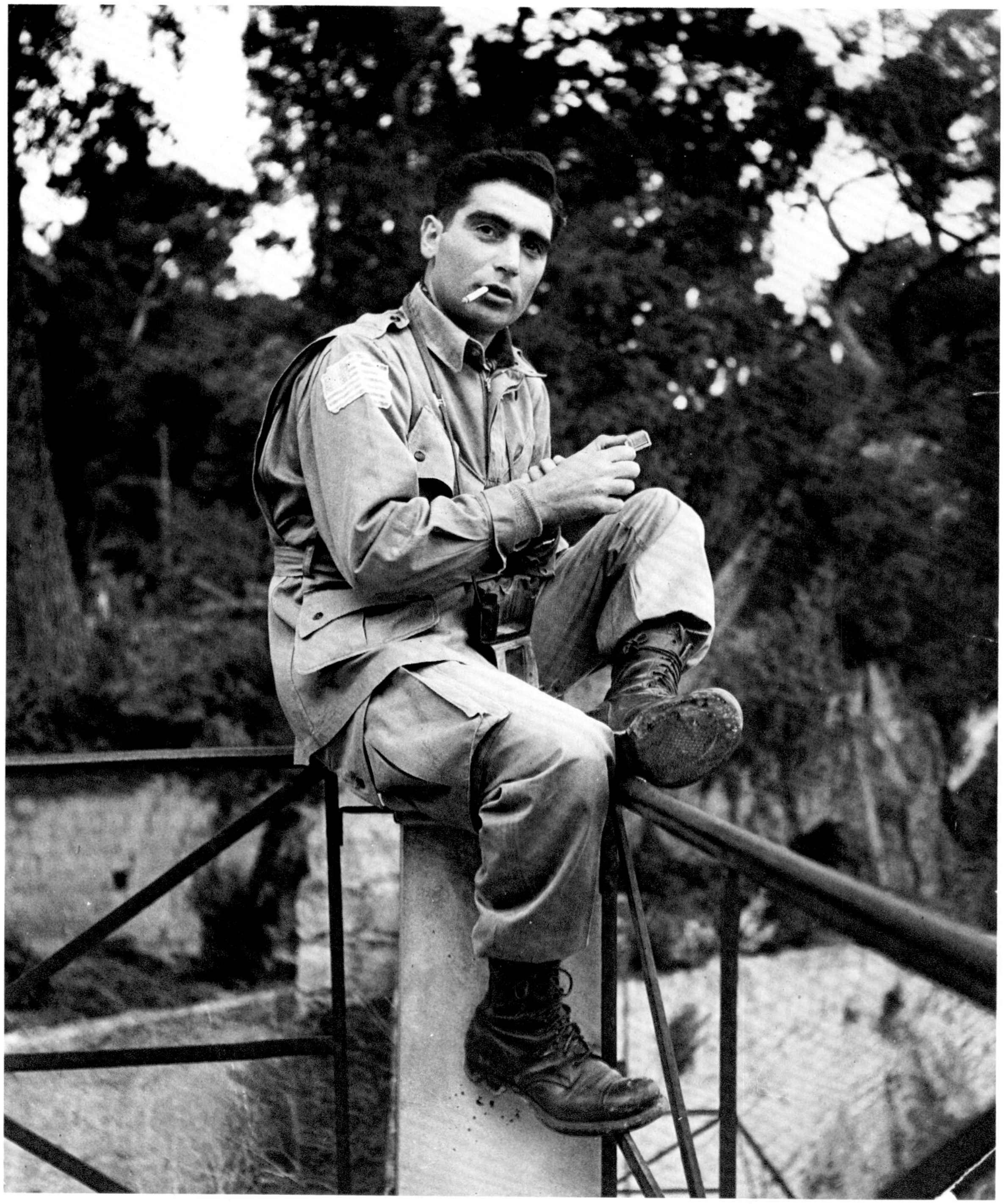

Robert Capa

Photographien

Herausgegeben von Cornell Capa und Richard Whelan
Mit einer Einführung von Richard Whelan

Kiepenheuer & Witsch

Danksagung

Unter den vielen Menschen, die zur Entstehung dieses Buches beigetragen haben, gilt unser besonderer Dank folgenden Personen: Robert Gottlieb, der als Verlagslektor Bild- und Wortbeiträge mit gleicher Sachkenntnis, Sorgfalt und Begeisterung betreute, Arnold Skolnick, der das Buch nicht nur graphisch hervorragend gestaltete, sondern auch bei der Auswahl der Photographien eng mit uns zusammenarbeitete; Ellen McNeilly, die mit beispiellosem Qualitätsanspruch und großem persönlichen Einsatz alle Aspekte der Herstellung überwachte; Melanie Jackson, unserer Agentin, die zahllose Probleme mit Klugheit und Geduld löste; Eve Arnold, die uns zum Verlag Alfred A. Knopf und Bob Gottlieb brachte; Anna Winand, Hiroji Kubota und Robert Kirschenbaum, die bei der 1984 in Japan vom Matsuya-Kaufhauskonzern veranstalteten Wanderausstellung von Robert Capas Photographien und dem dazugehörigen Katalog mit uns zusammenarbeiteten; Jimmy Fox und Patricia Strathern von Magnum Paris und John Hilleson, London, die für das Vermächtnis von Robert Capa in den Archiven europäischer Zeitschriften und Photoagenturen viele Probeabzüge aufstöberten; Doris O'Neill, die so freundlich war, uns Einblick in das Archiv des *Life*-Bilddienstes zu geben; Philip Pocock, der Zweitnegative anfertigte, die wunderbarerweise oft mehr Einzelheiten enthüllten als die Probeabzüge, die ihm als Vorlage gedient hatten; Cheung Ching Ming, die nicht nur wundervolle neue Abzüge von vielen Original- und Zweitnegativen machte, sondern uns auch unschätzbare Hilfe bei der Vorbereitung des Buches für die Herstellung leistete; Igor Bakht, Kenneth Siegel und Robert Glick, die viele weitere Abzüge machten; und Lori Shephard, die in großzügiger Weise die beiden einzigen Probeabzüge der Photos von Waliser Bergarbeitern der Dauerausstellung des International Center of Photography stiftete.

Ganz besonders aber sind wir Edie Capa zu Dank verpflichtet, der seit dreißig Jahren mit Robert Capas Negativen arbeitet und der unsere vielen Bitten und Anfragen nicht nur mit großer Geduld und überlegener Sachkenntnis erledigte, sondern der uns auch mit Rat, Kritik und Anregungen zur Seite stand.

Auf der Grundlage des vorliegenden Buches hat das International Center of Photography, New York, eine Wanderausstellung veranstaltet. Wir möchten allen Mitarbeitern des ICP danken, vor allem Miles Barth, Ann Doherty, Willis Hartshorn, Anne Hoy, Phyllis Levine und Art Presson.

Ferner gilt unser Dank dem Verlag Alfred A. Knopf und insbesondere Nancy Clements, Cherie Guillette, Martha Kaplan, Carol Janeway, Jack Lynch, Mary Maguire und Nina Salter.

Schließlich schulden wir den vielen Redakteuren Dank, mit denen Robert Capa im Laufe seiner Berufstätigkeit eng zusammengearbeitet hat, sowie den Mitarbeitern von Magnum Photos, New York und Paris. Besonders dankbar sind wir der Time Inc. und den Redakteuren von *Life* für ihre Zusammenarbeit.

C. C. & R. W.

Aus dem Amerikanischen von Hainer Kober

Umschlaggestaltung (Vorder- und Rückseite) Hannes Jähn, Köln, unter Verwendung von Photographien von Robert Capa
Frontispiz-Photo von George Rodger
Satz Froitzheim, Bonn
Druck und Bindung Pizzi, Milano
ISBN 3 462 01724 1

Unserer Mutter Julia
C. C.

Vorwort von Cornell Capa

Dies ist das erste Buch, das einen Gesamteindruck vom Werk meines Bruders vermittelt. Bob selbst veröffentlichte vier Kriegsberichte – erstens, *Death in the Making* (1938), ein Buch über den spanischen Bürgerkrieg; dann *The Battle of Waterloo Road,* über die deutschen Luftangriffe auf London (1941); anschließend *Slightly Out of Focus,* (1947), mit eigenen selbstironischen Texten und eindrucksvollen Photographien, eine tragikomische Darstellung des Zweiten Weltkrieges, eines Ereignisses von so grauenhaften Dimensionen, daß es sich einer ernsthaften Behandlung entzog; und schließlich *Report on Israel* (1950), ein Bericht über die frühen Kämpfe jener neugeborenen alten Nation.

Diese vier Bücher sind ein ausgezeichneter Schlüssel zum Wesen des Photographen Robert Capa, dieses Reporters, der nie sein menschliches Empfinden vergaß und die Ereignisse in seiner Umgebung als leidenschaftlich teilnehmender Beobachter verfolgte. Während seiner zweiundzwanzigjährigen Berufstätigkeit wurde er zum Augenzeugen einiger apokalyptischer Ereignisse. Er empfand es als seine Aufgabe, über das vom Menschen selbst geschaffene Inferno, den Krieg, zu berichten. Das Glück verließ ihn am 25. Mai 1954 in Indochina, als eine Tretmine seine Rolle als Zeuge des Zeitgeschehens beendete.

Auch meine Rolle war von Anfang an klar gewesen: Solange Bob lebte, teilte ich sein Leben und seine Arbeit. Nach seinem Tode setzte ich alles daran, daß seine Arbeit gesehen, verstanden und gewürdigt wurde. Der erste Versuch einer Retrospektive seiner Texte und Photographien war der 1964 publizierte Band *Images of War* (dt. *Bilder vom Krieg*). Seither hat es verschiedene Ausstellungen und Kataloge über Bobs Arbeit gegeben, doch keine größeren Monographien. Richard Whelan, der Koautor dieses Buches und Bobs Biograph, hat ungeheuer viel Zeit und Energie darauf verwandt, die historischen Umstände und die zeitliche Reihenfolge der Bilder zu rekonstruieren. Mit diesem Wissen ausgestattet, haben wir gemeinsam alle Photographien von Bob durchgesehen und eine Auswahl getroffen, die einen unverfälschten Eindruck vermittelt von dem Mann, seinem Werk und den Ereignissen, die er festgehalten hat.

Die Ereignisse der Jahrzehnte, von denen er Zeugnis abgelegt hat, waren tragisch, doch seine Stärke lag in seinem Humor, der selbstironischen Distanz zum eigenen Mut. Das waren die wichtigsten Wesenszüge des Mannes, des Photographen und seiner selbsterwählten Mission. Nach der Invasion der Normandie am 6. Juni 1944 schrieb er:

»Der Kriegsberichterstatter kann über den Einsatz – sein Leben – frei verfügen. Er kann ihn auf diese oder jene Karte setzen oder bis zur letzten Minute in der Tasche behalten. Ich bin ein Spieler und entschied mich, in Kompanie E mit der ersten Welle an Land zu gehen.«

Mit dieser Entscheidung folgte er einem Rat, den er Kollegen oft genug erteilt hat: »Wenn eure Bilder nicht gut genug sind, dann wart Ihr nicht nahe genug dran.« Doch hinter dem Humor, der Ironie und der Tapferkeit verbarg sich große Empfindsamkeit, wie eine Bemerkung erkennen läßt, die er mit typischem Understatement vorbringt: »Es ist nicht einfach, immer abseits zu stehen und nichts anderes tun zu können, als das Leid ringsum festzuhalten.«

Bobs Mitgefühl galt allen, die unter dem Krieg zu leiden hatten, und seine Photographien bannten nicht nur die entscheidenden Momente dieser Ereignisse, sondern auch die Herzen und die Phantasie derer, die seine Arbeiten gesehen haben. Sein Leben ist eine Schwierigkeit, die er überwunden, eine Herausforderung, die er angenommen, ein Spiel, das er gewonnen hat, nur am Ende nicht. Geboren ohne Mittel, große Reisen zu unternehmen, mit einer Sprache, die ihm jenseits seiner kleinen Heimat Ungarn gar nichts nützte, gelang es ihm dennoch, dank eines universellen Kommunikationsmittels – der Photographie – die ganze Welt zu erleben. So vermochte er – und vermag er – uns alle anzusprechen.

Er verstand seine Photographie nie als Kunst. Darum ging es damals auch gar nicht. Er war stolz darauf, gute Bilder zu schießen, Photographien, die die Stimmung, den Augenblick einfingen. Photographien, die widerspiegelten, was er sah und empfand.

Während der kurzen Zeit, die ihm auf Erden vergönnt war, lebte und liebte er mit allen seinen Kräften. Er kam ohne Geld auf die Welt und starb ohne Geld. Hinterlassen hat er uns die Geschichte seiner einzigartigen Reisen und ein photographisches Vermächtnis, das Zeugnis ablegt von seinem Glauben an die menschliche Fähigkeit, unendliches Leid zu ertragen und gelegentlich sogar zu überwinden.

Einleitung von Richard Whelan

Im Dezember 1938, als der fünfundzwanzigjährige Robert Capa gerade zwei Jahre damit verbracht hatte, über die Kriege in Spanien und China zu berichten, brachte die englische Zeitschrift *Picture Post* auf elf Seiten seine neuesten Kriegsbilder und leitete sie ein mit einer ganzseitigen Photographie von Capa selbst, untertitelt: »Der größte Kriegsphotograph der Welt: Robert Capa«.

Das Etikett blieb haften, und noch heute gilt Capa – der später auch über den Zweiten Weltkrieg, den ersten israelisch-arabischen Krieg und den französischen Indochinakrieg berichtete – eigentlich nur als Kriegsphotograph, obwohl von den annähernd 260 Bildern, die die Herausgeber des vorliegenden Buches als Capas stärkste und eindrucksvollste Photographien ausgewählt haben, nur etwa vierzig wirklich auf den Schlachtfeldern geschossen worden sind. (Es ist kaum überraschend, daß sie trotz ihrer relativ kleinen Zahl eine solche Wirkung ausübten, denn sie gehören zu den intensivsten und unmittelbarsten Aufnahmen von Schlachtereignissen, die je aufgenommen worden sind.) Weitere 120 Bilder zeigen Menschen am Rande der Schlachtfelder: Soldaten, die sich hinter den Linien erholen oder die sich darauf vorbereiten, in die Schlacht zu gehen, Flüchtlinge, deren Häuser zerstört wurden, Zivilisten, die vor den nahenden feindlichen Truppen fliehen oder beim Ertönen von Luftschutzsirenen in Bunker stürzen. Doch neben diesen einhundertsechzig Kriegsbildern gibt es hundert Bilder vom Frieden, mag er auch manchmal etwas gestört sein: Bilder vom Pariser Straßenleben und von politischen Demonstrationen, von amerikanischen Vergnügungsreisen und Stripteaselokalen, von israelischen Einwanderern, von Kindern im Nachkriegsjapan und von Capas berühmten Freunden: Ernest Hemingway, Pablo Picasso, Gary Cooper, Ingrid Bergmann.

Der gemeinsame Nenner der Photographien in diesem Buch heißt nicht Krieg, sondern Mensch – Capas ungewöhnliches Einfühlungsvermögen und Mitgefühl für die Situation des Menschen. (Als er von dem Journalisten einer Photozeitschrift gefragt wurde, welchen Rat er für Amateurphotographen wüßte, antwortete er, sie sollten »die Menschen mögen und sie das wissen lassen«.) Es gibt in diesem Buch nur ein einziges Photo, auf dem keine Menschen, lebendige oder tote, zu sehen sind (S. 72/73), und hier – wir sehen das Innere einer von Bomben verwüsteten Madrider Wohnung – ist es gerade ihre Abwesenheit, noch unterstrichen durch ein Bild an der Wand, bei dem es sich vermutlich um ein Familienporträt handelt, die uns erschüttert. Die zahlenmäßige Berücksichtigung der drei Hauptkategorien von Capas Werk – Schlachtenbilder, Bilder von der Wirkung des Krieges auf einzelne Soldaten und Zivilisten und Friedensbilder – sowie das fast völlige Fehlen von Photos, die nicht direkt mit Menschen zu tun haben, spiegeln nicht die Vorlieben der Herausgeber wider, sondern sind ein getreues Abbild des Capaschen Lebenswerkes.

Als Menschenphotograph hat Capa weit mehr mit seinen Freunden André Kertész und Henri Cartier-Bresson gemein, als im allgemeinen angenommen wird. Es gibt nämlich ein paar Photos, in diesem Buch – die von Pariser Kindern (S. 26—28), die des Brügger Priesters, der sich mit einem Mann über dessen Kamera unterhält (S. 112), von der *Bar des Amis* in Marseilles (S. 114—115) und von einer Moskauer Modenschau (S. 221), um nur einige zu nennen –, die man ohne weiteres für Arbeiten von Kertész oder Cartier-Bresson halten könnte.

Kertész war natürlich einer der größten Pioniere der 35-mm-Photographie, und Capa hat viel von ihm über die Möglichkeiten der Leica gelernt, wie man mit ihr den Augenblick, das Private und das Unmittelbare einfängt. Doch von dem souveränen Umgang mit der Kleinbildkamera abgesehen, gibt es noch eine viel subtilere Verwandtschaft zwischen den Arbeiten der beiden Photographen. Auf Capas Bildern spürt man wie auf vielen Bildern von Kertész die Sympathie des Photographen für seine Modelle und seine menschliche Anständigkeit.

Anfang der dreißiger Jahre in Paris gerieten Capa und Cartier-Bresson beide unter den Einfluß von Kertész und entwickelten zusammen mit ihrem Freund David Seymour (»Chim«) eine photographische Stilrichtung, in der es darum ging, jenes Element einzufangen, das Cartier-Bresson »den entscheidenden Moment« nannte, ein Stil, der später zum Markenzeichen von Magnum Photos wurde, der genossenschaftlichen Photoagentur, die von Capa, Cartier-Bresson, Seymour und einigen anderen 1947 gegründet wurde. Doch obwohl Capas Arbeiten mehr Ähnlichkeiten mit Cartier-Bressons als mit Kertész' Bildern aufweisen, ist die Ähnlichkeit ziemlich oberflächlich, denn seinem Temperament nach war Capa ganz anders als Cartier-Bresson, dieser kühle und distanzierte Beobachter, in dessen Bildern sich sein exquisites Gefühl für Geometrie und die Neigung zu amüsanten oder verwirrenden – eben surrealistischen – Gegenüberstellungen abzeichnen. Capa photographierte nicht nur als Beobachter, sondern auch als Beteiligter. Er lernte viele seiner Modelle kennen, da seine Unbefangenheit, seine Herzlichkeit und Großzügigkeit, seine Begeisterungsfähigkeit, seine Großherzigkeit, sein Charme und seine ungekünstelte Zuneigung zu Menschen aller Art ihm praktisch überall Zutritt verschafften und den Menschen ihre Befangenheit nahmen. Capas Werk ist so leidenschaftlich und parteiisch, wie Cartier-Bressons Arbeit intellektuell und distanziert ist.

Während Kertész und Cartier-Bresson sich immer als Künstler verstanden haben (Cartier-Bresson hatte sogar Malerei studiert, bevor er sich der Photographie zuwandte), sah Capa sich selbst in erster Linie als Journalist. Als Halbwüchsiger verschrieb er sich in Budapest dem Journalismus als der besten Möglichkeit, seine beiden großen Interessengebiete – die Literatur und die Politik – in Einklang zu bringen. Obgleich er sich damals noch nicht besonders für die Photographie interessierte, wurde er durch seine Freundin Eva Besnyö und durch seinen künstlerischen und politischen Mentor Lajos Kassák mit den Arbeiten der sozialkritischen Photographen der ungarischen Szociofotó-Bewegung bekannt, die ihrerseits stark beeinflußt waren von den amerikanischen Reformphotographen Jacob Riis und Lewis W. Hine. Nachdem er mit siebzehn wegen linkspolitischer Betätigung aus Ungarn ausgewiesen worden war, studierte er Journalismus in Berlin. Der Photographie wandte er sich nur zu, weil er Geld brauchte. Durch seine Arbeit in der Dunkelkammer der Dephot-Agentur, der viele der besten Photographen in der neuen Tradition eines humanitär engagierten Photojournalismus angehörten – eine photographische Richtung, der Zeitschriften wie *Life* und *Picture Post* ihre Entstehung verdankten –, wurde Capa von den Arbeiten Felix H. Mans, Walter Bosshards und Harald Lechenpergs beeindruckt und beeinflußt. Obwohl diese Männer Photojournalisten waren, arbeiteten sie nicht in der Tradition von Zeitungsphotographen, die die Ereignisse einfach so ablichten, wie sie stattfinden. Die Dephot-Photographen schrieben ihre Texte selbst und fertigten ihre Photo-Essays nach eigenen Ideen an, wobei sie die ganze Welt bereisten.

Angesichts der turbulenten politischen Situation in den dreißiger Jahren und Capas politischem Interesse – ganz abgesehen von seinem leidenschaftlichen Engagement für den Kampf gegen den Faschismus – mußte er sich einfach zur politischen Reportage hingezogen fühlen. Und als die politische Situation in den Krieg mündete, war es genau so selbstverständlich, daß er die Konsequenzen zog und von den Schlachtfeldern berichtete. Sein Temperament prädestinierte ihn für die Kriegsphotographie. Er war tapfer, er liebte das Abenteuer und die Kameradschaft an der Front und er war ein unverbesserlicher Spieler – der sein Leben ebenso bereitwillig aufs Spiel setzte wie sein Geld.

Selbst als er als einer der größten Photographen des Jahrhunderts anerkannt war, erklärte Capa seinen Freunden: »Ich bin kein Photograph, ich bin ein Journalist.« Die hartnäckige Weigerung, sich mehr als die absolut notwendigen photographischen Techniken anzueignen, schien einer gewissen Verachtung für die künstlerischen Ambitionen der Photographie zu entspringen. Mit dem Blitzlicht ist er nie ganz klargekommen; er war sehr nachlässig in der Dunkelkammer; und seine Redakteure fragten sich, ob er absichtlich eine Vorrichtung in seine Kameras eingebaut hatte, um die Filme so zu zerkratzen. Vielleicht war Capa der Meinung, es wäre blasphemisch, sich zu sehr mit den technischen Raffinessen eines Bildes zu beschäftigen, das Menschen in Lebensgefahr zeigte, vielleicht hielt er es für obszön, sich über die Schönheiten des Drucks den Kopf zu zerbrechen, wenn es um die Darstellung menschlichen Leids ging. Diana Forbes-Robertson, mit der Capa ein Buch über die deutschen Luftangriffe auf London gemacht hat, erinnert sich, daß er zu sagen pflegte: »Lieber ist mir ein starkes Bild mit technischen Mängeln als umgekehrt.«

Und doch kann kein Zweifel daran bestehen, daß Capa alles in allem ein Künstler war – wie jeder, der sich seiner Arbeit mit Leidenschaft, Intelligenz, Können, Sensibilität, Geschmack und Charakterstärke verschreibt.

Capa hatte ein ausgeprägtes angeborenes Empfinden für Kompositionen und graphische Wirkung, aber Cartier-Bressons Horror vor Beschneidungen war ihm völlig fremd. Er hielt es für selbstverständlich, daß die Redakteure einige seiner Photographien für Publikationszwecke beschneiden würden, und einige seiner Drucke sind beschnittene Versionen der Negativbilder. In einigen Fällen haben sich die Herausgeber des vorliegenden Bandes dazu entschlossen, die Bilder in ihrem ursprünglichen, unbeschnittenen Format abzubilden. (Ein Beispiel ist die Photographie der chinesischen Flüchtlinge auf dem Dach eines Eisenbahnwagens [S. 107]; die wundervoll abfallende Perspektive, die das Auge in die untere linke Bildecke lenkt, war in vorhandenen Probeabzügen abgeschnitten worden.) In einigen wenigen Fällen sind Bilder neu geschnitten worden, um so äußerliche Details wie vom Rand hereinragende Köpfe und Arme zu beseitigen. Kurzum, wir haben Capas Bilder photojournalistisch behandelt.

Bei der Durchsicht von Capas Nachlaß an Kontakt- und Probeabzügen stießen die Herausgeber in zahlreichen Fällen auf Bilder, die aussagestärker waren als ihre publizierten Versionen. Das vielleicht überzeugendste Beispiel ist das Bild, das Capa auf dem Soldatenfriedhof von Nam Dinh machte (S. 249). Die ursprünglich in *Life* veröffentlichte und seither oft wieder abgedruckte Version ist so beschnitten worden, daß ein hochformatiges Bild in ein querformatiges verwandelt wird, wobei es auf der rechten Seite noch ein kleines Kind erfaßt, das sich nicht um zwei trauernde Frauen kümmert. Das Bild im vorliegenden Band ist der fast unbeschnittene Abzug eines querformatigen Negativs, das einige Augenblicke später aufgenommen wurde. In der neuen Version geht das unbeteiligte Kind gerade aus dem Bild hinaus, während die Frau der Kamera den Rücken zuwendet und ein Bündel Stöckchen auf das Grab steckt, eine faszinierend geheimnisvolle und eindringliche Handlung. Sie hat sich vornübergebeugt, um die Stöcke in die Erde zu stecken, so daß wir das Gesicht der anderen trauernden Frau deutlicher erkennen. Alles in allem ist die neue Version sehr viel aussagekräftiger als die alte.

Eine Kategorie von Bildern beschlossen die Herausgeber nicht in diesem Buch zu veröffentlichen: die Farbdias. Die Kodachrome-Photos, die Capa im September 1938 nach einem Luftangriff auf Hankow schoß, mögen von historischem Interesse sein, weil sie vielleicht die ersten Farbbilder sind, die je veröffentlicht wurden. (*Life* widmete ihnen zwei Seiten.) Doch als Bilder sind sie nicht so eindringlich wie die entsprechenden Schwarzweißphotos, da wir uns zuerst und vor allem der ablenkenden Neuheit der Farben bewußt sind. Dieses Gefühl der Ablenkung bleibt für die relativ wenigen Farbphotos charakteristisch, die Capa in seiner weiteren Laufbahn für einige Photostorys aufnahm, wobei er sich abwechselnd einer 35-mm-Kamera und einer Rolleiflex für Schwarzweißaufnahmen sowie einer weiteren 35-mm-Kamera für Farbaufnahmen bediente. Auf den Farbbildern, die er kurz vor seinem Tod in Indochina aufnahm, ist das Auge beispielsweise so überwältigt von dem Blau des Himmels und dem Grün des Grases, daß es einen Augenblick dauert, bis es begreift, was dort eigentlich vor sich geht. Dagegen sind Capas Schwarzweißphotographien wie Röntgenaufnahmen der Form, der Handlung und des Gefühls, in

denen der Photograph und seine Kamera zum Kern der Dinge vorgedrungen sind.
Noch eine weitere Kategorie von Photos kristallisiert sich bei einer näheren Untersuchung von Capas Werk heraus: Aufnahmen, die sehr stark an frühere Bilder erinnern. Man vergleiche beispielsweise das Photo, auf dem ein Mann einen Jungen mit verbundenem Bein im Arm hält – Capa nahm es 1938 in der auf einem Hügel gelegenen spanischen Stadt Teruel auf (S. 74) –, mit dem ungeheuer ähnlichen Bild, auf dem ein Mann ein Mädchen mit verbundenem Fuß hält – 1943 in der sizilianischen Stadt Troina geschossen, die ebenfalls auf einem Hügel liegt (S. 146). In diesem Fall – und in anderen, wo Spanier einerseits und Chinesen andererseits Luftkämpfe verfolgen oder bei Luftalarm in Bunker flüchten – scheint Capa fasziniert von dem immer gleichen Erscheinungsbild des Krieges, ganz gleich wo er stattfindet. In anderen Fällen bemerkenswerter Ähnlichkeit scheint es ihm eher um eine Art stellvertretender Rache oder Wiedergutmachung schrecklichen Unrechts gegangen zu sein, das er mitangesehen hatte. So bilden seine Photographien von Soldaten der Achsenmächte, die von den Alliierten hinter Stacheldraht gehalten wurden, ein Gegengewicht zu den Aufnahmen, die er von ins Exil geflüchteten Republikanern in ähnlichen Lagern gemacht hat, und seine Bilder von Flüchtlingen, die in Tunis nach dem Sieg der Alliierten fröhlich in ihre Häuser zurückkehren, sind eine Art Ausgleich für die Photos von spanischen Flüchtlingen, die aus ihren Häusern fliehen.
Capa war von Natur und Beruf ein Geschichtenerzähler, und seine Kontaktabzüge repräsentieren eine erzählerische Kontinuität, aus der bestimmte Bilder – eben jene, die die »entscheidenden Momente« einfangen und die als seine Meisterwerke anerkannt sind – herausragen. Als Bilder können diese großen Photos für sich stehen, aber als die historischen Dokumente, die sie ebenfalls sind, lassen sie sich leichter entziffern, wenn man sie in den Zusammenhang der Photogeschichten zurückstellt, für die sie ursprünglich aufgenommen wurden. Im Falle von Capas großartiger Photographie einer kahlgeschorenen *Collaboratrice*, die von einer geifernden Menge durch die Straßen von Chartres geführt wird (S. 178—179), führt die Betrachtung des Zusammenhangs beispielsweise zu der Entdeckung, daß die junge Frau von ihrer gleichfalls kahlgeschorenen Mutter begleitet wird – deren Anwesenheit von früheren Textern des Bildes nie bemerkt oder zumindest nie erwähnt wurde. Außerdem erweisen sich etliche Bilder aus der gleichen Geschichte, die bislang im Schatten des berühmten Photos geblieben sind – und deshalb in frühere Sammlungen von Capas Bildern keine Aufnahme gefunden haben –, als eigenständige und sehr eindringliche Photographien (S. 174—177).
Die Anordnung der Photos in diesem Buch folgt soweit als möglich der Chronologie, wenn es auch zum Beispiel ratsam erschien, im Interesse der Kontinuität zunächst den Spanischen Bürgerkrieg bis zu seinem Abschluß im Jahre 1939 vollständig zu behandeln und erst dann die Photos zu bringen, die Capa 1938 in China aufnahm. Layout und Text unterstreichen den photojournalistischen Charakter von Capas Werk, denn dieses Buch soll nicht nur eine Sammlung außerordentlicher Bilder eines großen Photographen sein, sondern auch ein Bericht über drei der ereignisreichsten Jahrzehnte unseres Jahrhunderts, gesehen mit den Augen eines großen Journalisten.

Die Photographien

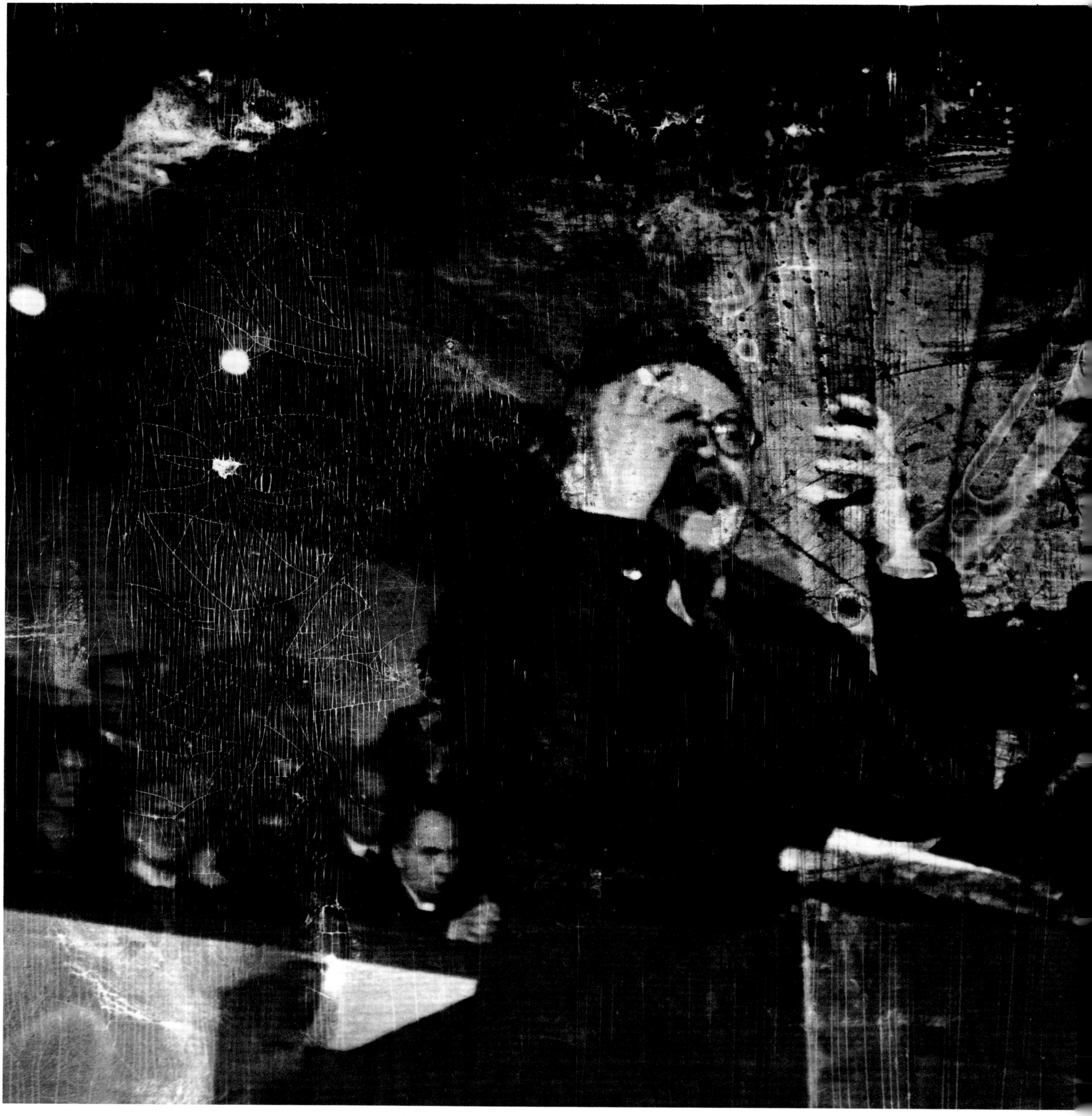

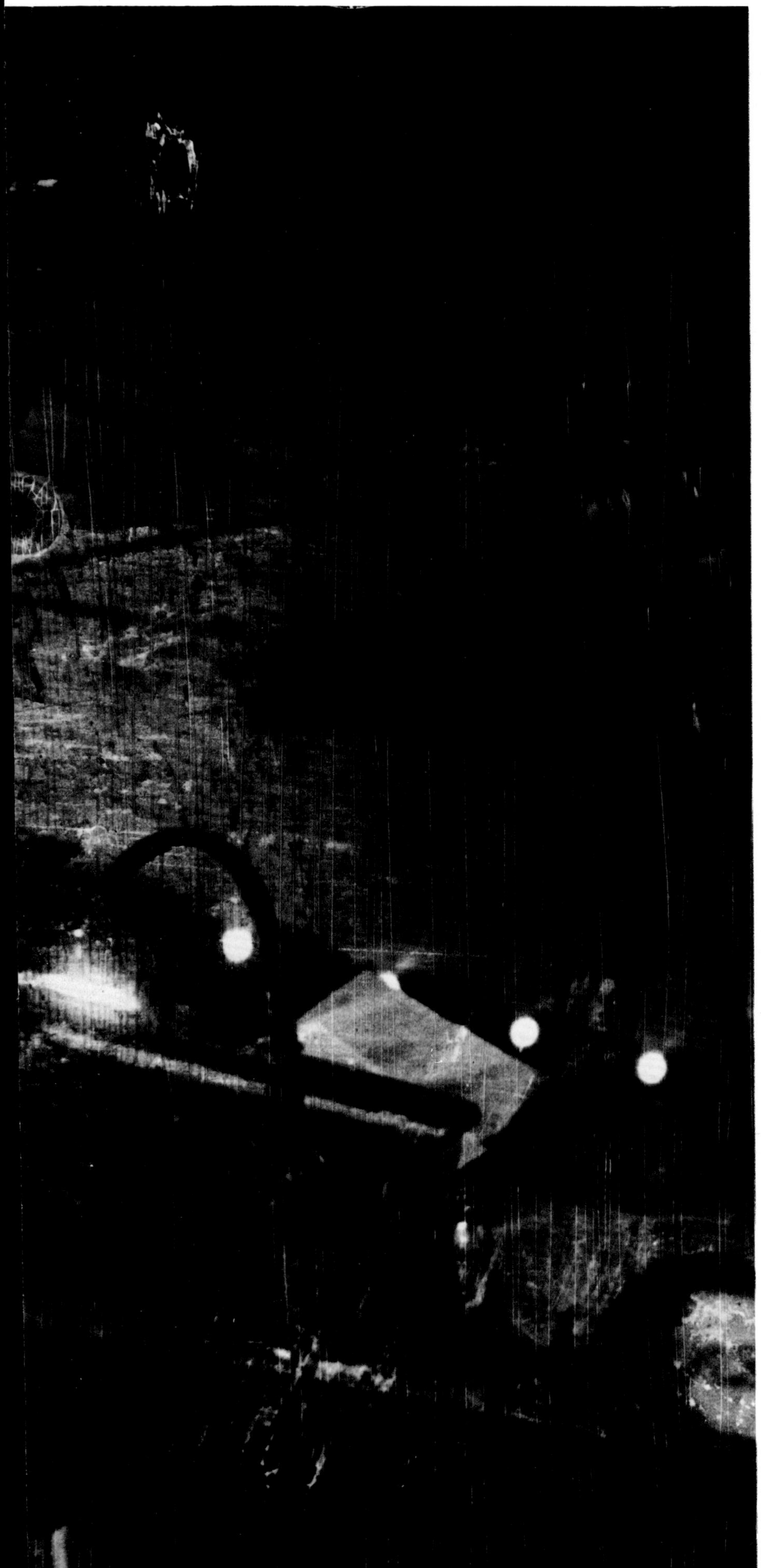

Kopenhagen, 27. November 1932. Leo Trotzki hält vor dänischen Studenten einen Vortrag über die Geschichte der Russischen Revolution. Capas Bericht über Trotzkis Rede war seine erste veröffentlichte Photogeschichte.

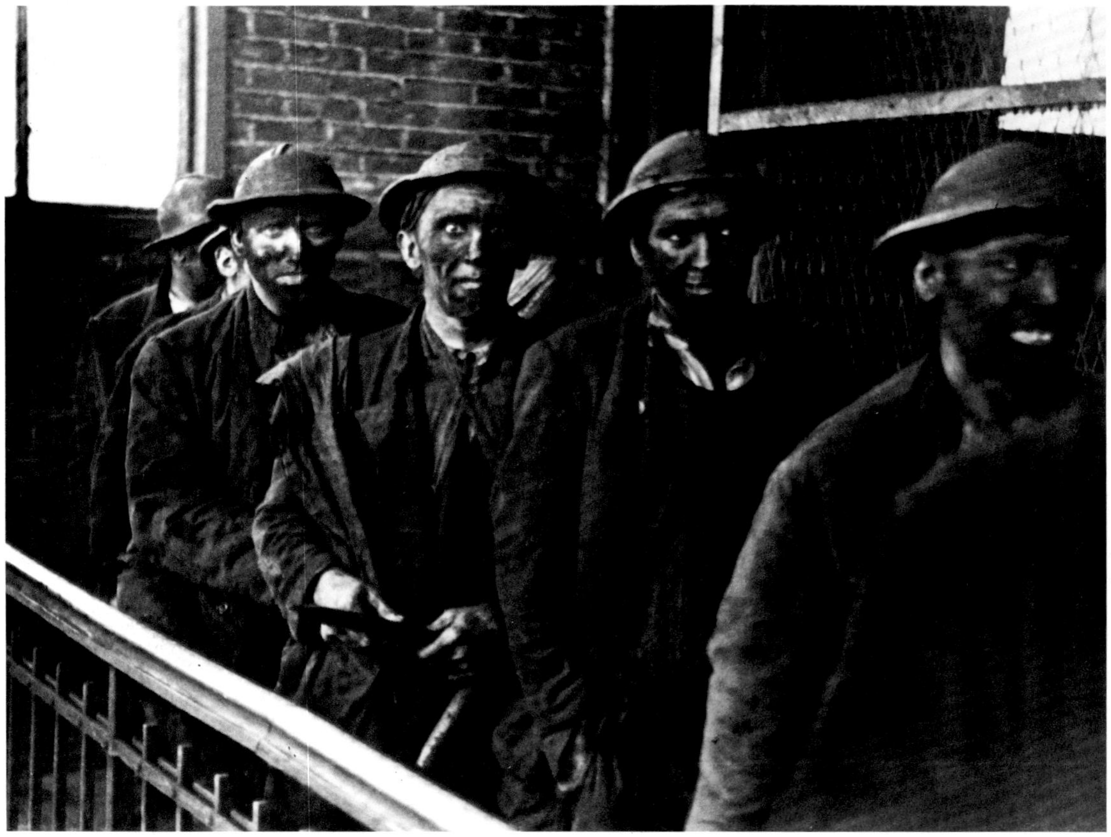

Rechts: Borinage, Belgien, November 1937. Unten: Saarbrücken, September 1934. Vier Monate bevor das Saarland durch Volksentscheid an Deutschland zurückfiel.

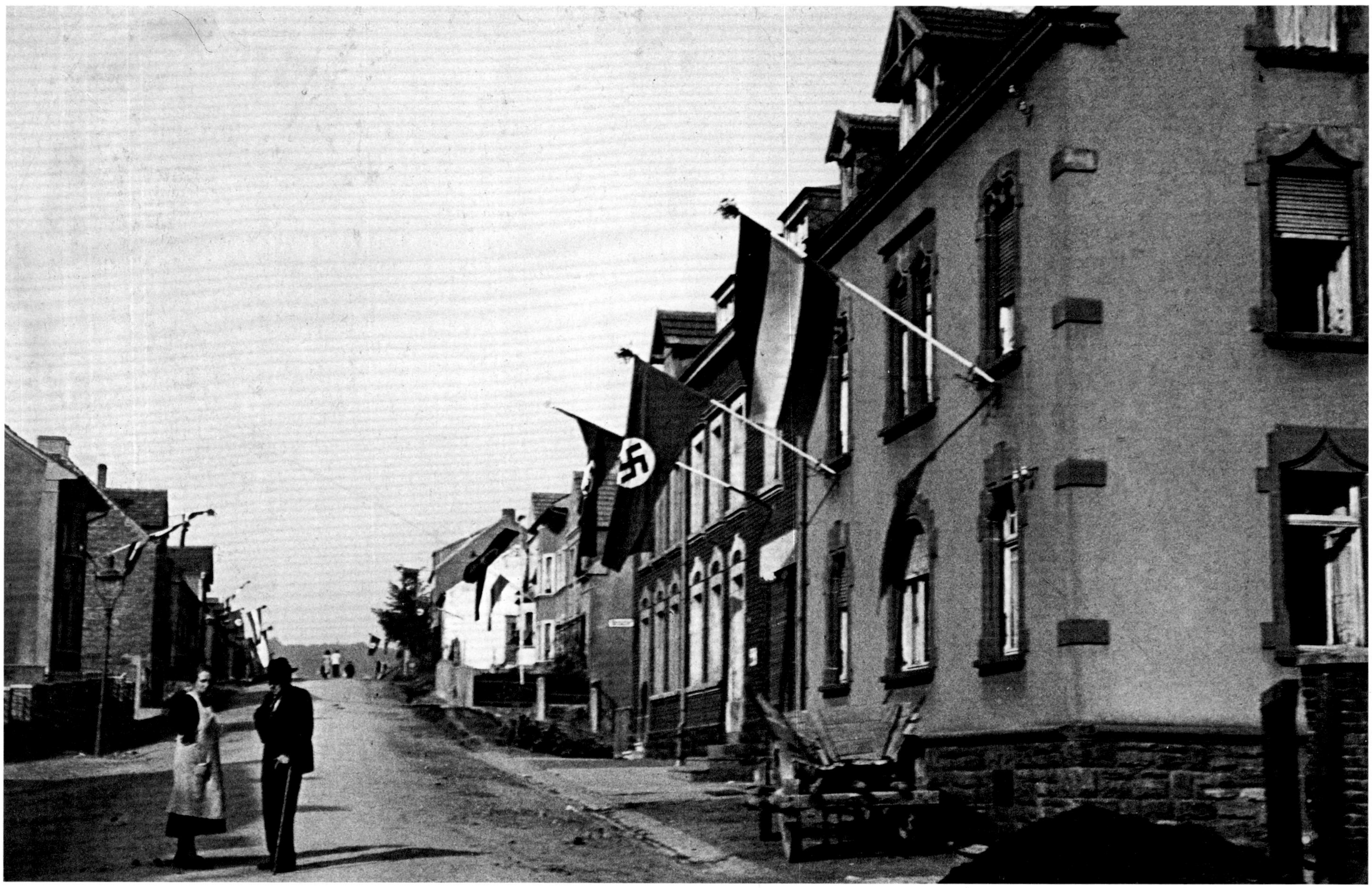

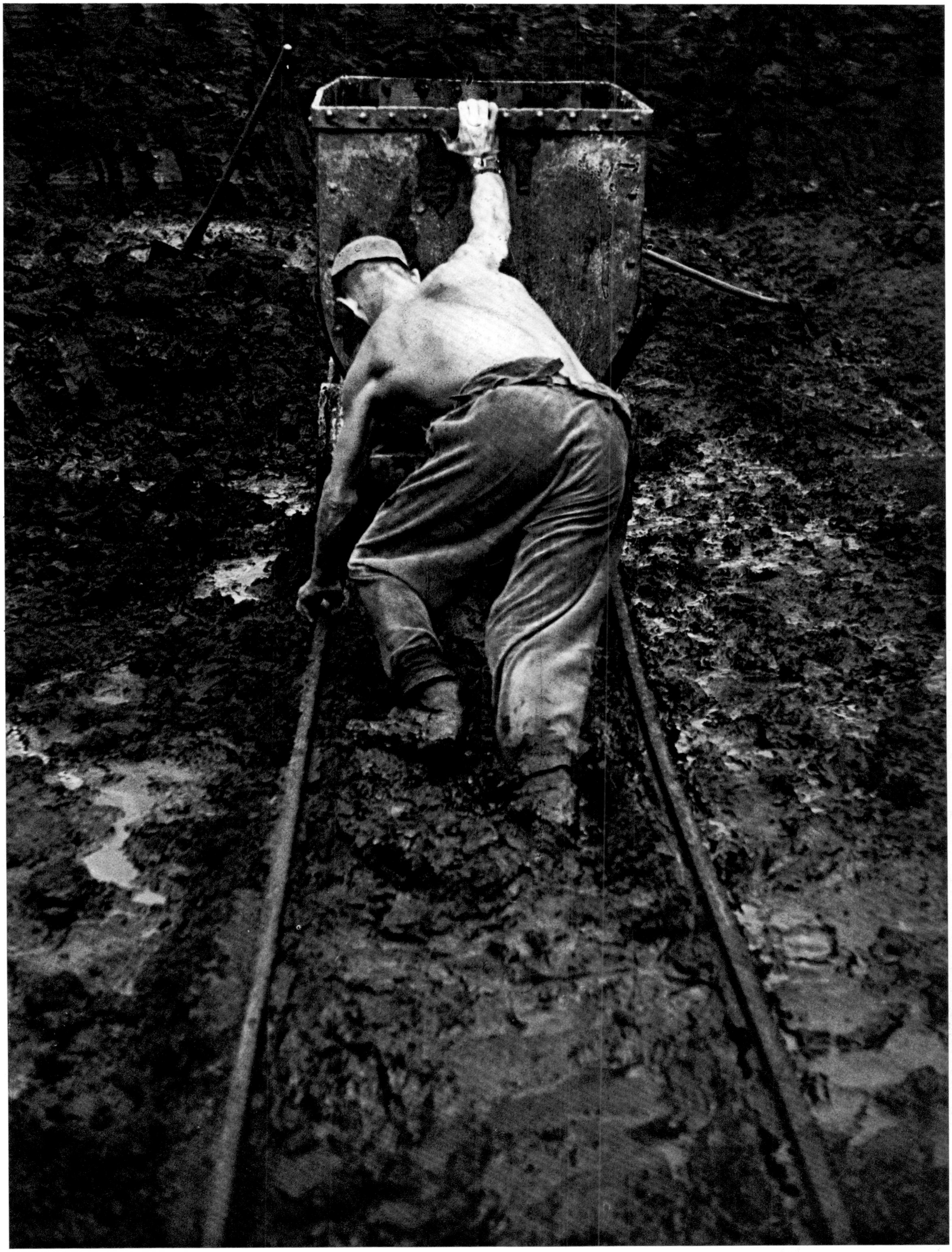

Saarland, September 1934.

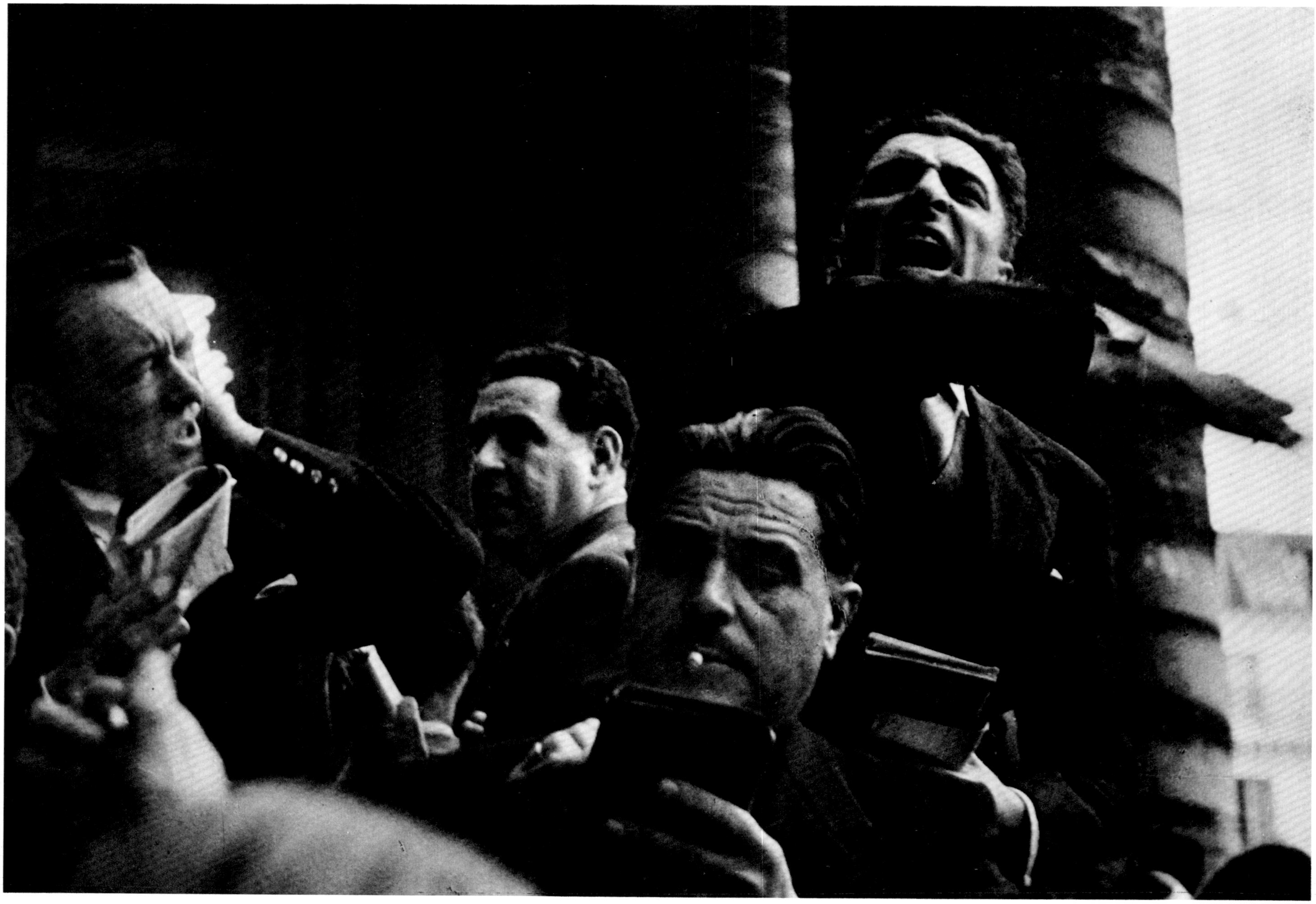

Oben: Paris, Frühjahr 1936. Straßenbörsianer am Portal der Börse.
Rechts: Sevilla, April 1935. Zuschauer bei einer Karwochenprozession.

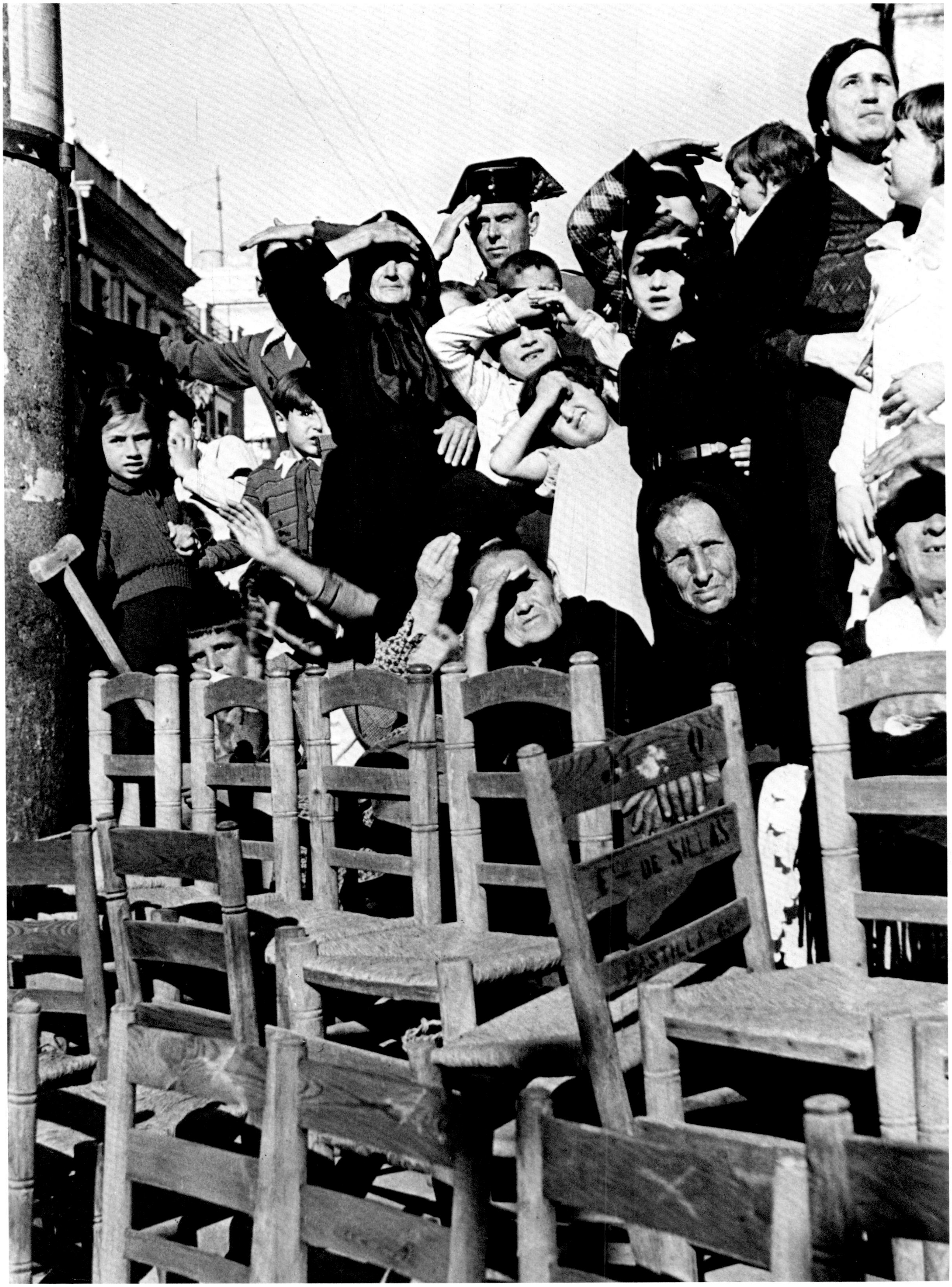
DE SILLAS

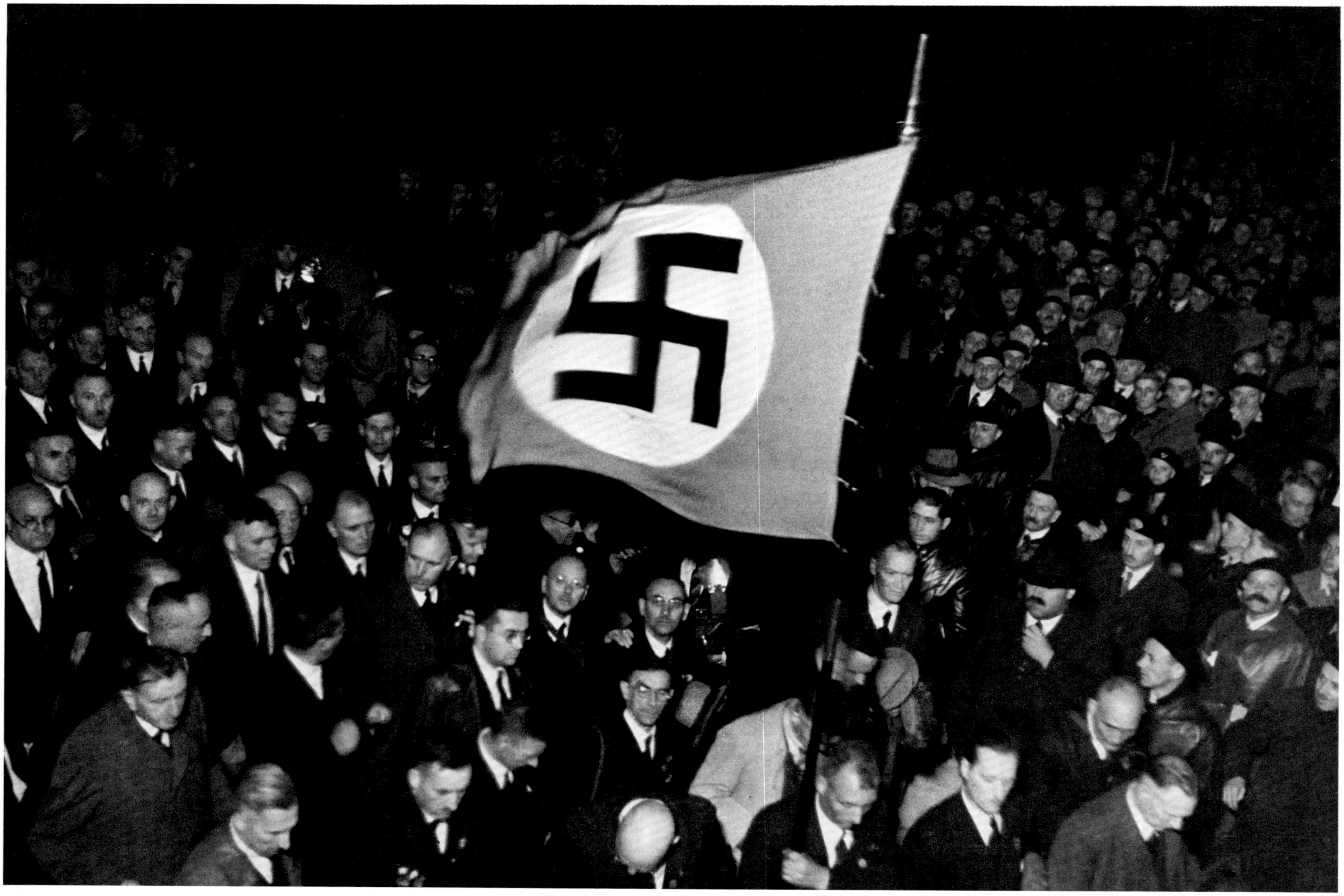

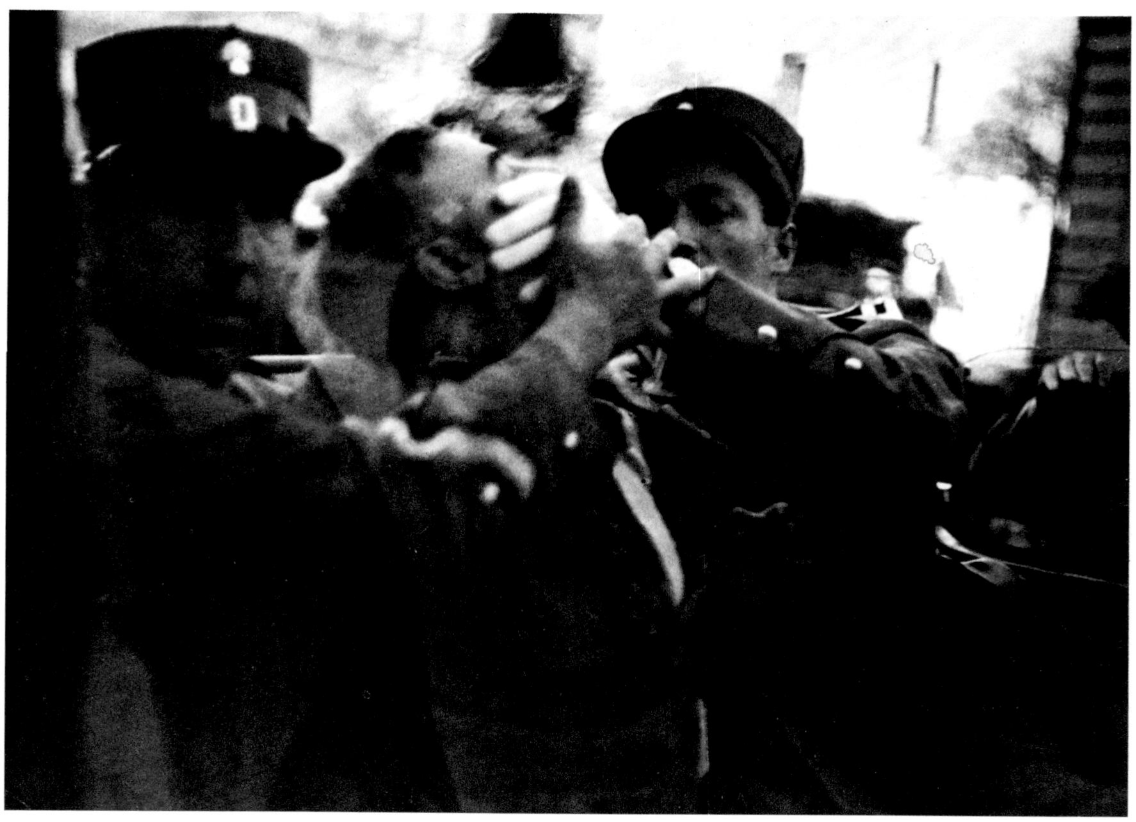

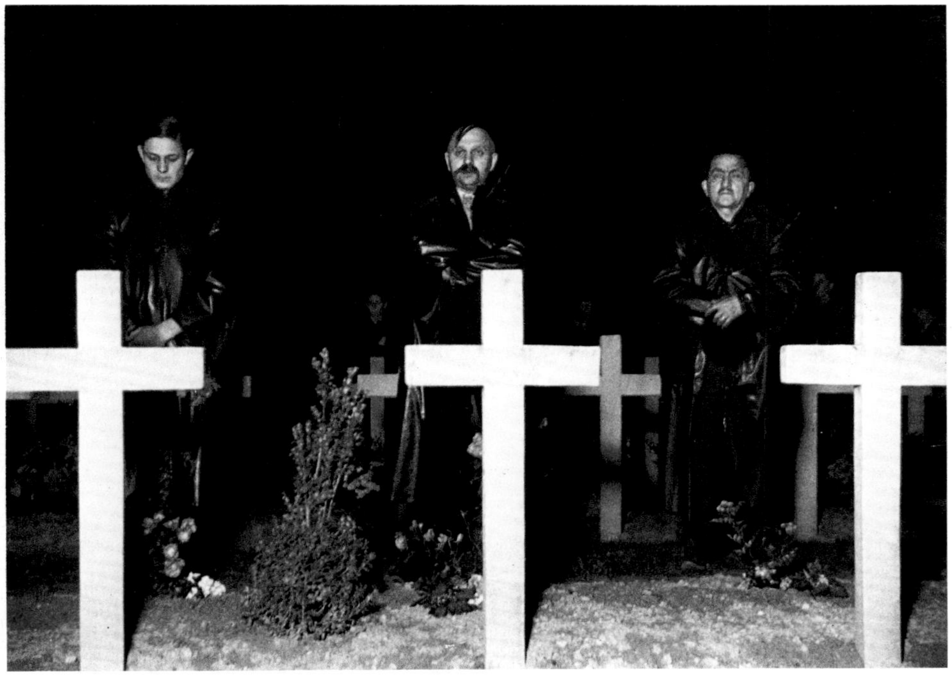

Gegenüberliegende Seite oben: Verdun, Frankreich, 12. Juli 1936. Deutsche Delegierte auf der Friedensversammlung zur Erinnerung an den zwanzigsten Jahrestag der Schlacht um Verdun.
Gegenüberliegende Seite unten: Genf, 30. Juni 1936. Als italienische Journalisten vor dem Völkerbund versuchten, Haile Selassie bei seiner Protestrede gegen die italienische Invasion Abessiniens durch Pfiffe und Buhrufe zu unterbrechen, wurde ein spanischer Journalist irrtümlich als einer der Störenfriede festgenommen. Als er nicht aufhörte, seine Unschuld zu beteuern, hielten ihm die Polizisten den Mund zu.

Links: Verdun, 12. Juli 1936.
Unten: Paris, 28. Mai 1939. Zum Jahrestag der Niederlage der Pariser Kommune von 1871 versammelten sich auf dem Friedhof Père-Lachaise vor der Gedenktafel der Opfer der Kommune Kommunisten und überlebende *Communards*. In der zweiten Reihe stehend (zweiter, dritter und vierter von links) die Parteiführer Jacques Duclos, André Marty und Maurice Thorez.

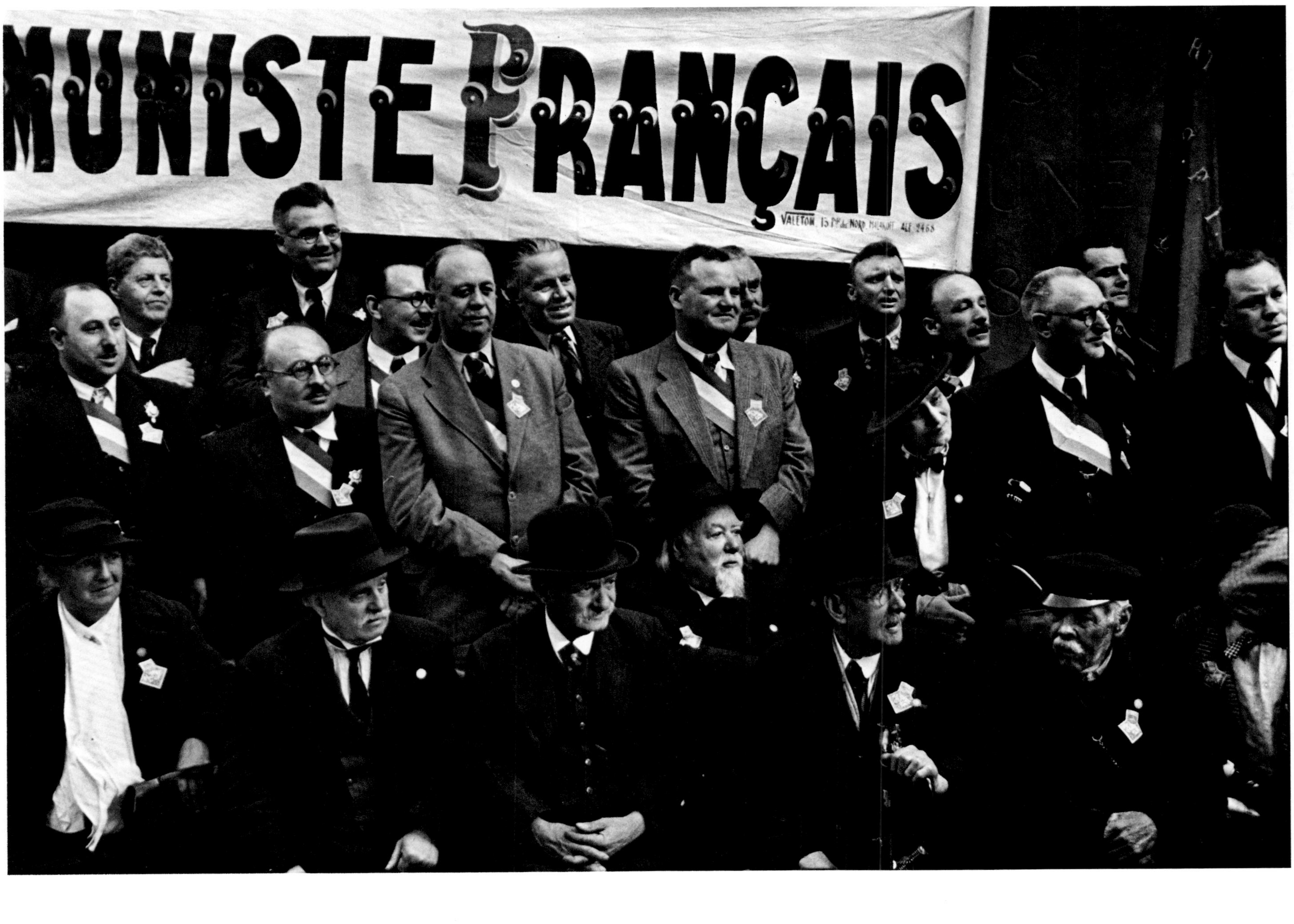

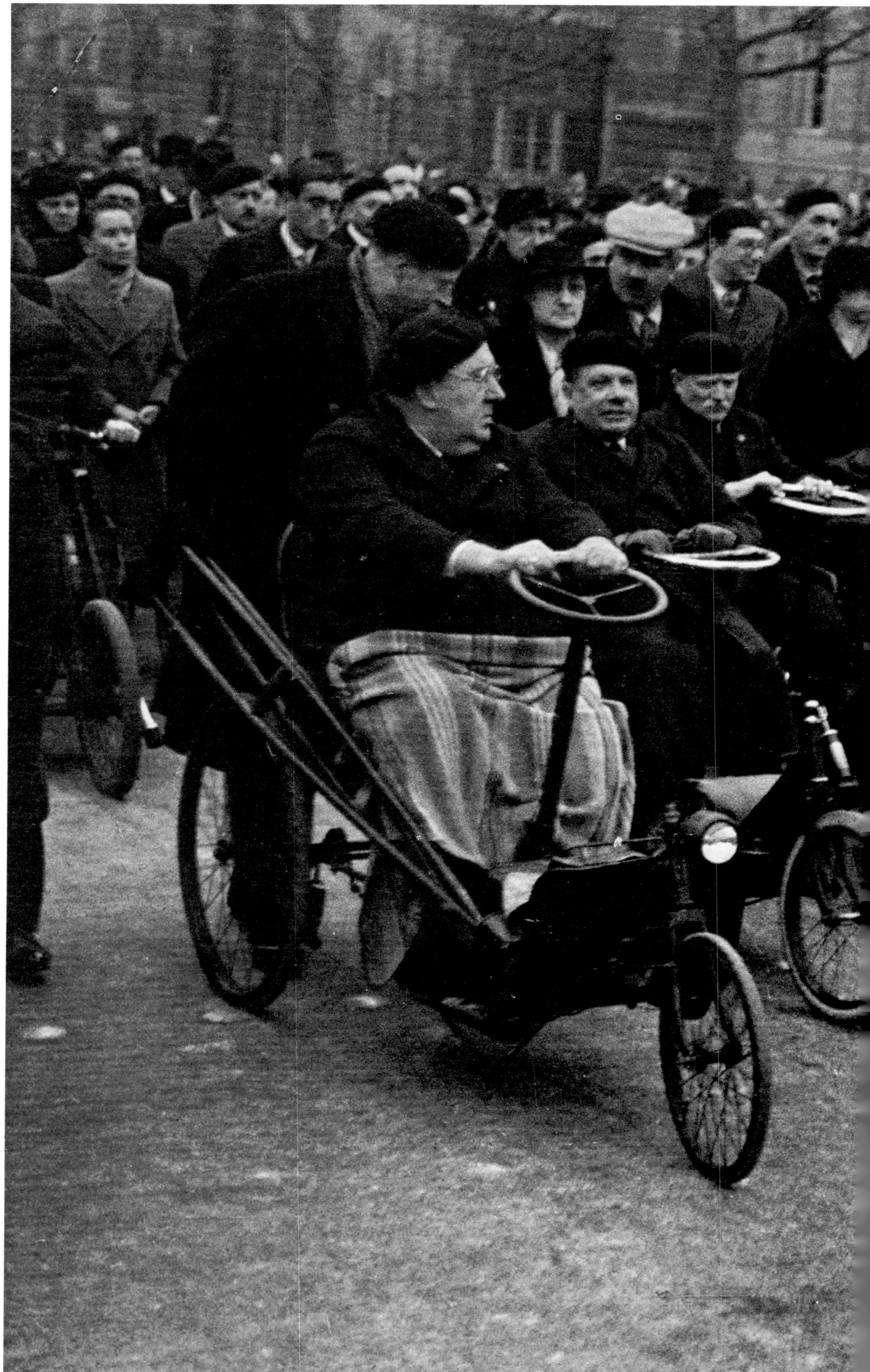

Paris, 11. November 1936.

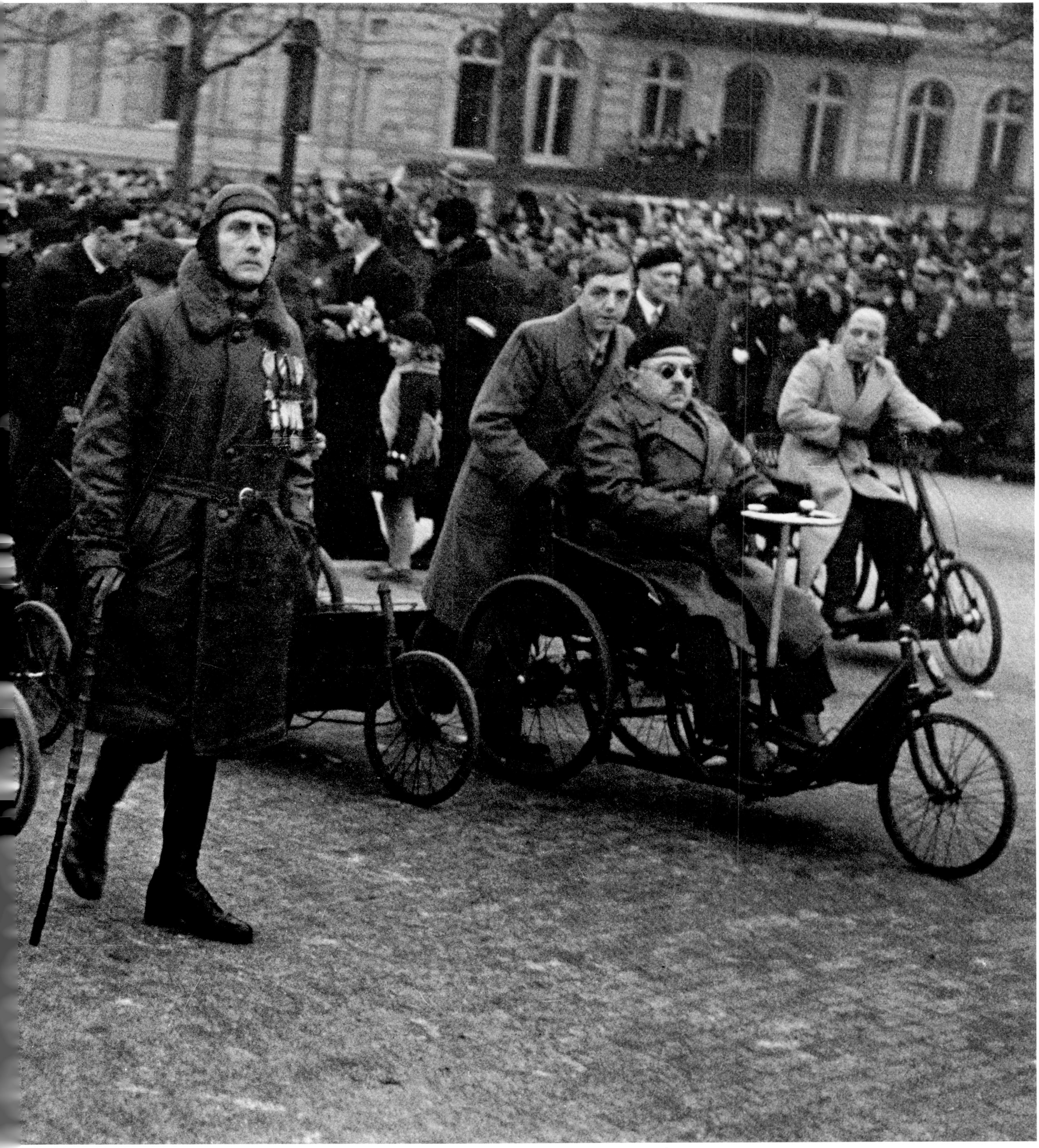

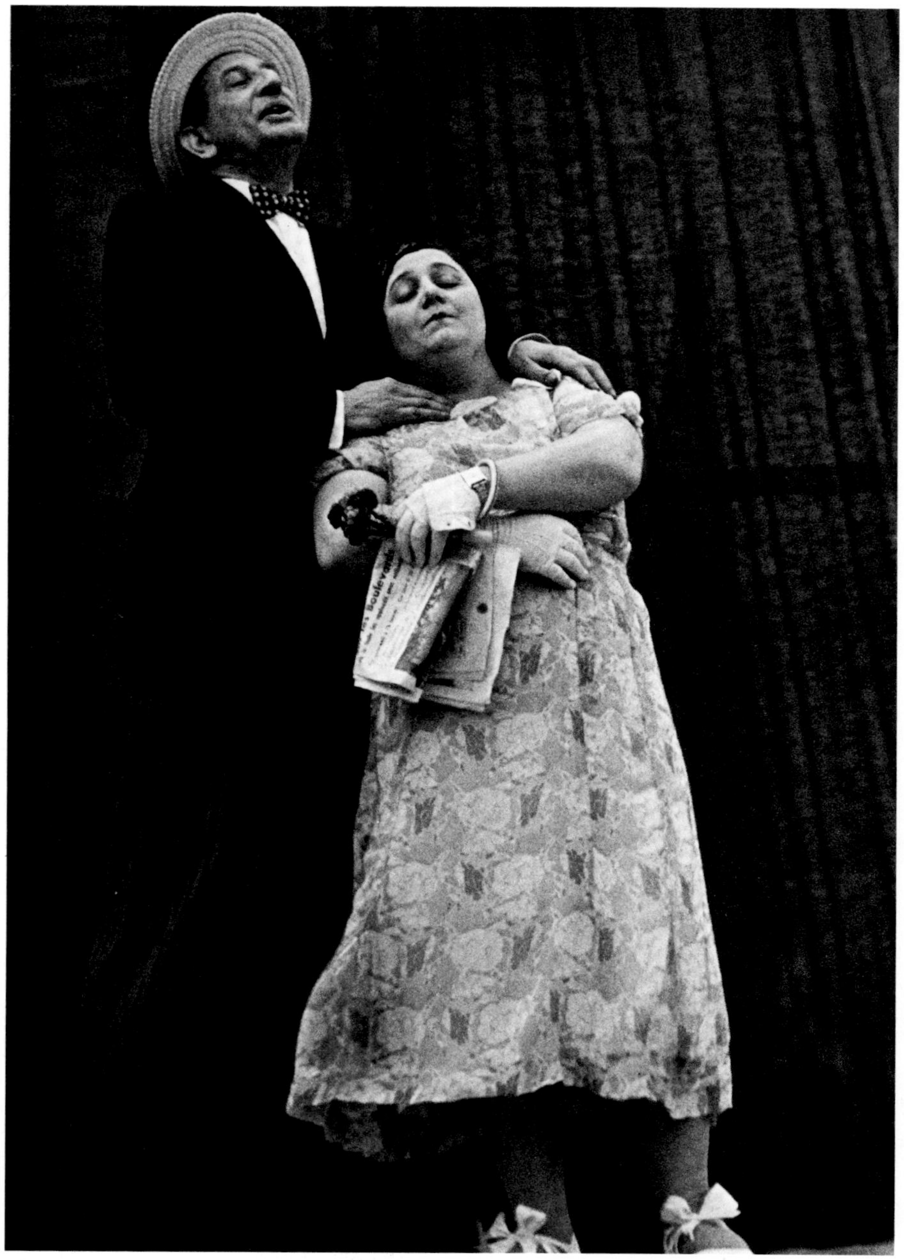

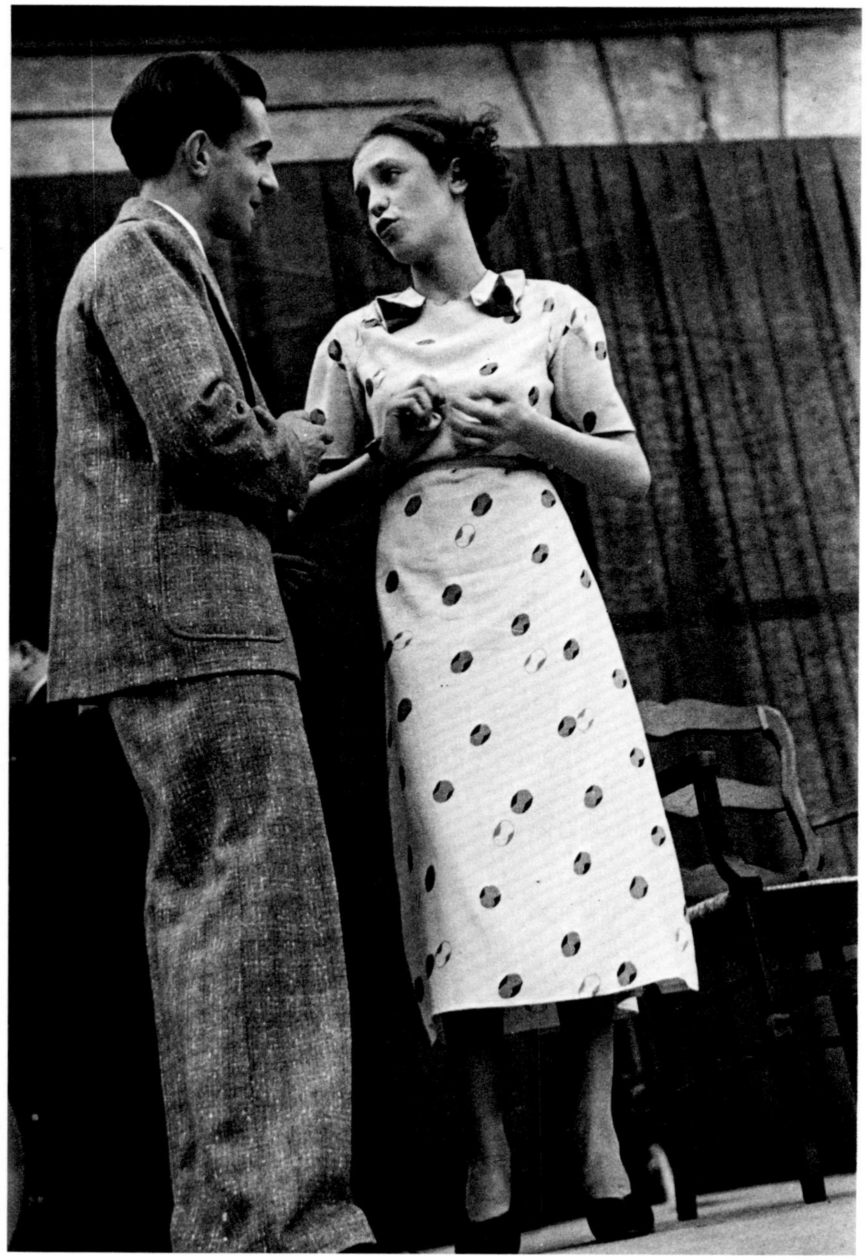

Oben: Paris, Frühjahr 1936. Paare, die zum Film wollten und im Ciné Crochet vor Filmkamera und Publikum agierten.
Rechts: Paris, 1. Mai 1937.

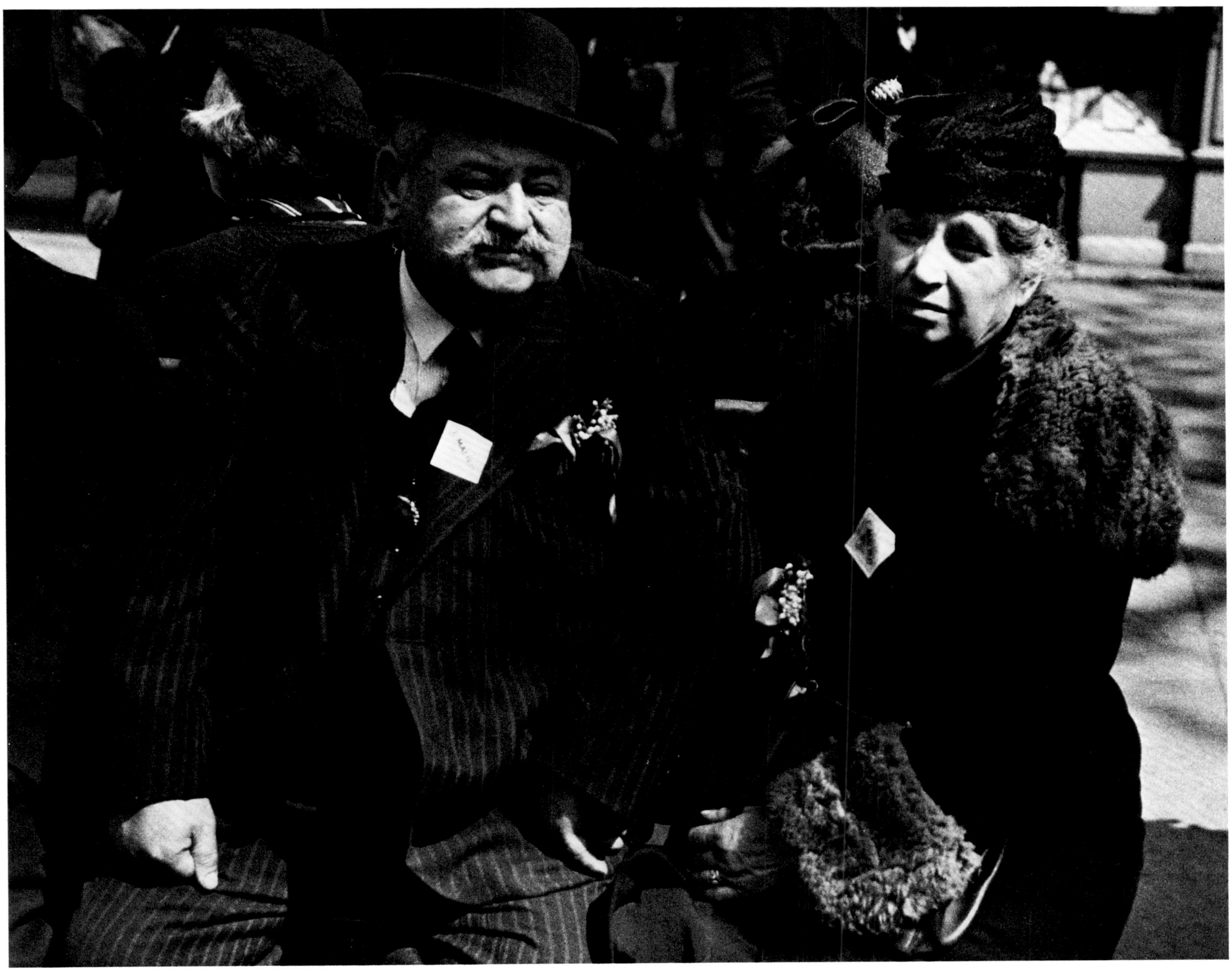

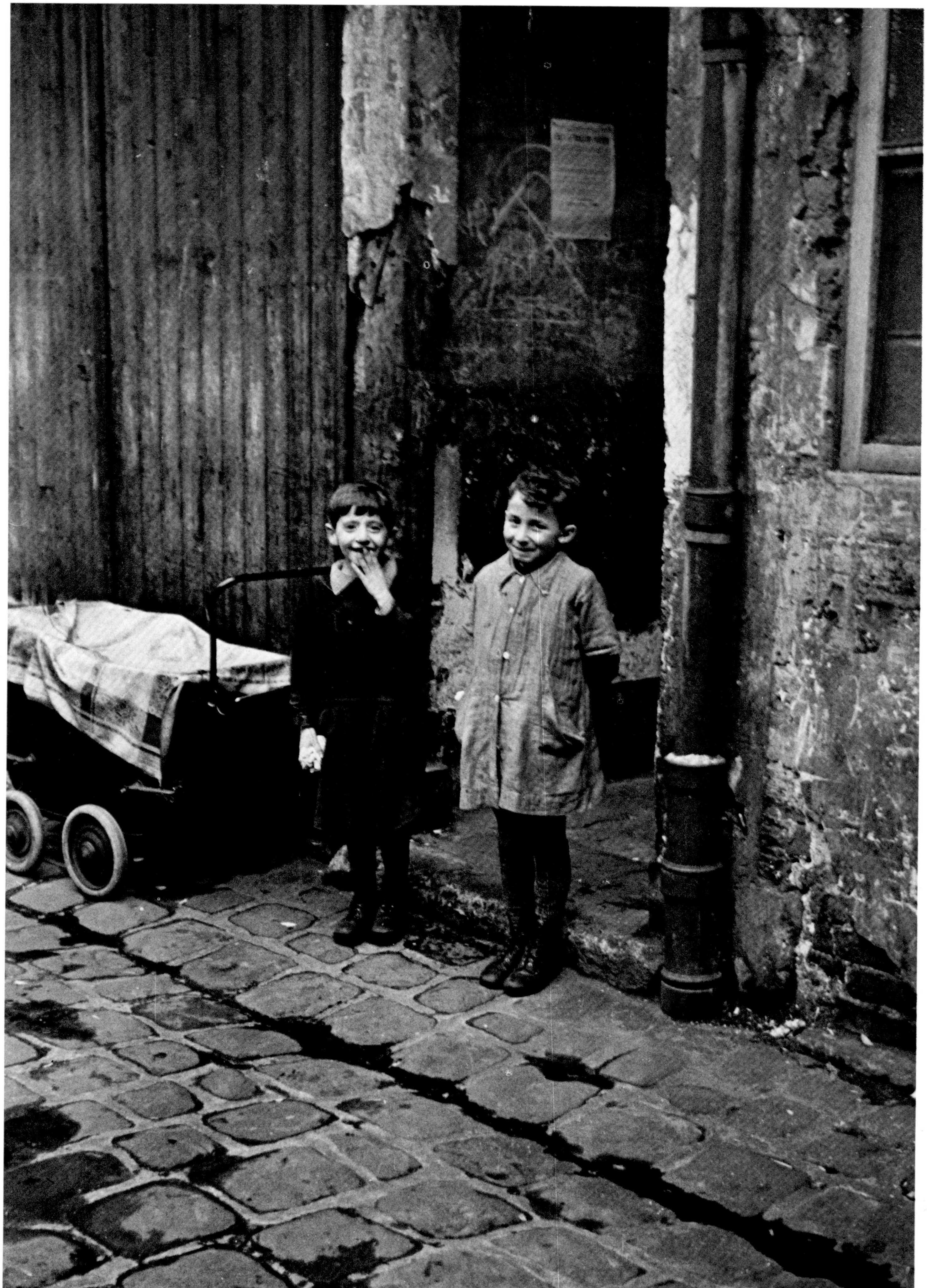

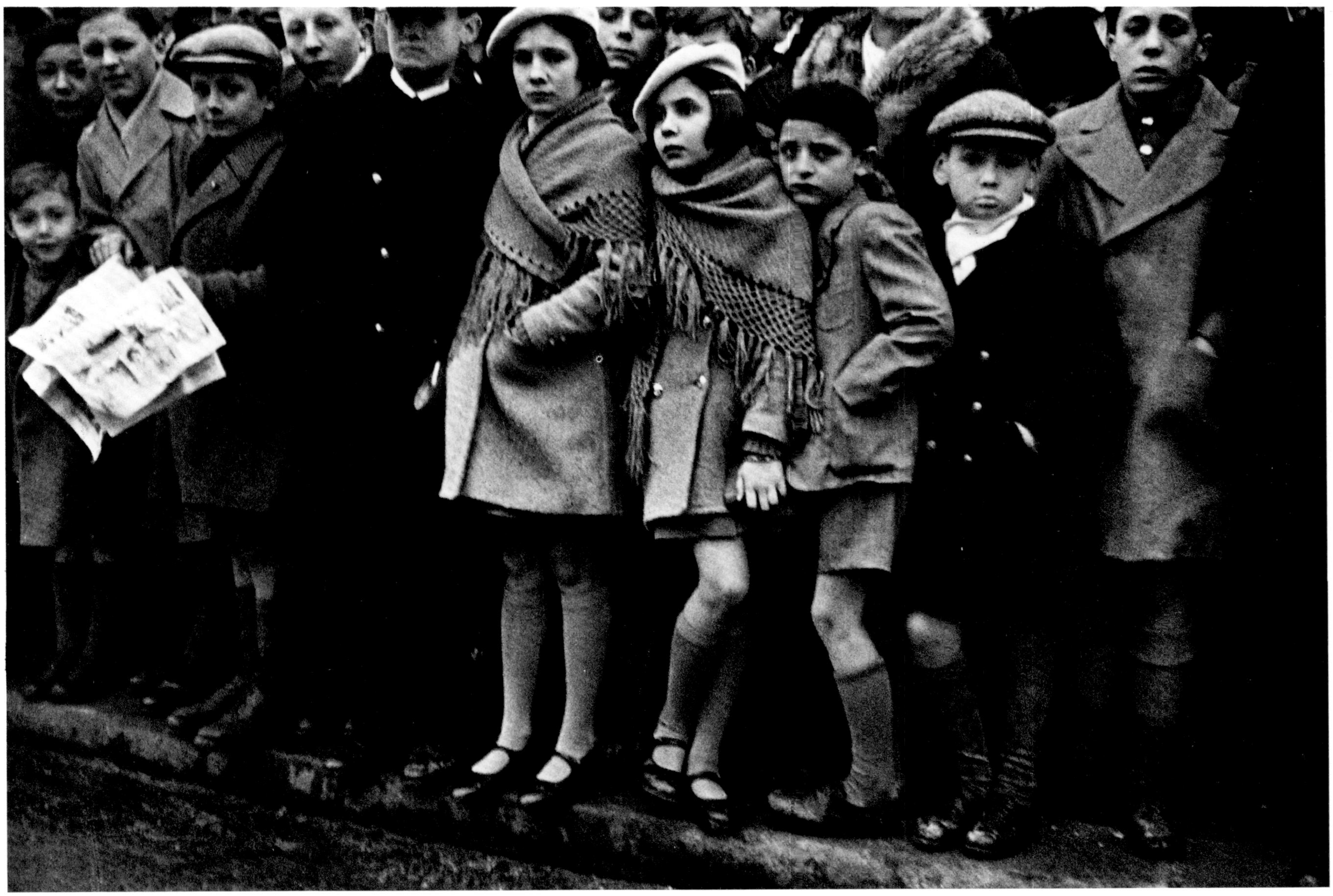

Paris, um 1936.

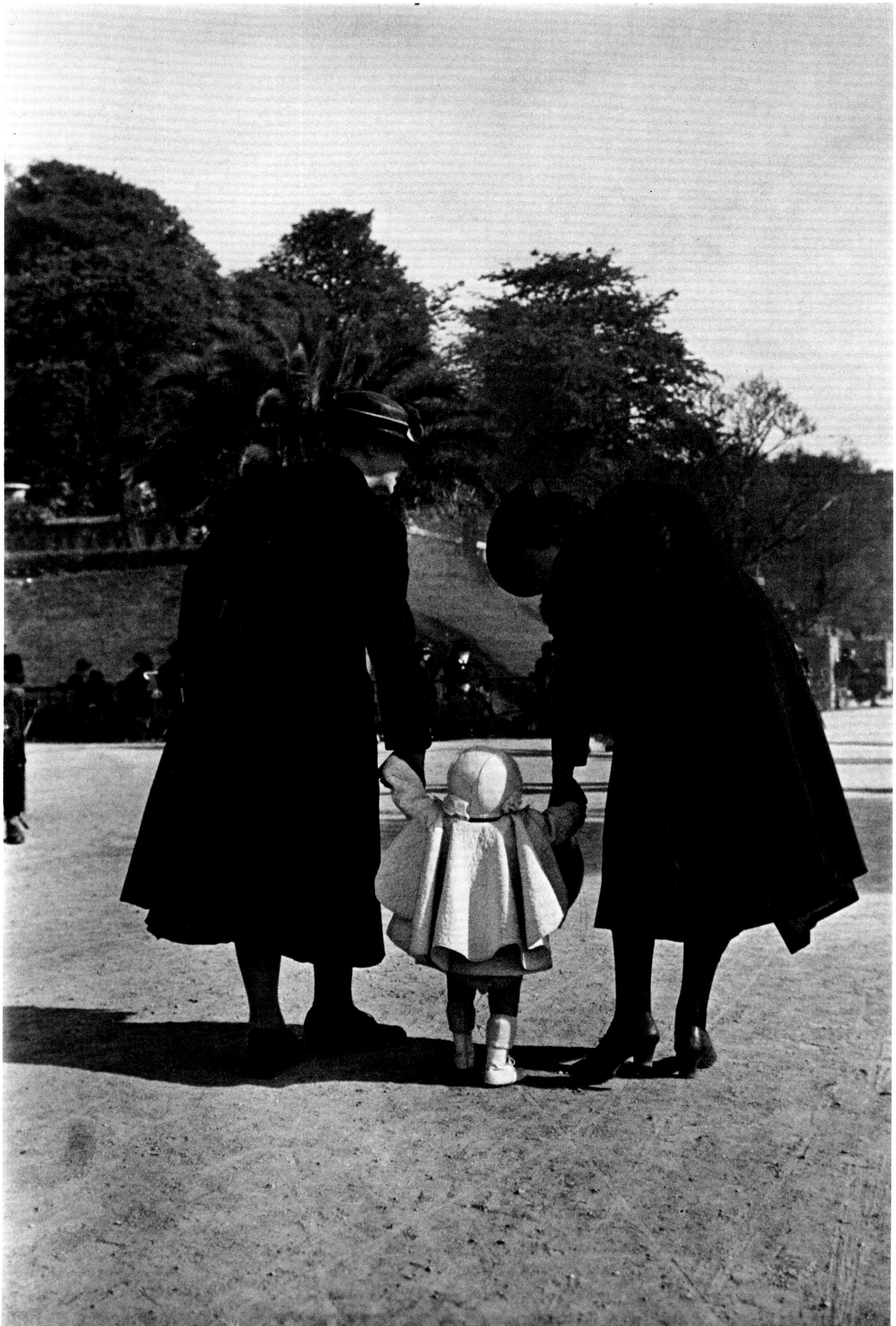

Links: Jardin du Luxembourg, Paris, um 1936.
Unten: Paris, 1936.

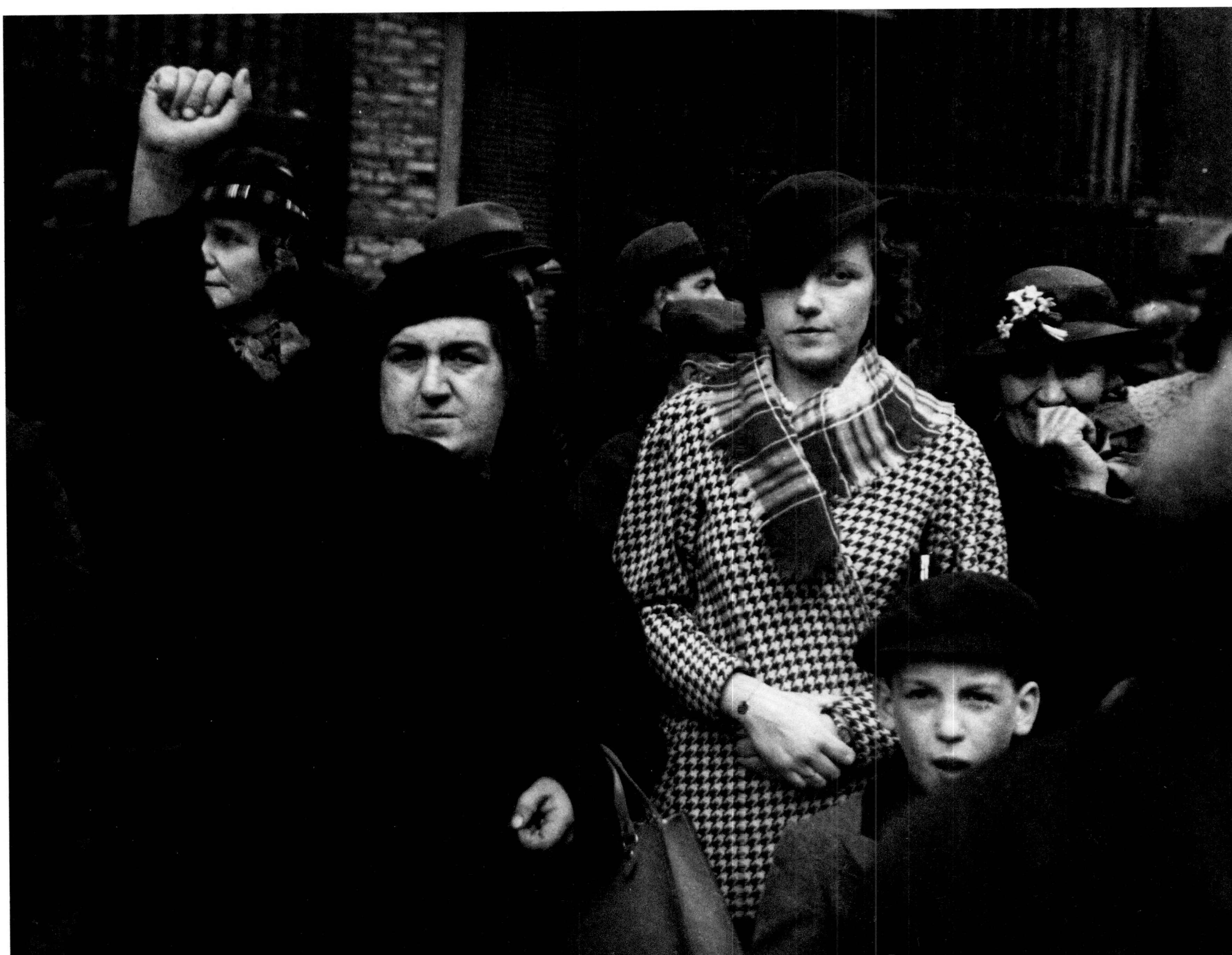

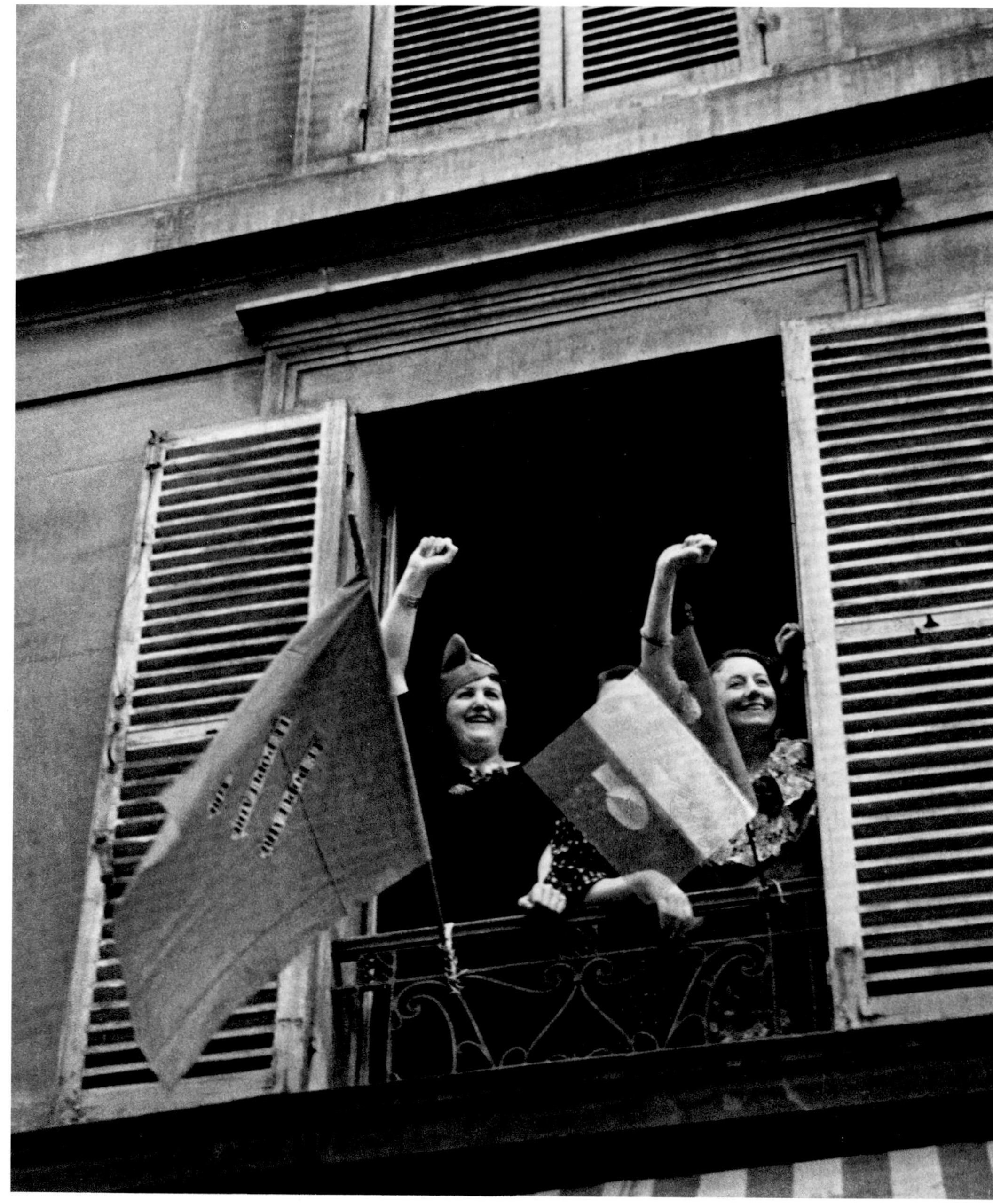

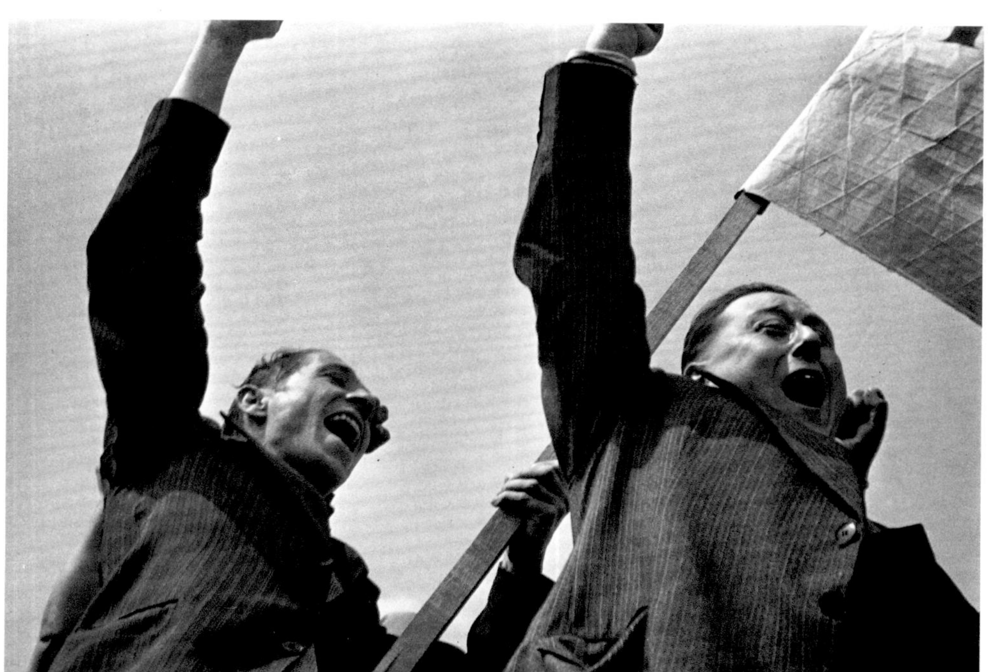

Paris, 1936.

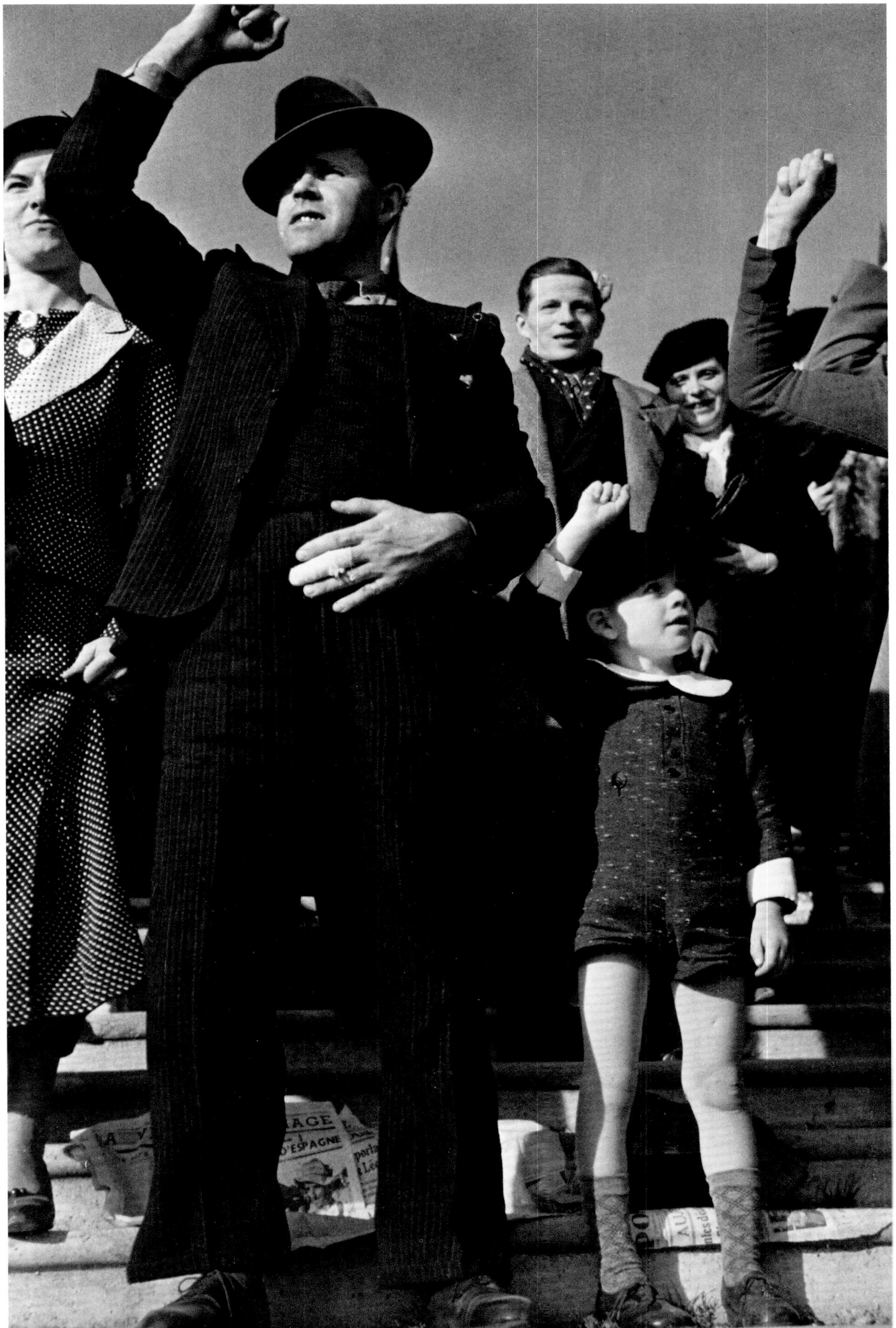
D'ESPAGNE

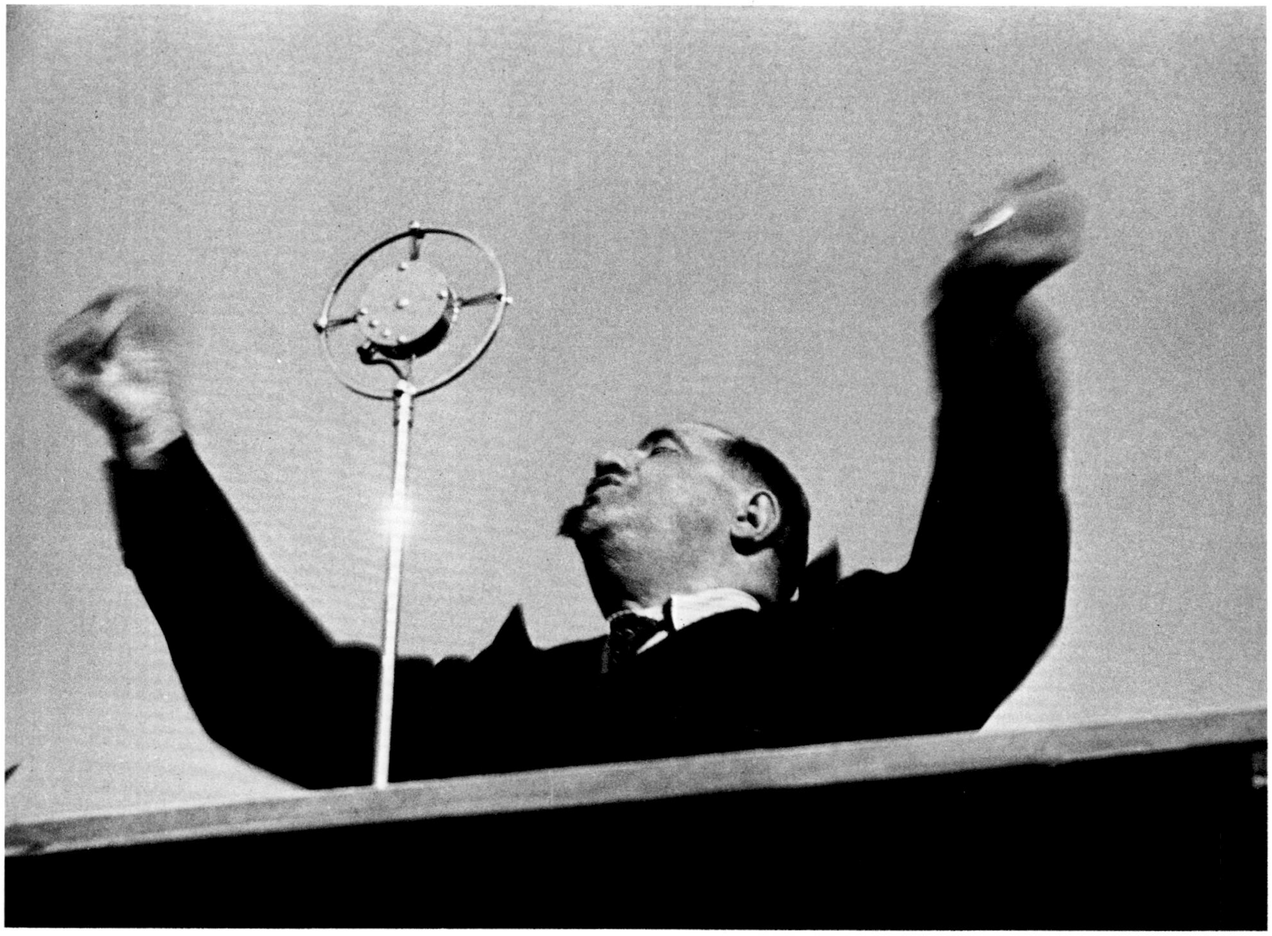

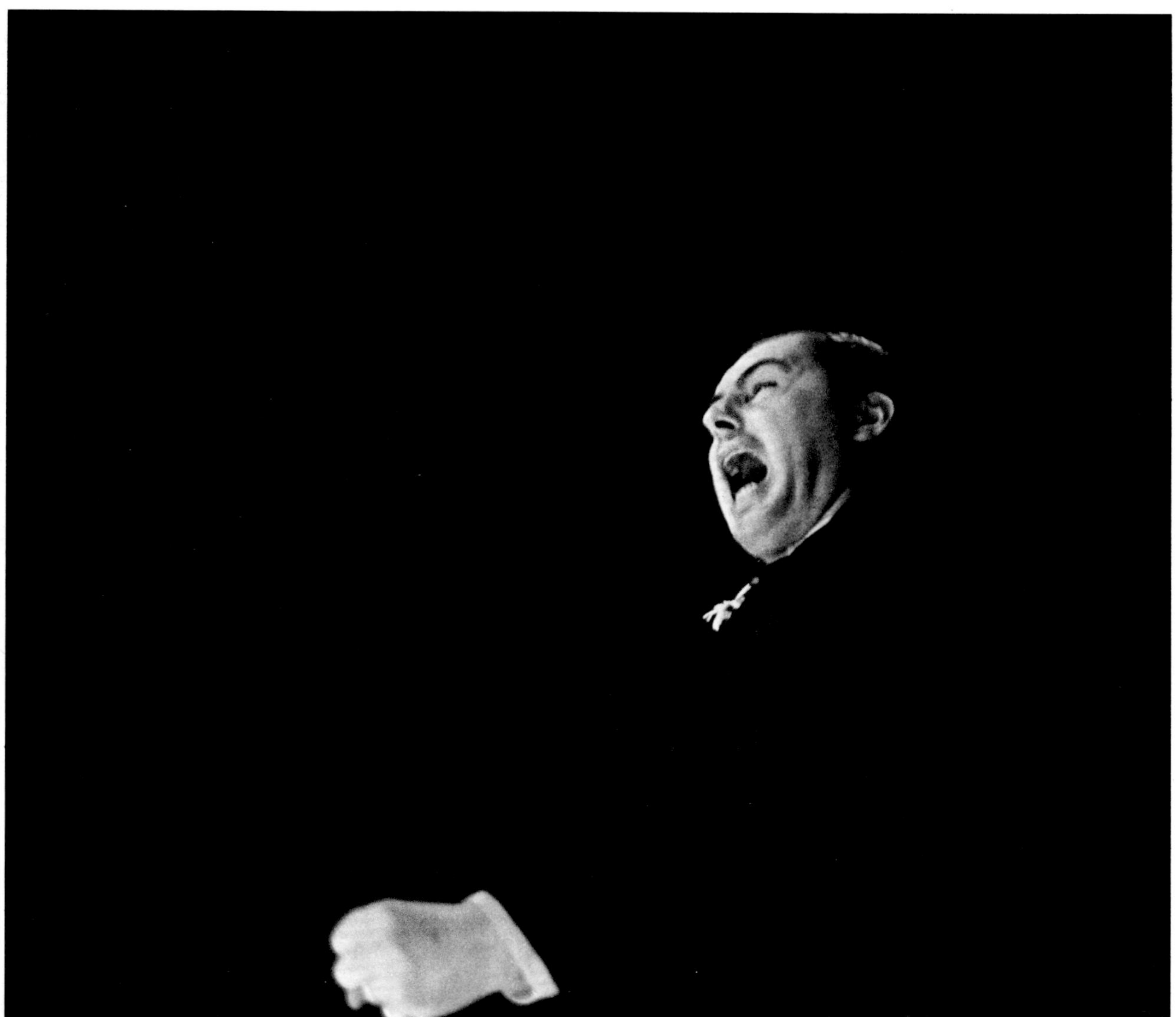

Gegenüberliegende Seite oben: Paris, 24. April 1937. Léon Jouhaux, Führer der Confédération Générale du Travail, einer sozialistischen Gewerkschaft, spricht bei einer Massenkundgebung im Bois de Vincennes.
Gegenüberliegende Seite unten: Brüssel, April 1937. Léon Degrelle, Kandidat der faschistisch gefärbten Rex-Partei, im Wahlkampf für die belgischen Parlamentswahlen.
Unten: Biarritz, 22. November 1936. Auf einem Kongreß der Radikal-Sozialistischen Partei (tatsächlich weder radikal noch sozialistisch, sondern bürgerlich und gemäßigt liberal) zeigte sich eine tiefe Spaltung, als einige der Mitglieder mit der geschlossenen Faust der linksliberalen Volksfrontkoalition (zu der die Partei gehörte) grüßten, andere den Arm zum faschistischen Gruß hoben.

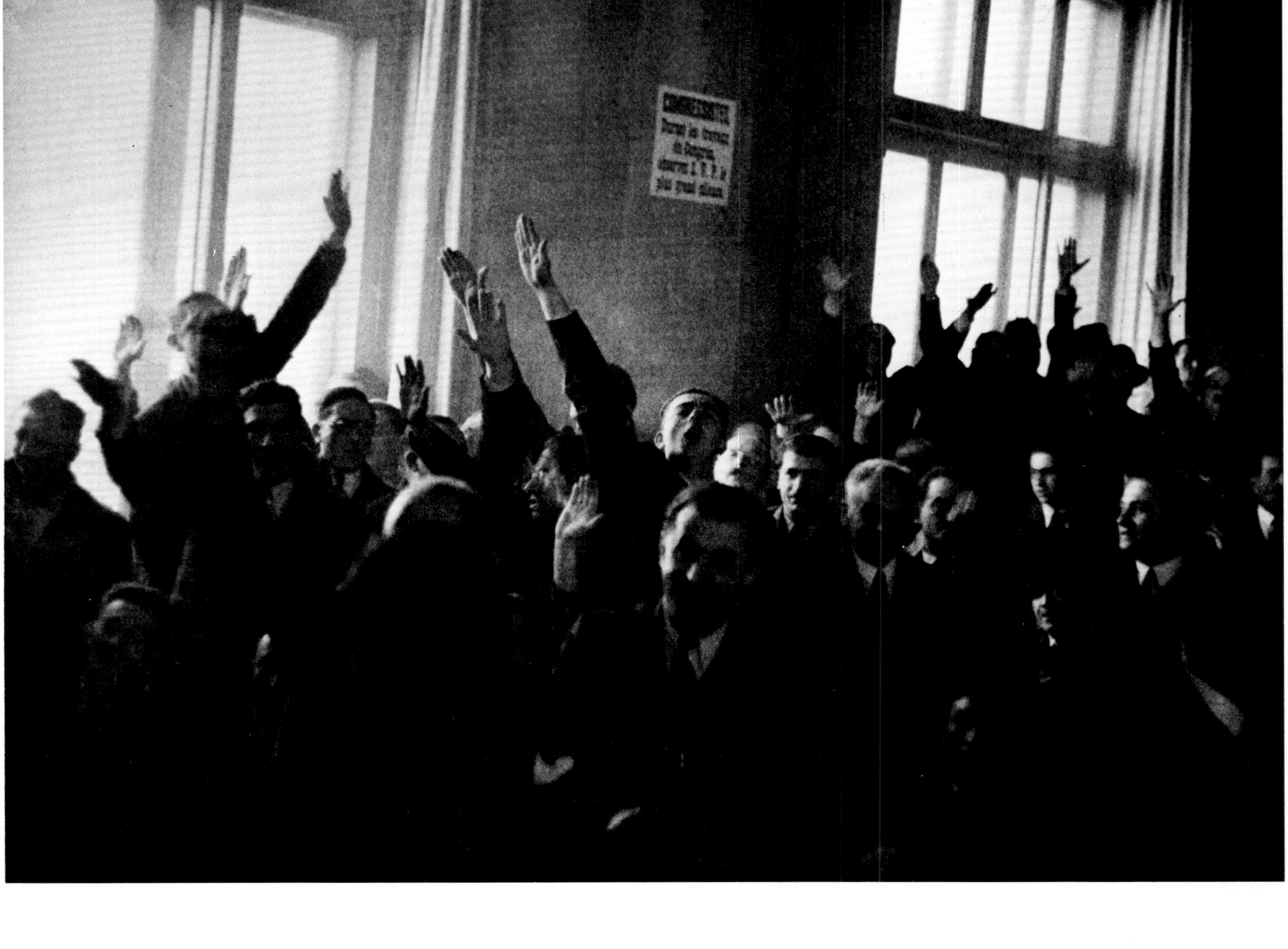

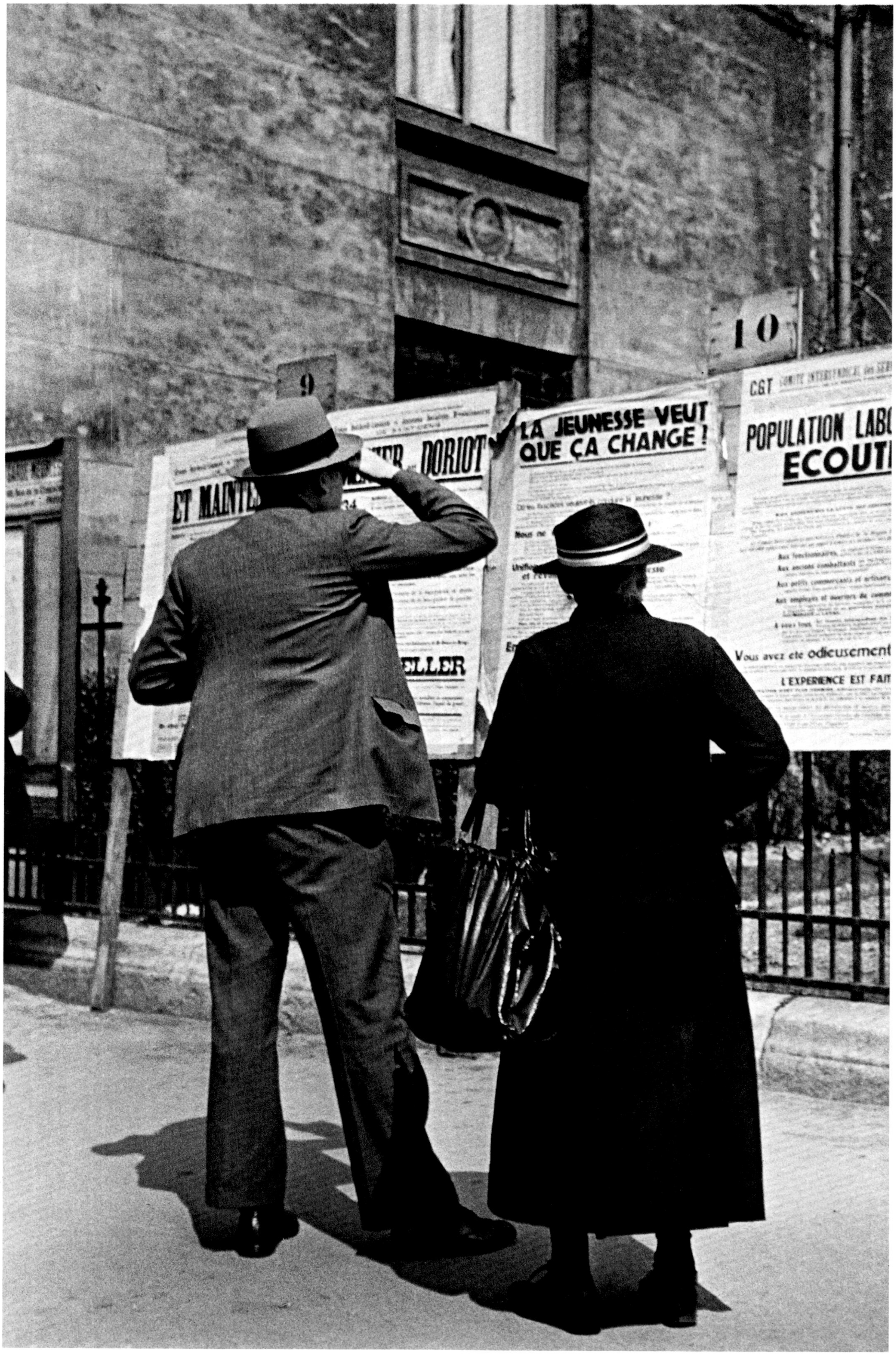
9
10
DORIOT
LA JEUNESSE VEUT
QUE ÇA CHANGE !

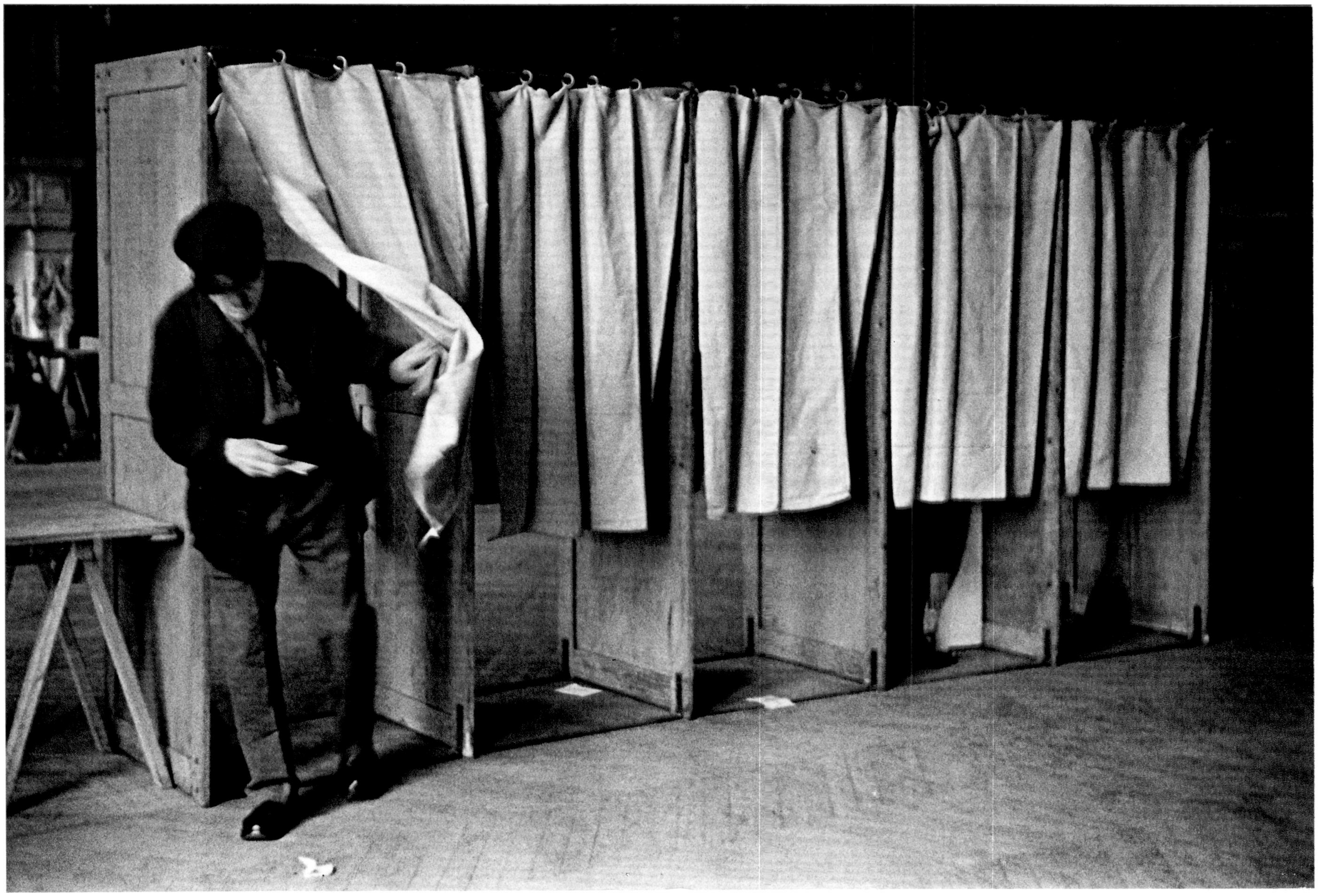

Links: Paris, April-Mai 1936.
Oben: St.-Denis (Paris), 3. Mai 1936. Nationalwahlen

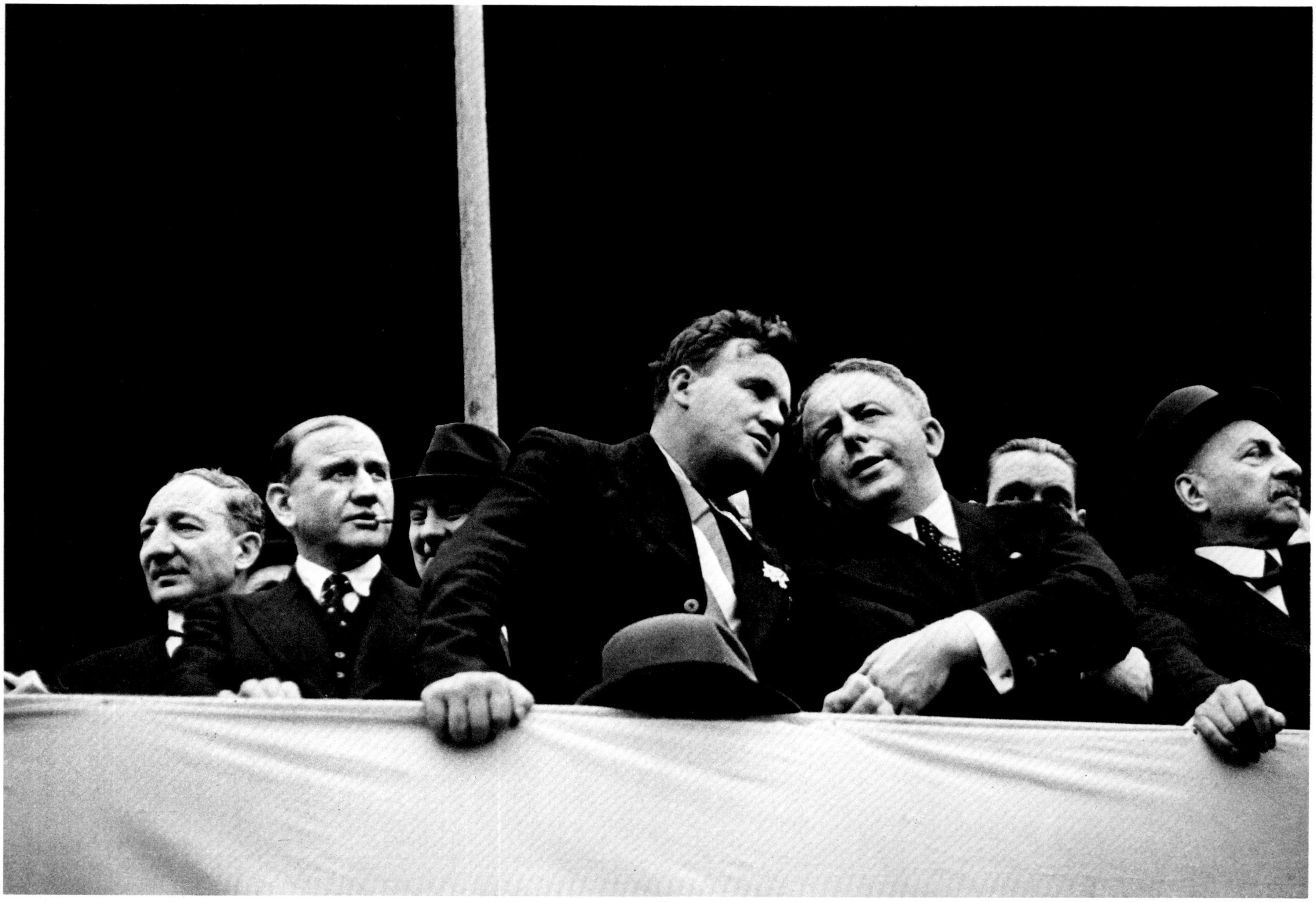

Oben: Paris, 14. Juli 1936. Maurice Thorez (links), Führer der Kommunistischen Partei Frankreichs, und Roger Salengro, Innenminister, im Gespräch auf der Ehrentribüne der Parade zum Jahrestag des Sturms auf die Bastille, mit der der Sieg der Volksfront bei den Nationalwahlen gefeiert wurde.
Rechts: Boulogne-Billancourt (Paris), Mai-Juni 1936. Arbeiter der Renaultwerke.

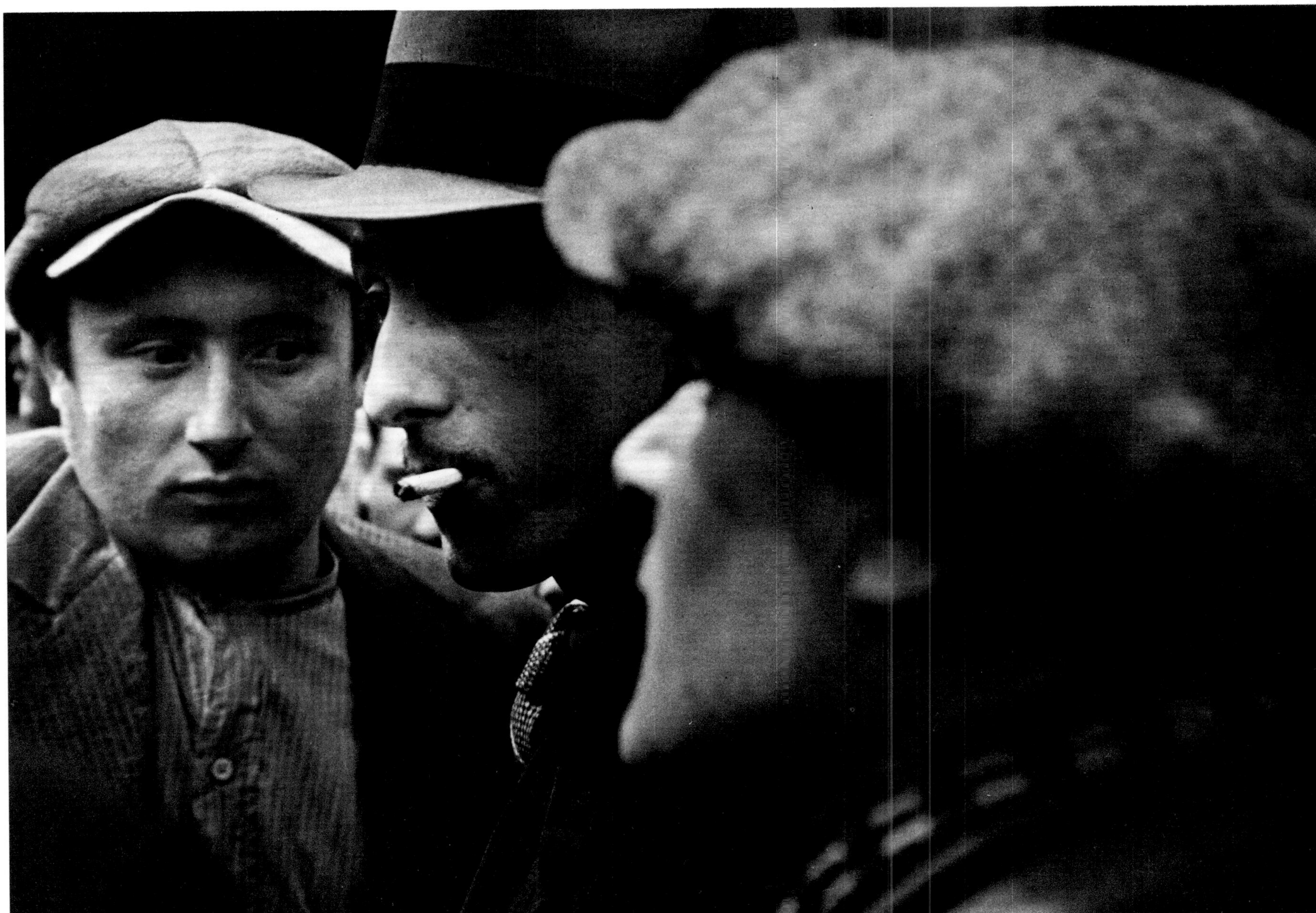

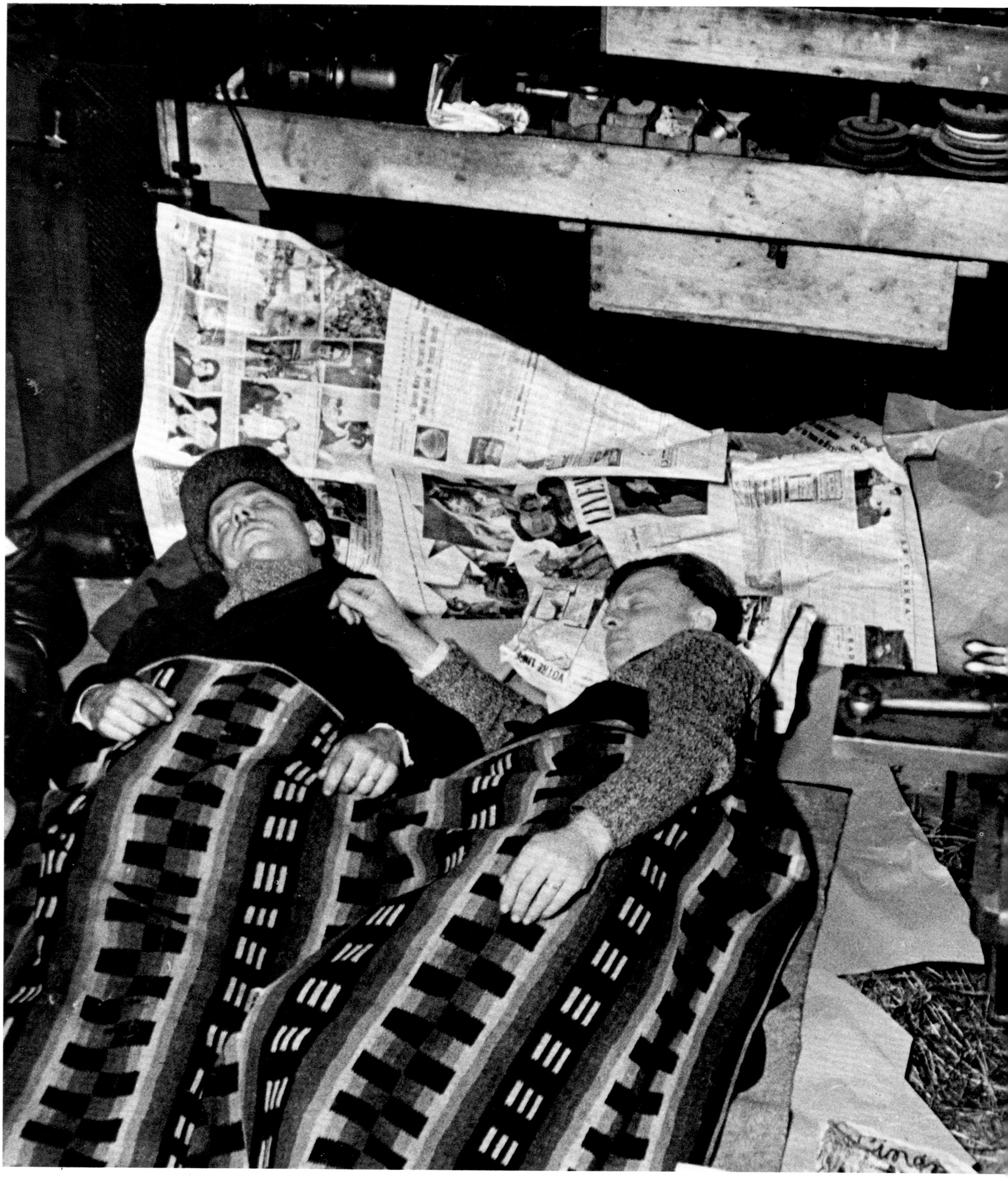

Boulogne-Billancourt (Paris), 28. Mai 1936. Streikende Arbeiter auf ihrem Nachtlager in den Renaultwerken in der ersten Nacht der Betriebsbesetzung.

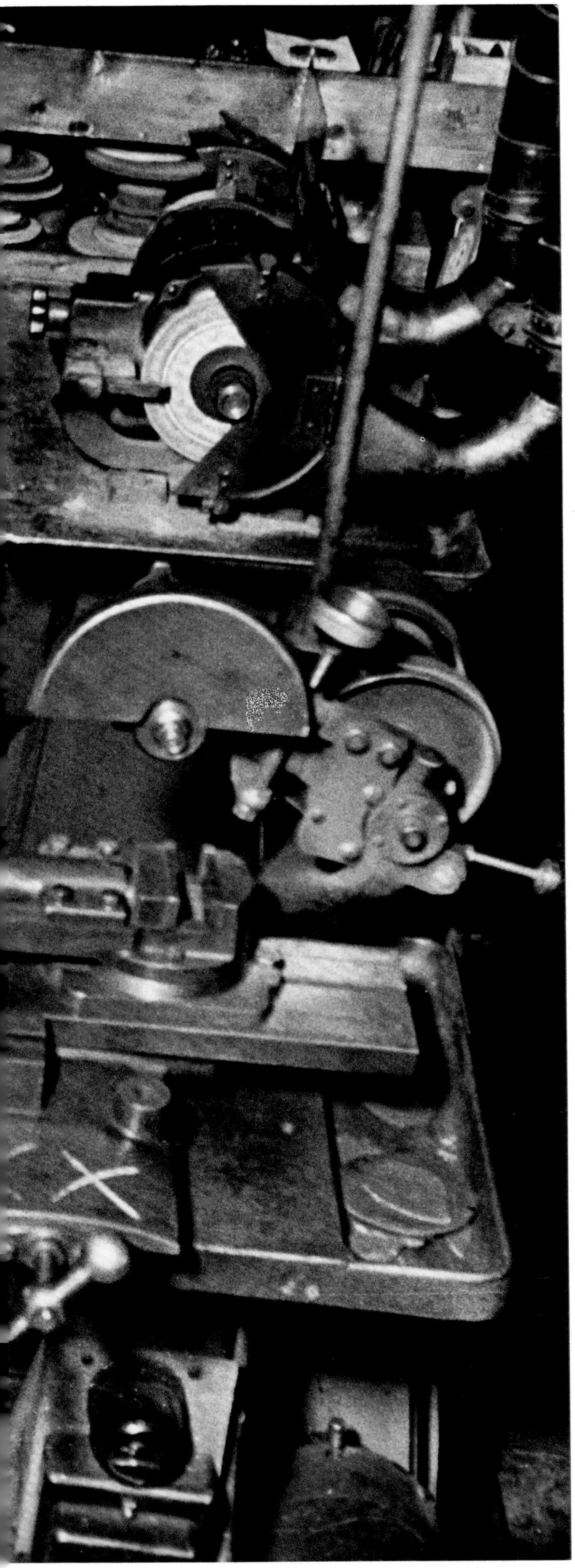

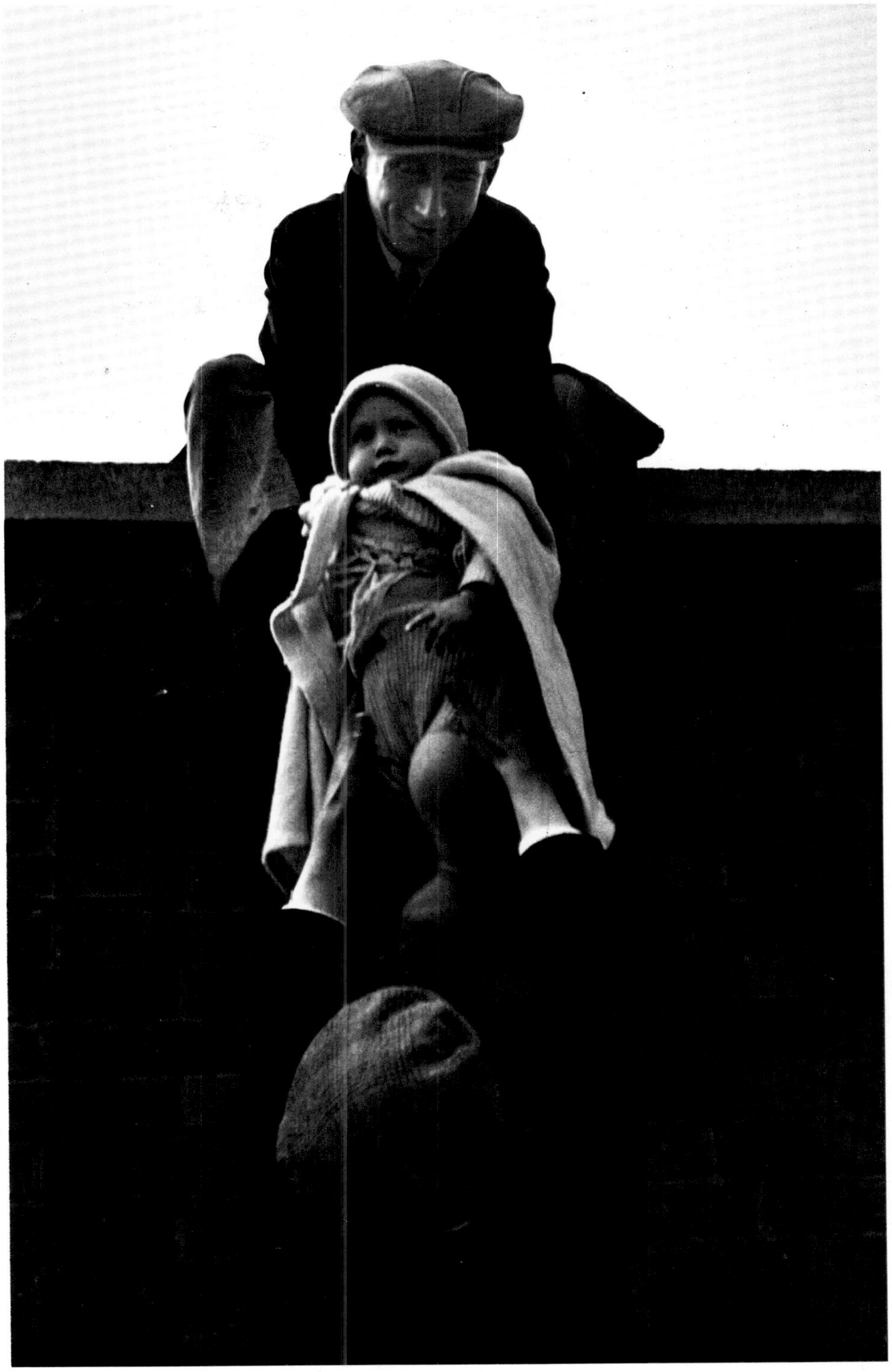

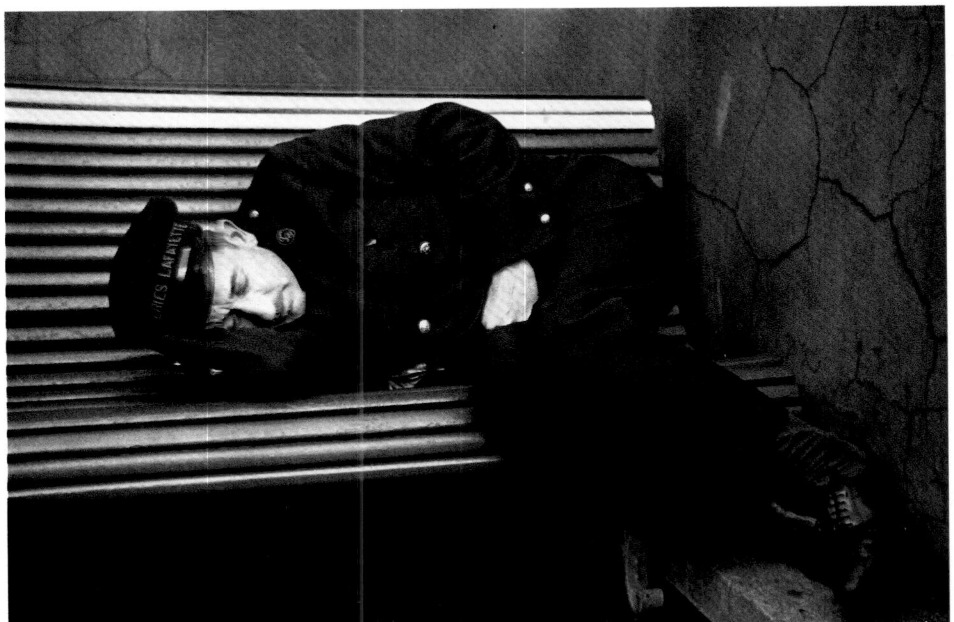

Oben rechts: St.-Ouen (Paris), Mai-Juni 1936. Streikende Arbeiter, die das Lavalettewerk besetzten, sitzen auf der Mauer, um sich mit ihren Angehörigen und Freunden zu unterhalten.
Unten rechts: Paris, um den 12. Juni 1936. Ein streikender Wachbeamter des Kaufhauses Galeries Lafayette.

Paris, um den 12. Juni 1936. Auf der Dachterrasse der Galeries Lafayette während des Streiks.

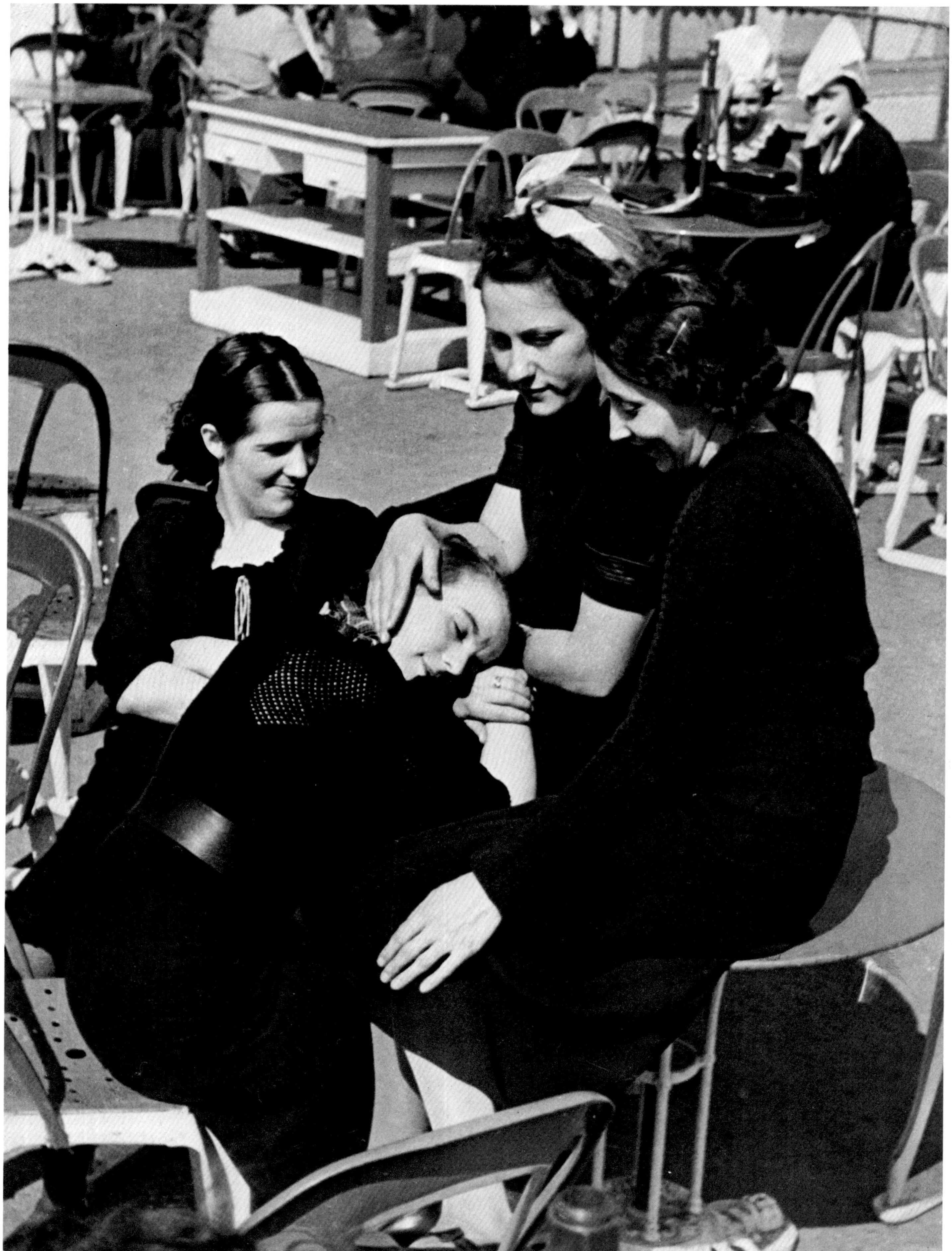

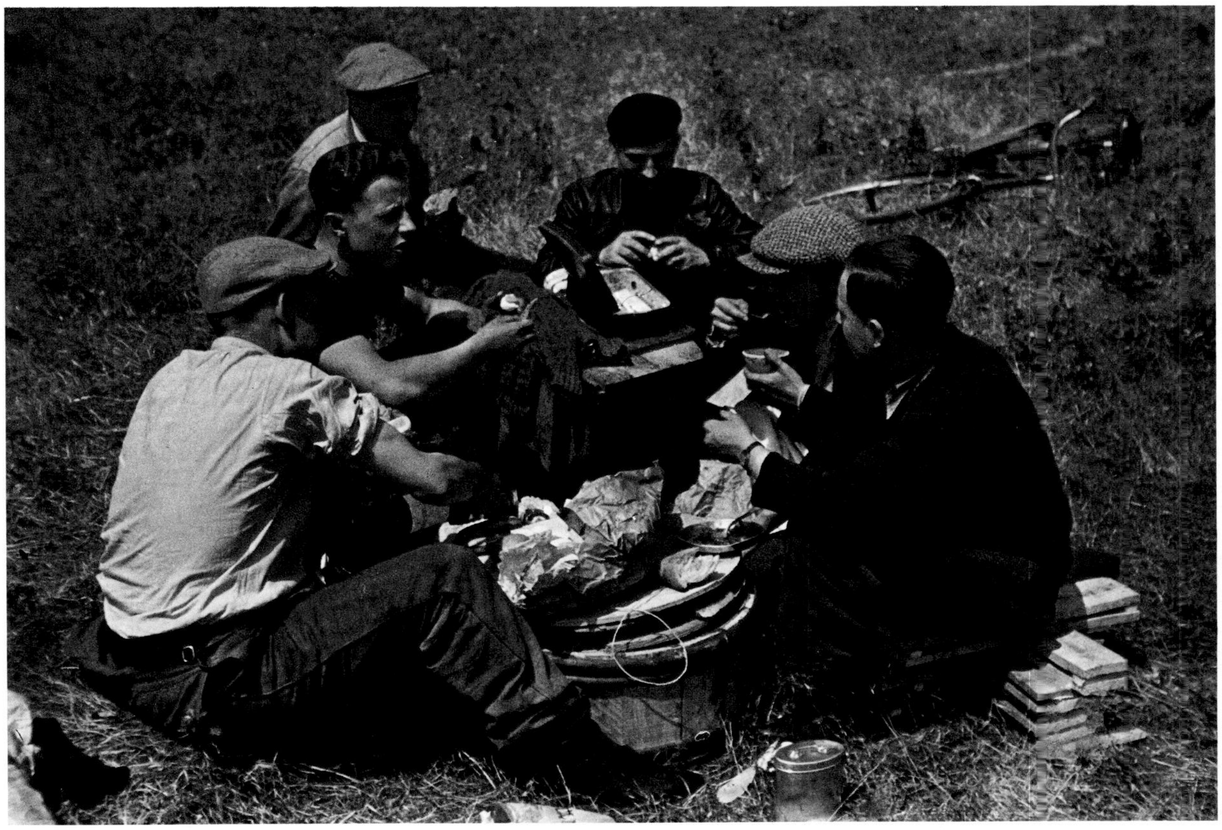

St.-Ouen (Paris). Mai-Juni 1936.
Links: Streikende Arbeiter im Lavalettewerk.
Unten: Ein Korb voller Würste von einem sympathisierenden Schlachter für die Streikenden bei Lavalette.

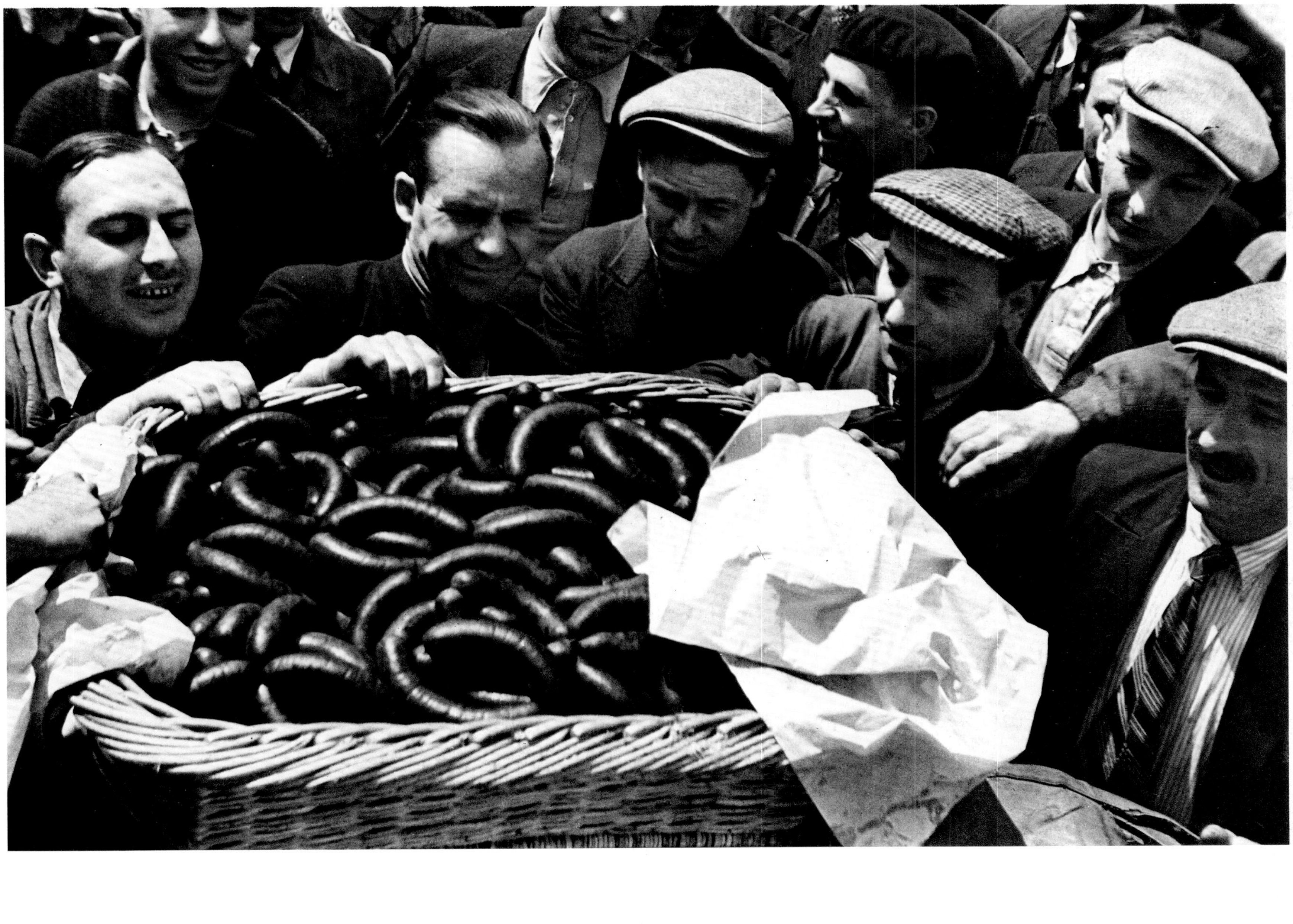

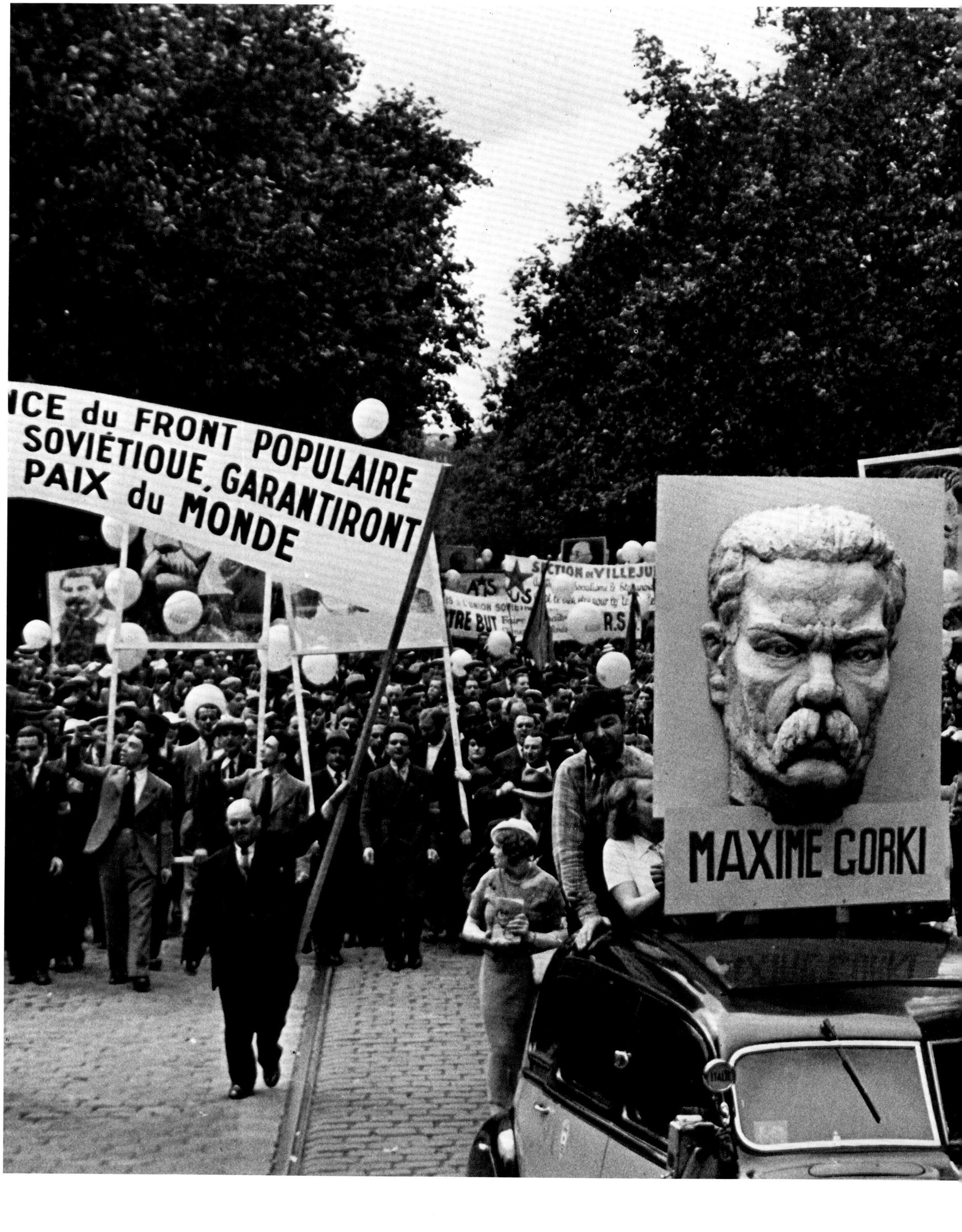
ICE du FRONT POPULAIRE
SOVIÉTIQUE, GARANTIRONT
PAIX du MONDE
MAXIME GORKI

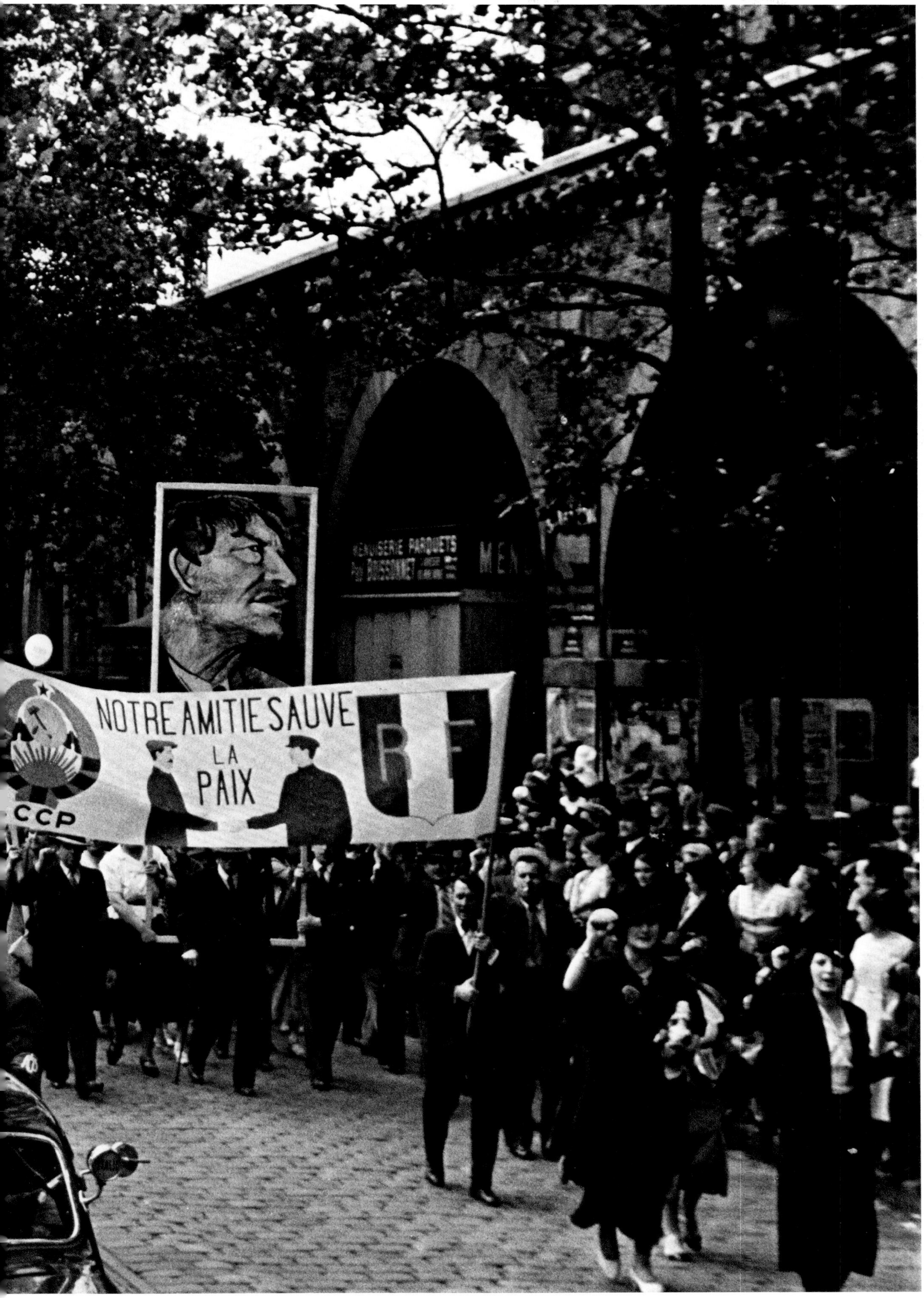

Paris, 14. Juli 1936. Parade zum Jahrestag des Sturms auf die Bastille. Der sowjetische Schriftsteller Maxim Gorki, der von der internationalen kommunistischen Bewegung verehrt wurde, war einige Wochen zuvor gestorben.

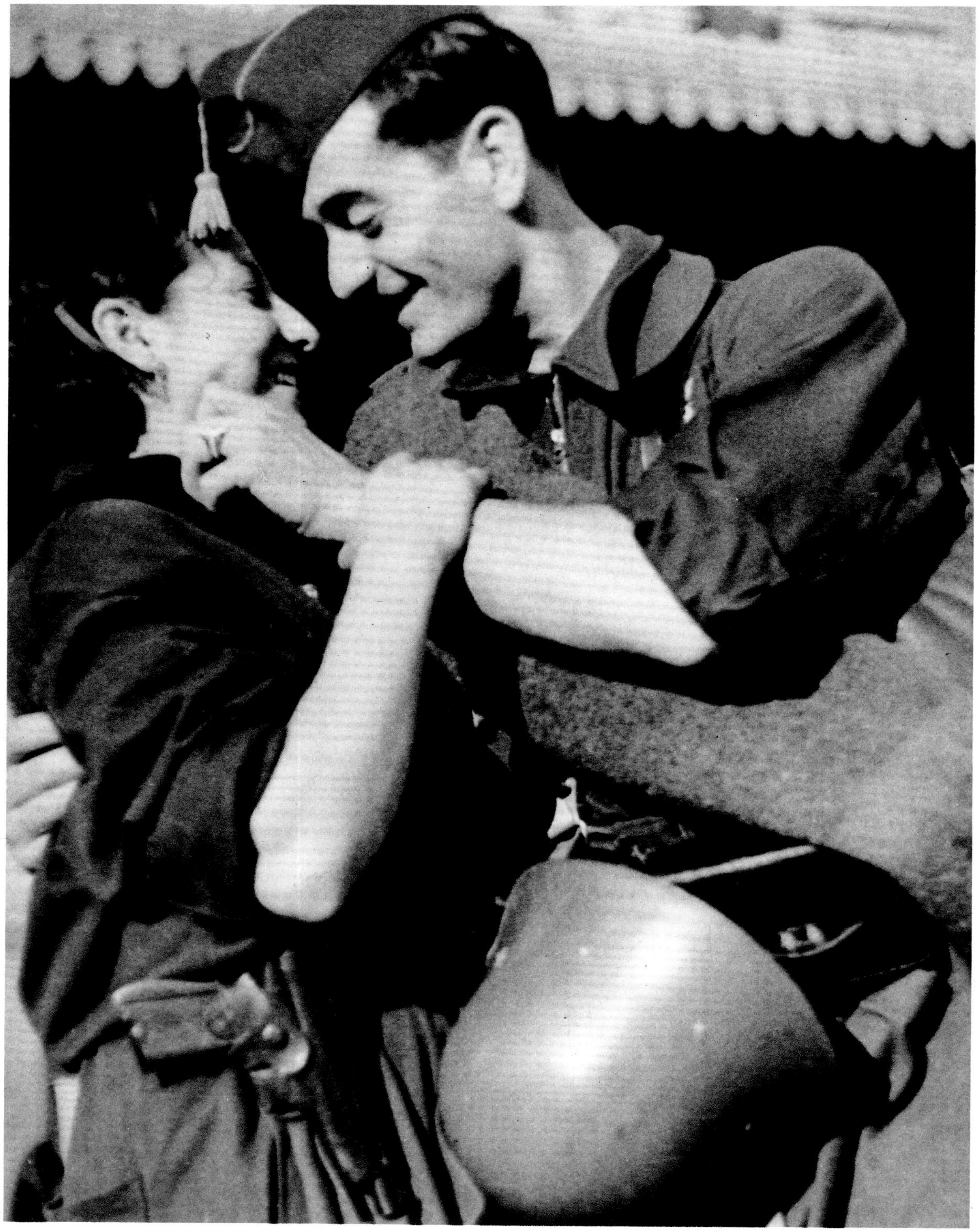

Barcelona, August 1936.
Abfahrt der Truppen an die Front.

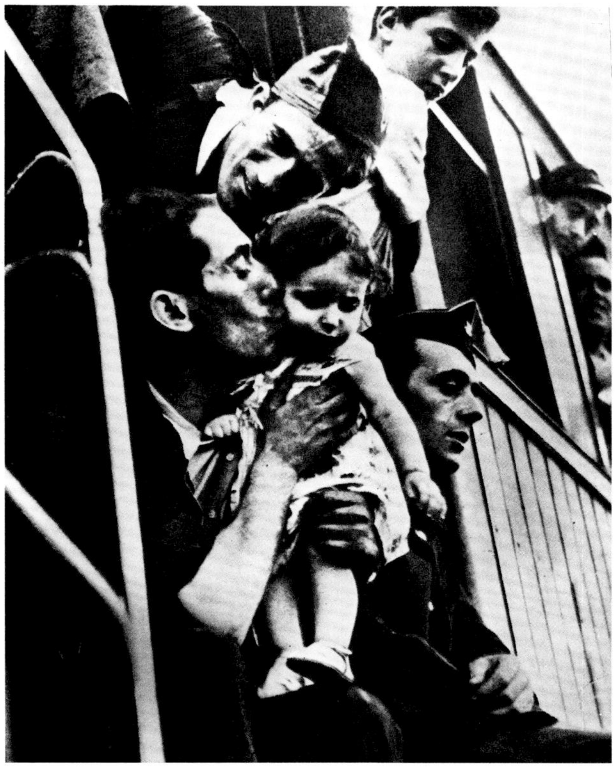

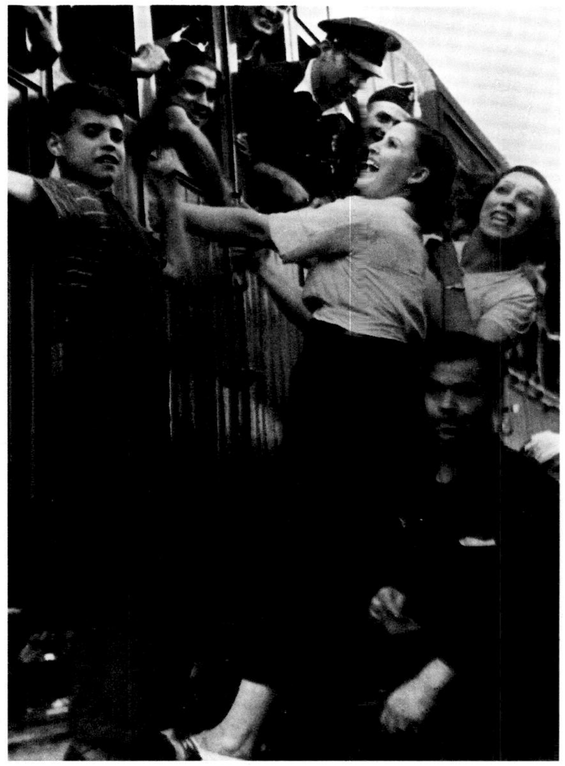

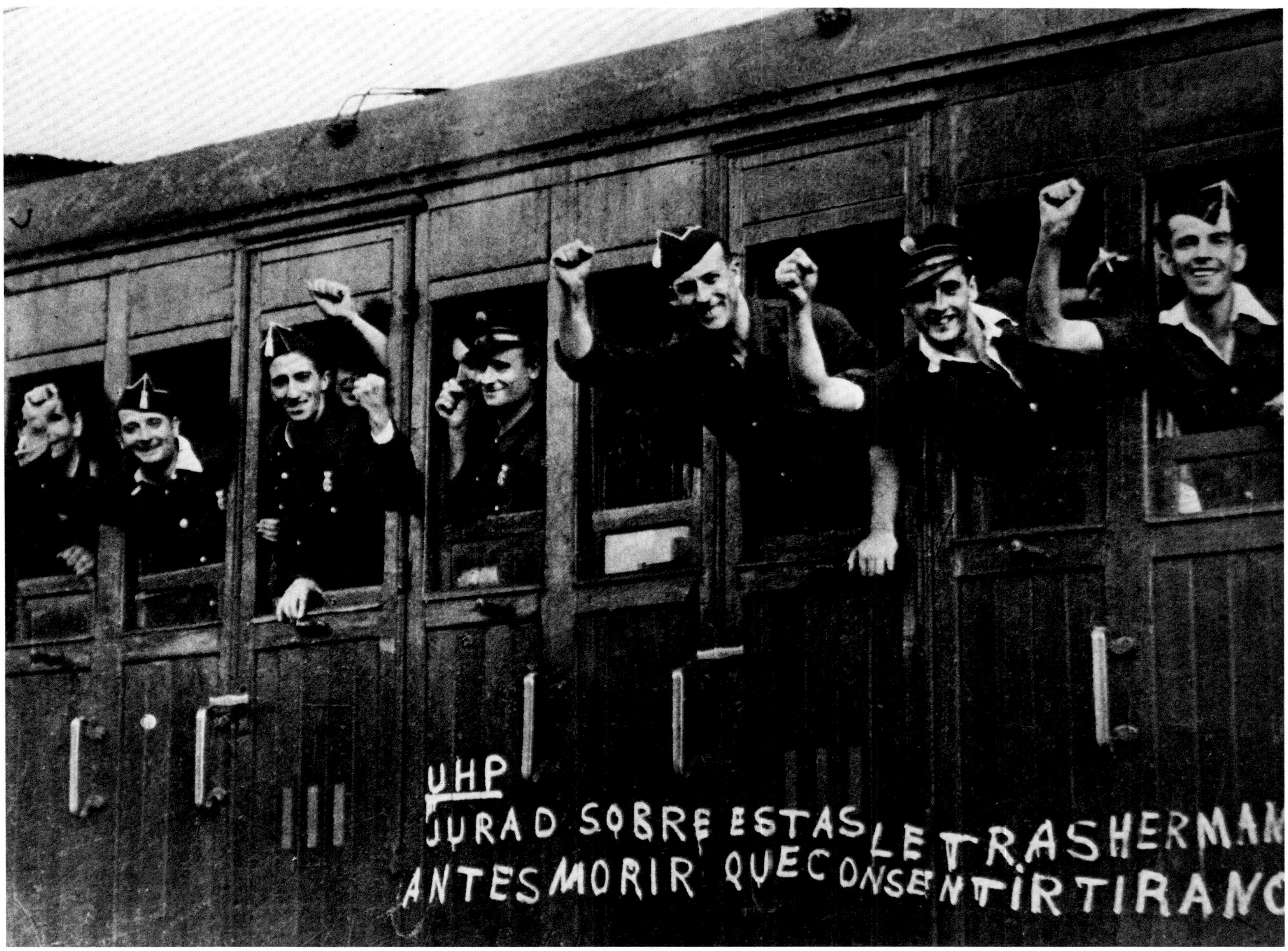
UHP
JURAD SOBRE ESTAS LETRAS HERMAN
ANTES MORIR QUE CONSENTIR TIRANO

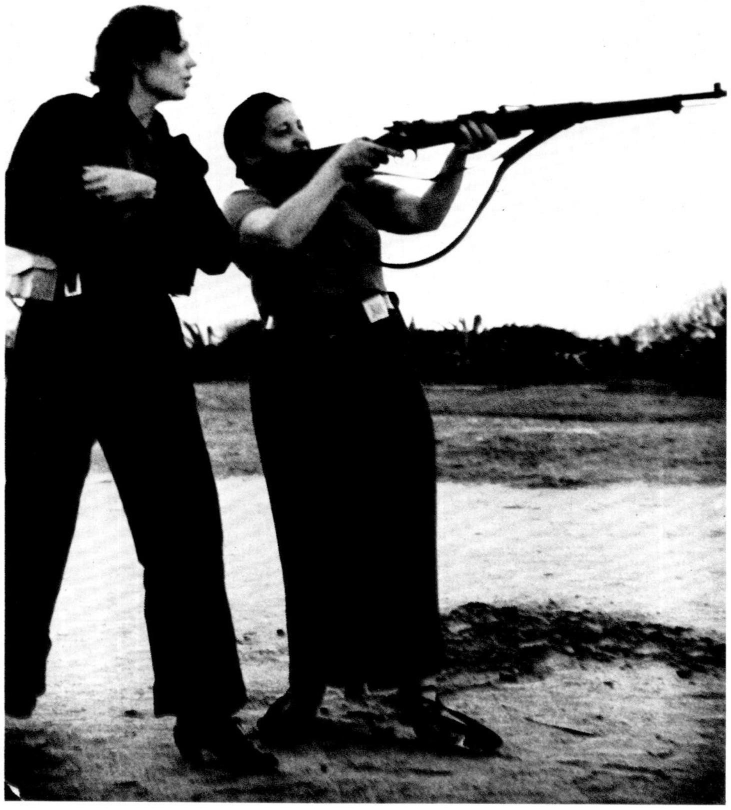

Links: Barcelona, August 1936. Frauen der kommunistischen Miliz bei der Ausbildung auf einem Strand in der Nähe der Stadt.
Unten: Barcelona, August 1936.

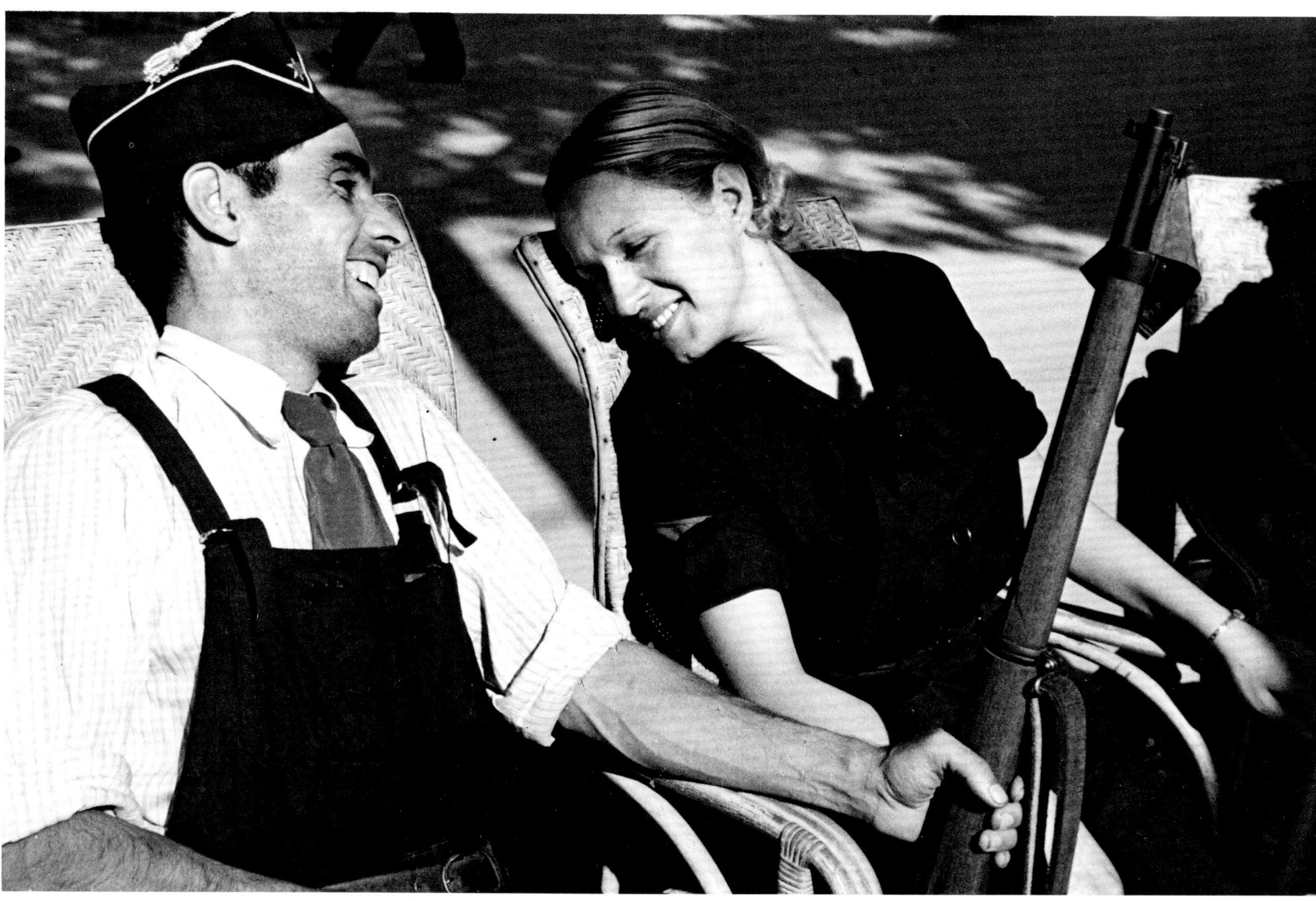

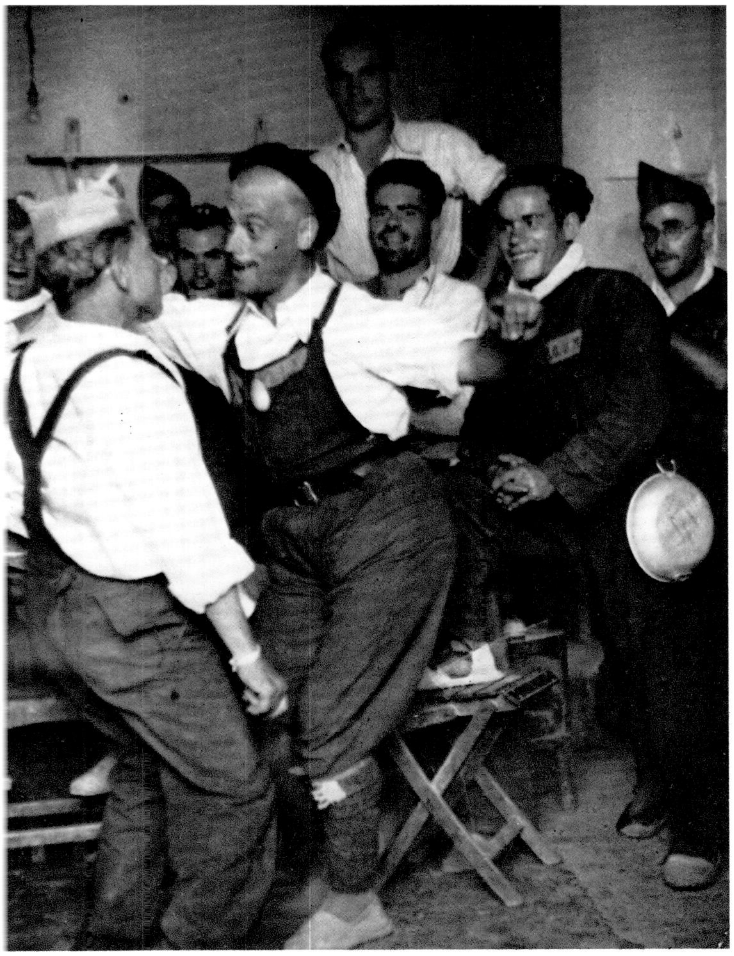

Rechts: Leciñena (Aragonienfront), August 1936. Männer der halbtrotzkistischen POUM(Partido Obrero de Unificación Marxista)-Miliz.
Unten: Madrid, November-Dezember 1936.

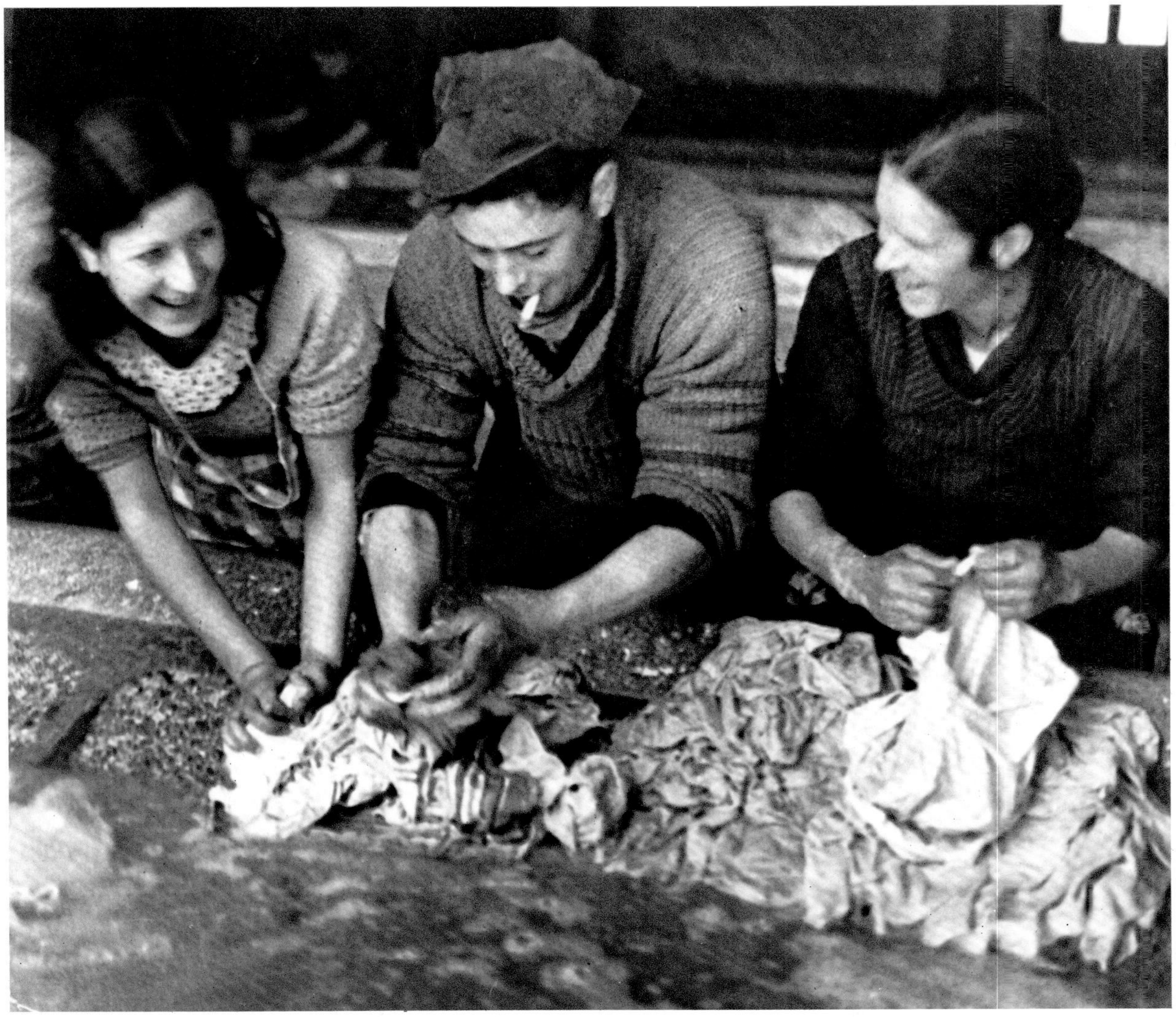

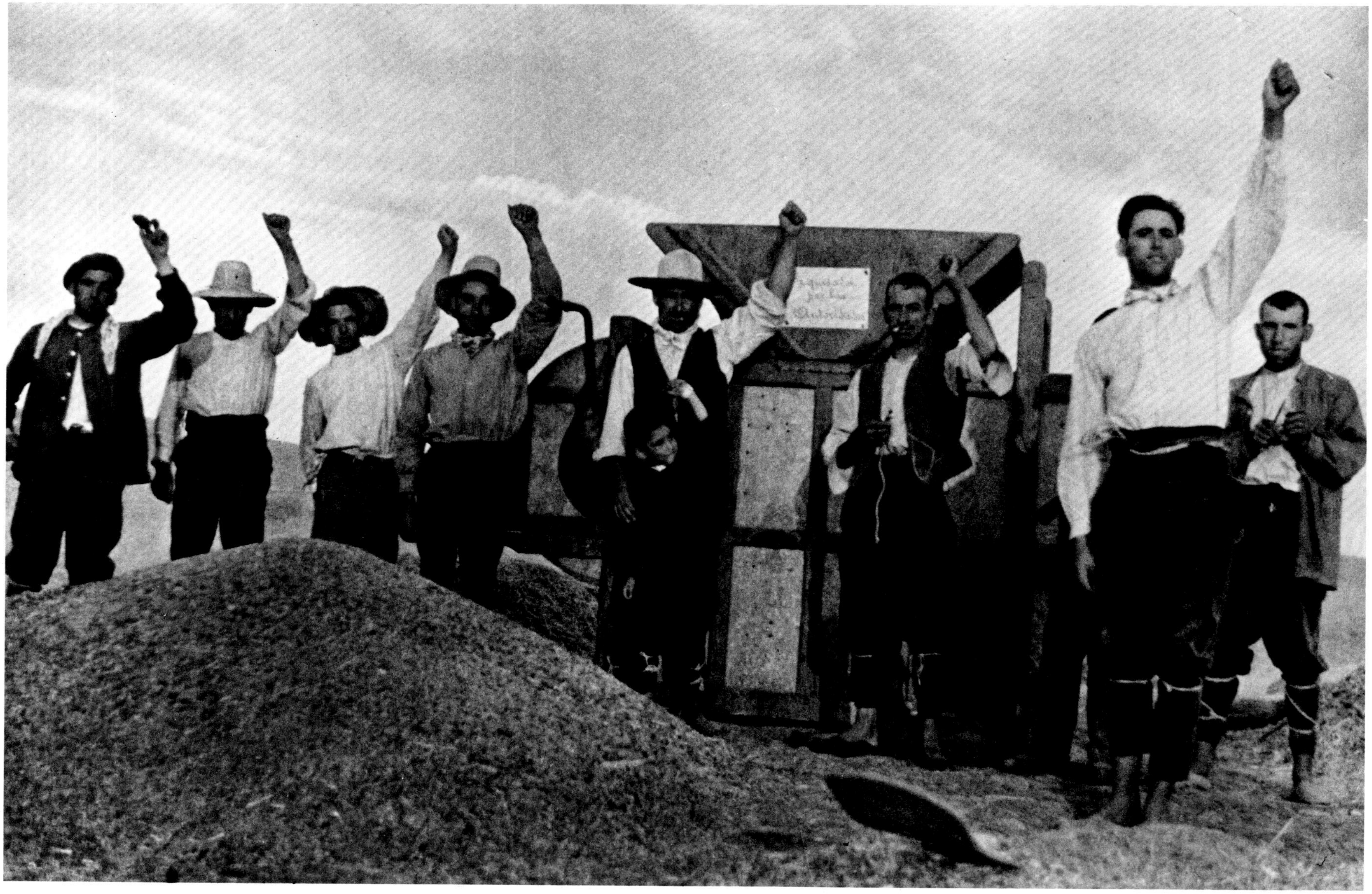

Aragonien, August 1936.

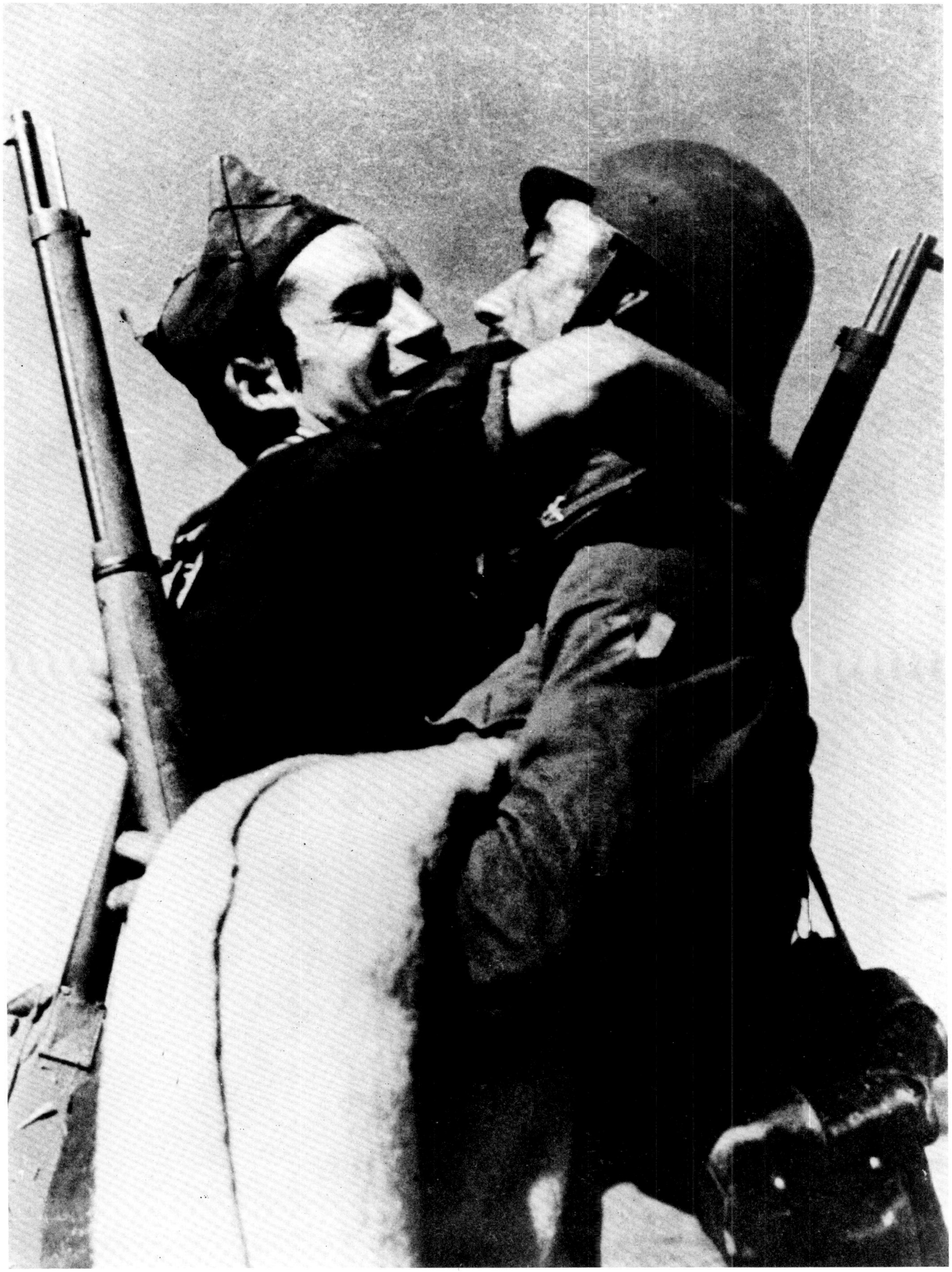

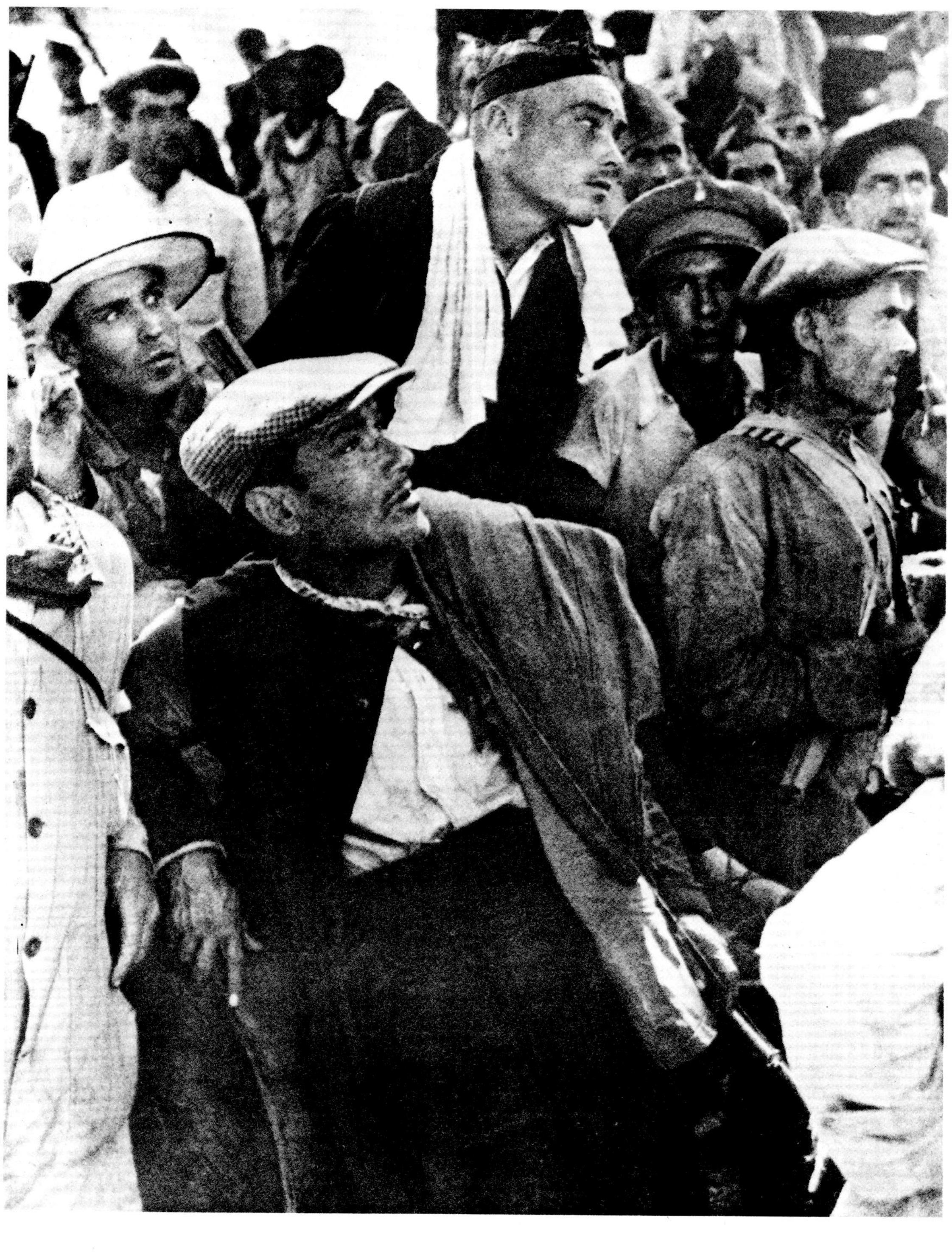

Cordobafront, September 1936.

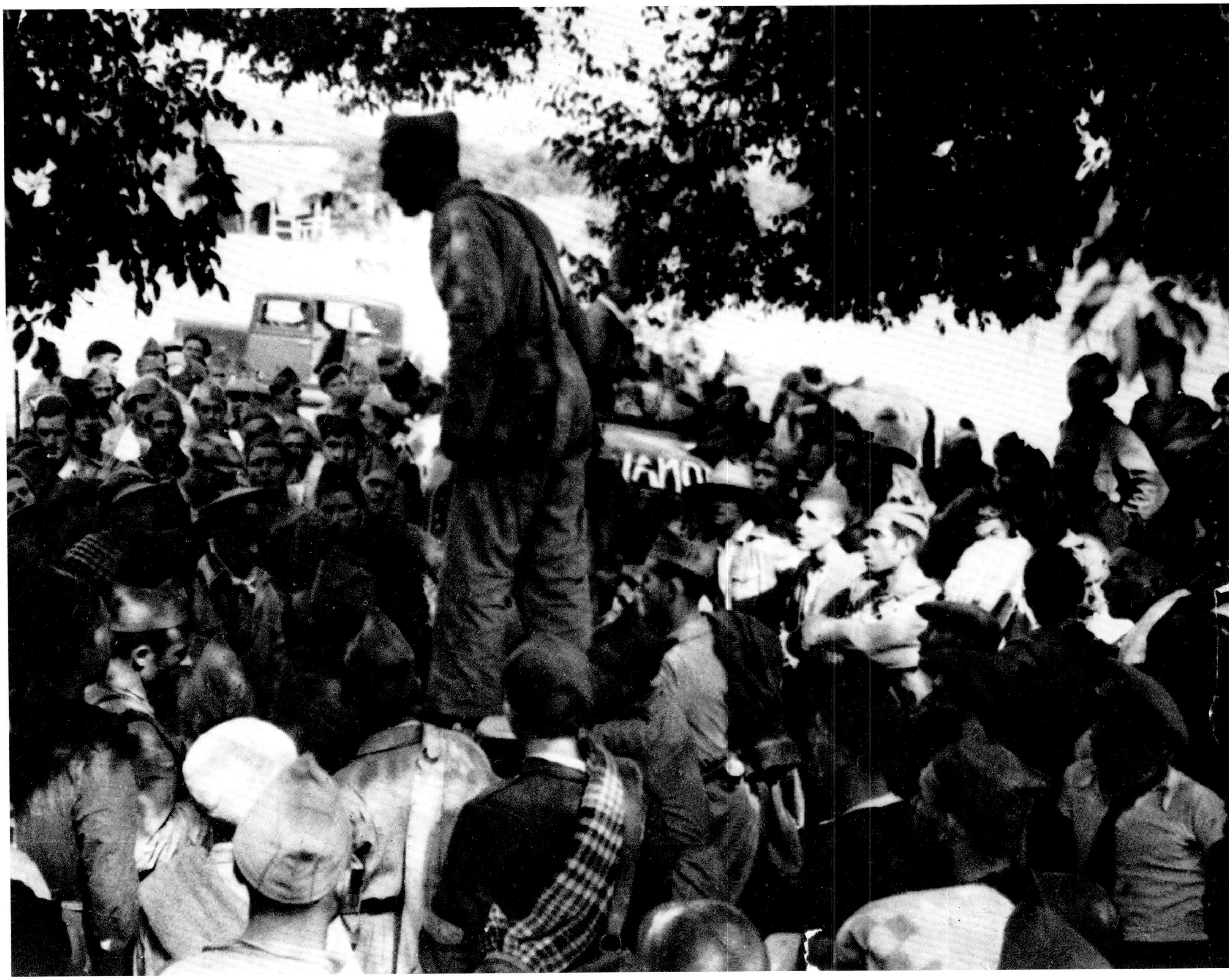

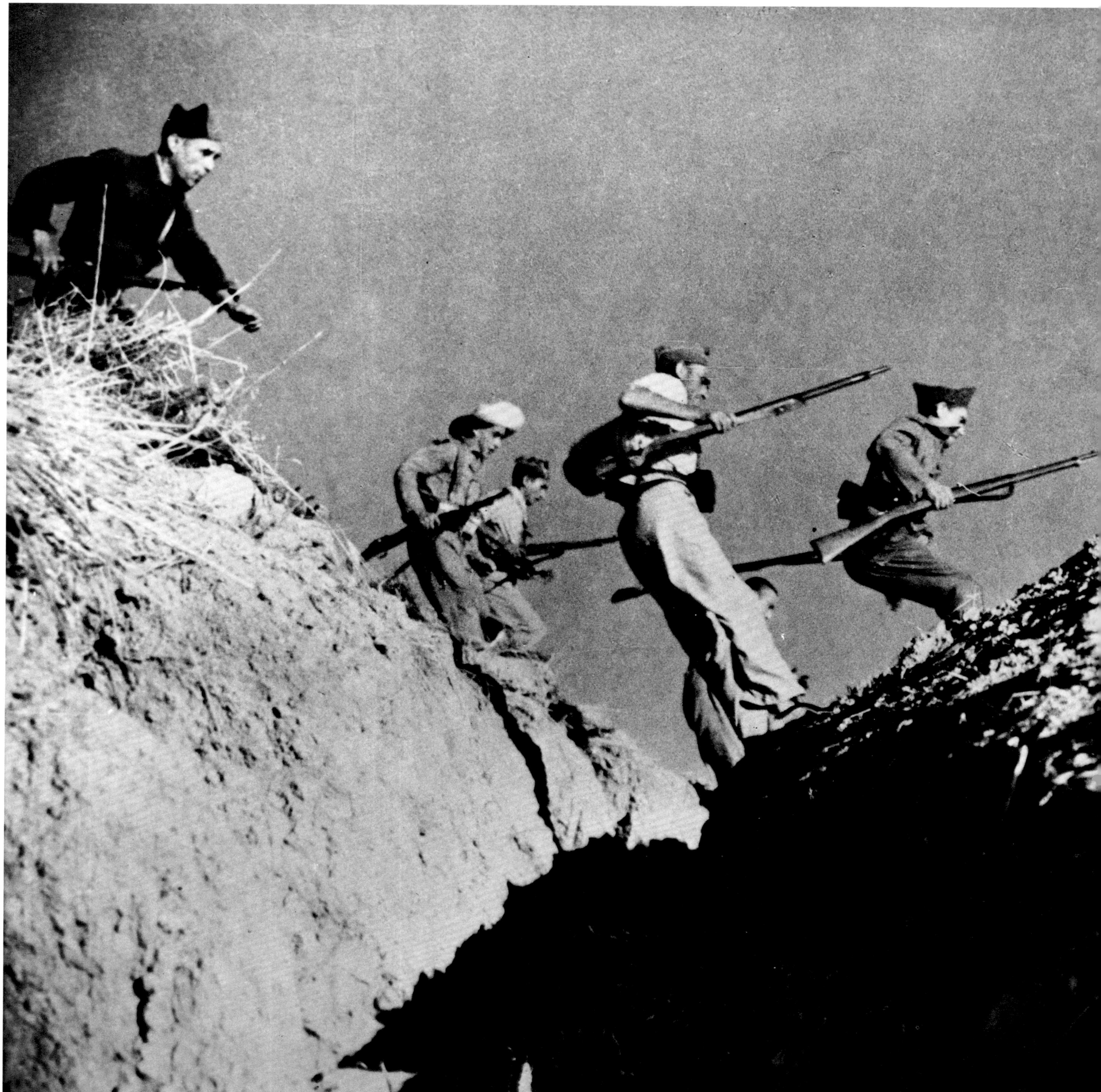

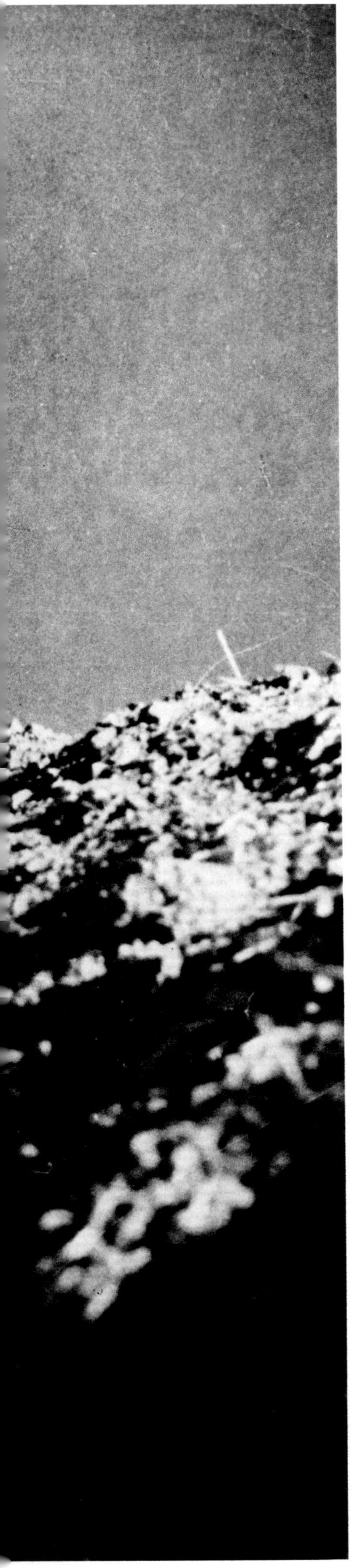

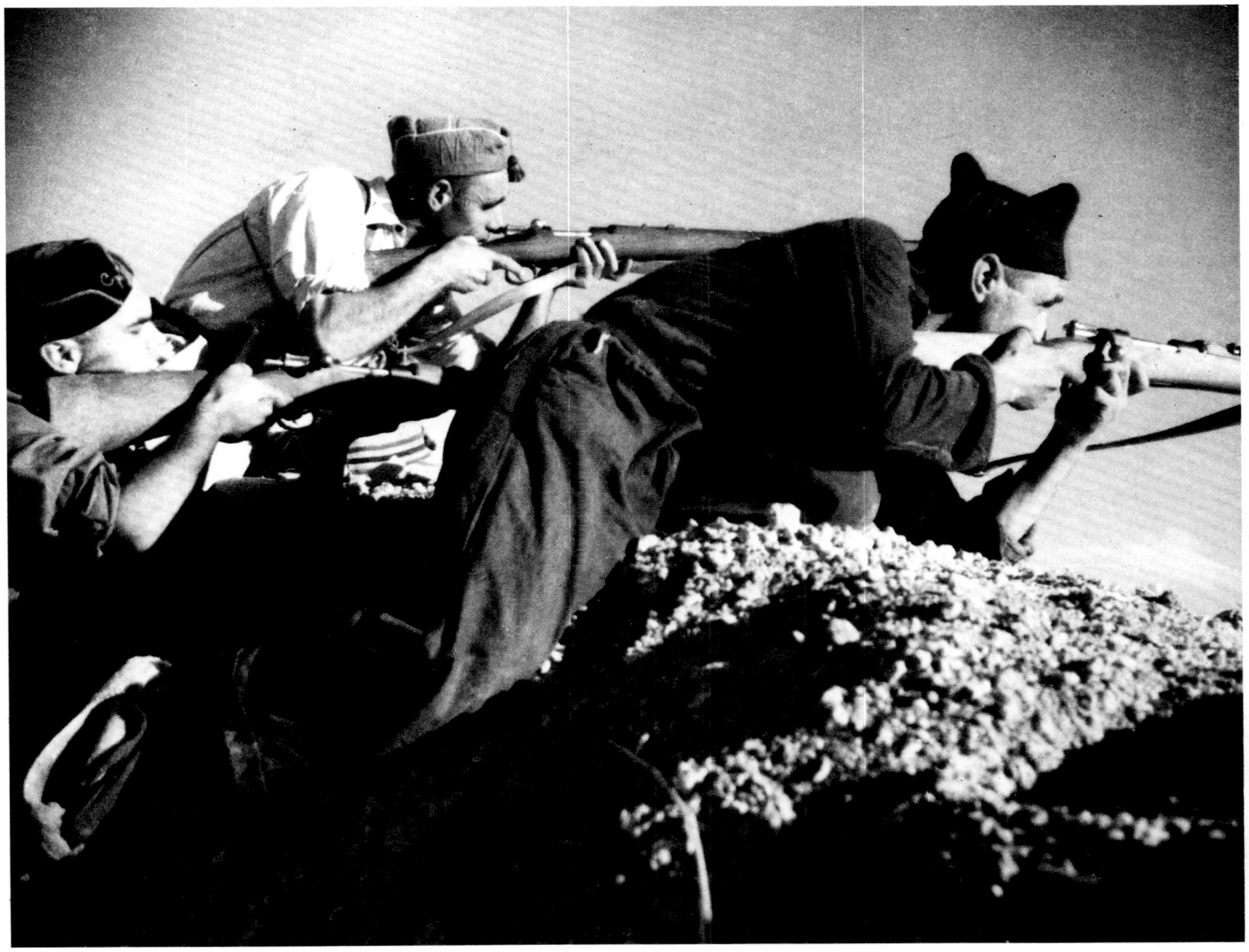

Bei Cerro Muriano (Cordobafront), um den 5. September 1936. Der Mann im weißen Hemd ist der republikanische Soldat, der in Capas berühmtester Photographie fällt (umseitig). Die Anfangsbuchstaben »CNT« auf seinem Käppi stehen für Confederación Nacional del Trabajo, eine anarchosyndikalistische Gewerkschaftsorganisation.

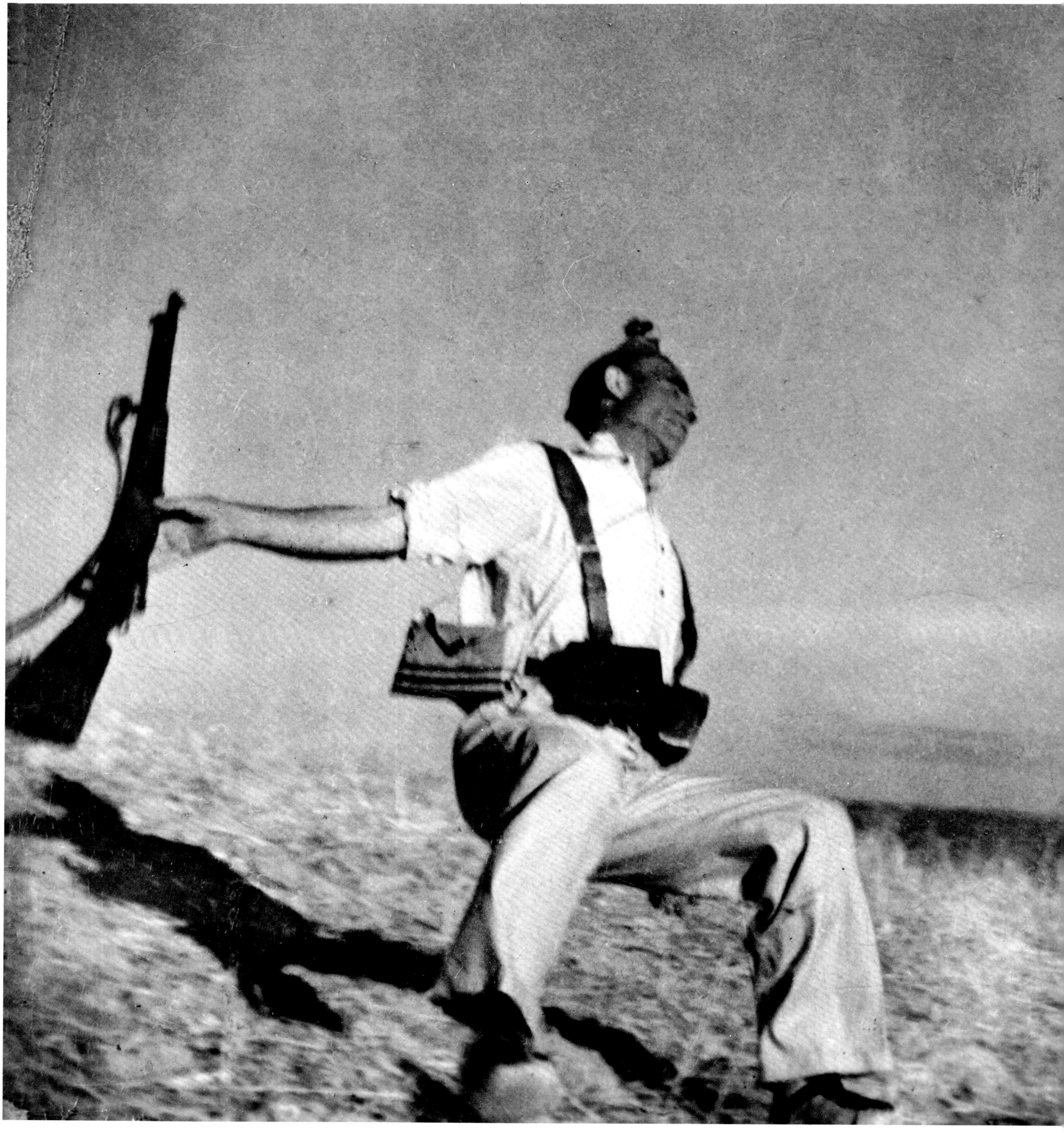

Bei Cerro Muriano (Cordobafront), um den 5. September 1936.

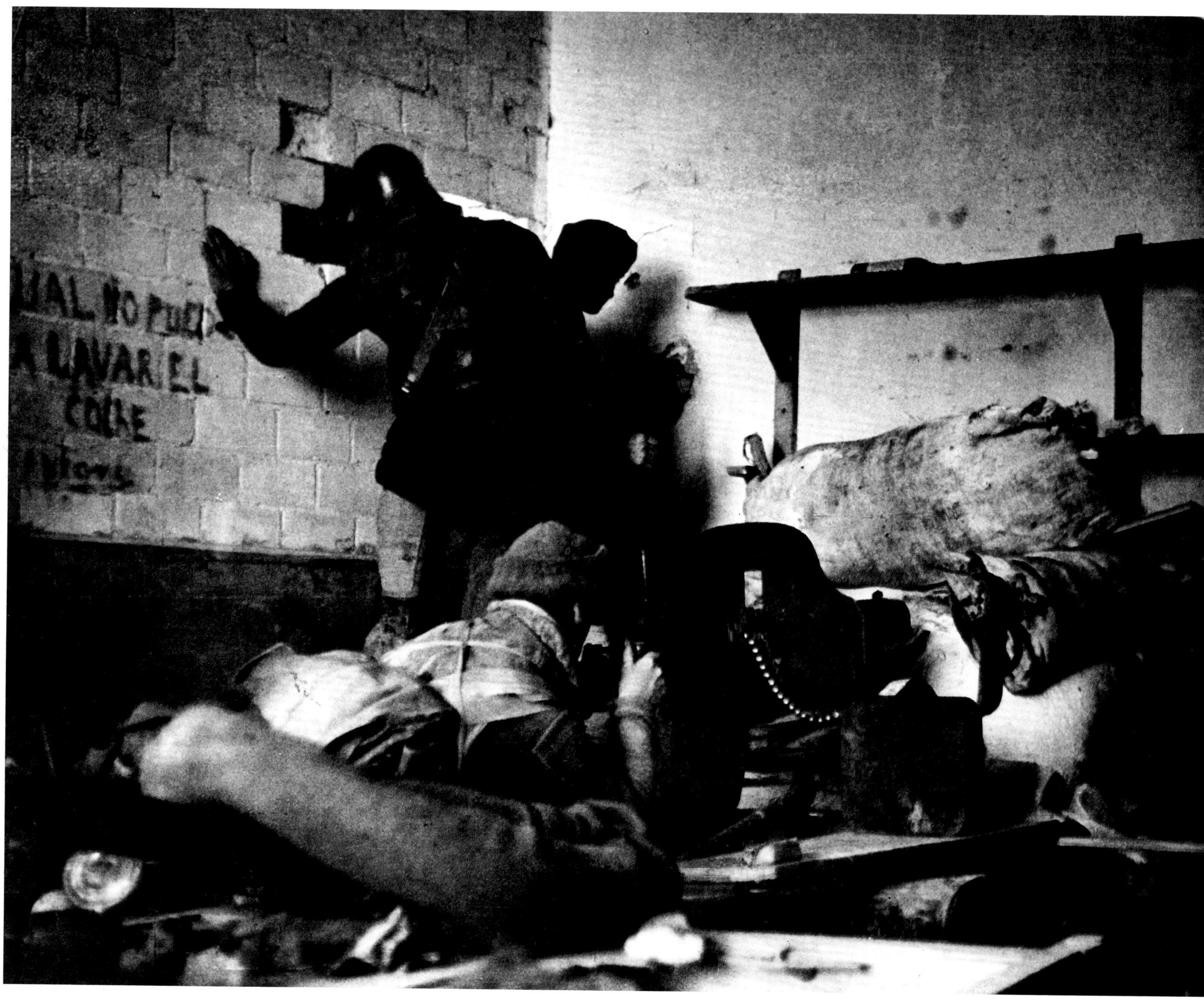
LAVAR EL
COCHE

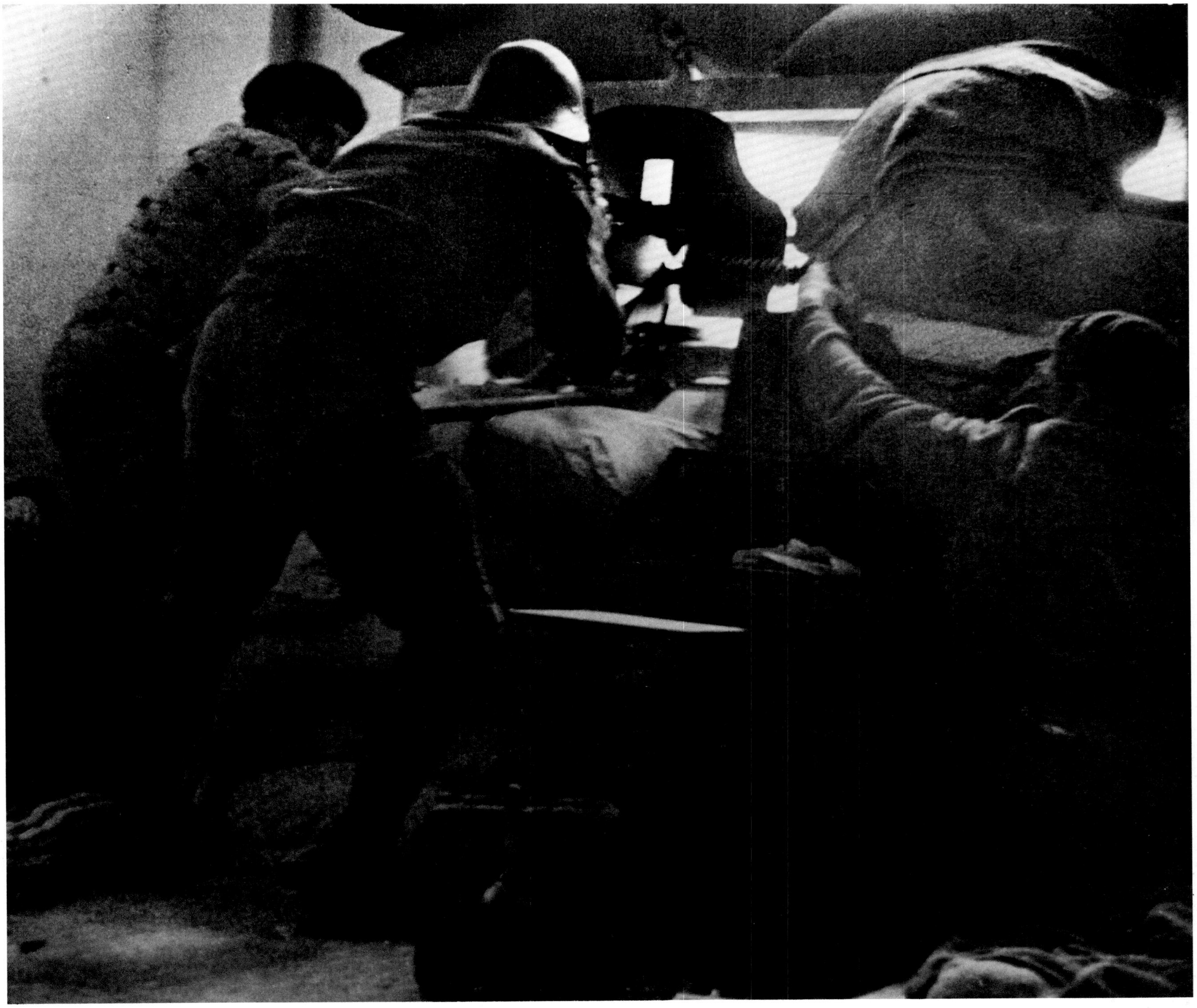

Links: Madrid, November 1936. Männer der Zwölften Internationalen Brigade in einem der landwirtschaftlichen Mustergebäude an der Peripherie des Universitätsviertels.
Oben: Madrid, November 1936. Männer vom Bataillon Commune de Paris in der medizinischen Fakultät der Universität.

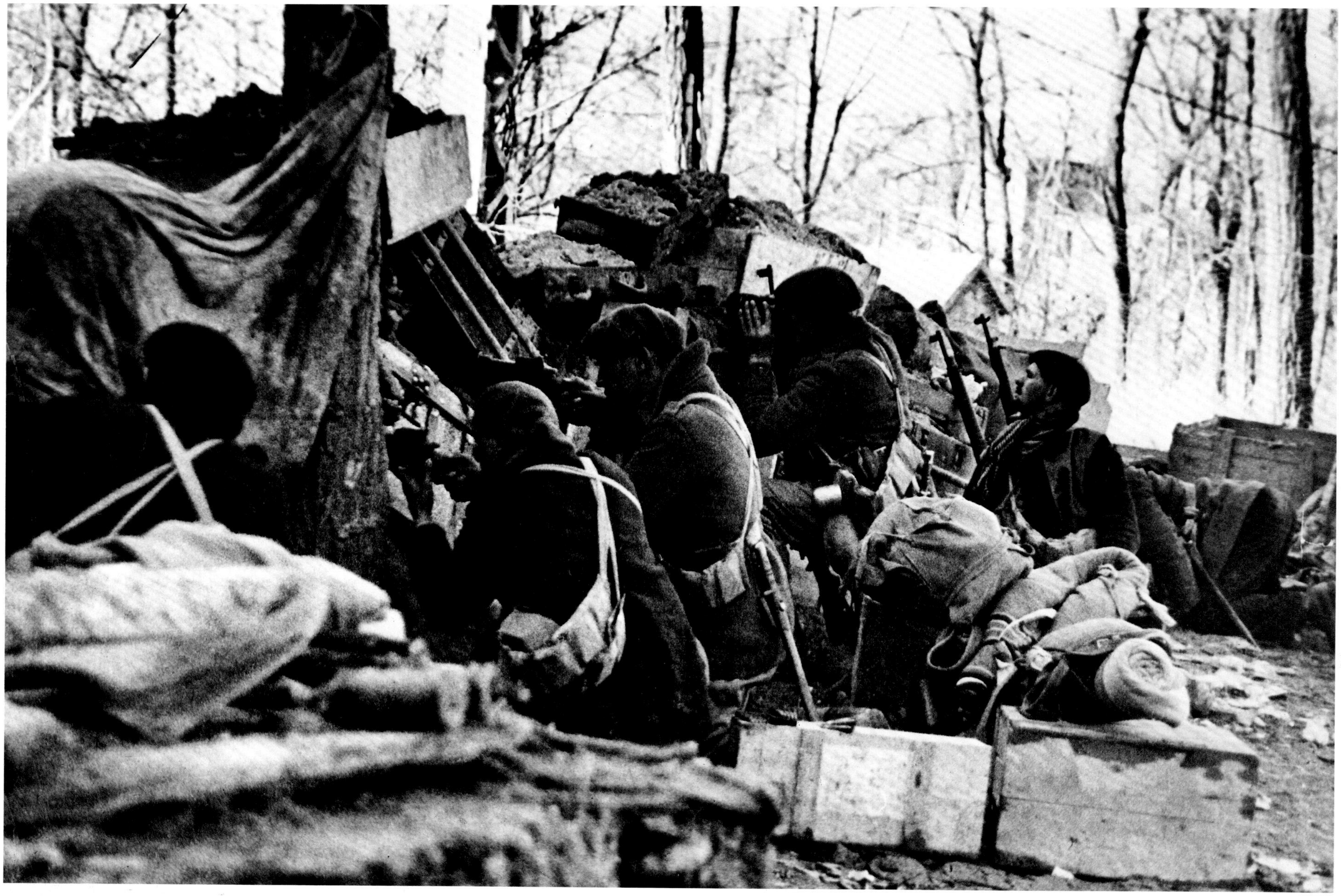

Madrid, November 1936.
Oben: Im Westpark, südlich des Universitätsviertels. Republikaner bei der Besetzung von Barrikaden aus Koffern, die aus der Gepäckaufbewahrung des nahegelegenen Nordbahnhofs geholt und mit Erde gefüllt worden waren.
Rechts: Bei den Schlachthäusern vor der Stadt wird ein Verwundeter in Sicherheit gebracht.

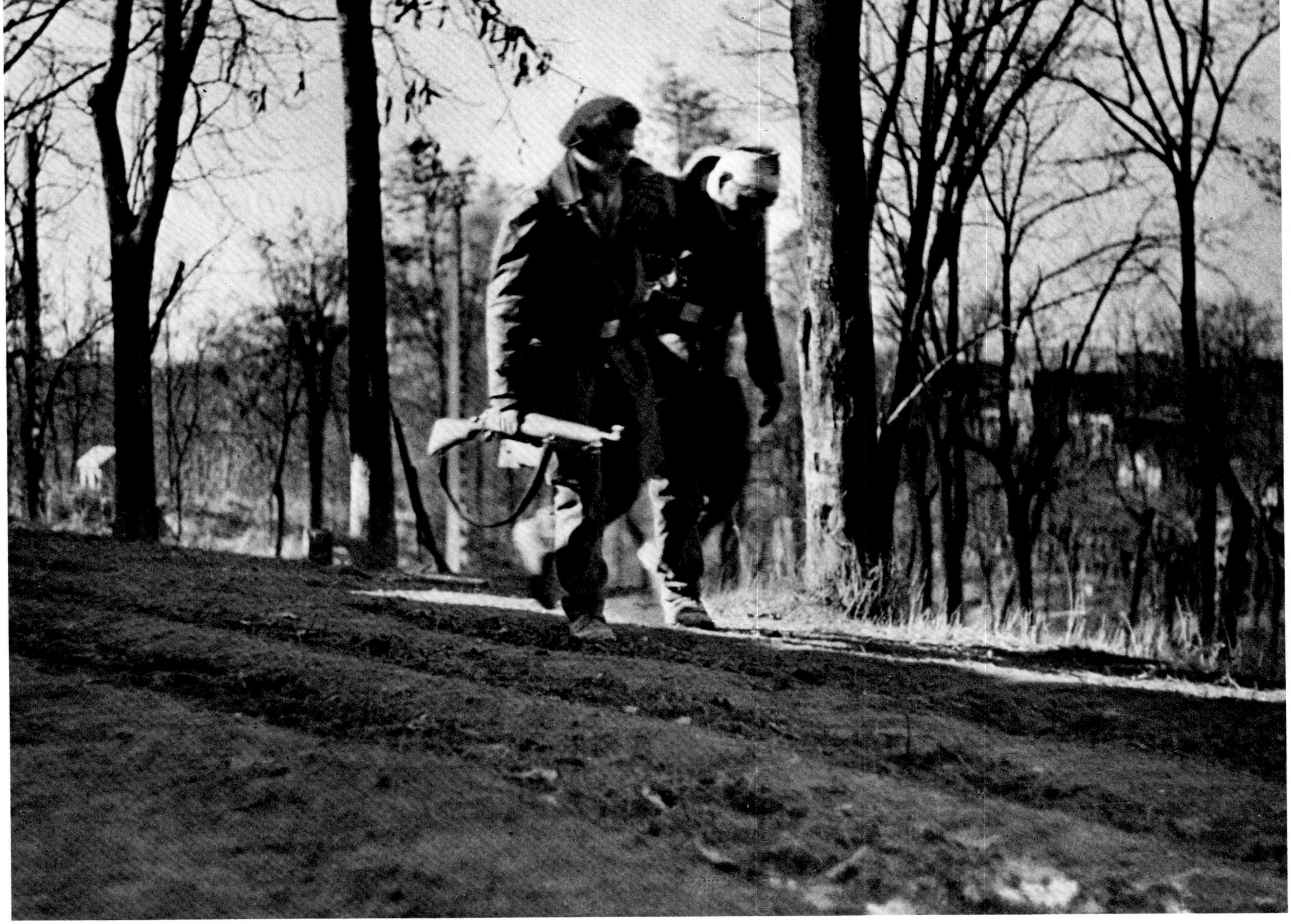

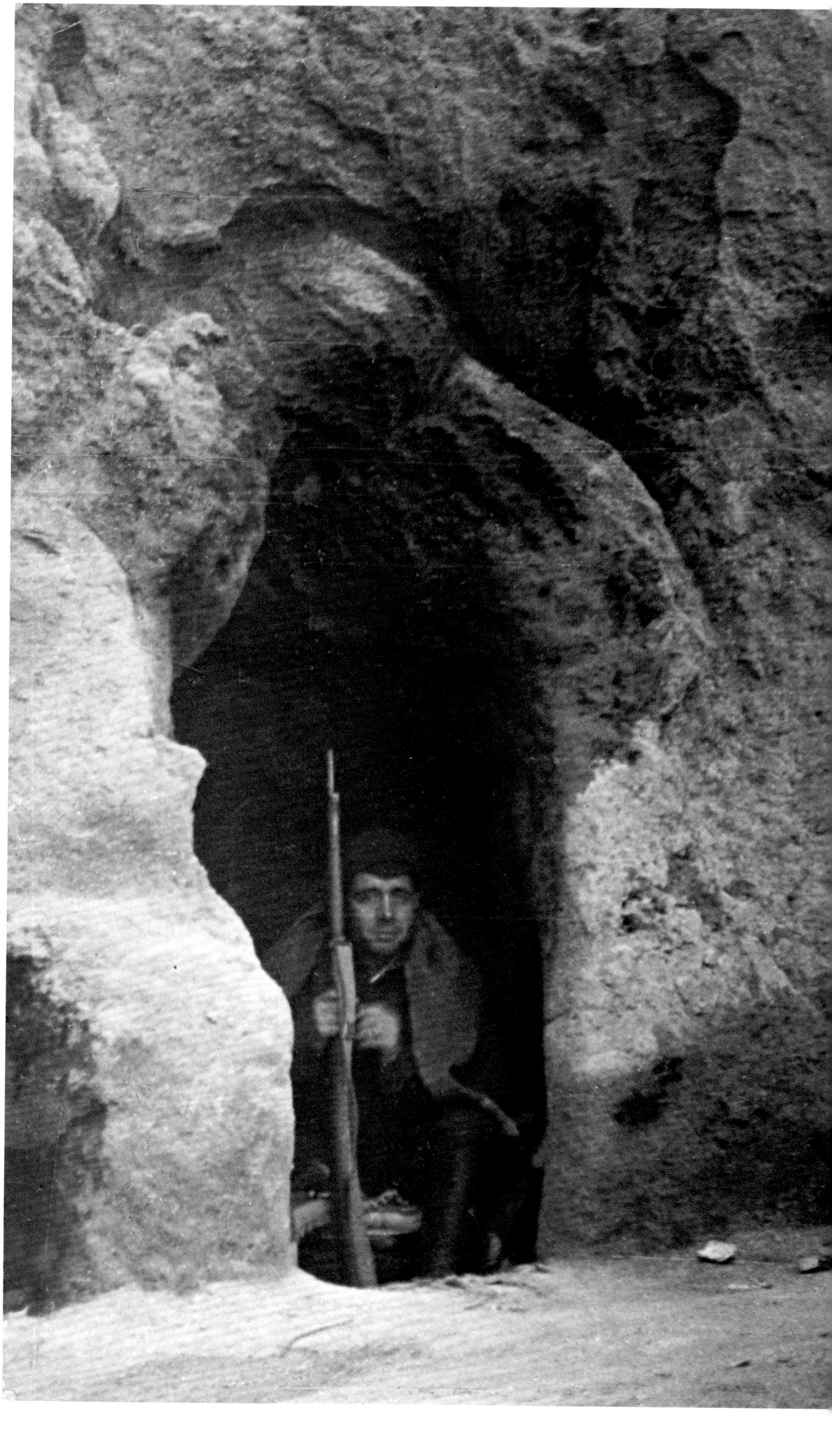

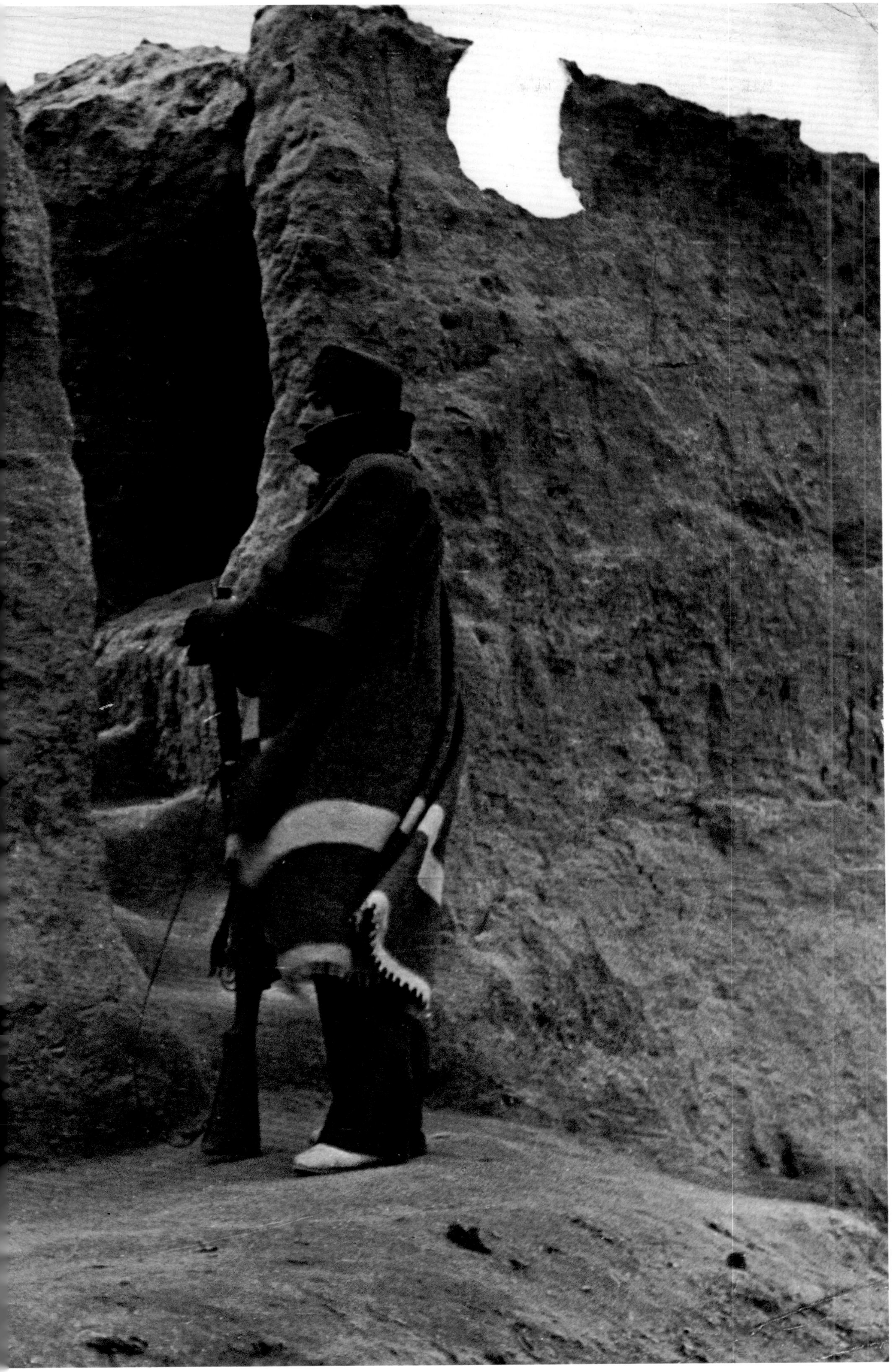

Madrid, Februar 1937. Republikanische Feldschanzen rund um die Universitätsklinik, einer der wichtigsten Stützpunkte der Aufständischen im Universitätsviertel.

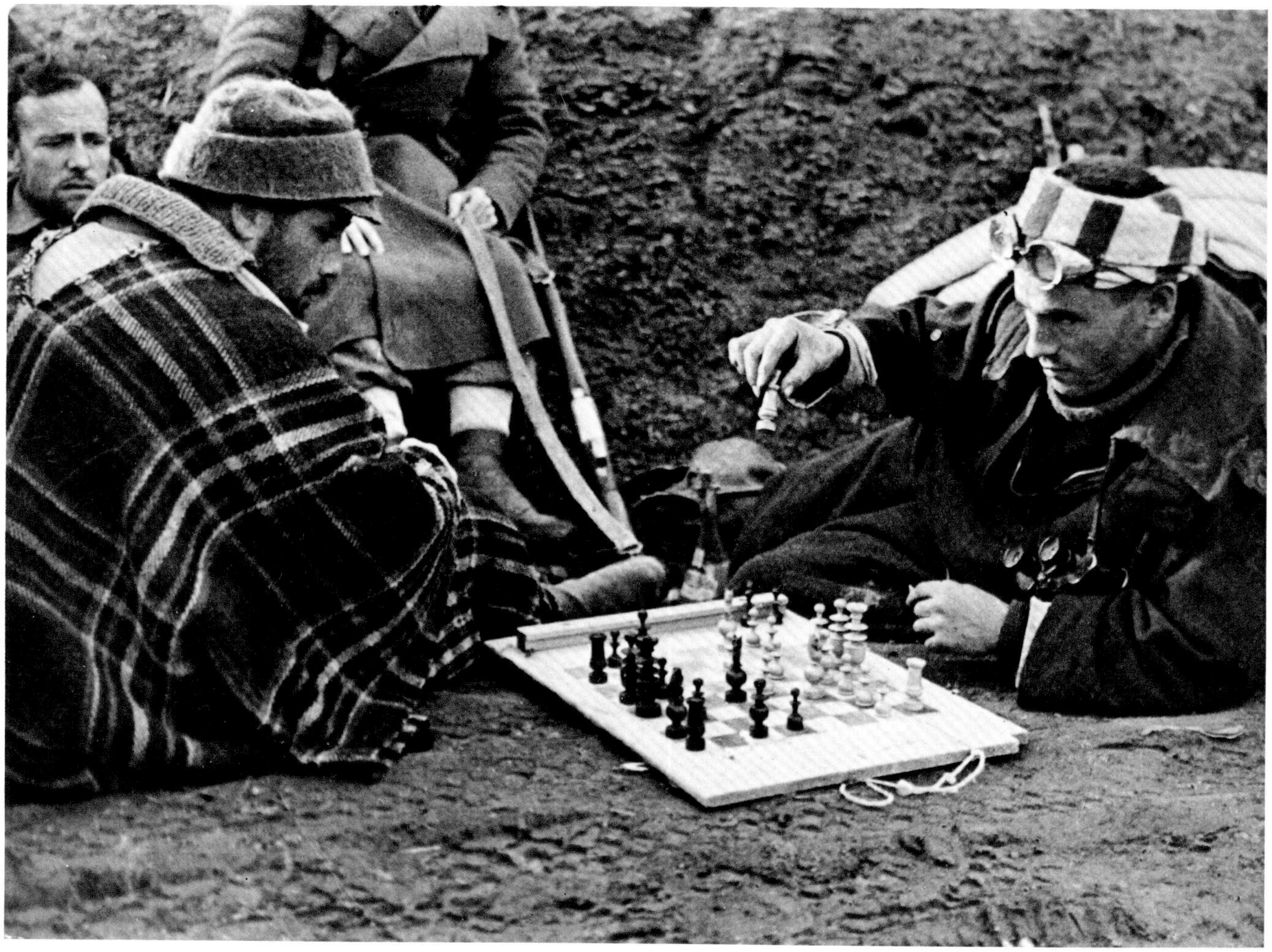

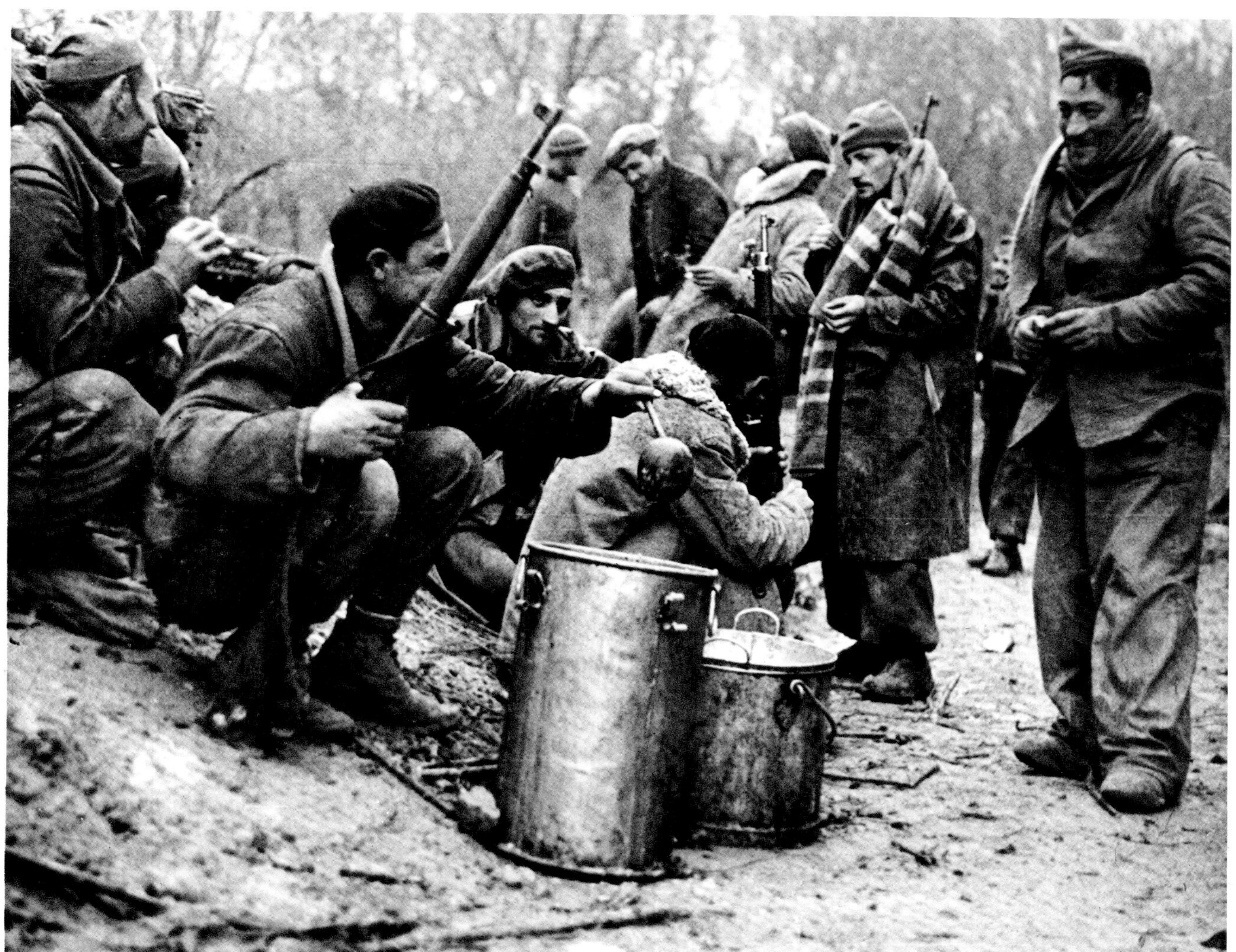

Madrid, November-Dezember 1936.
Hinter den Linien.

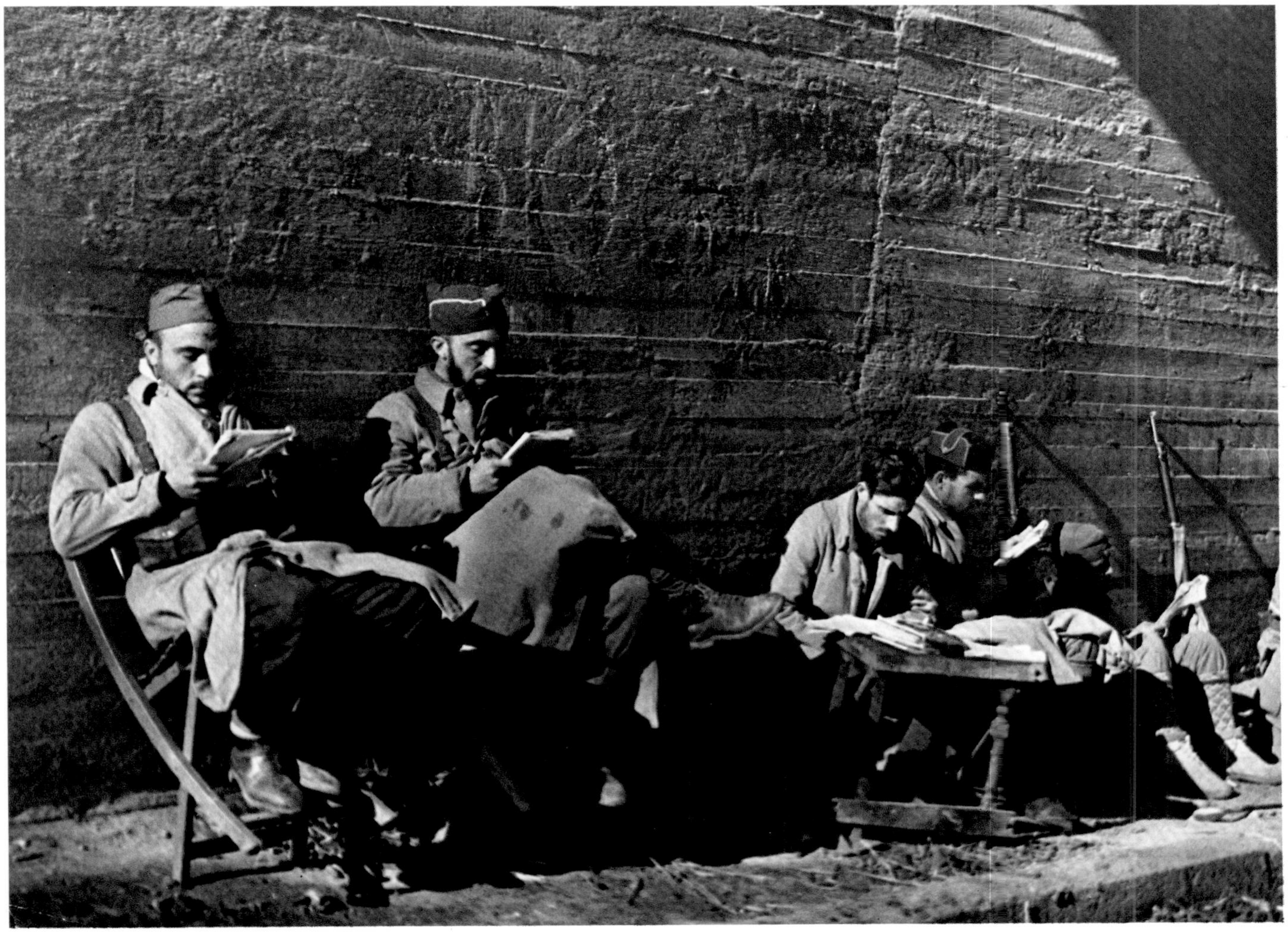

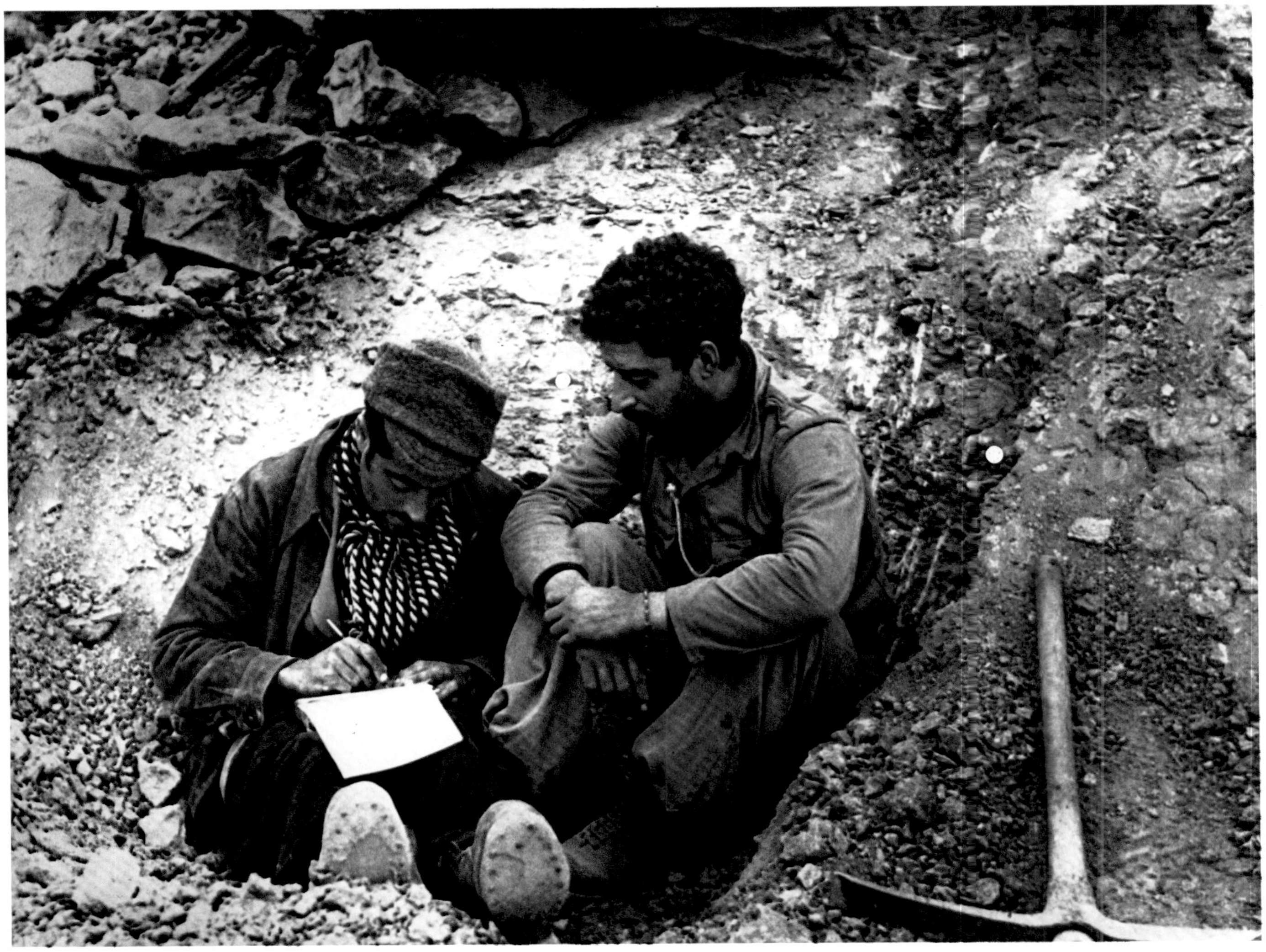

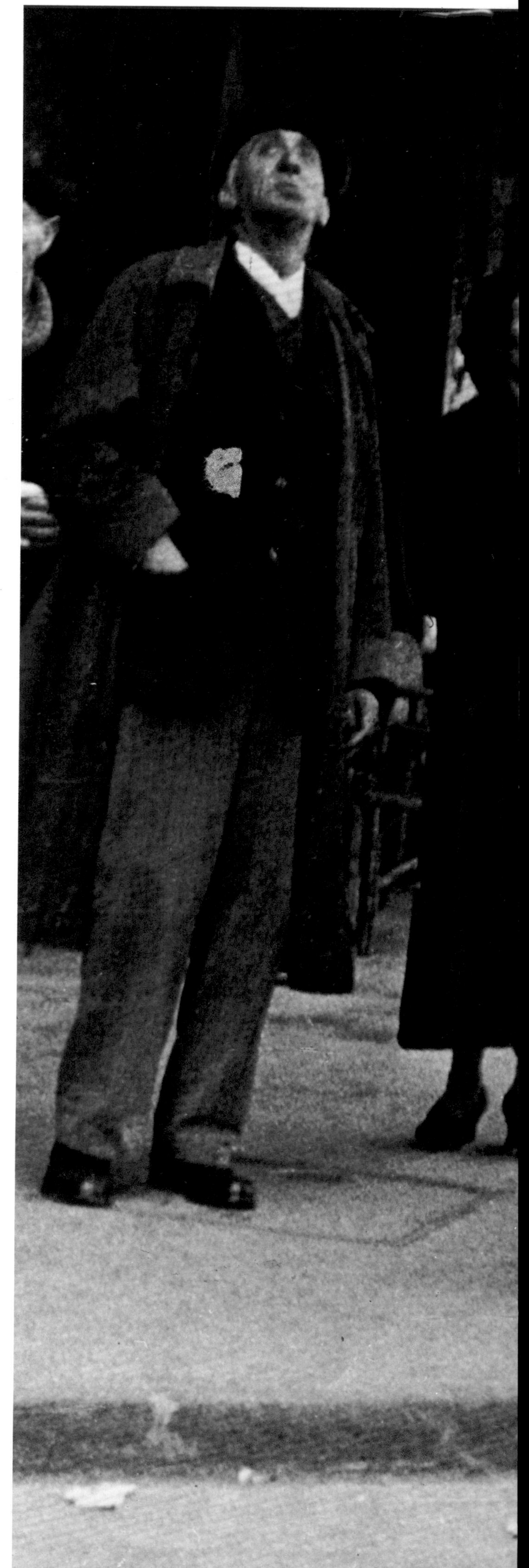

Bilbao, Mai 1937. Fliegeralarm.

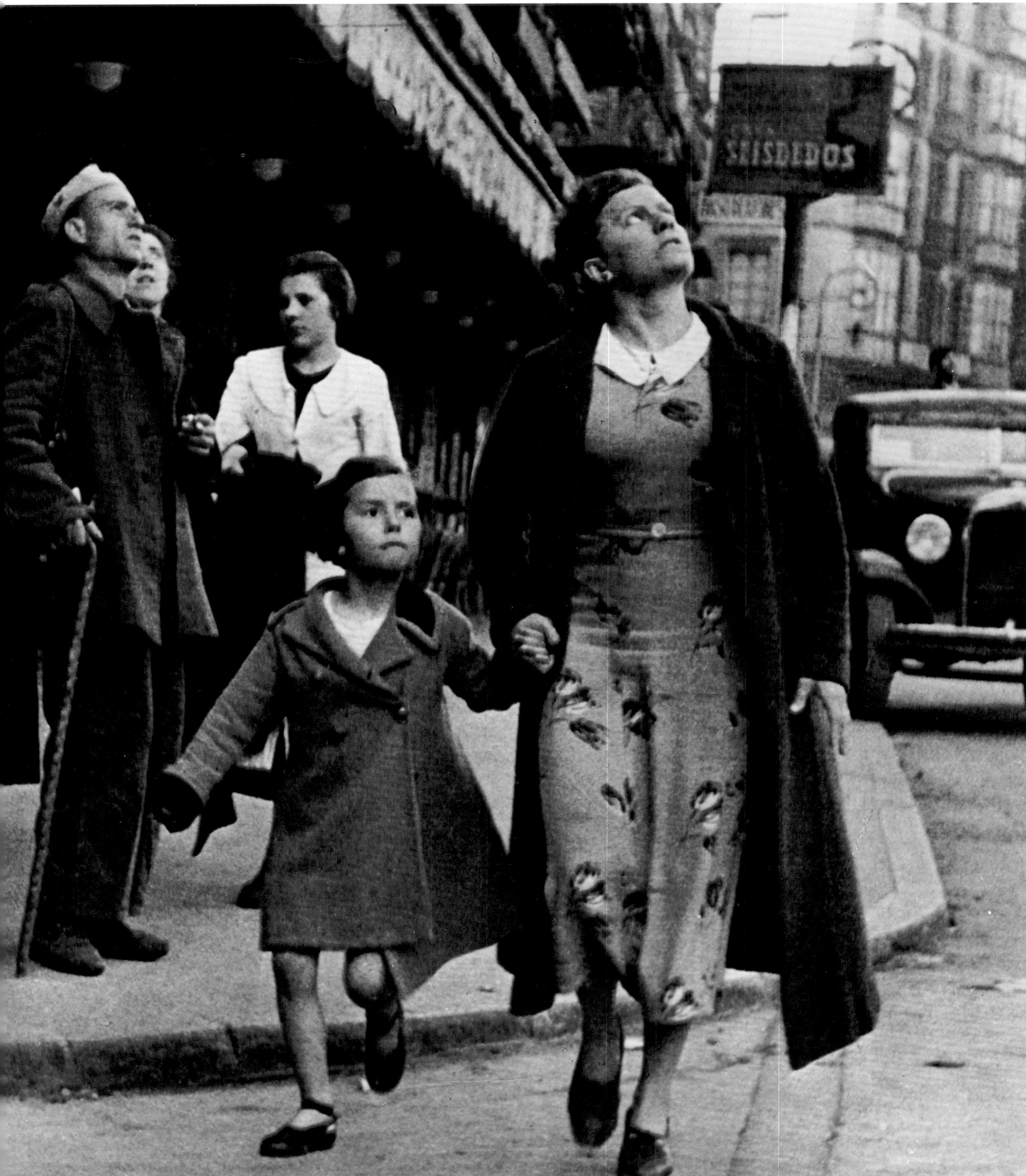
SEISDEDOS

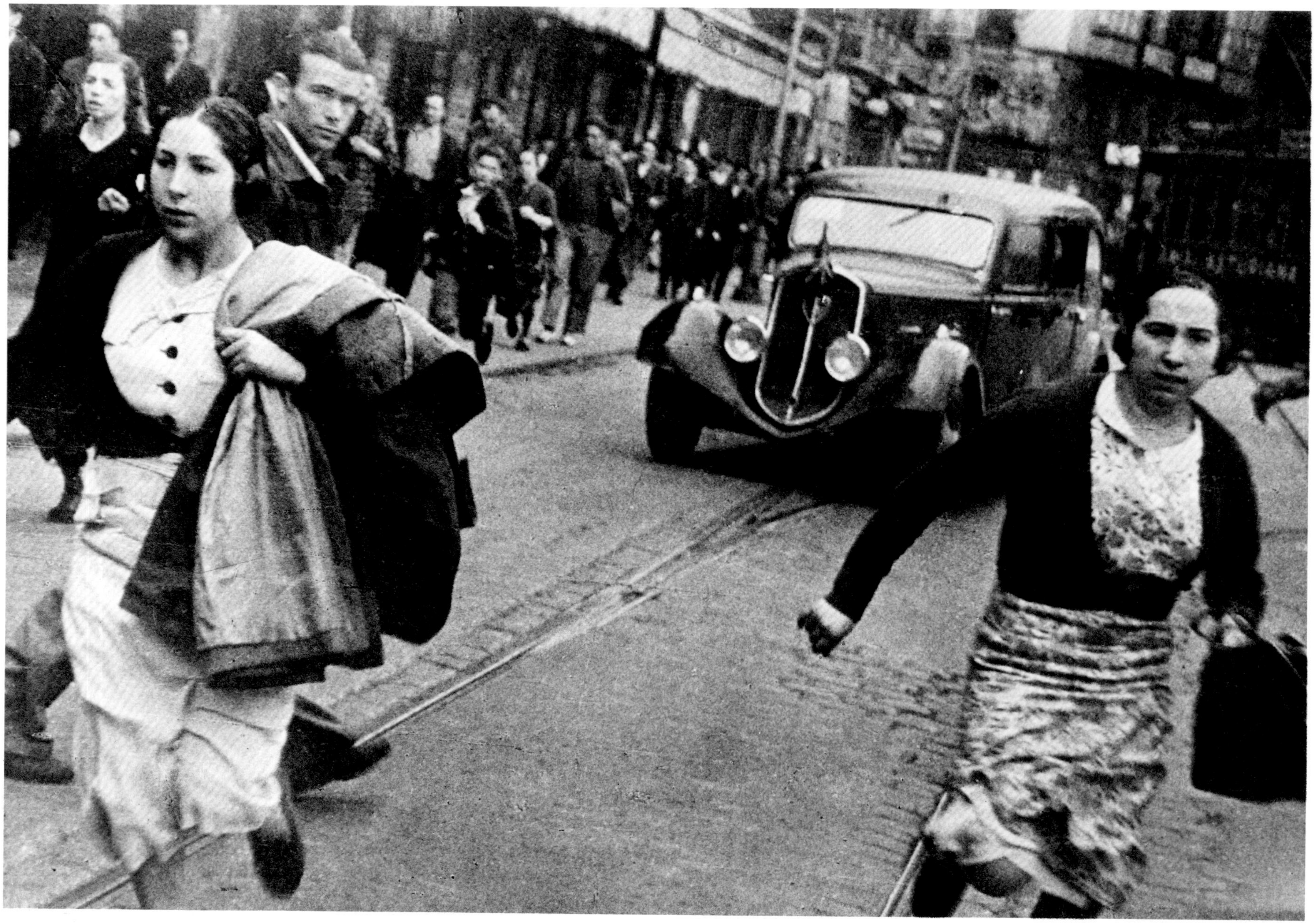

Bilbao, Mai 1937.

Barcelona, Januar 1939.

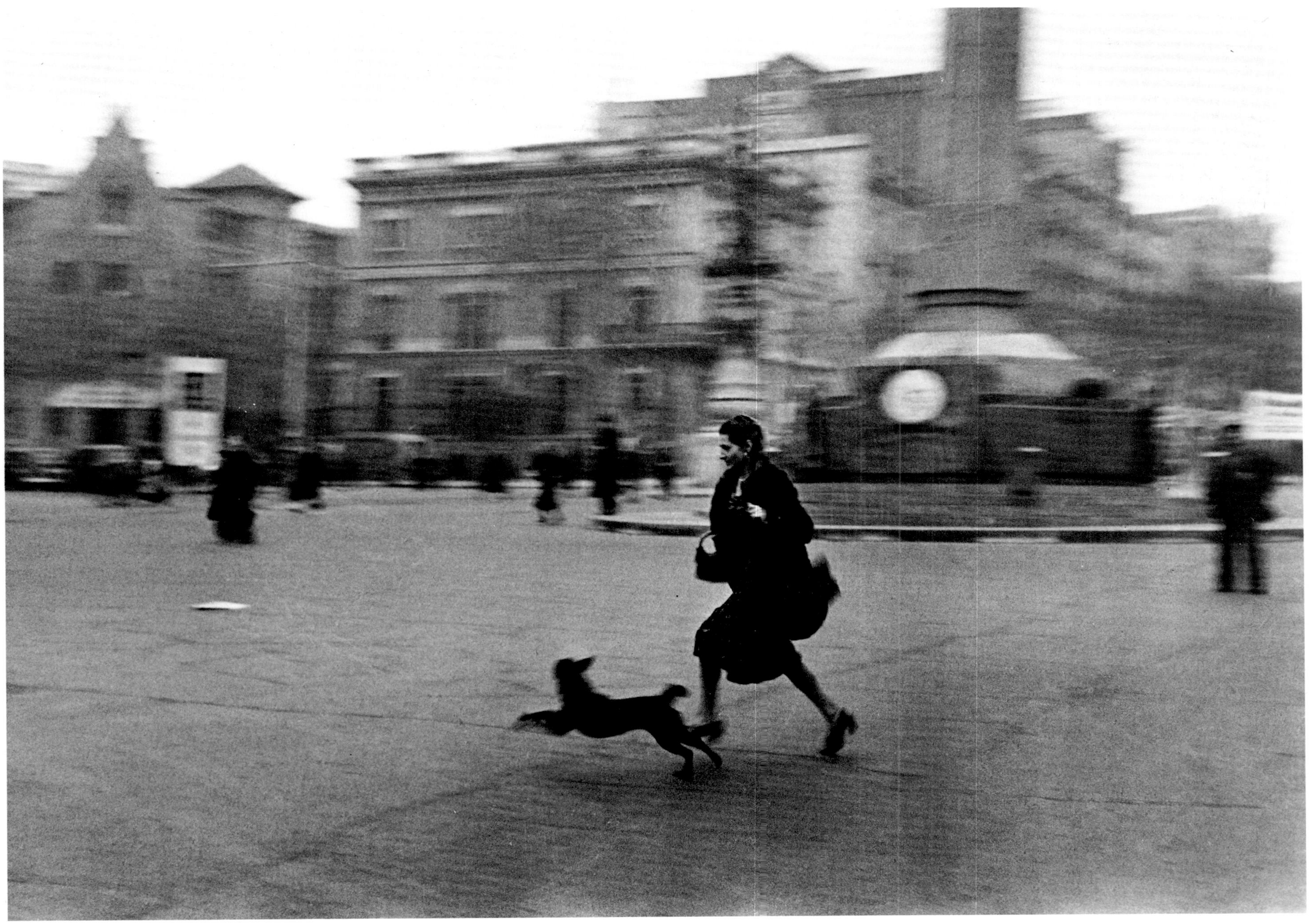

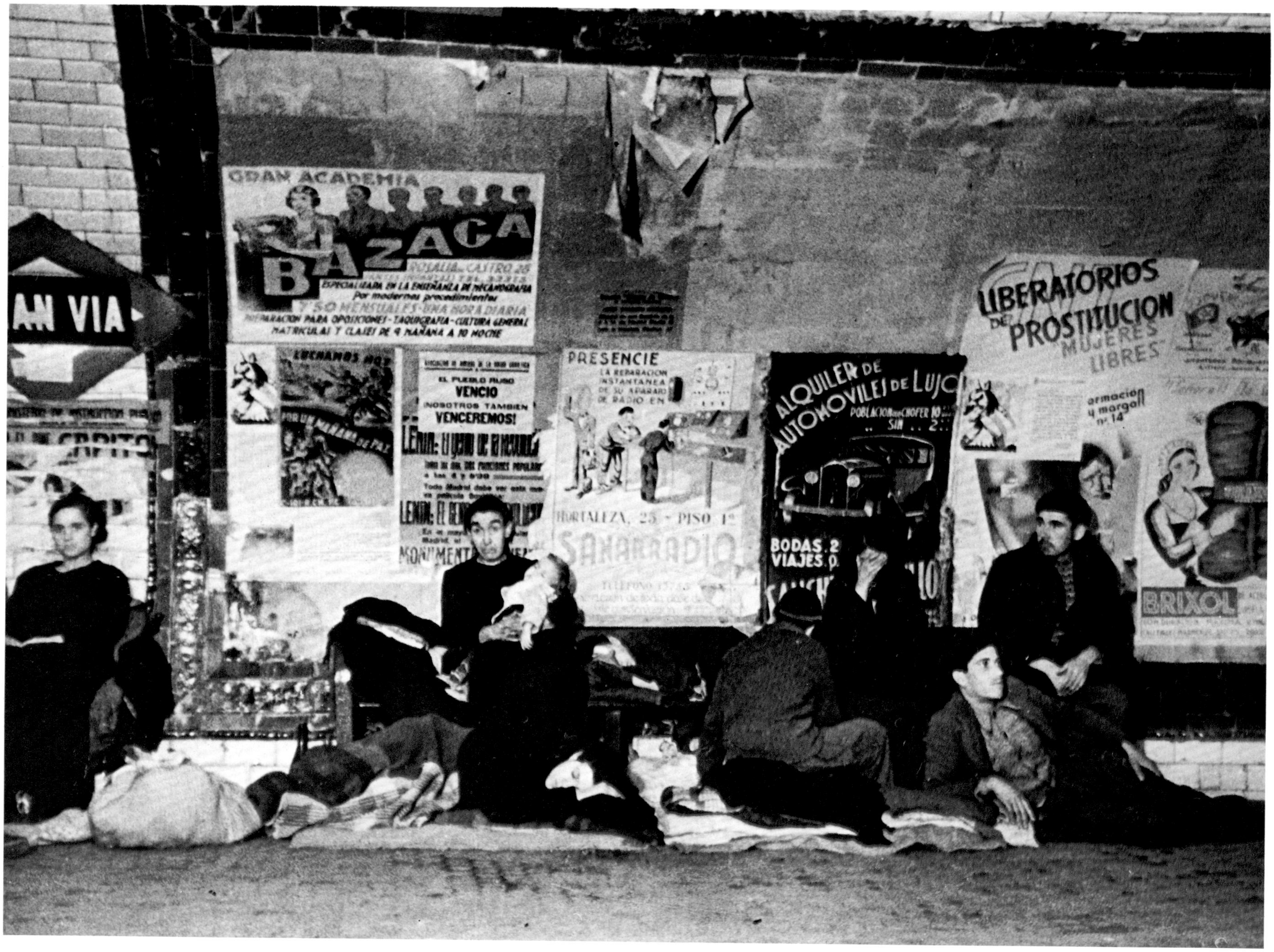

Oben: Madrid, November-Dezember 1936. Obdachlose und Passanten auf der Suche nach Schutz vor den Bomben auf dem Bahnsteig der U-Bahnstation Gran Vía.
Rechts: Murcia, Februar 1937. Flüchtlinge aus Malaga.

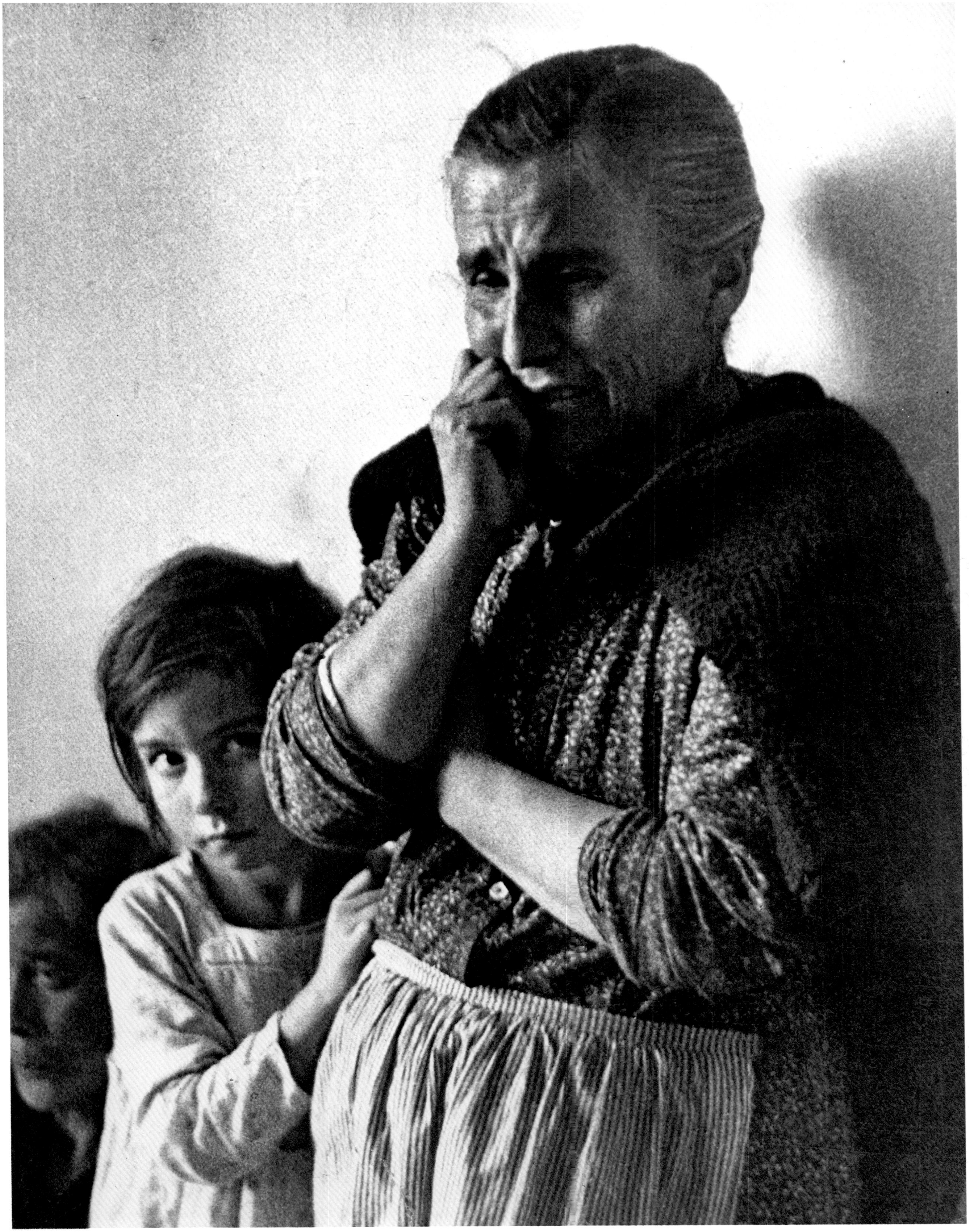

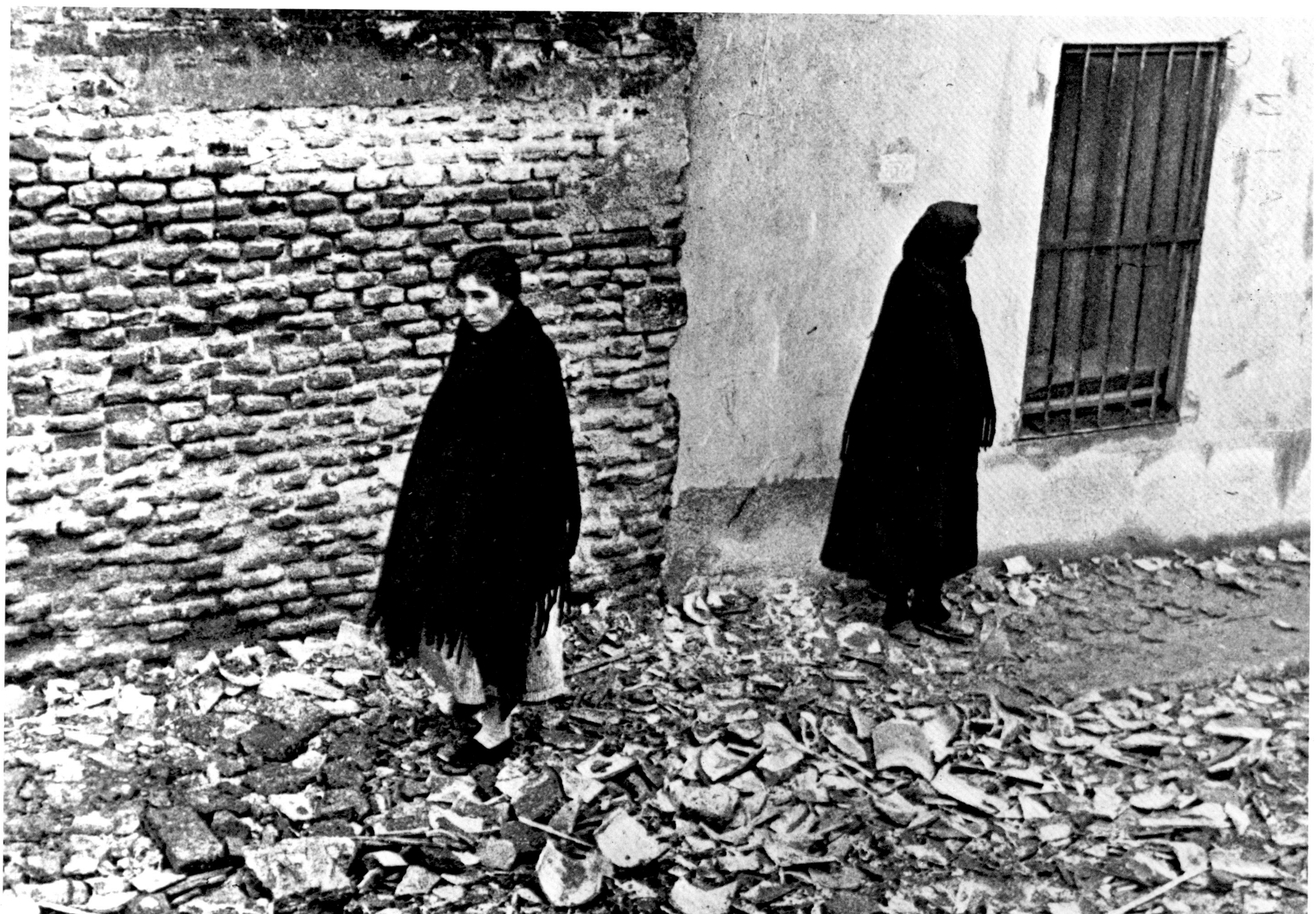

Madrid, November-Dezember 1936.

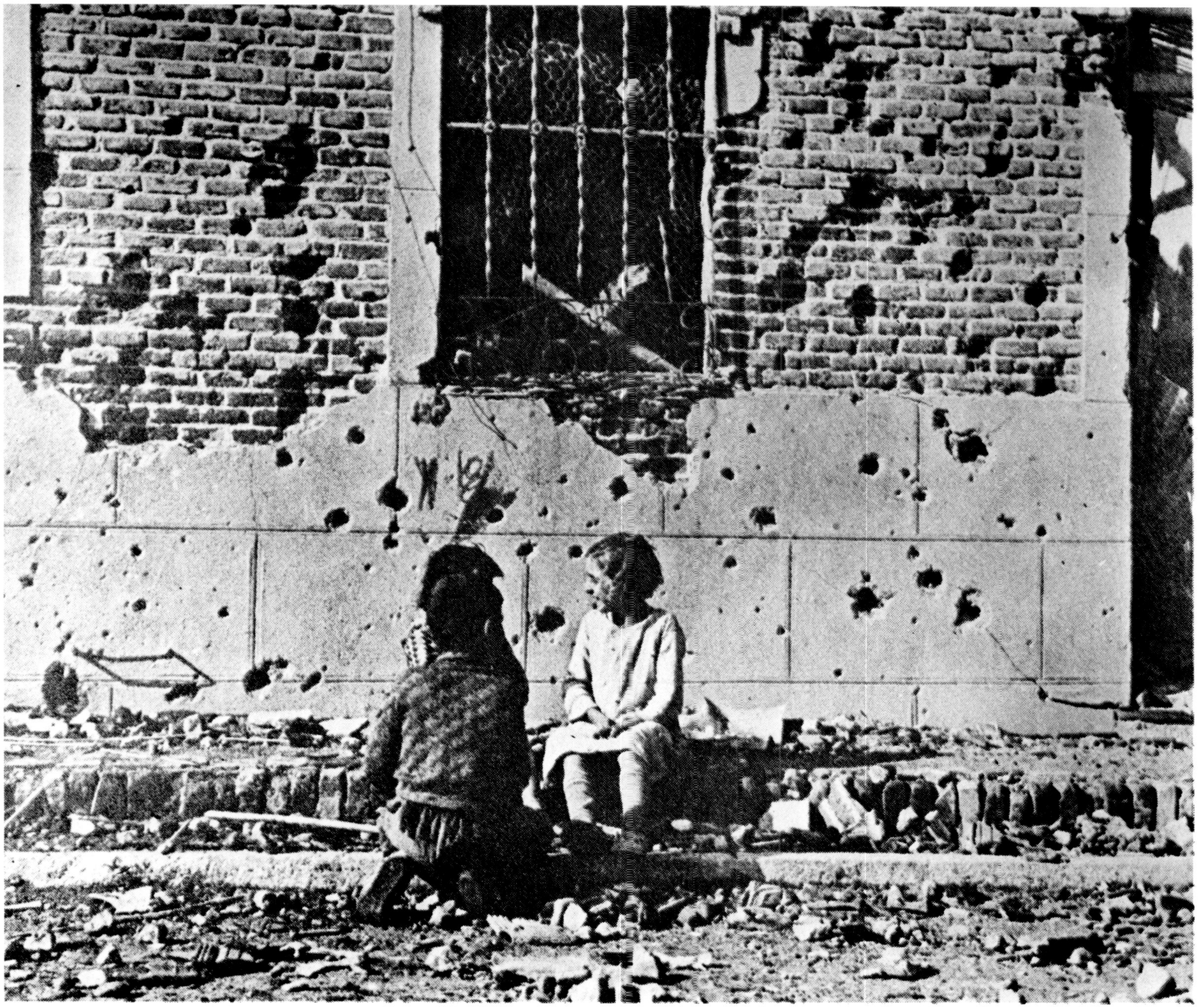

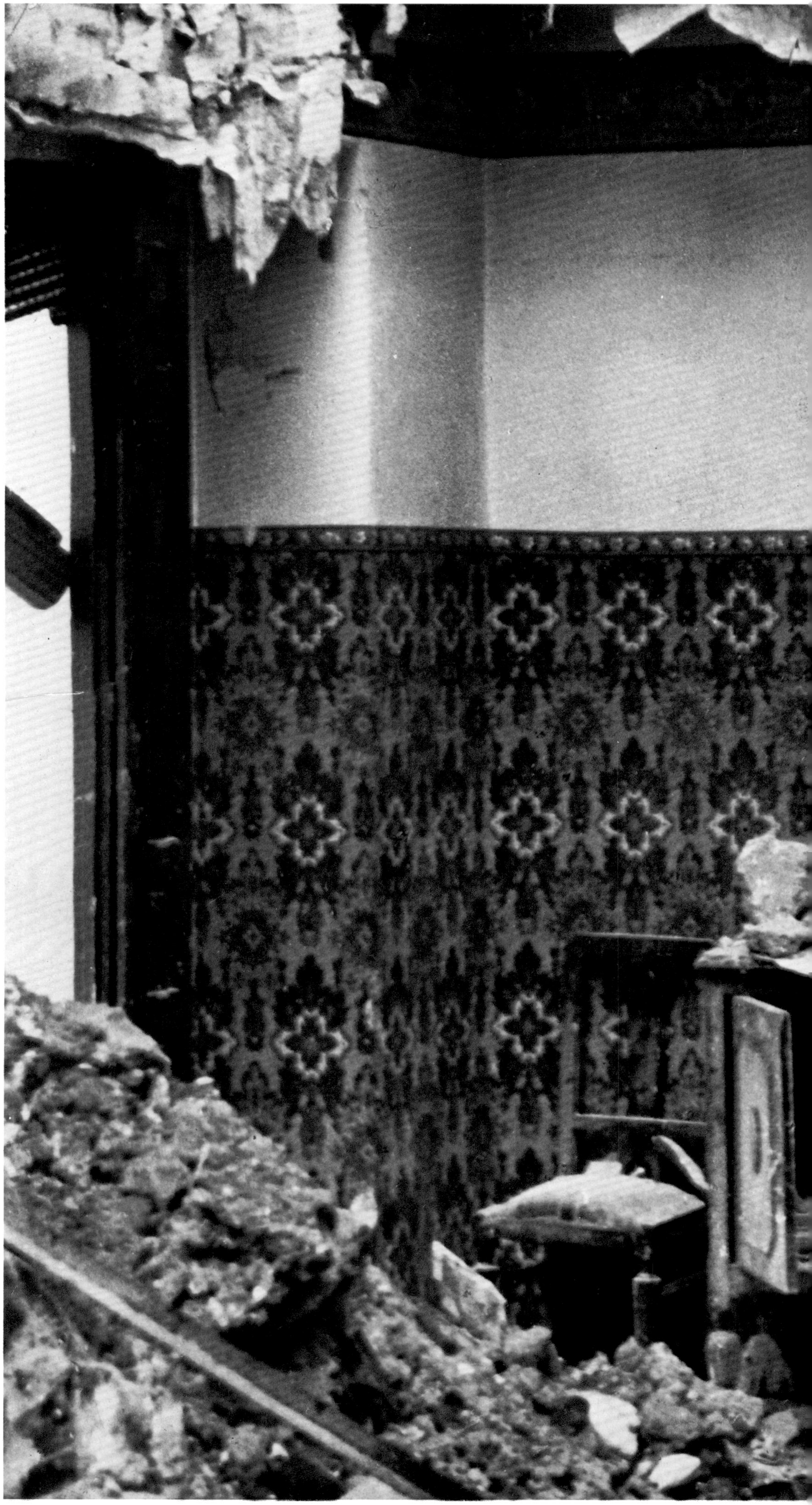

Madrid, November-Dezember 1936.

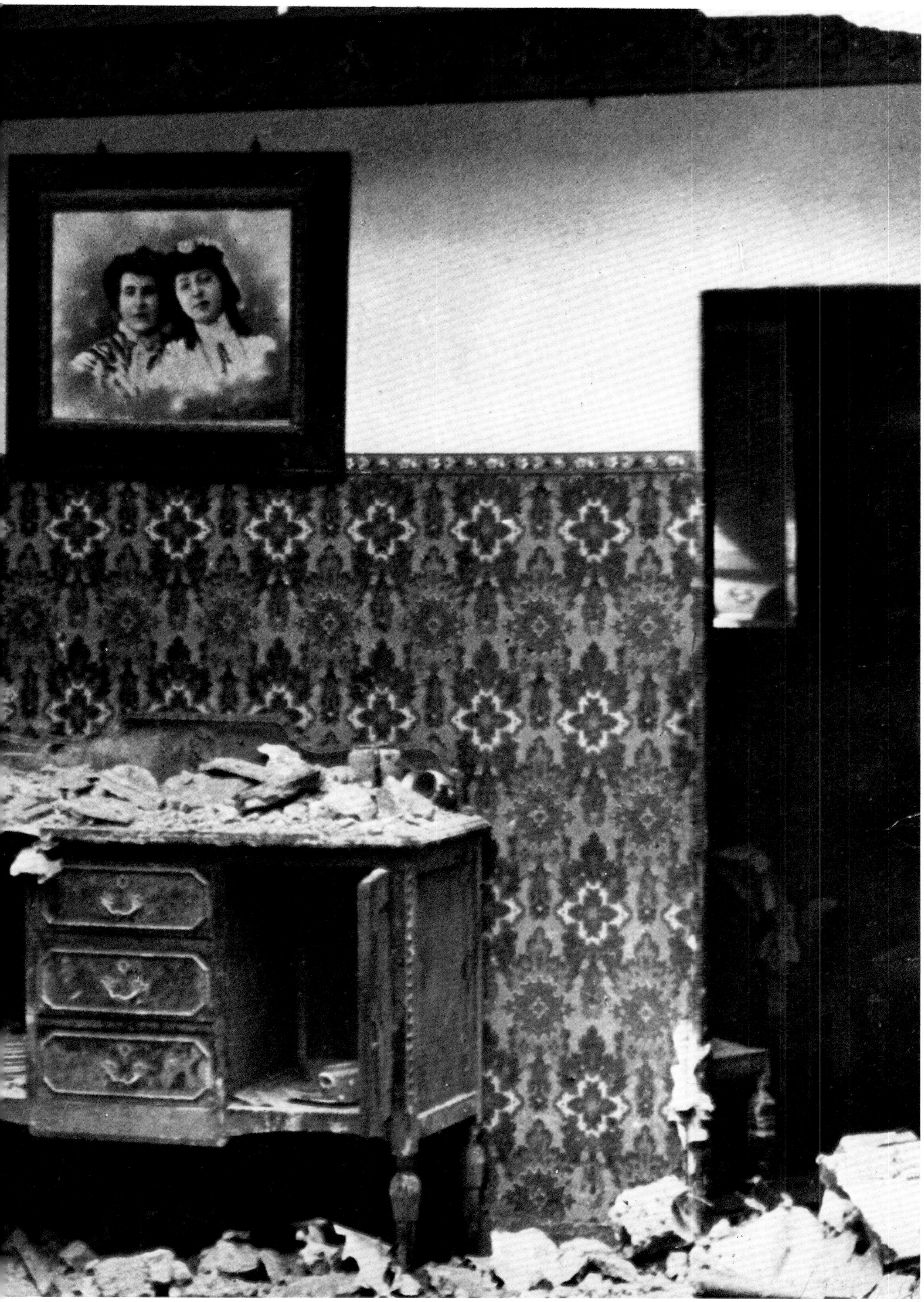

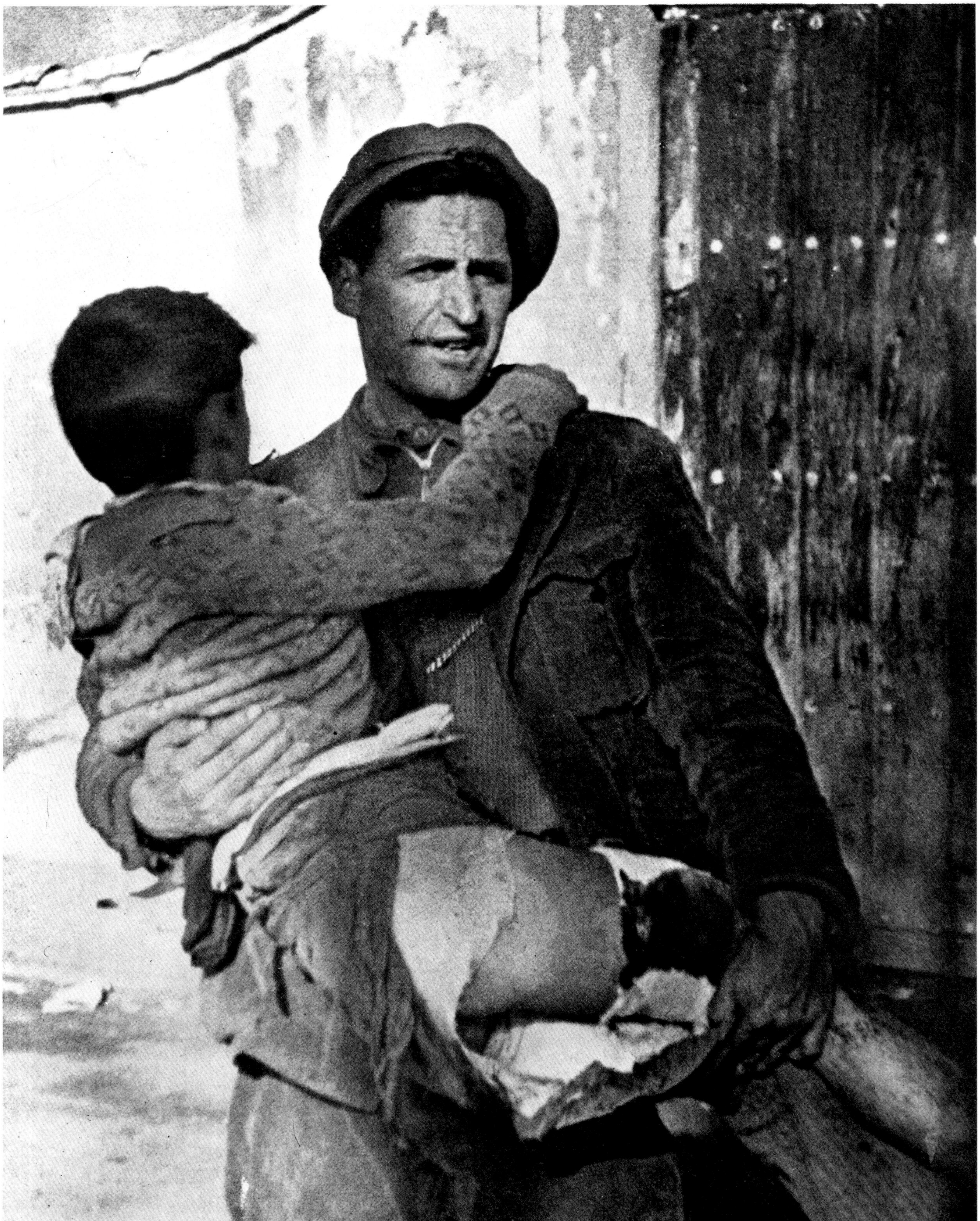

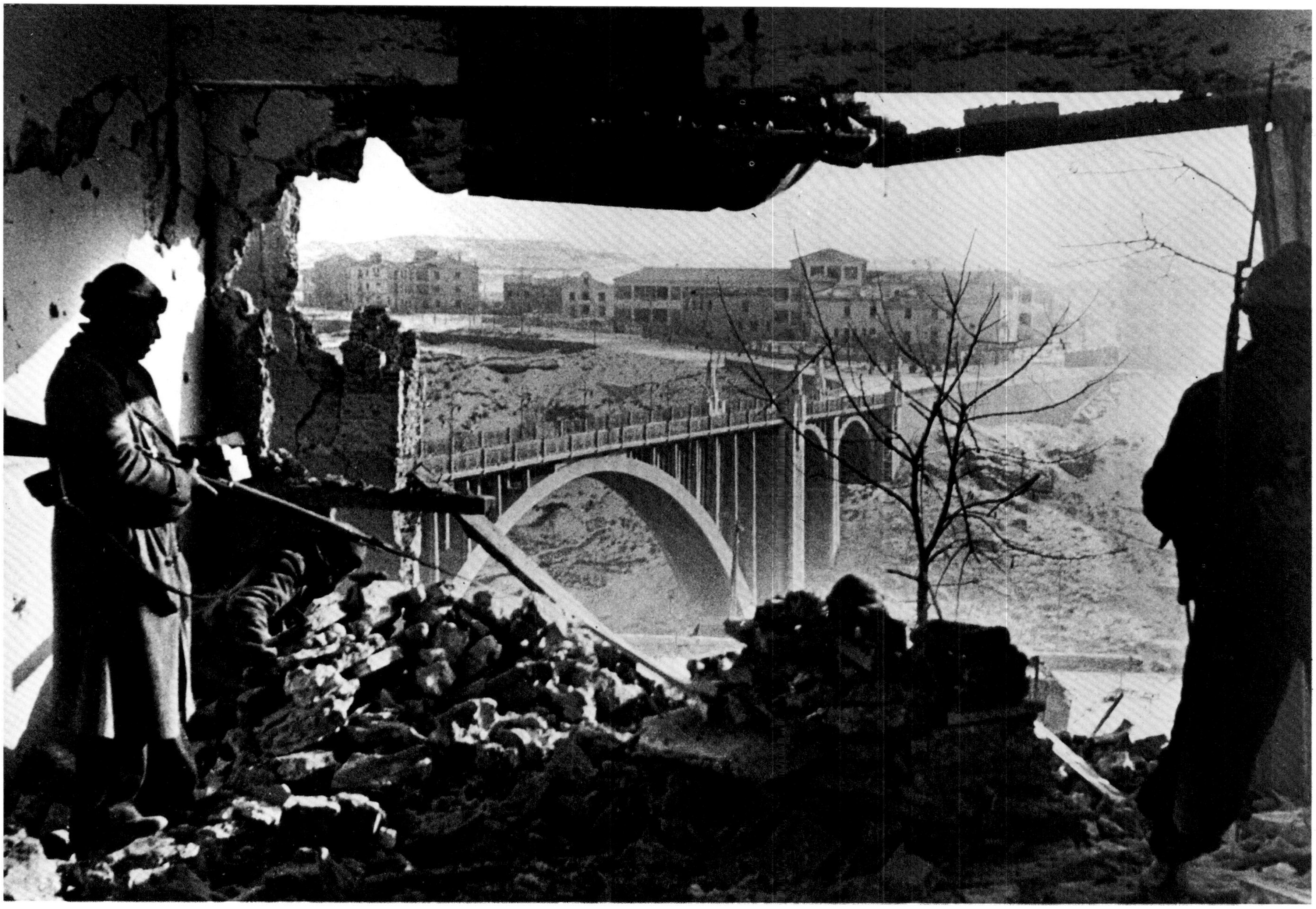

Links: Teruel (Aragonien), 21. Dezember 1937.
Oben: Teruel, 3. Januar 1938. Republikanische Soldaten im Gebäude der Zivilverwaltung, dem letzten wichtigen Stützpunkt der Aufständischen in dieser auf einem strategisch wichtigen Hügel gelegenen Stadt. Zuvor hatten die Republikaner Minen zur Explosion gebracht und eine ganze Mauer des Gebäudes weggesprengt.

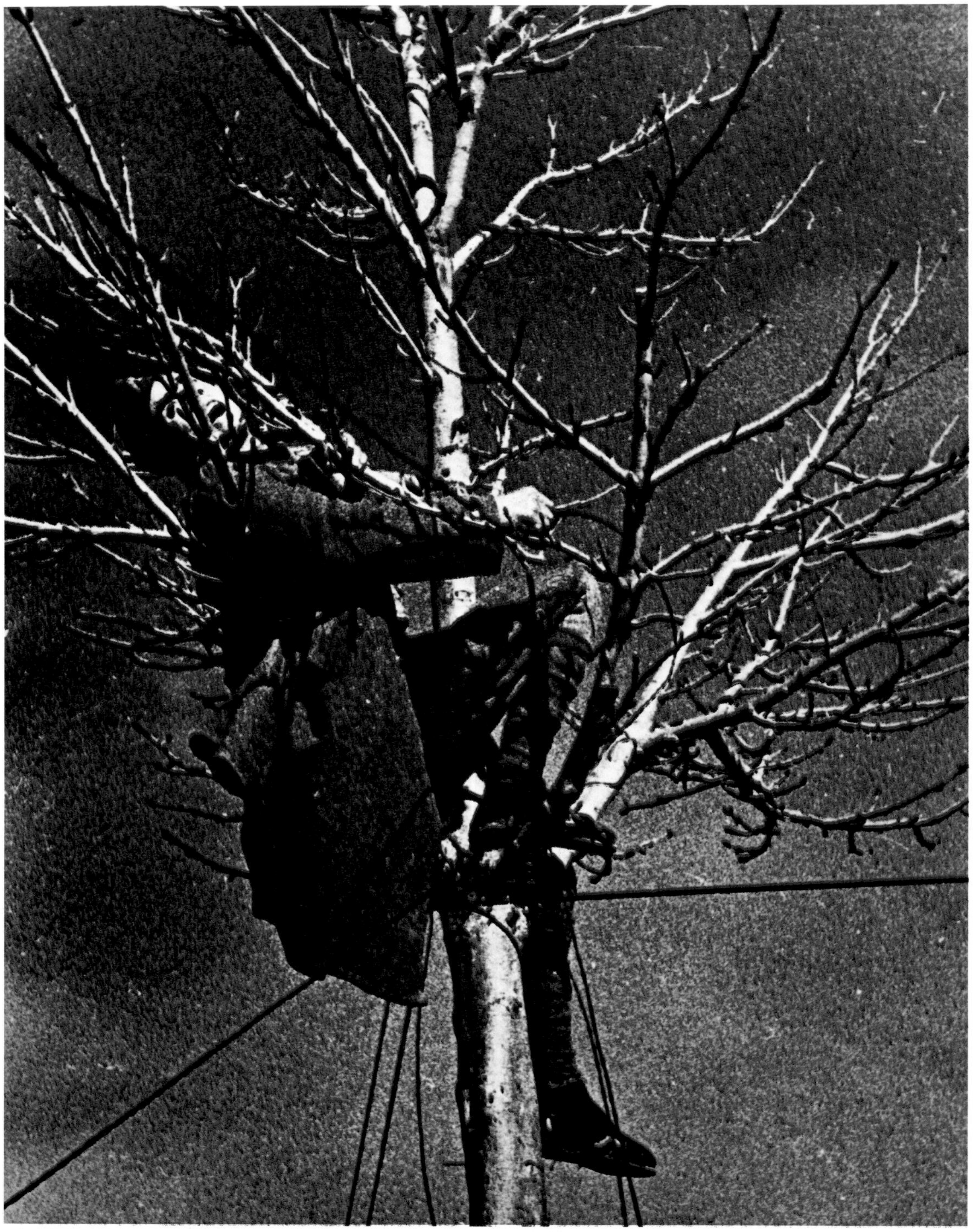

Teruel, 21.–24. Dezember 1937.

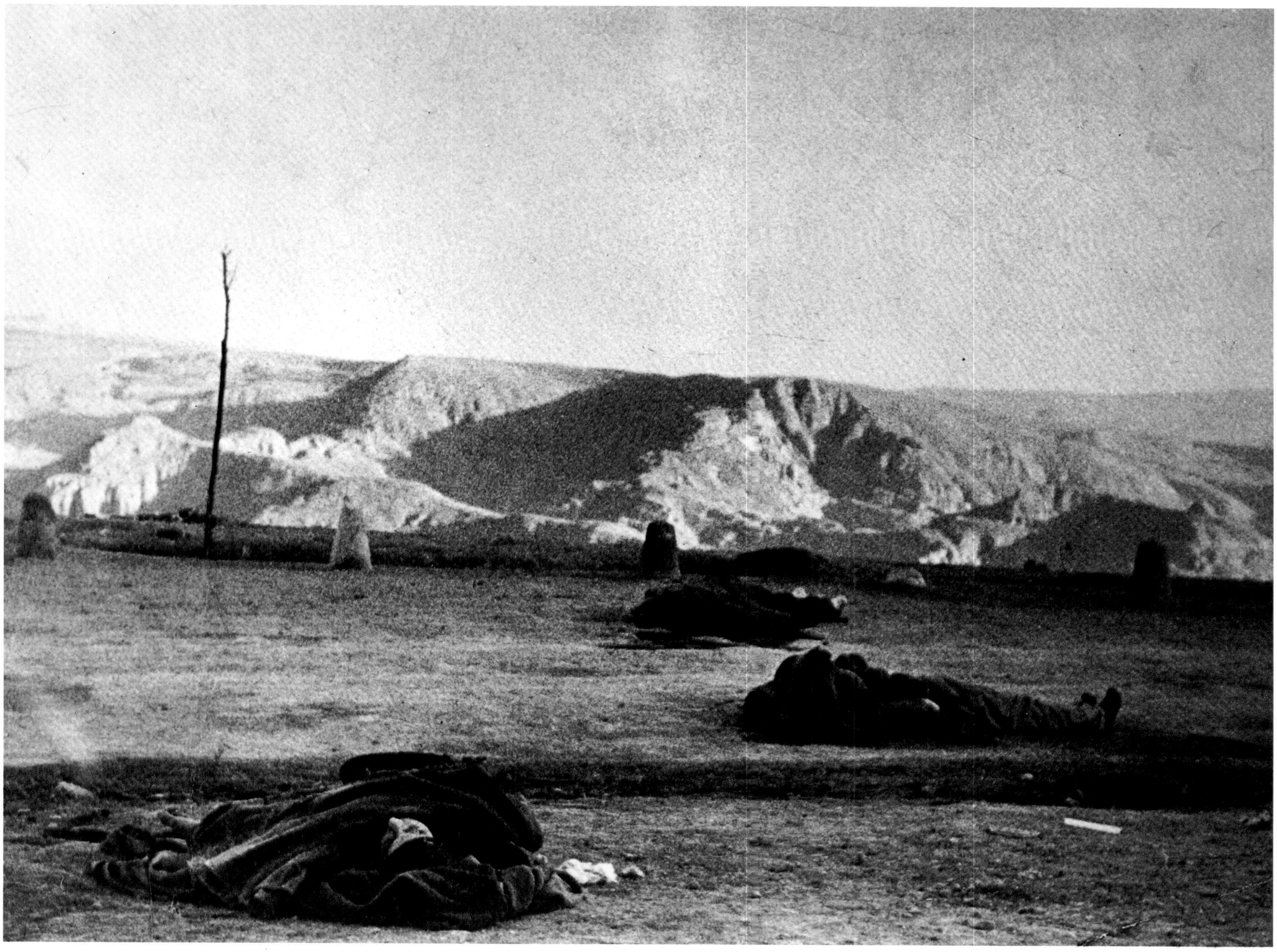

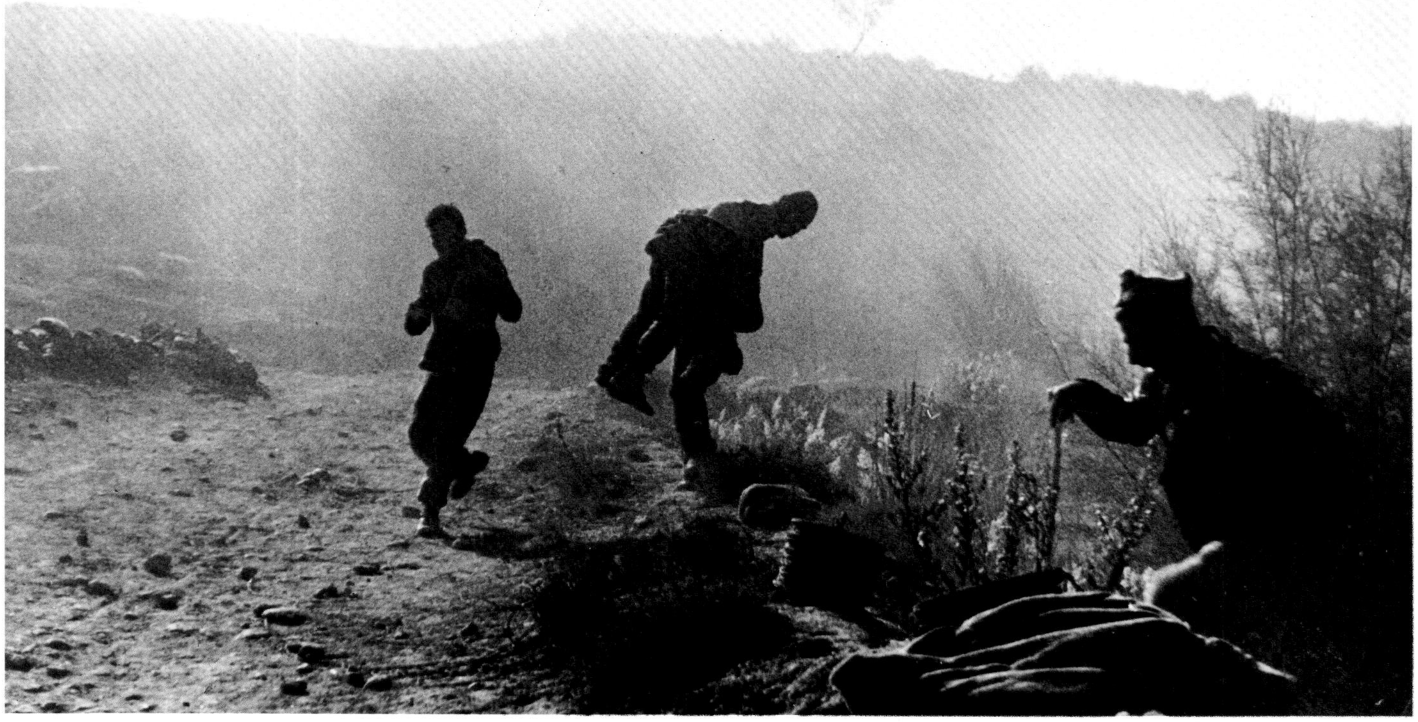

Bei Fraga (Aragonien), 7. November 1938. Republikanische Offensive entlang des Rio Segre.

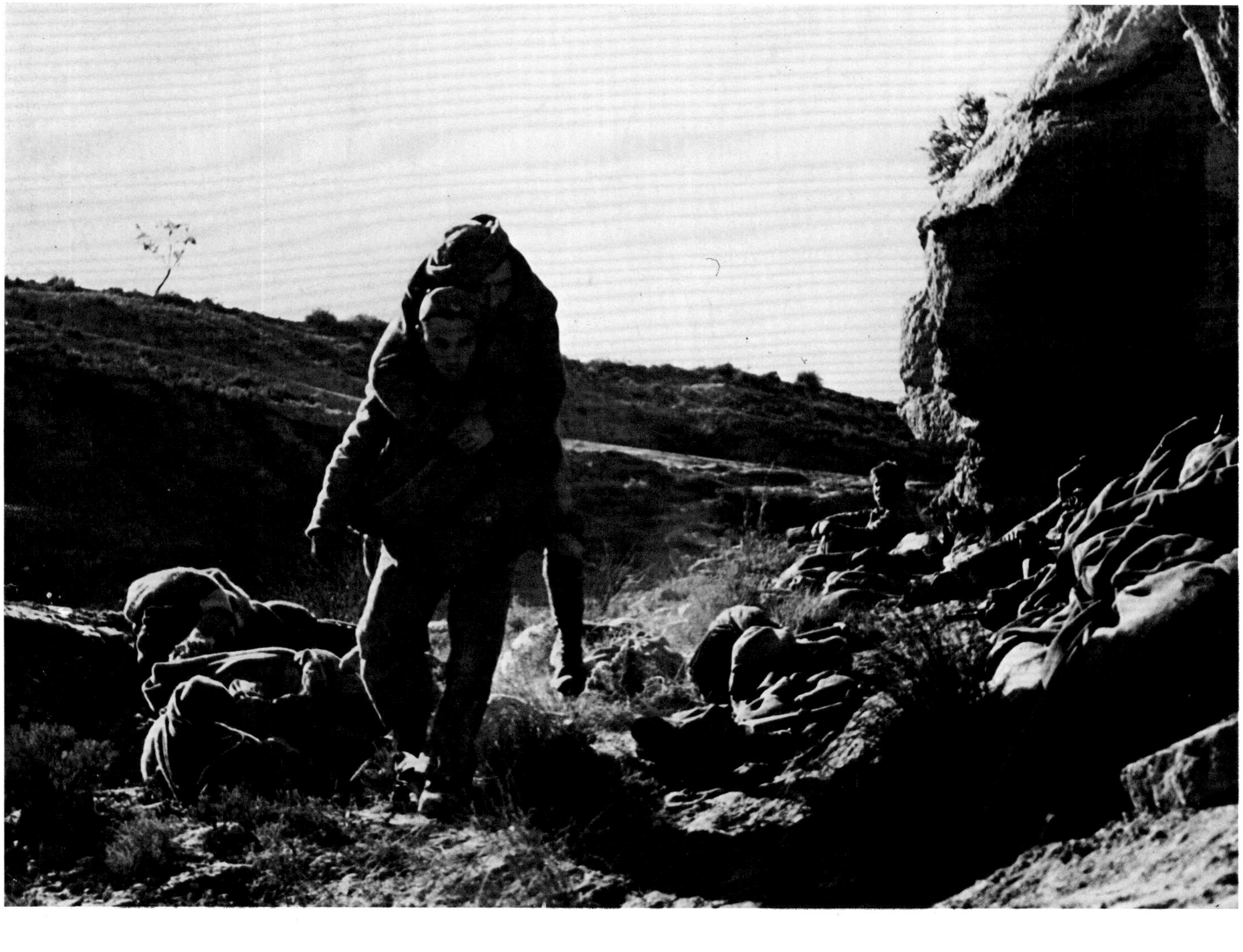

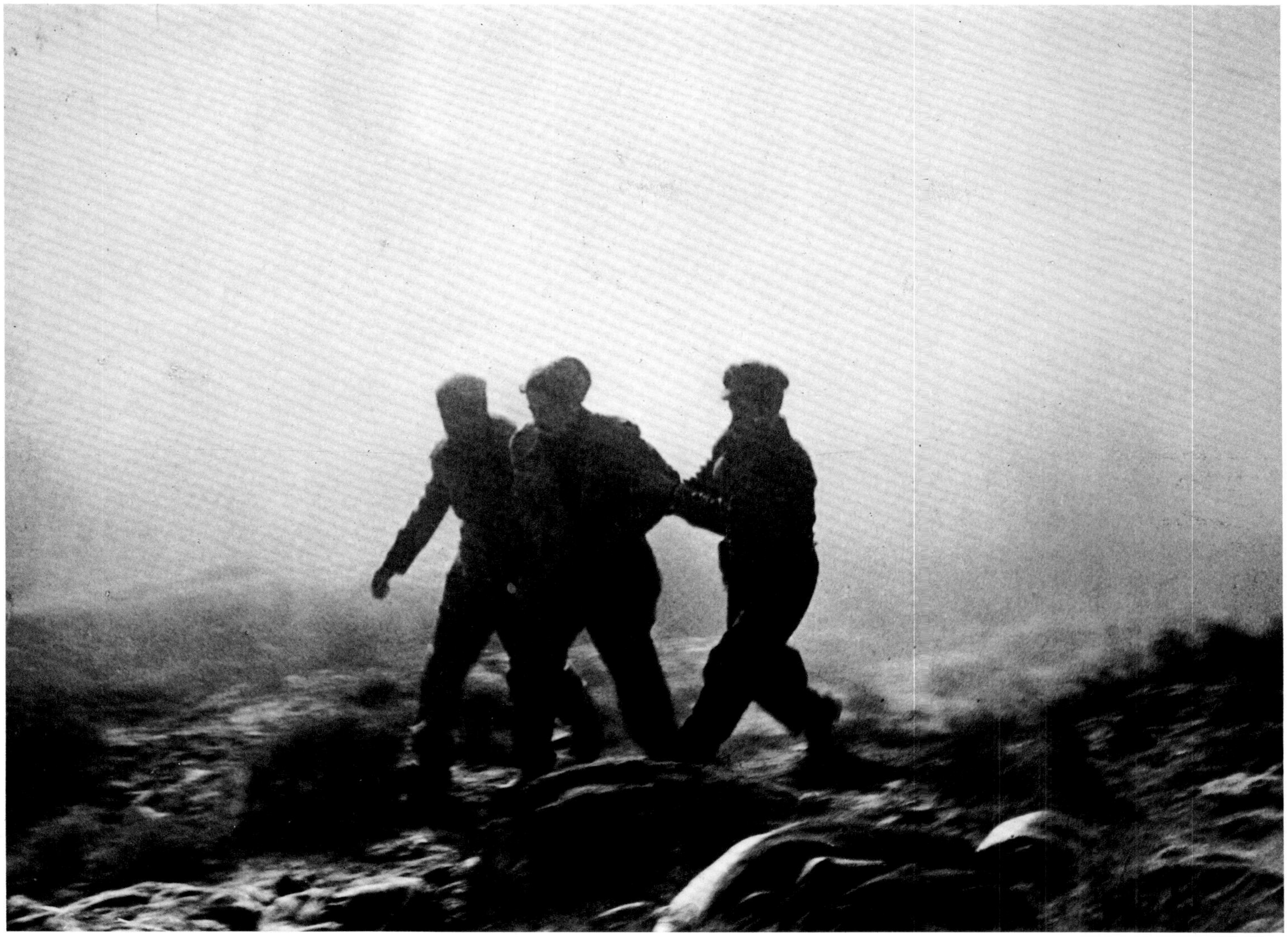

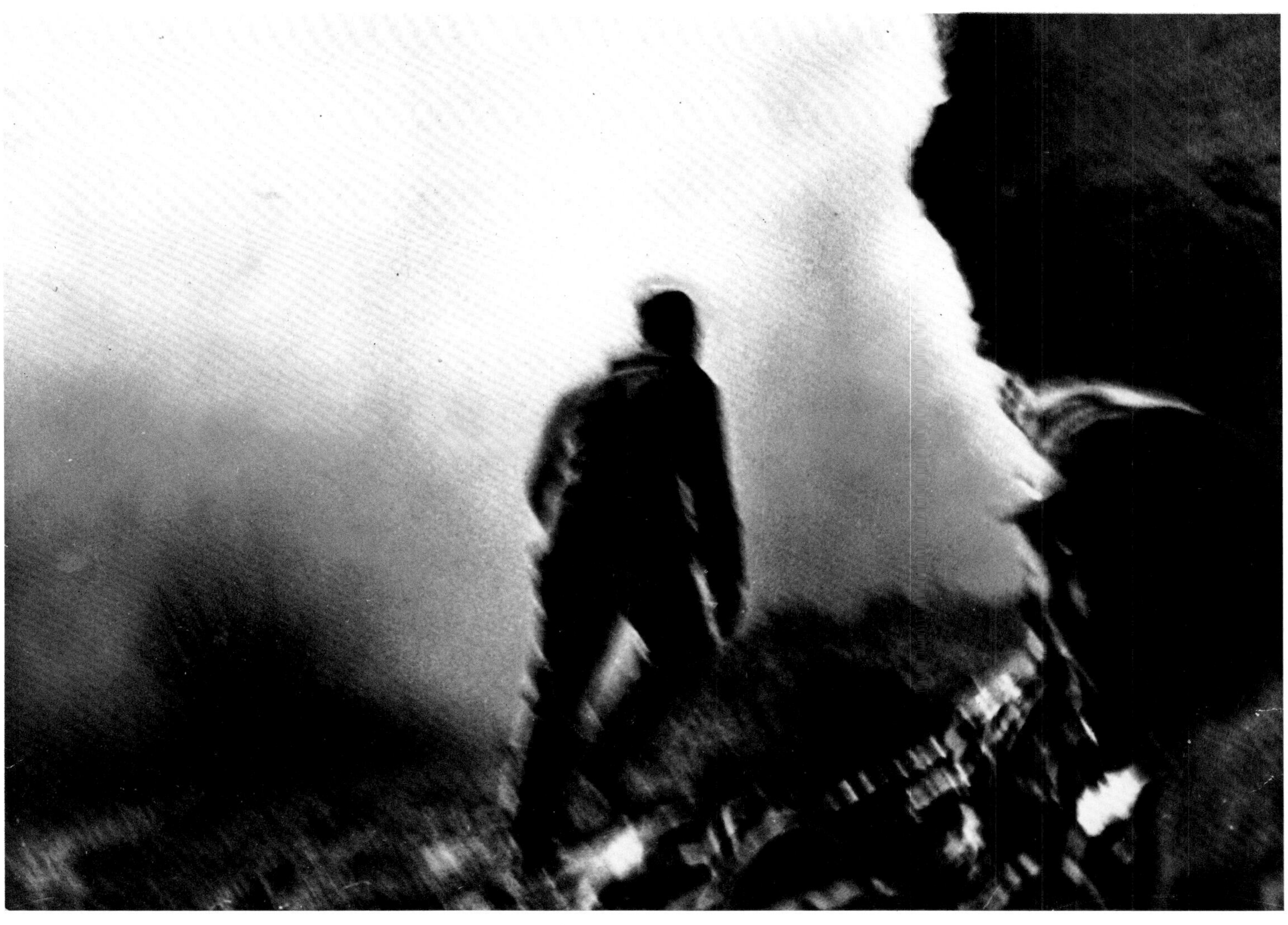

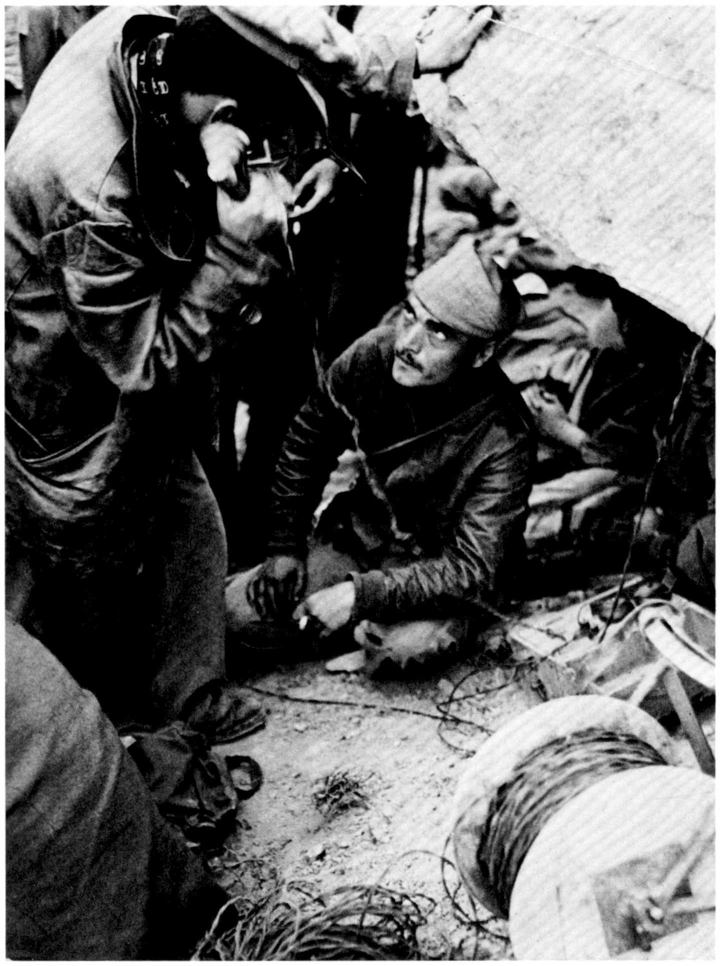

Bei Fraga, 7. November 1938.

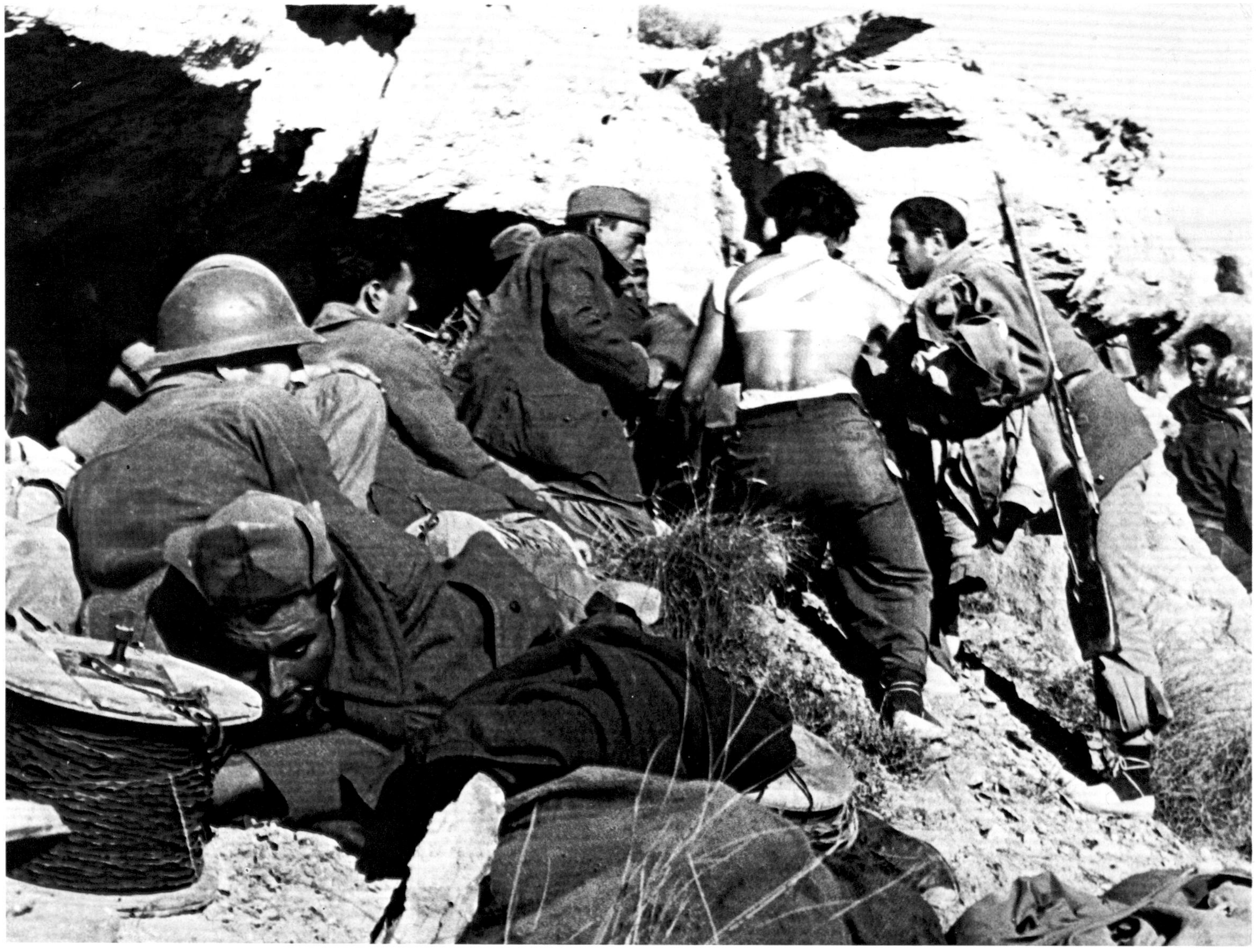

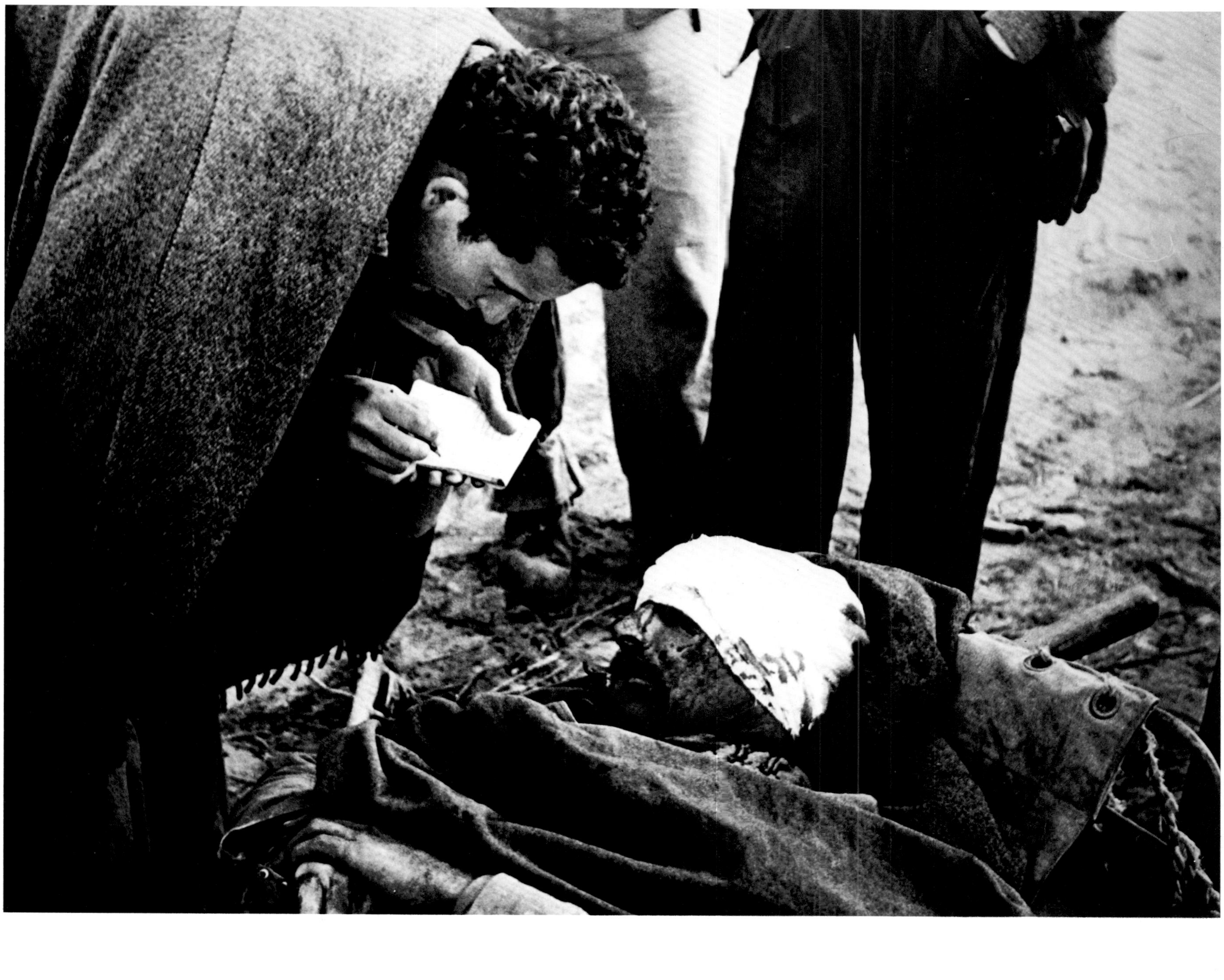

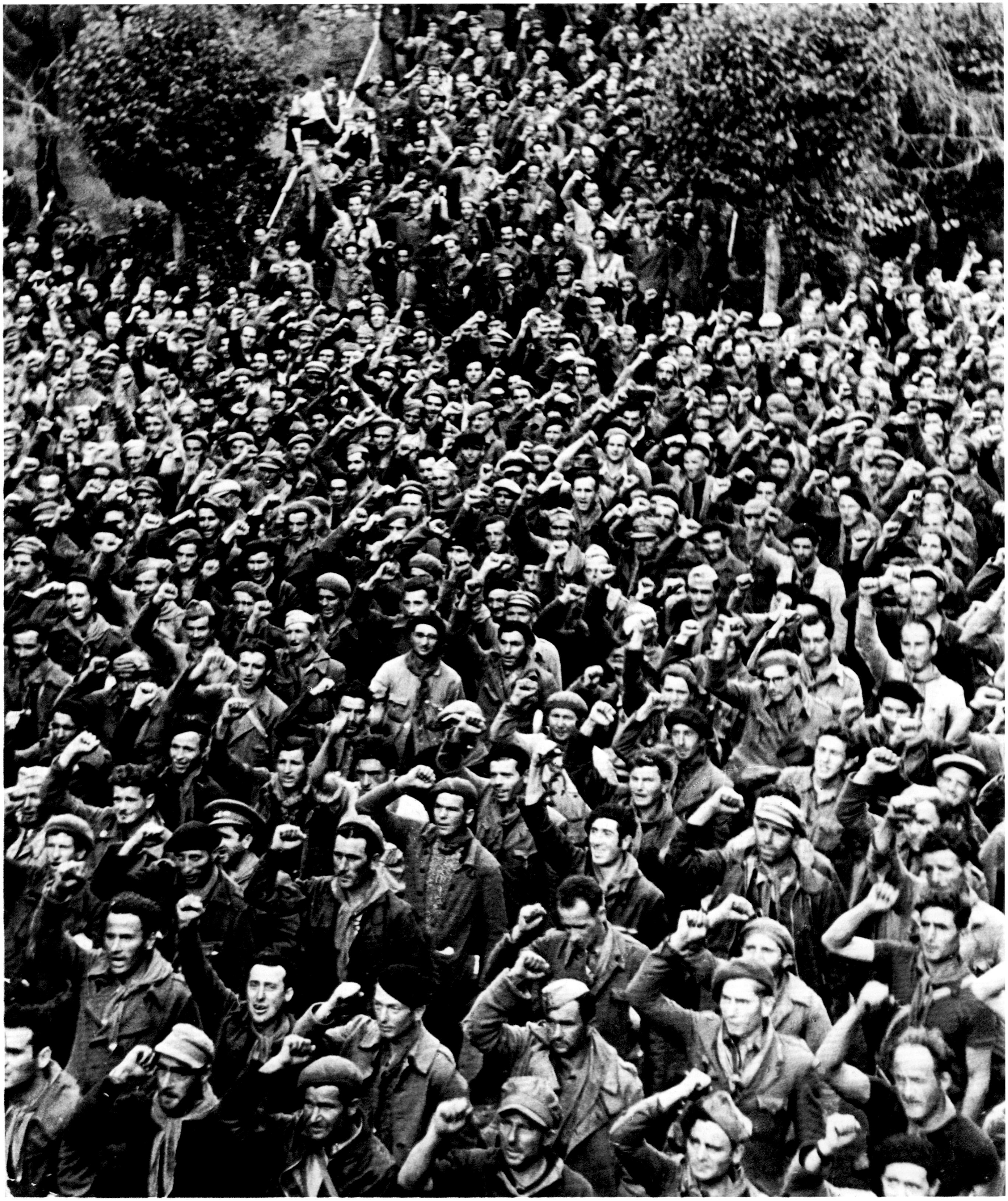

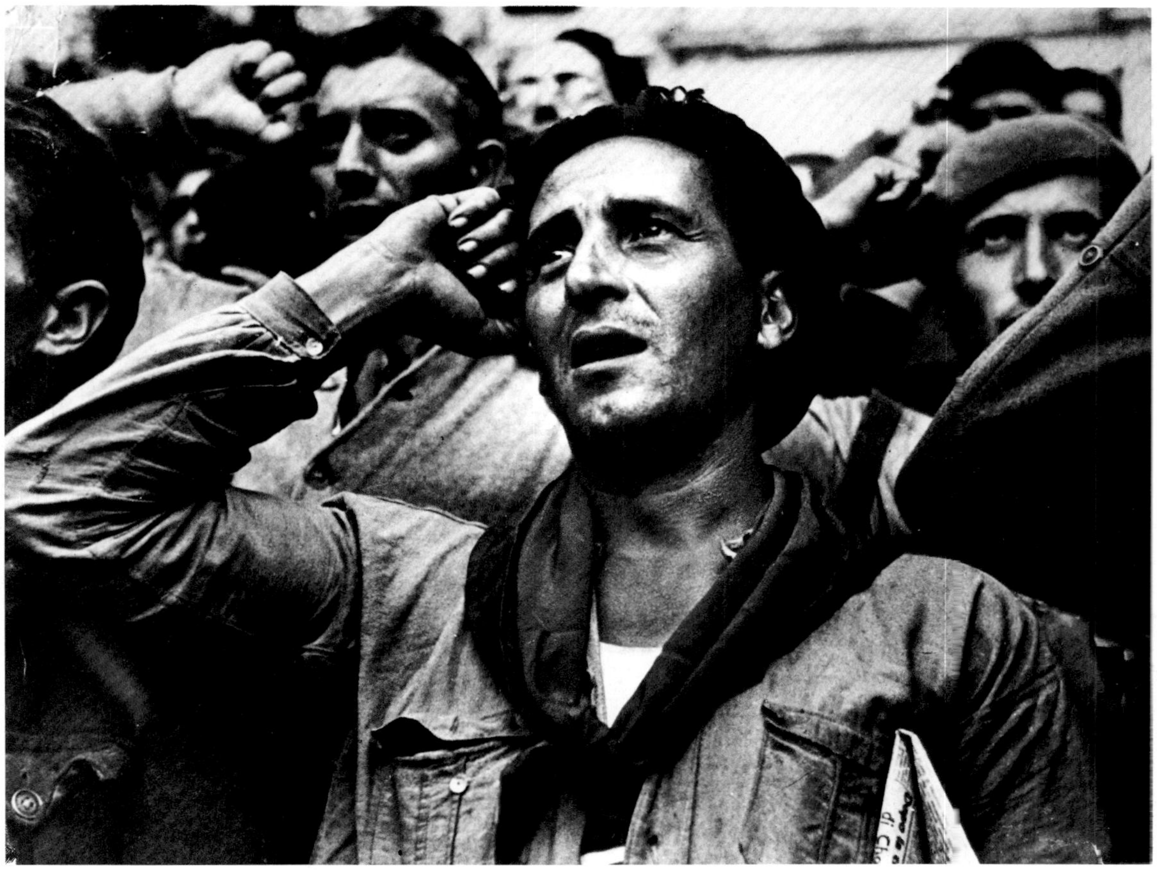

Bei Barcelona, 25. Oktober 1938. Feierliche Verabschiedung der Internationalen Brigaden.

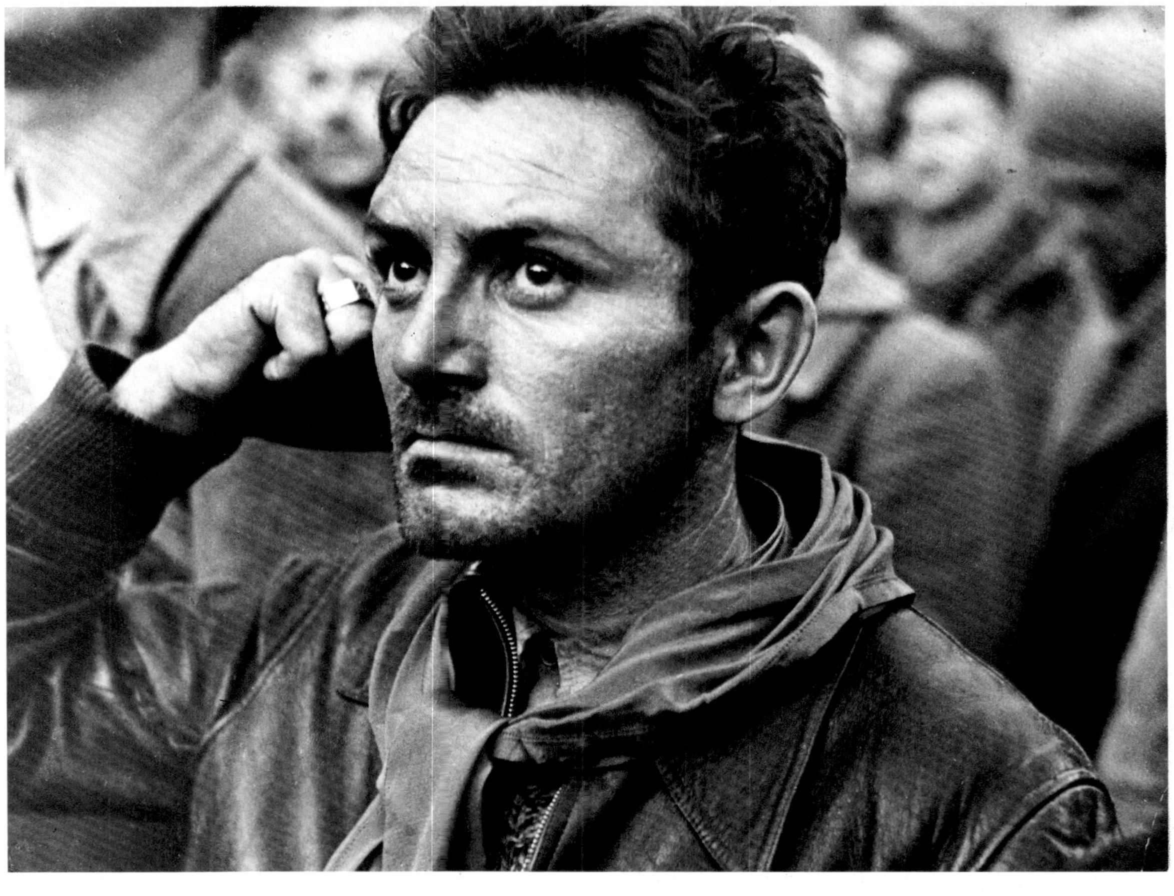

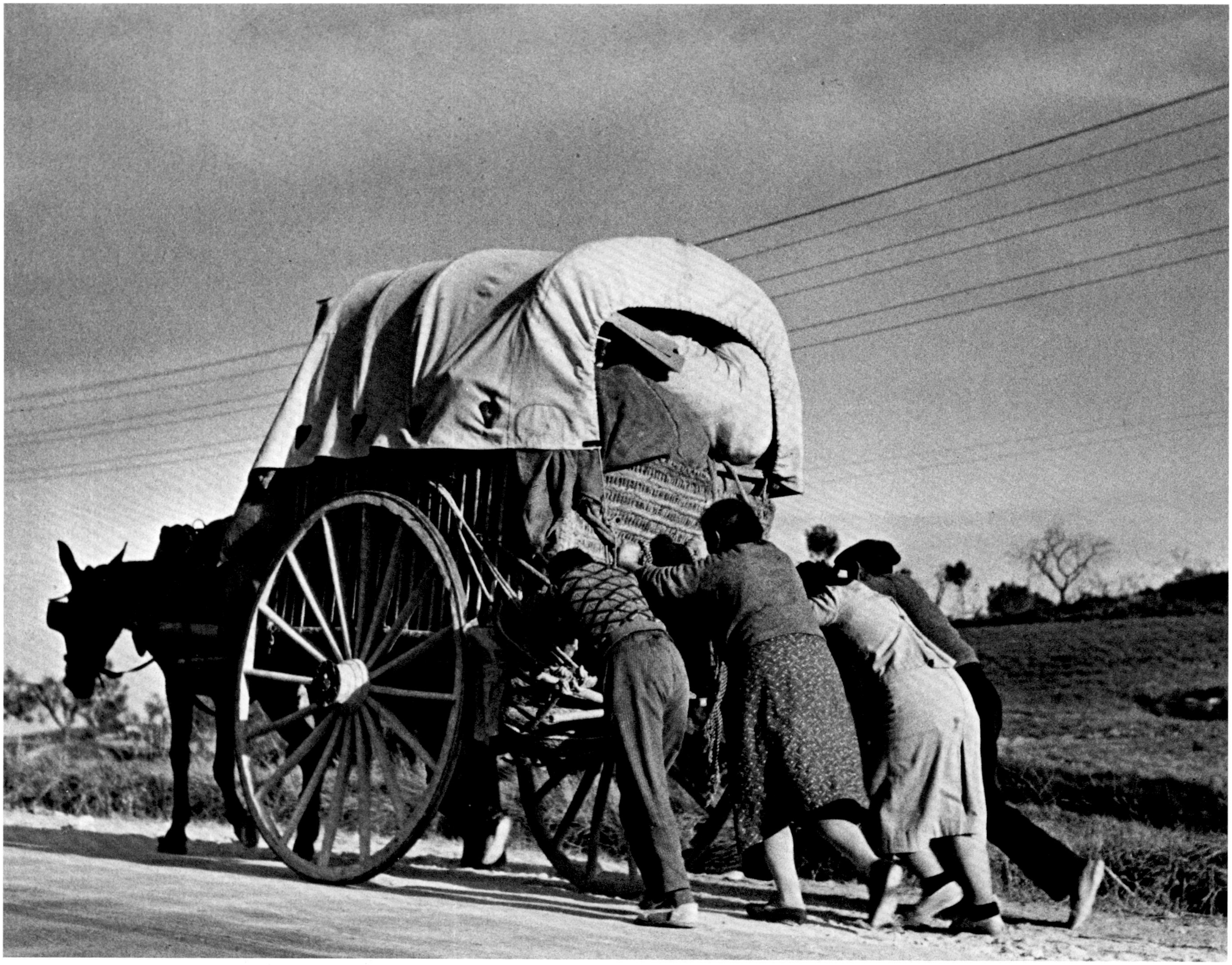

Oben: Auf der Straße von Tarragona nach Barcelona, 15. Januar 1939.
Rechts: Auf der Straße von Barcelona zur französischen Grenze, 25.–27. Januar 1939.

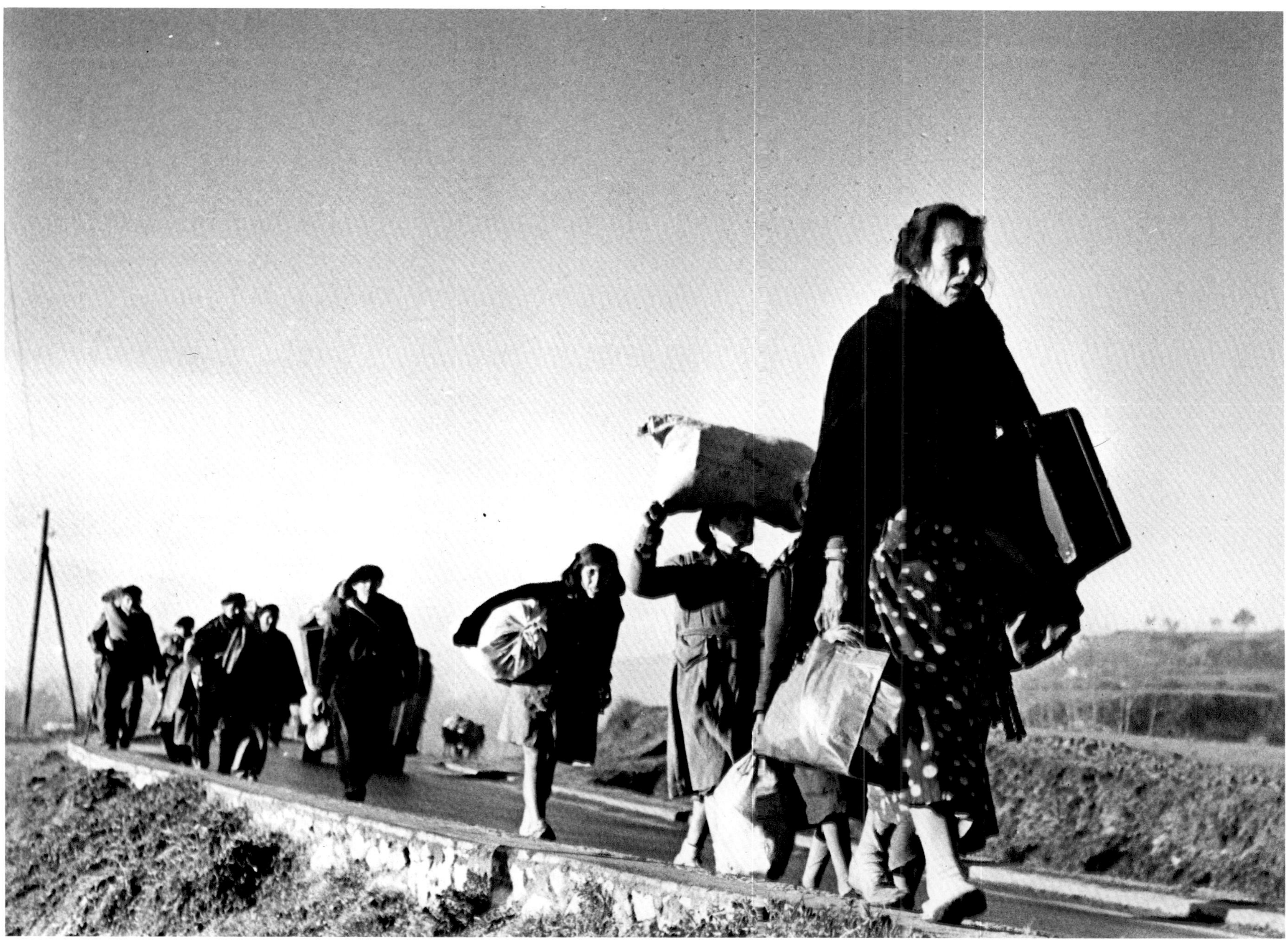

Barcelona, Januar 1939. Das Mädchen, das Capa in Großaufnahme photographierte, ist unmittelbar rechts vom Bordstein am unteren Rand des Bildes inmitten der Menge vor einer Flüchtlingsdurchgangsstelle zu erkennen.

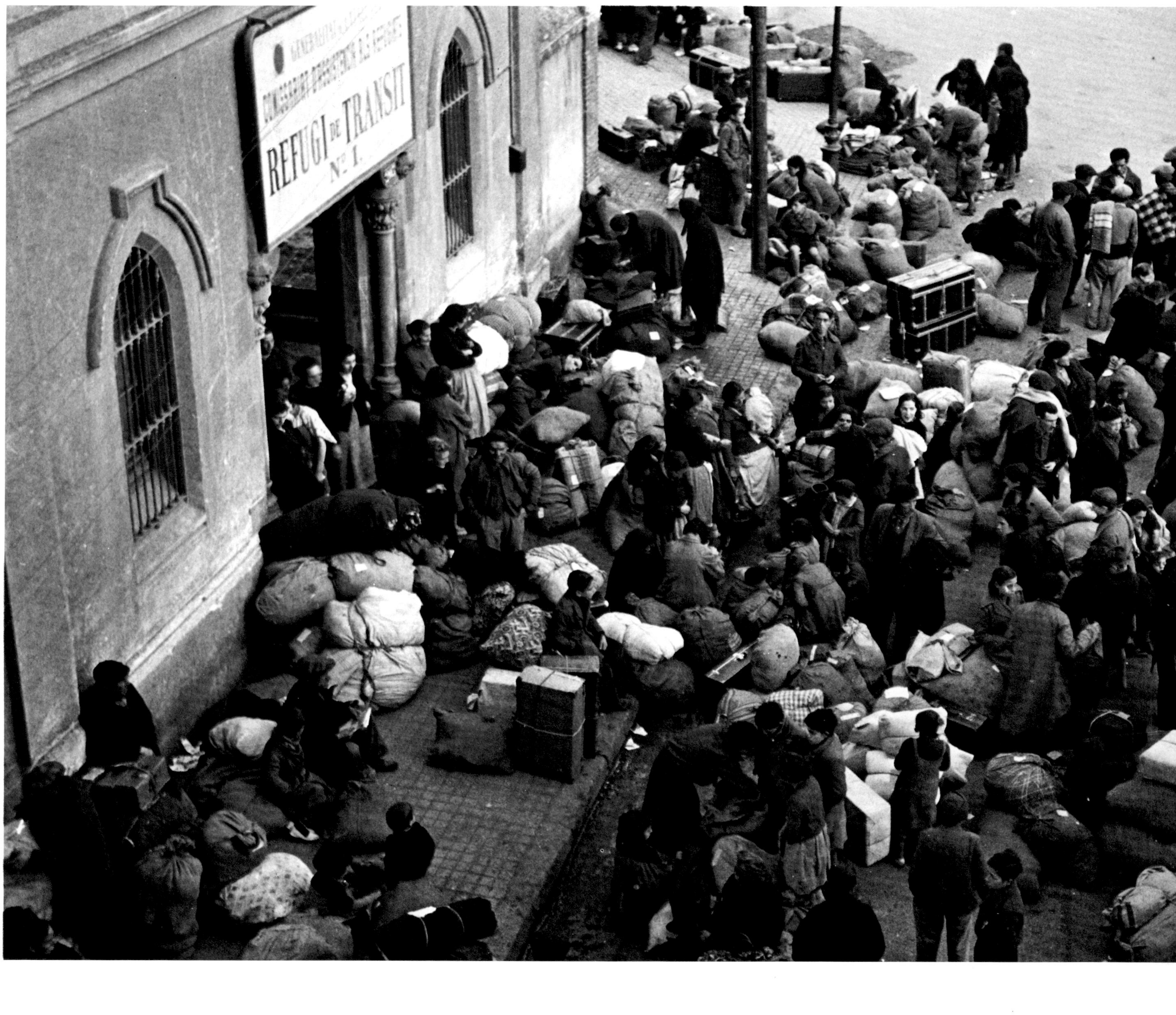

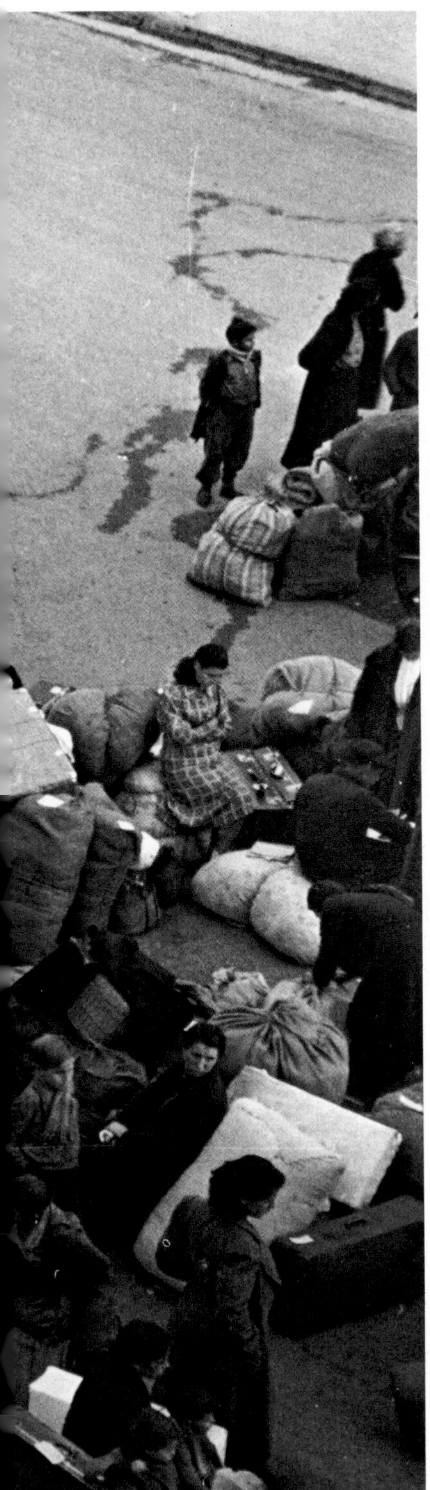

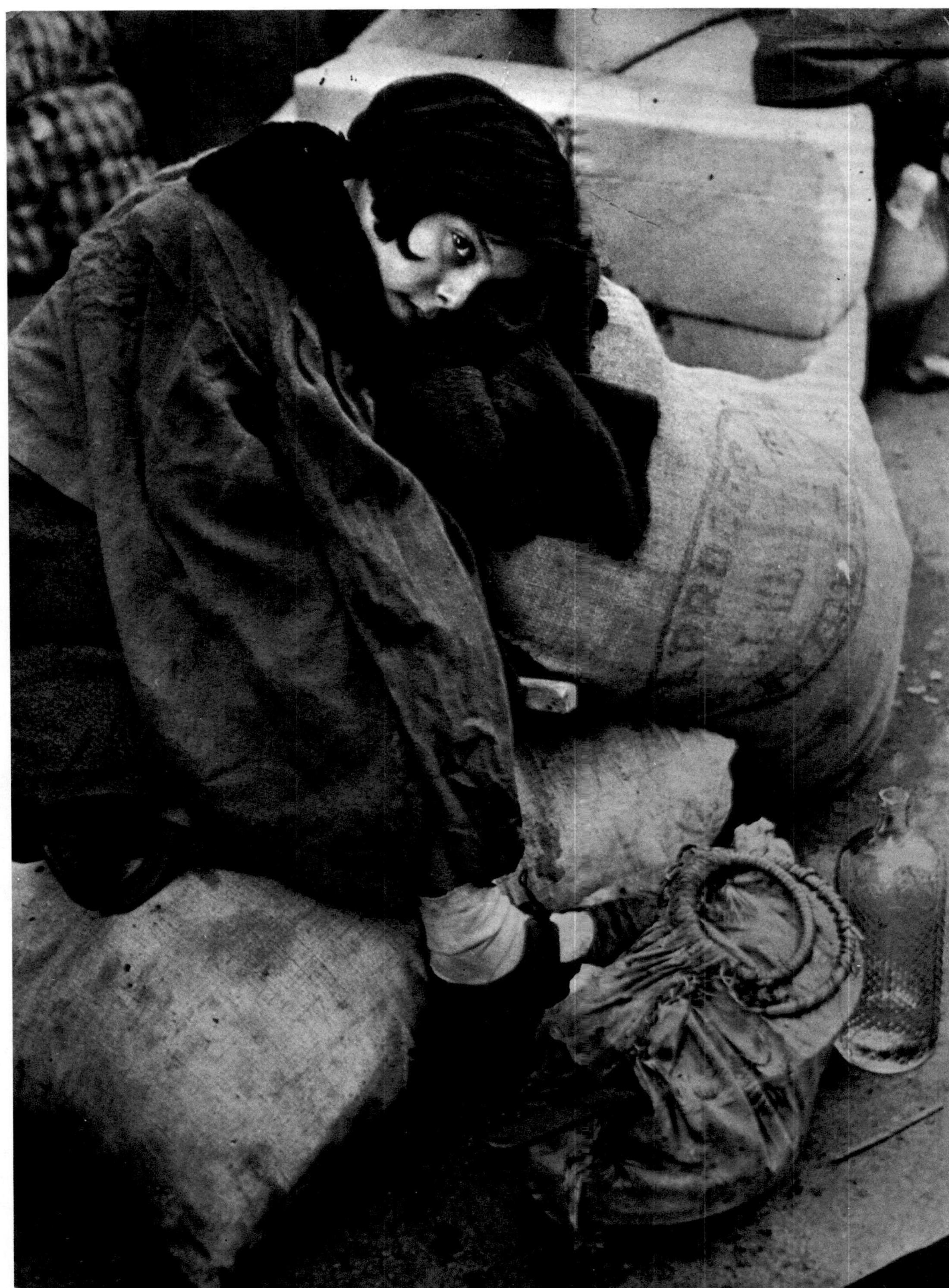

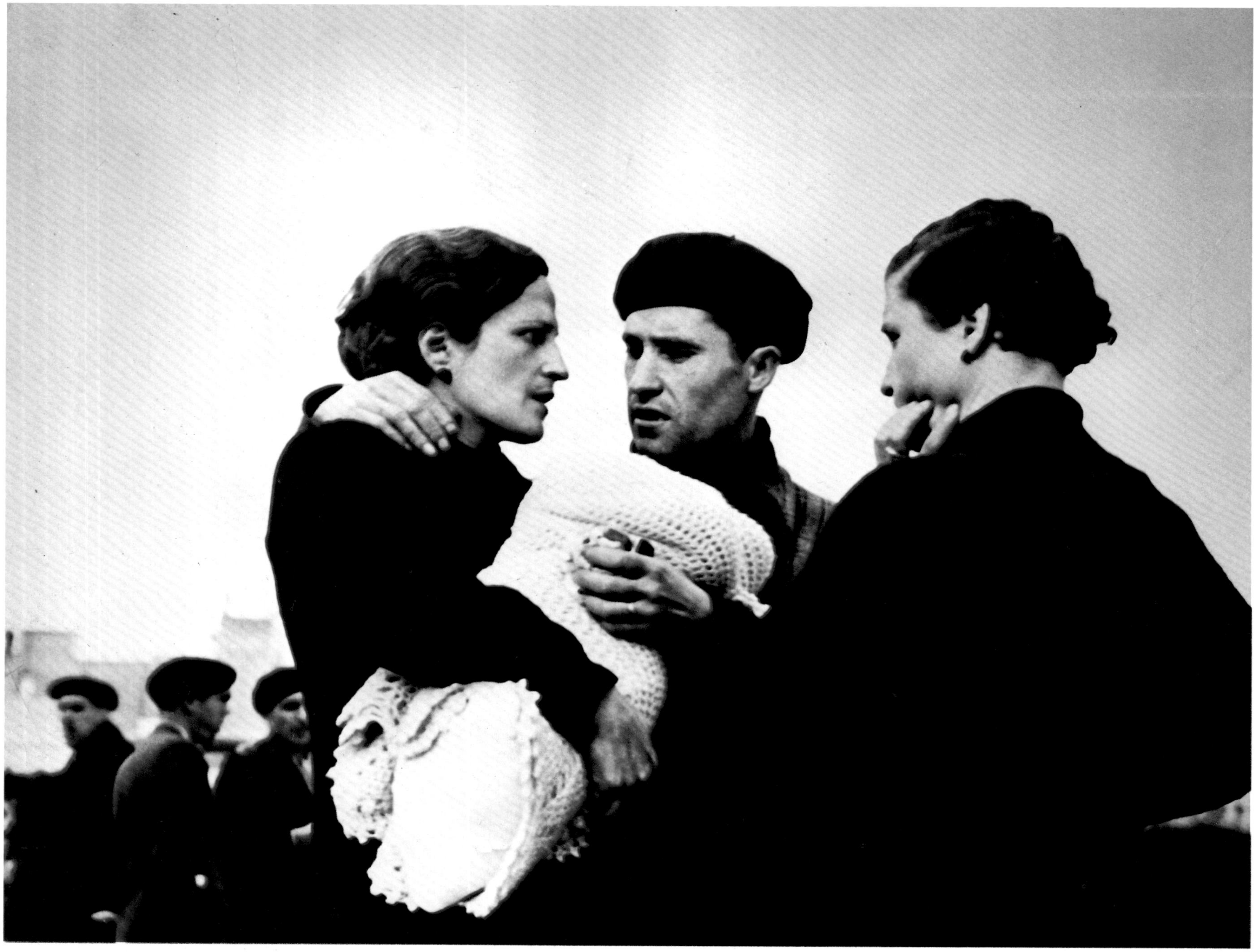

Oben: Barcelona, 13. Januar 1939. Generalmobilmachung für alle Männer bis zu fünfzig Jahren.
Rechts: Argelès-sur-Mer, Frankreich, März 1939. Noch nicht einmal nahe Angehörige durften in die Lager hinein, in denen die französische Regierung die spanischen Soldaten der republikanischen Seite interniert hatte, die nach ihrer Niederlage über die Grenze ins Exil gegangen waren.

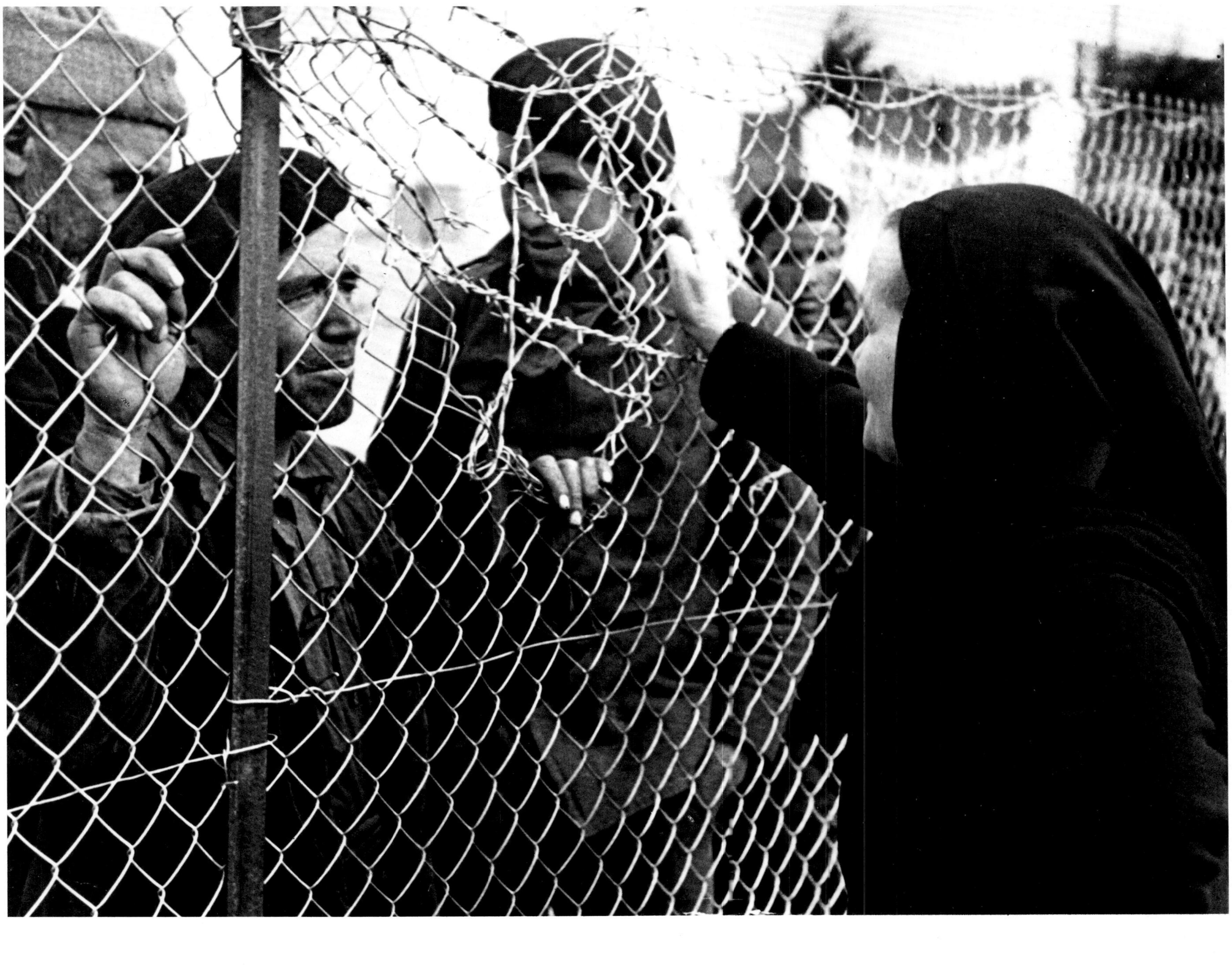

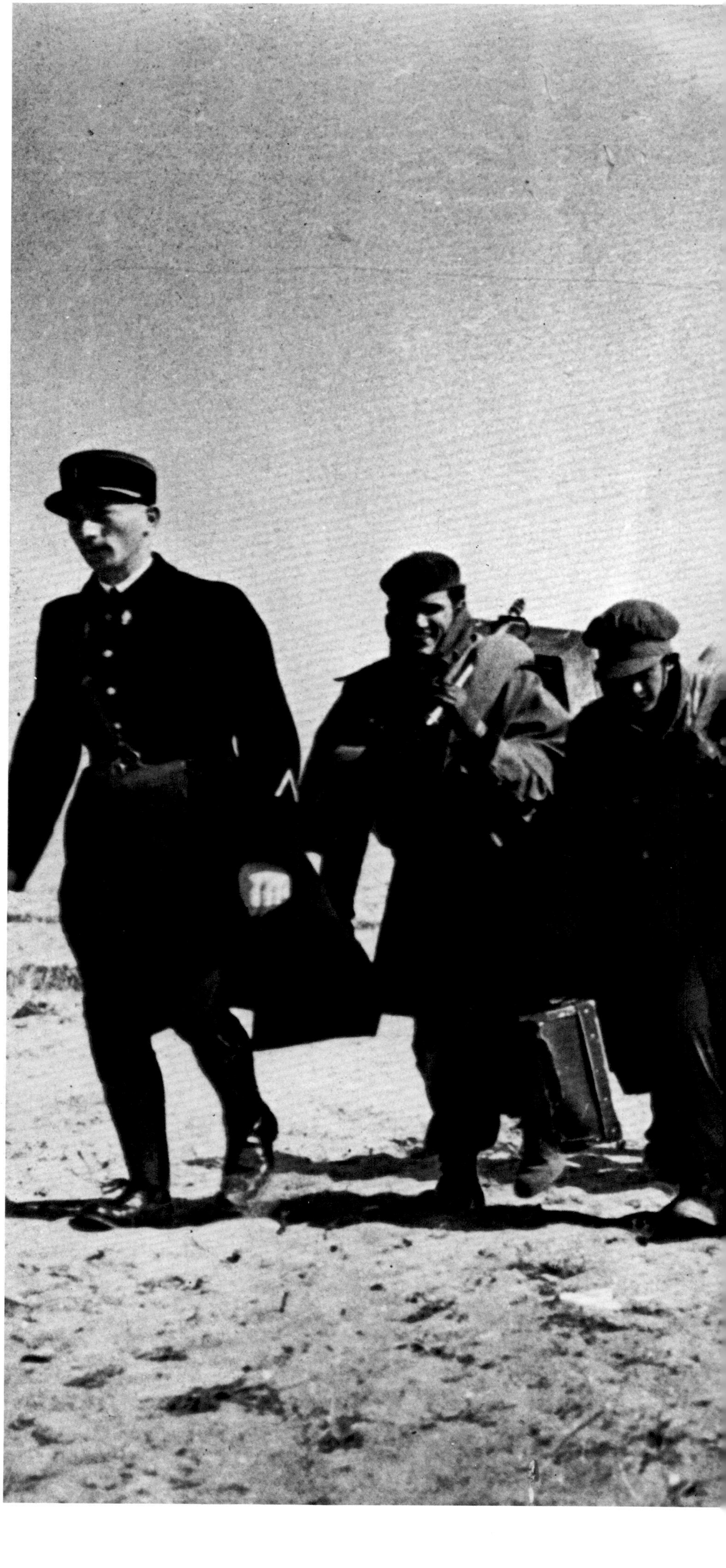

Auf dem Strand zwischen Argelès-sur-Mer und Le Barcarès, Frankreich, März 1939. Ins Exil geflüchtete Republikaner werden von einem Internierungslager in ein anderes überführt.

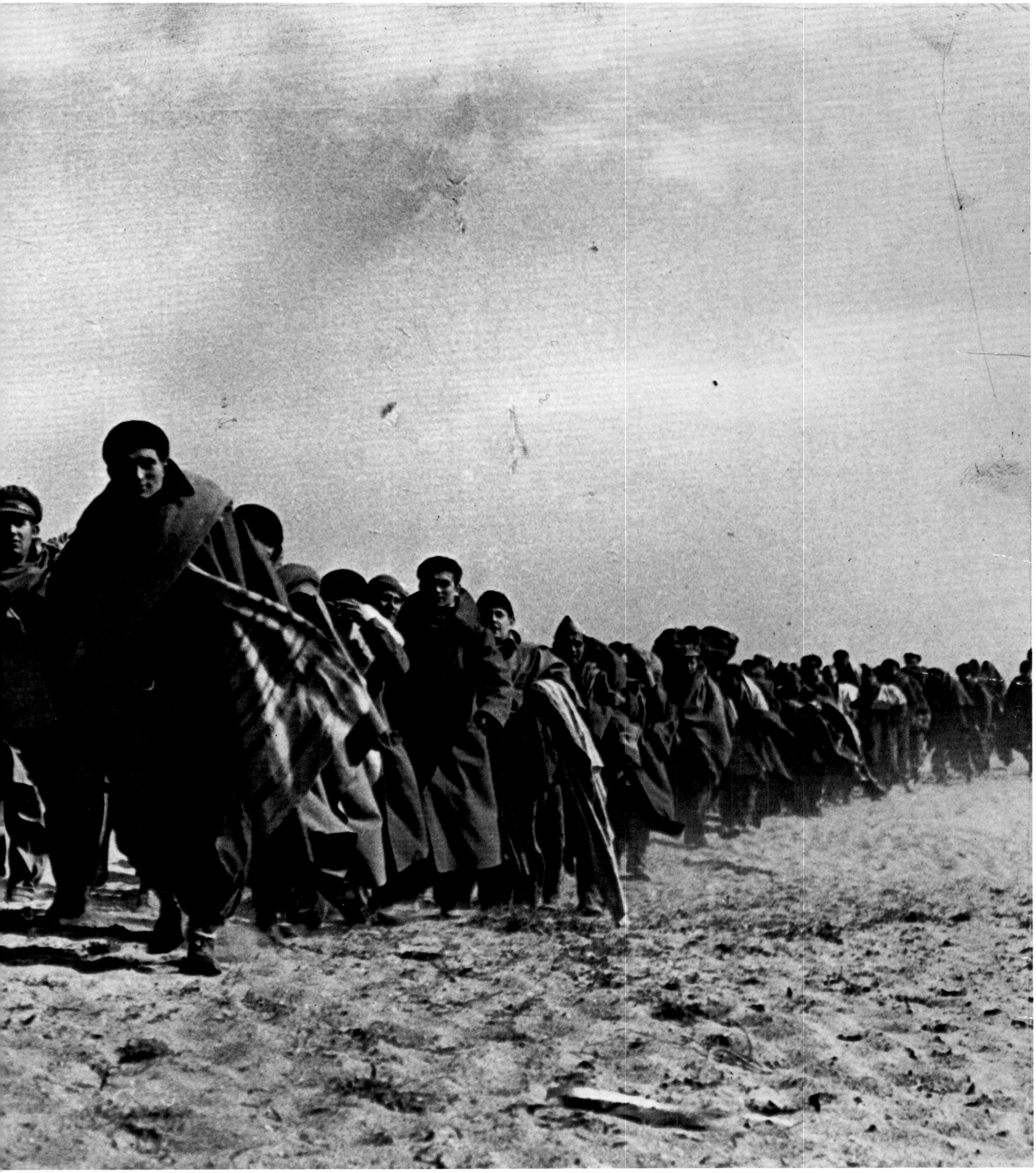

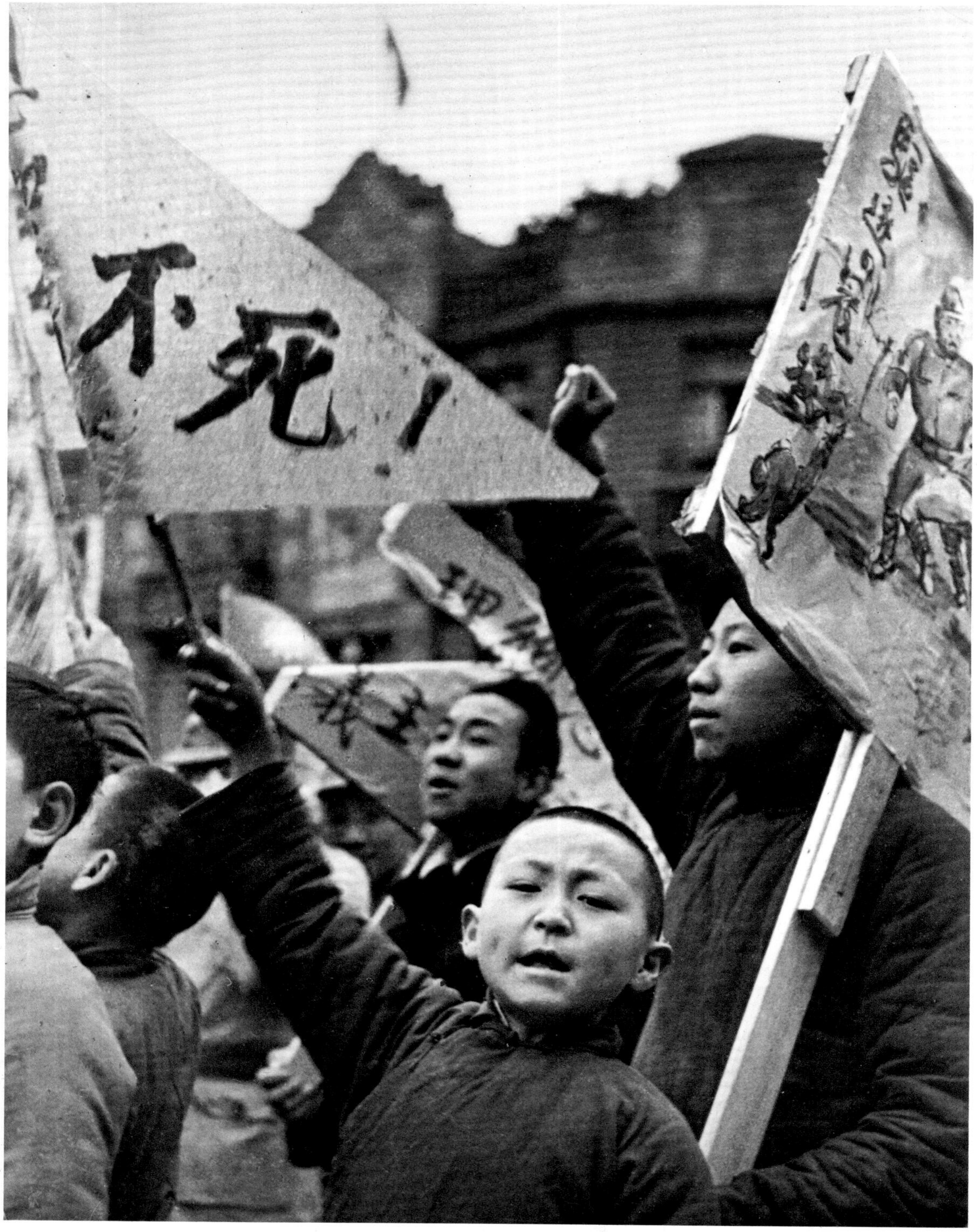

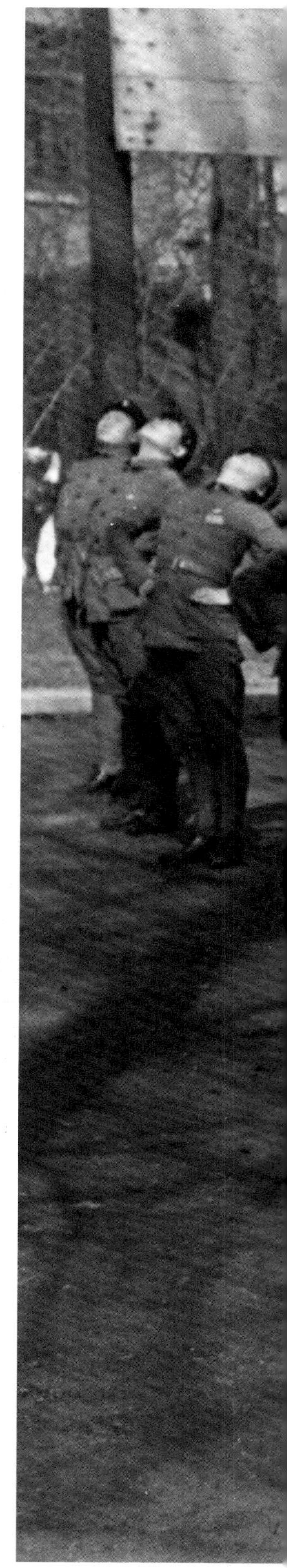

Oben: Hankou, 12. März 1938. Schulkinder bei der Parade zur Erinnerung an Sun Yat-sens dreizehnten Todestag und zur Feier der jüngsten Siege der Regierungstruppen.
Rechts: Kanton, Juli-August 1938.

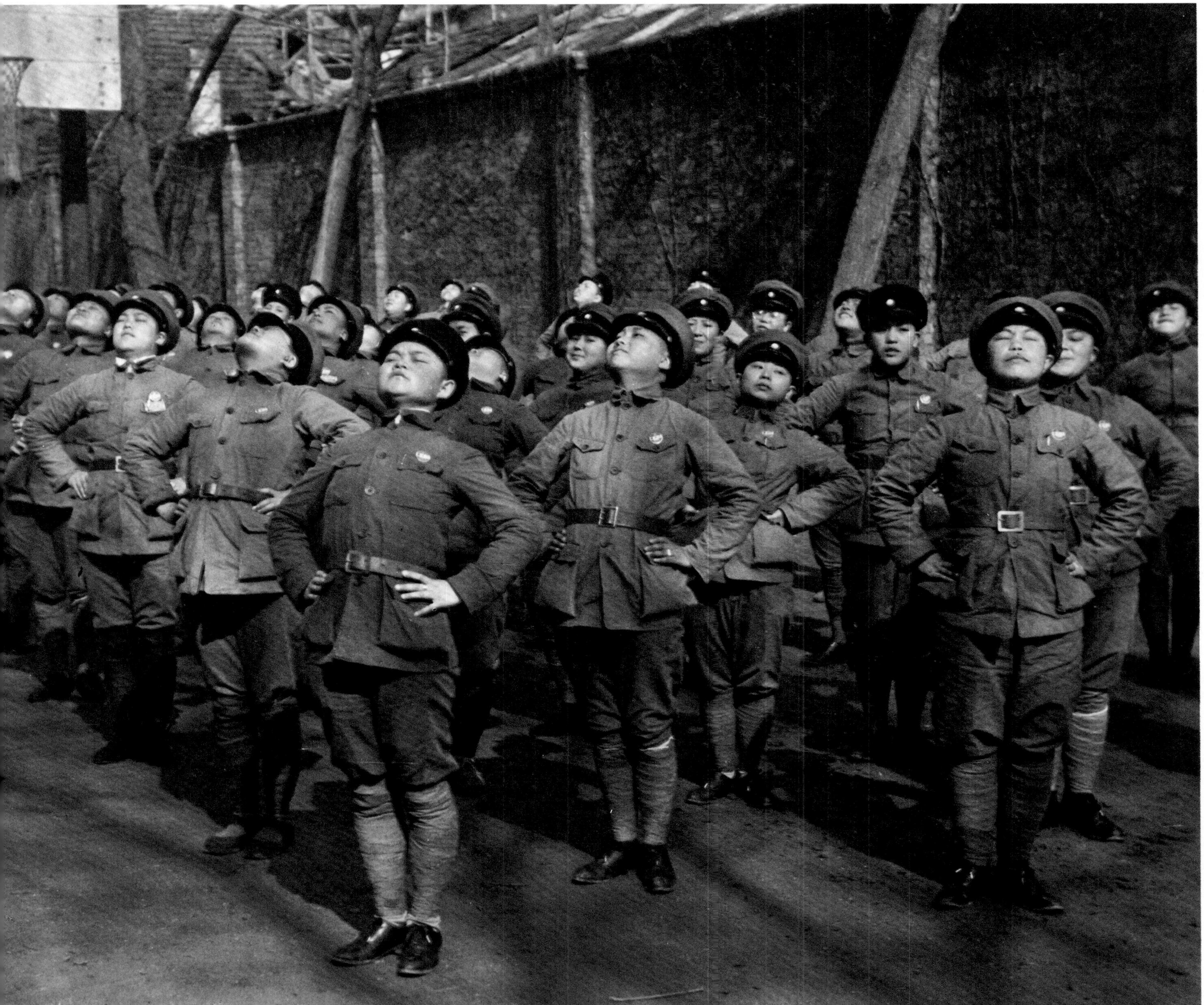

Hankou, August-September 1938. Tschou En-lai zu der Zeit, da Mao sich mit Tschiang Kai-scheks Regierung verbündete.

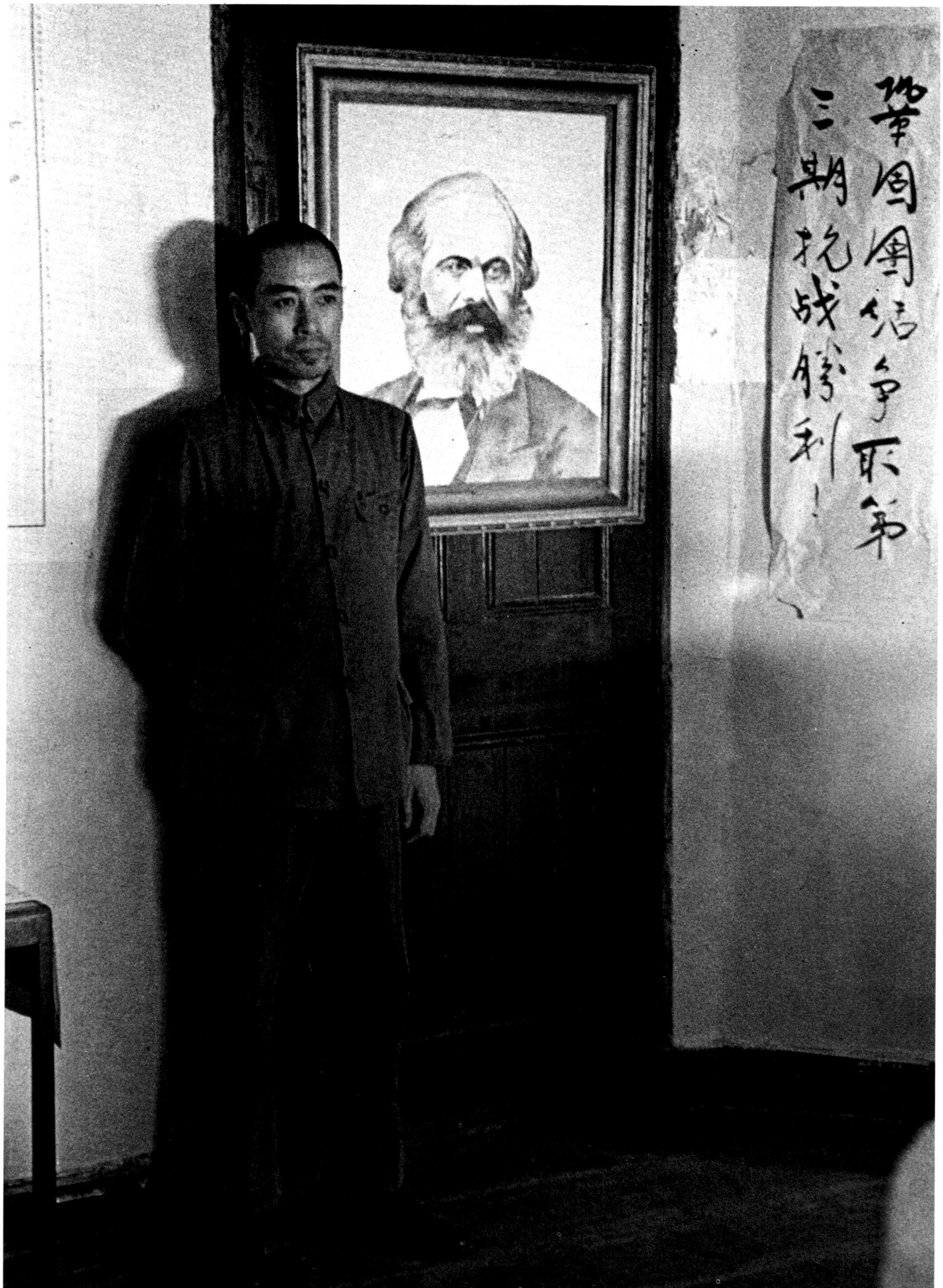

Hankou, 4. Juli 1938. Tschian Kai-schek auf einem Treffen seines obersten Kriegsrates.

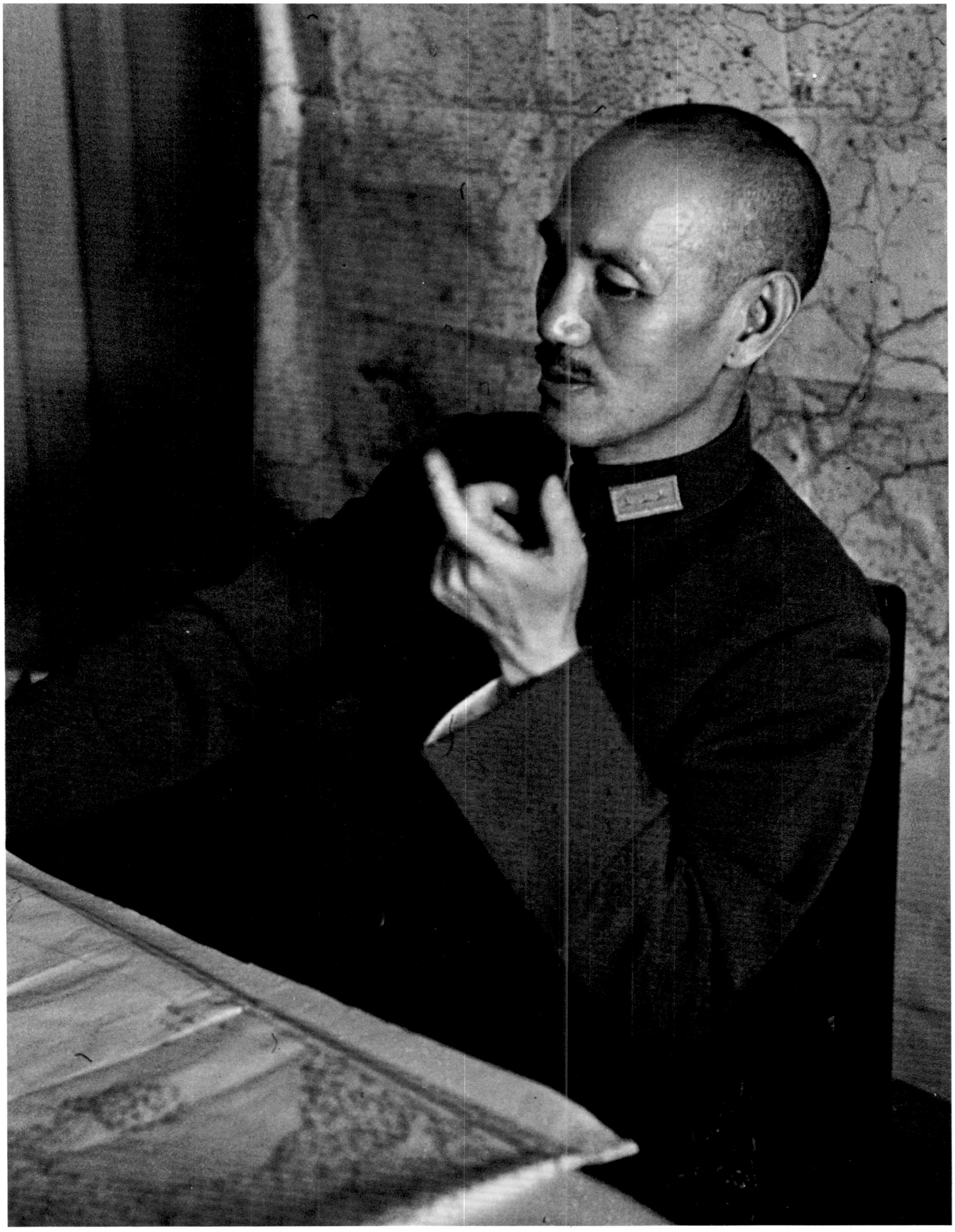

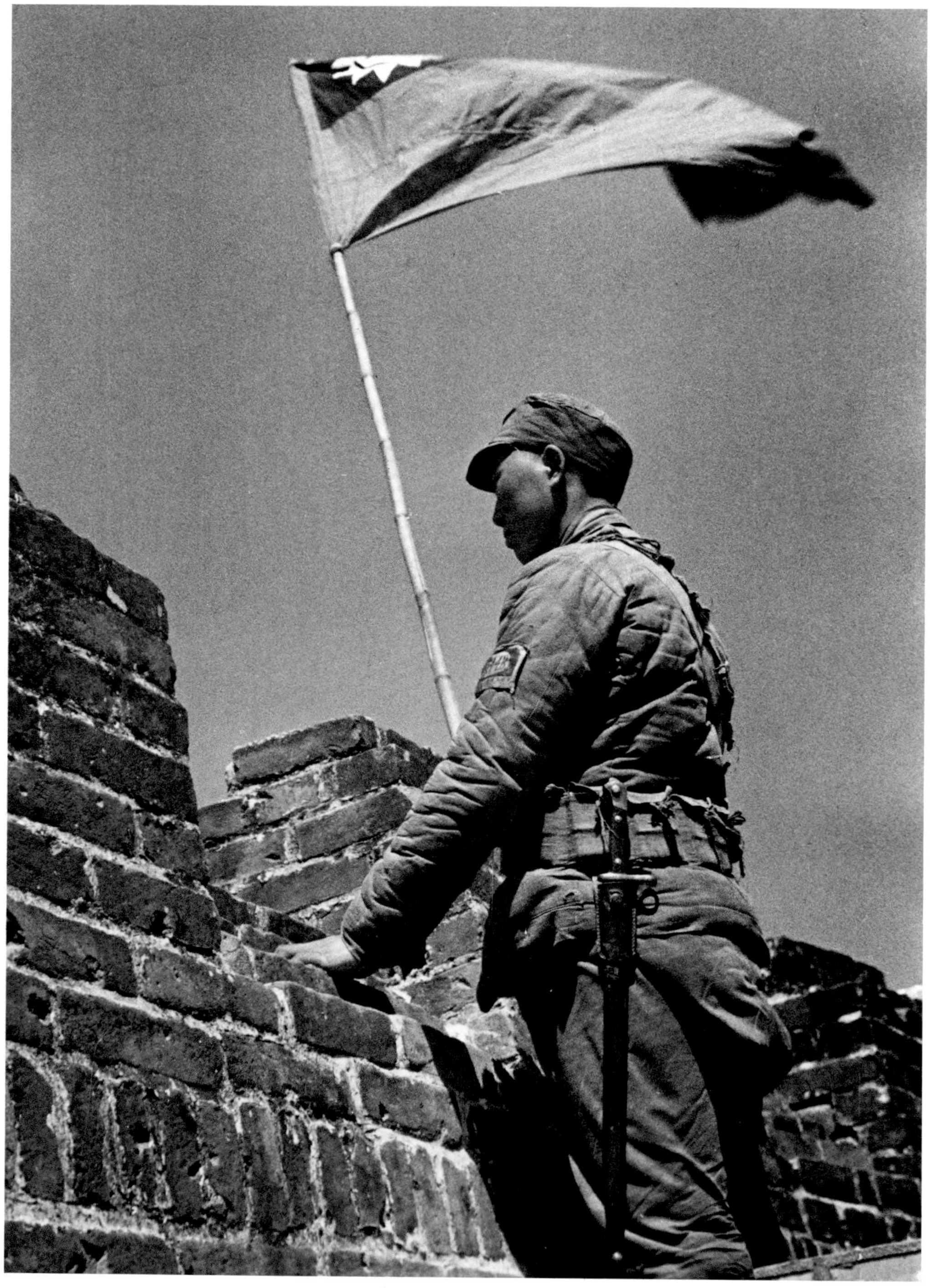

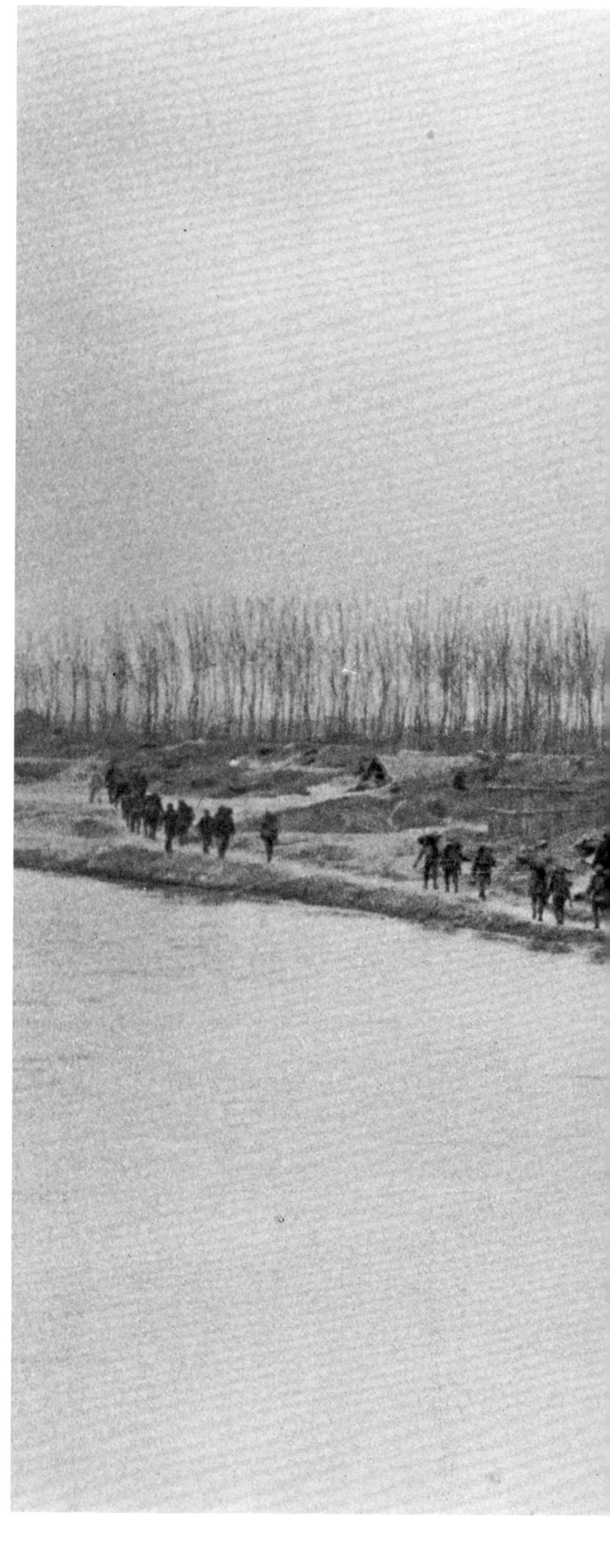

Oben: Taierchwang (Sutschoufront), 7. April 1938. Chinesischer Soldat bei der Wache auf den Befestigungsanlagen der Stadt, die von den Japanern in der Nacht zuvor erobert wurde.
Rechts: Taierchwang, April 1938. Chinesische Truppen auf dem Marsch an der Stadt vorbei entlang dem Großen Kanal.

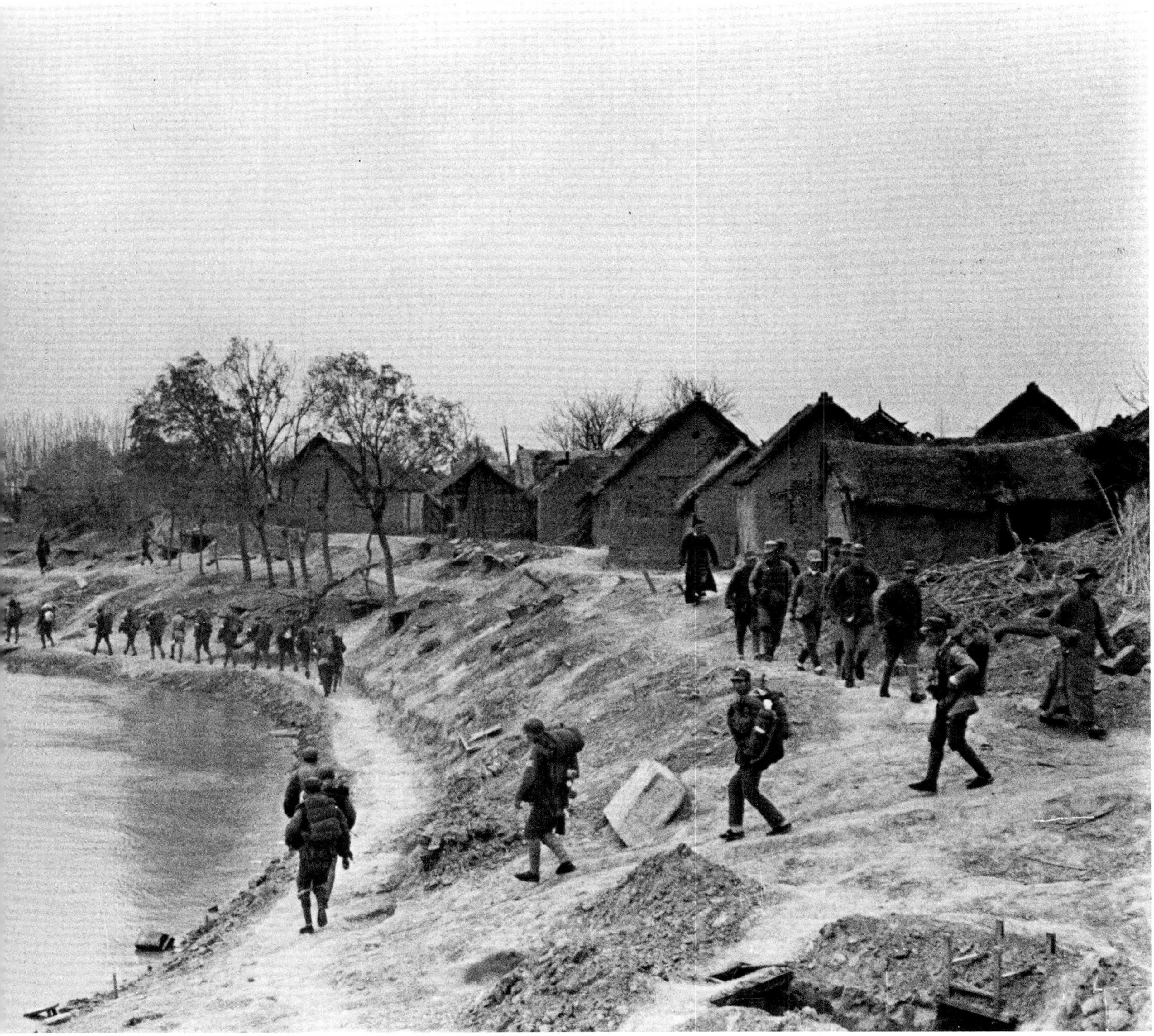

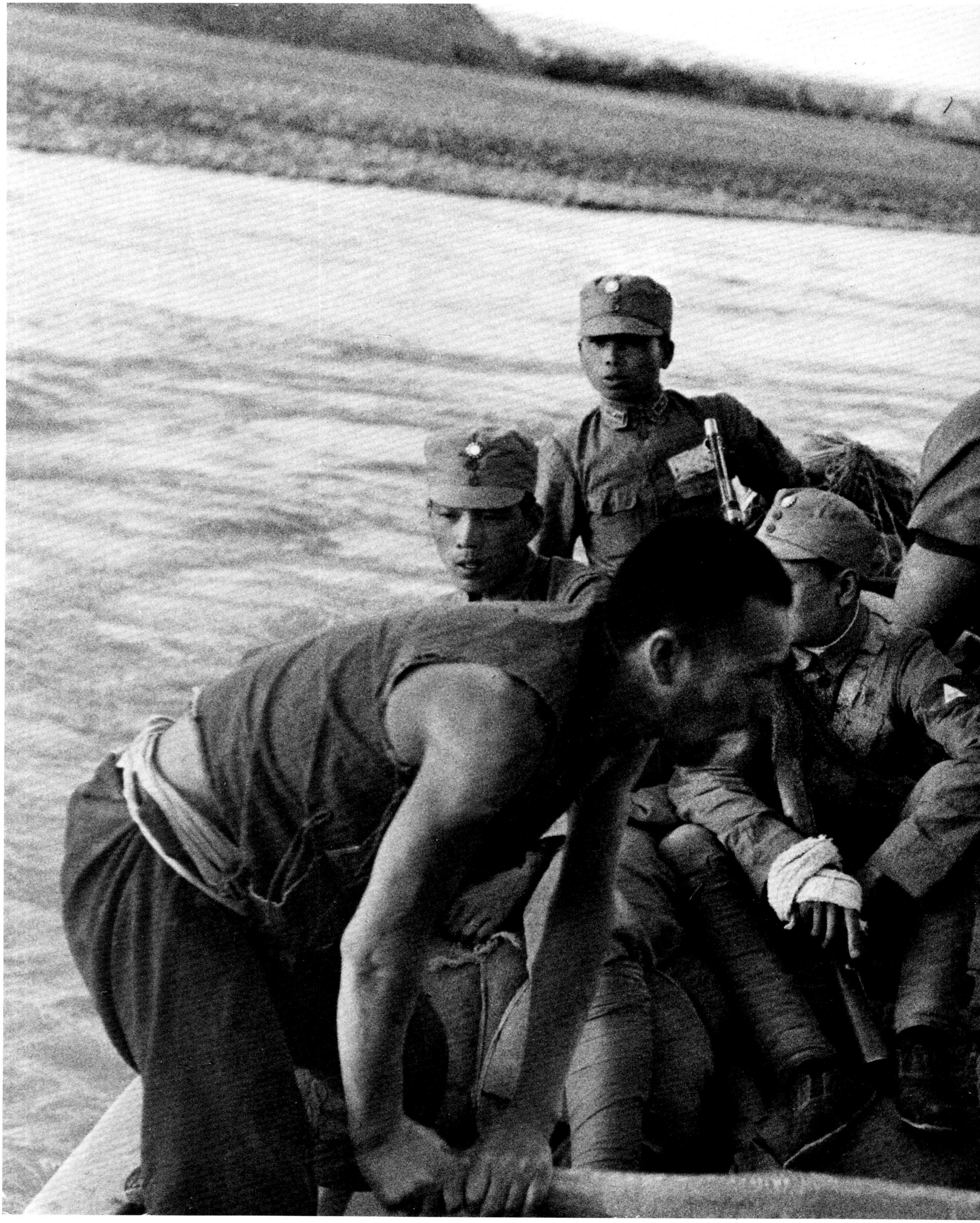

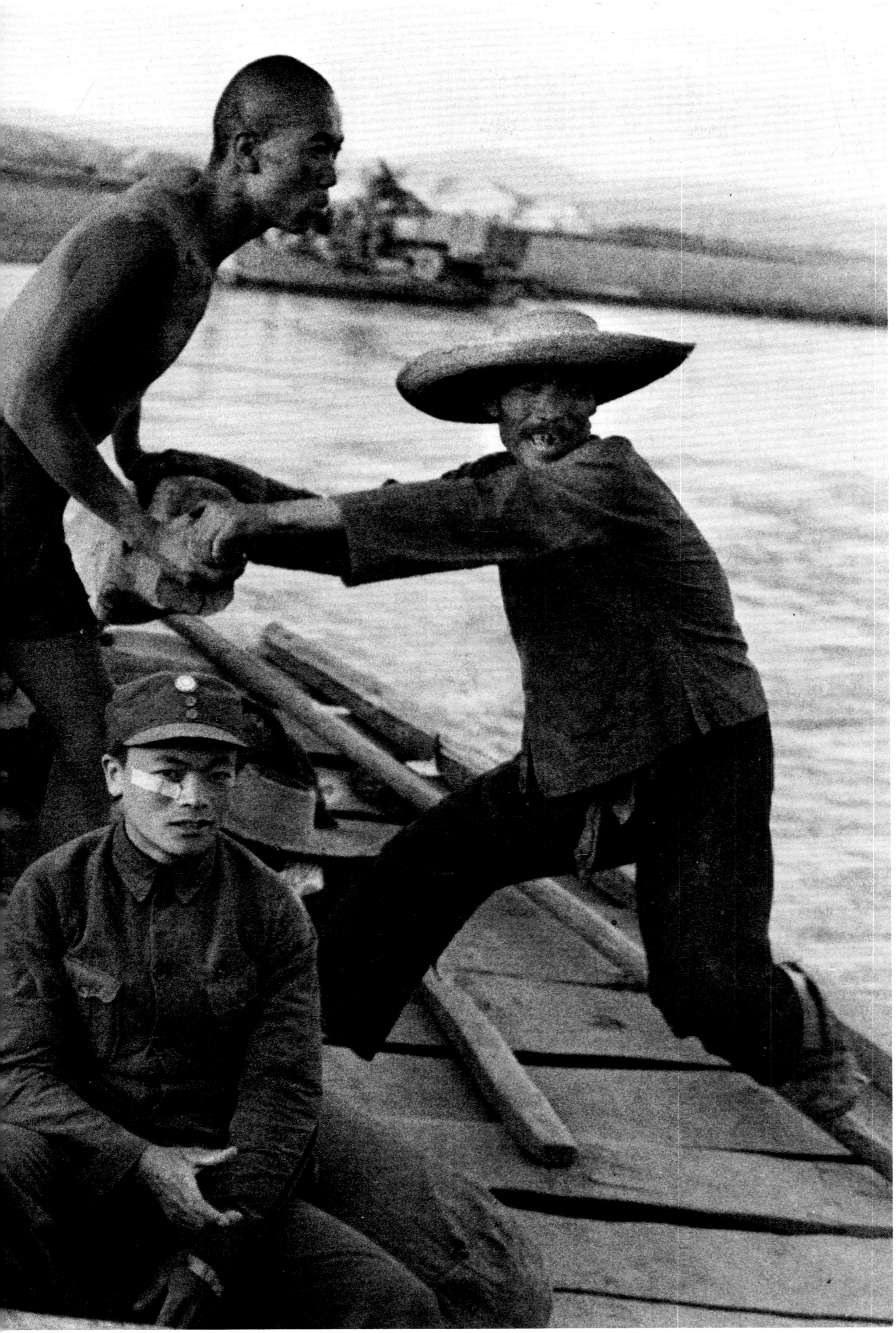

China, April-September 1938.

Unten: Taierchwang, April 1938. Rückkehr in die von der Schlacht verwüstete Stadt.
Rechts: Hankou, Juli-September 1938. Fliegeralarm.

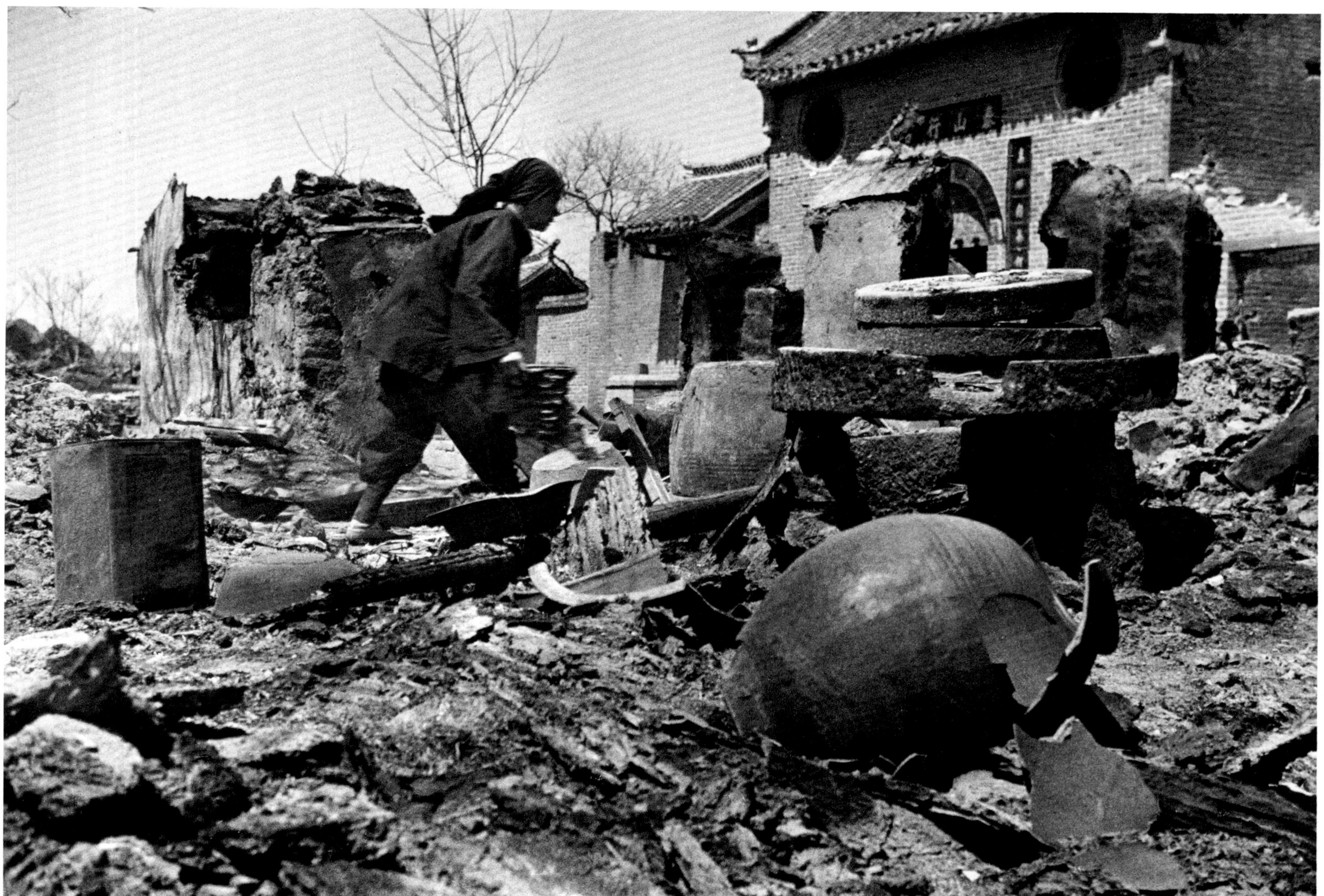

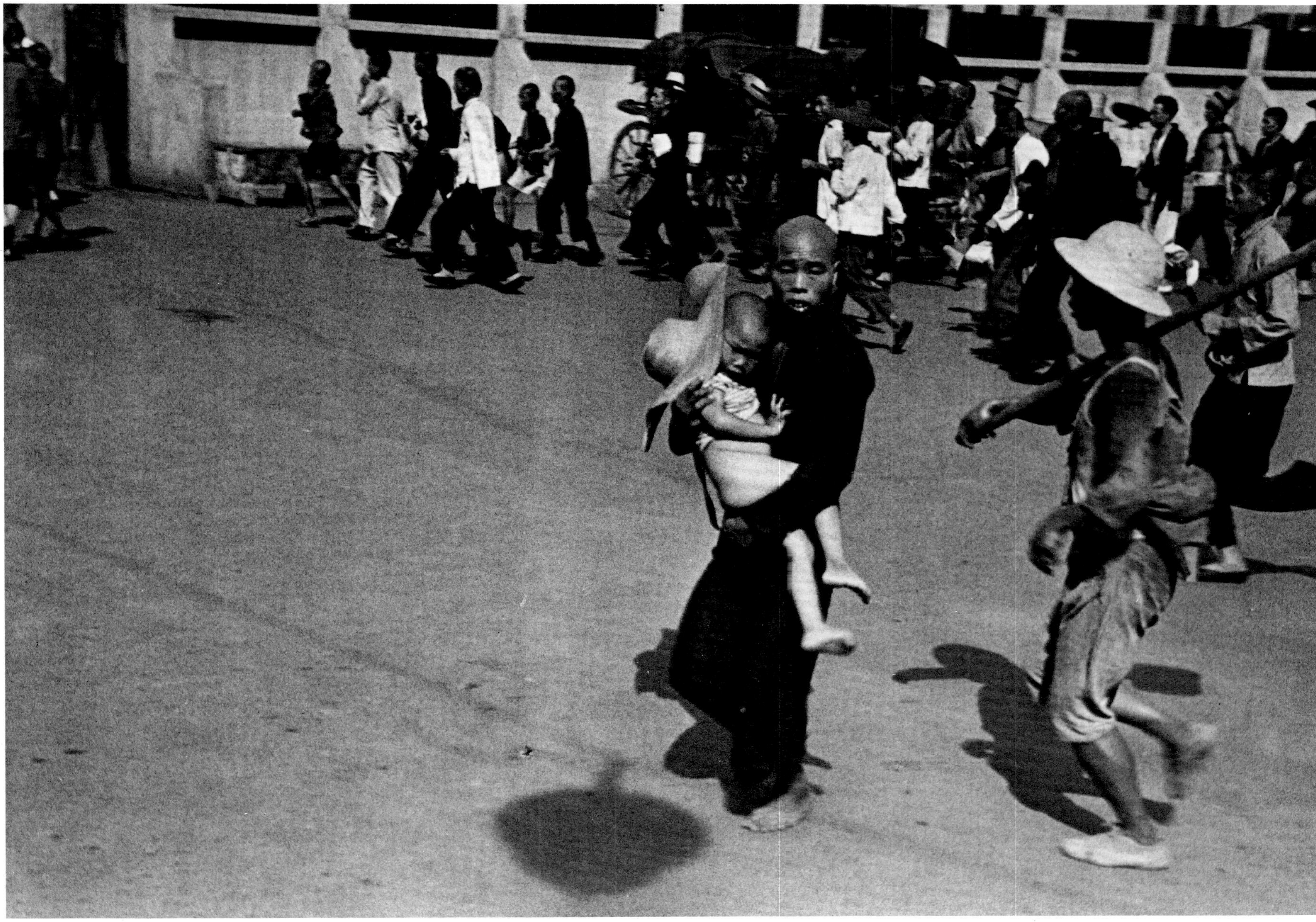

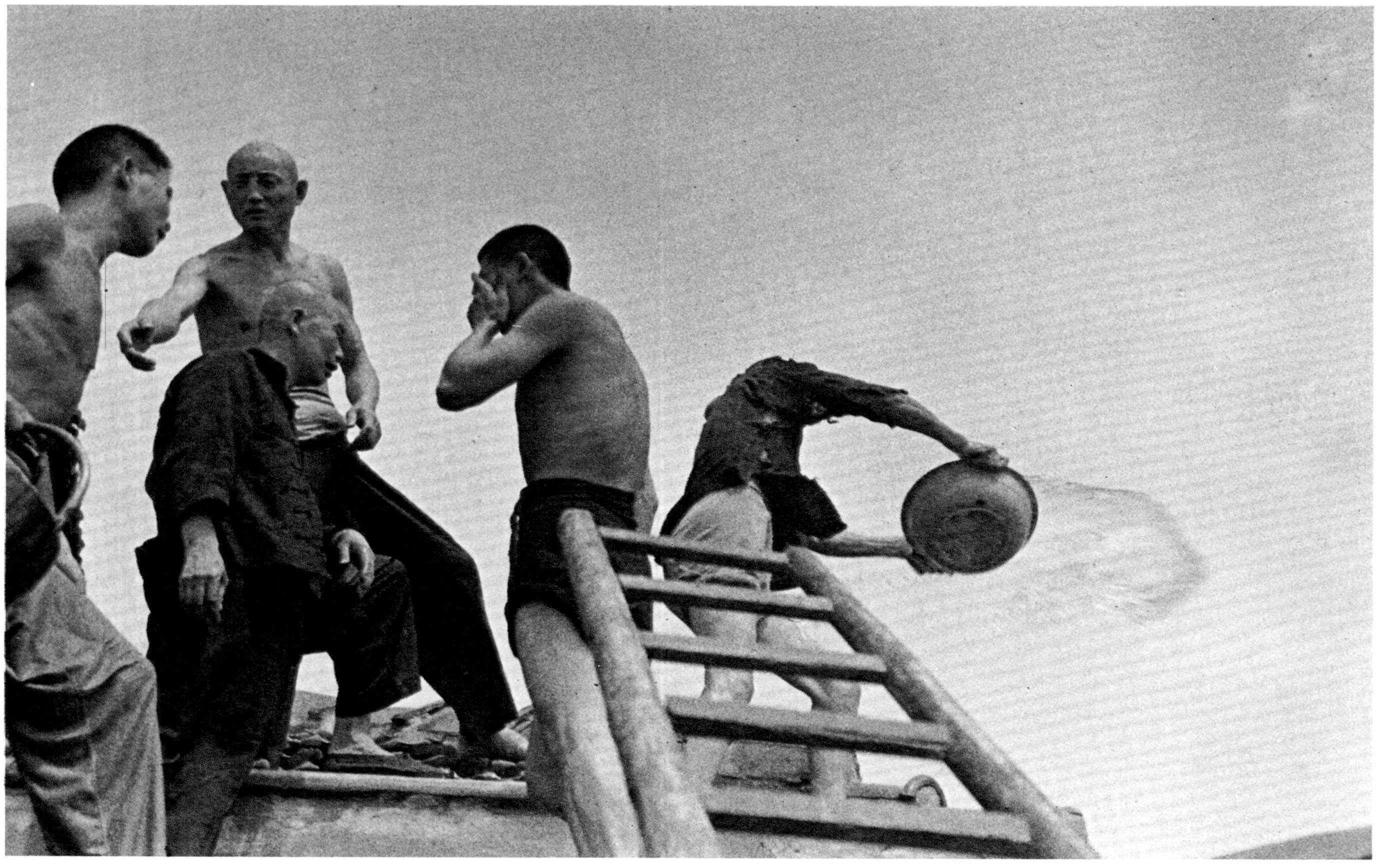

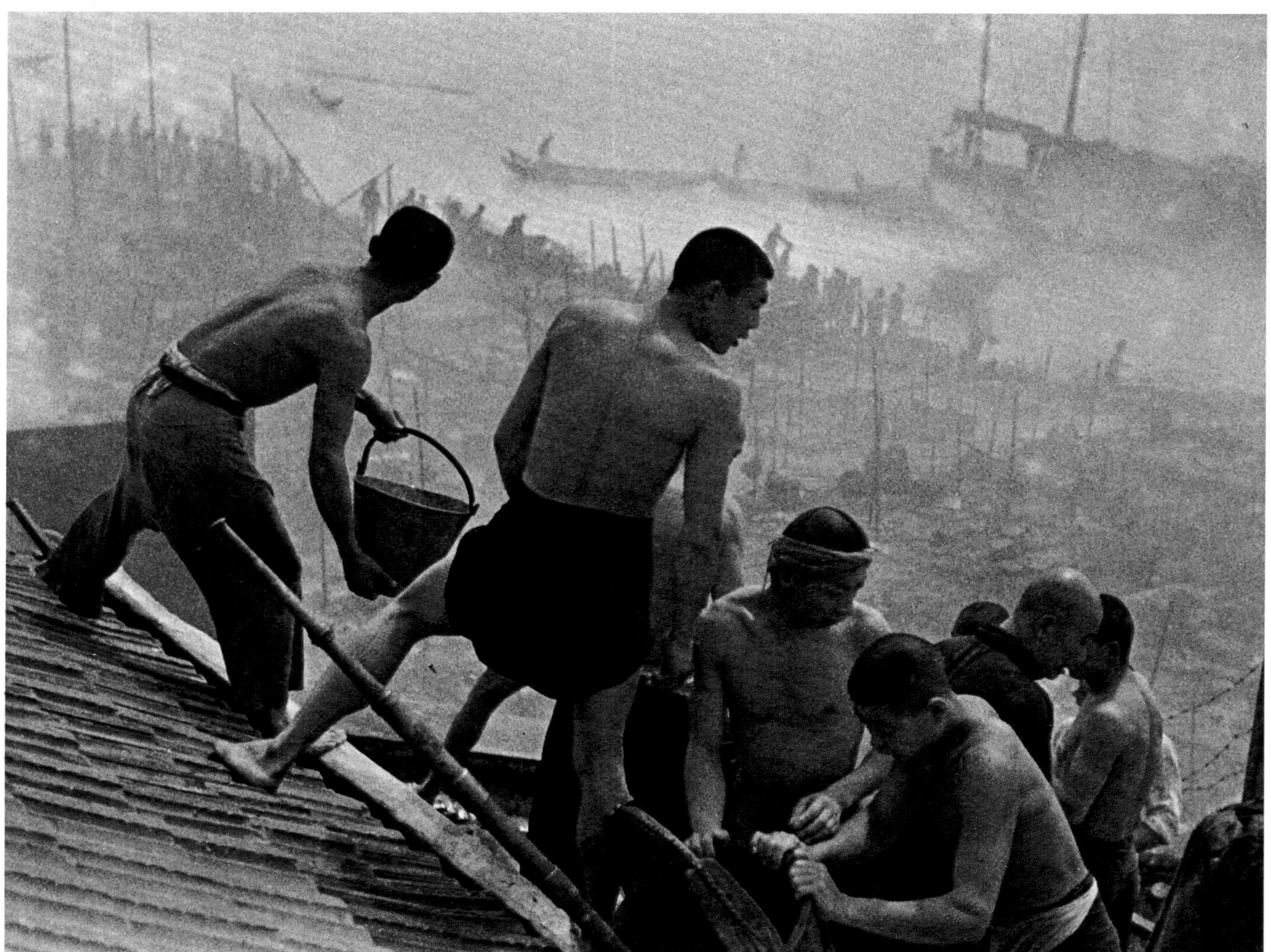

Hankou, Juli-September 1938.

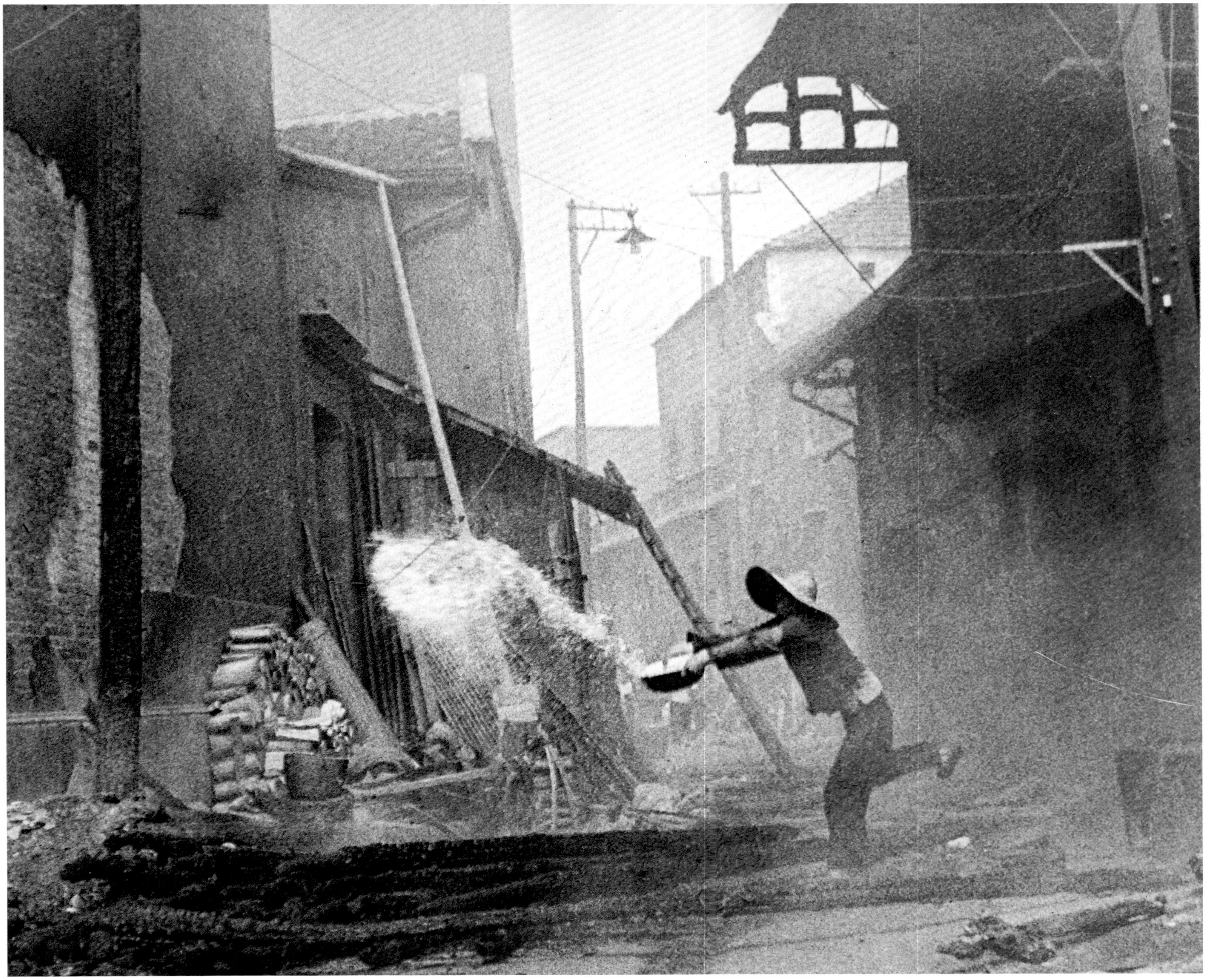

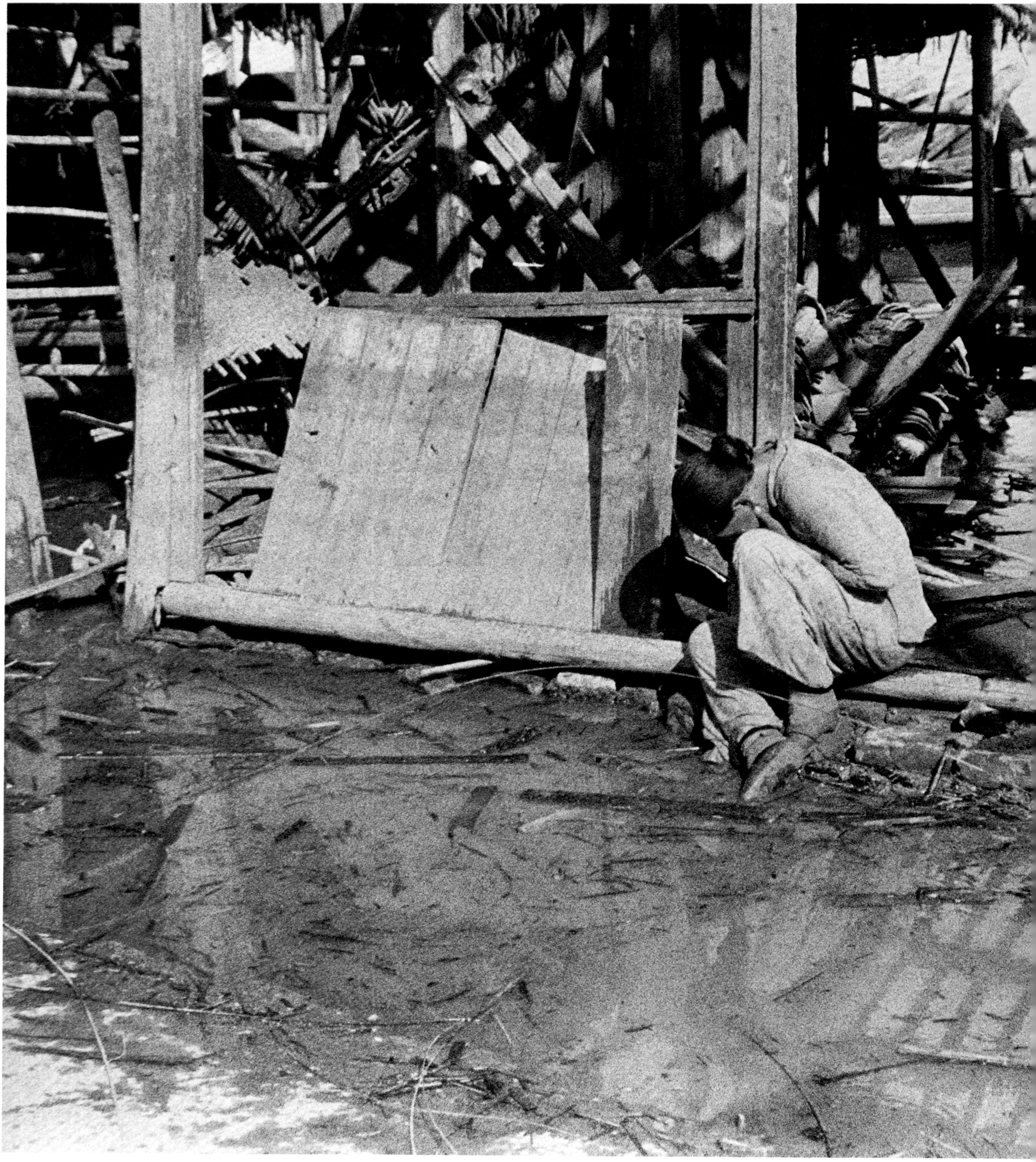

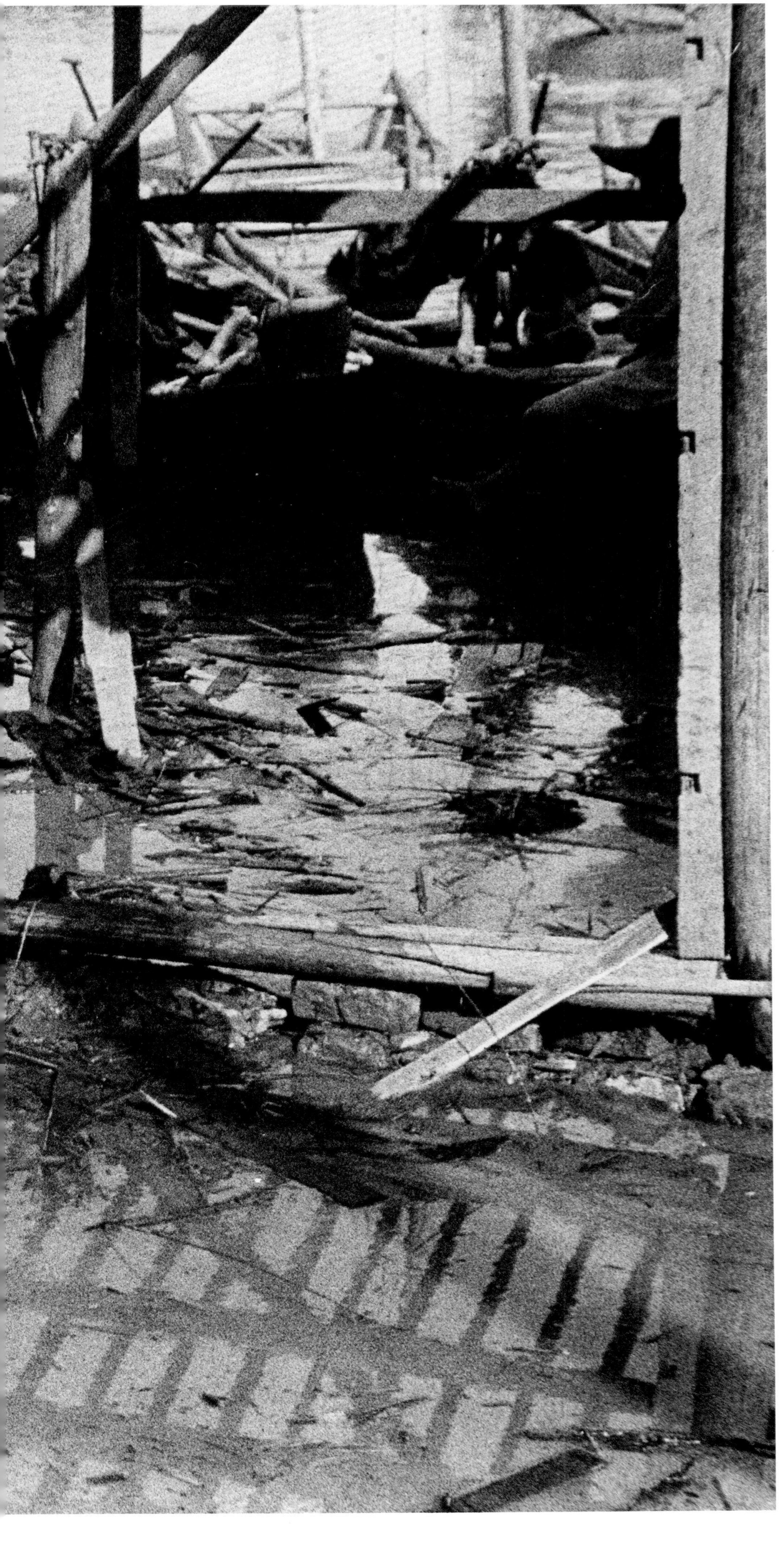

Hankou, Juli-September 1938.

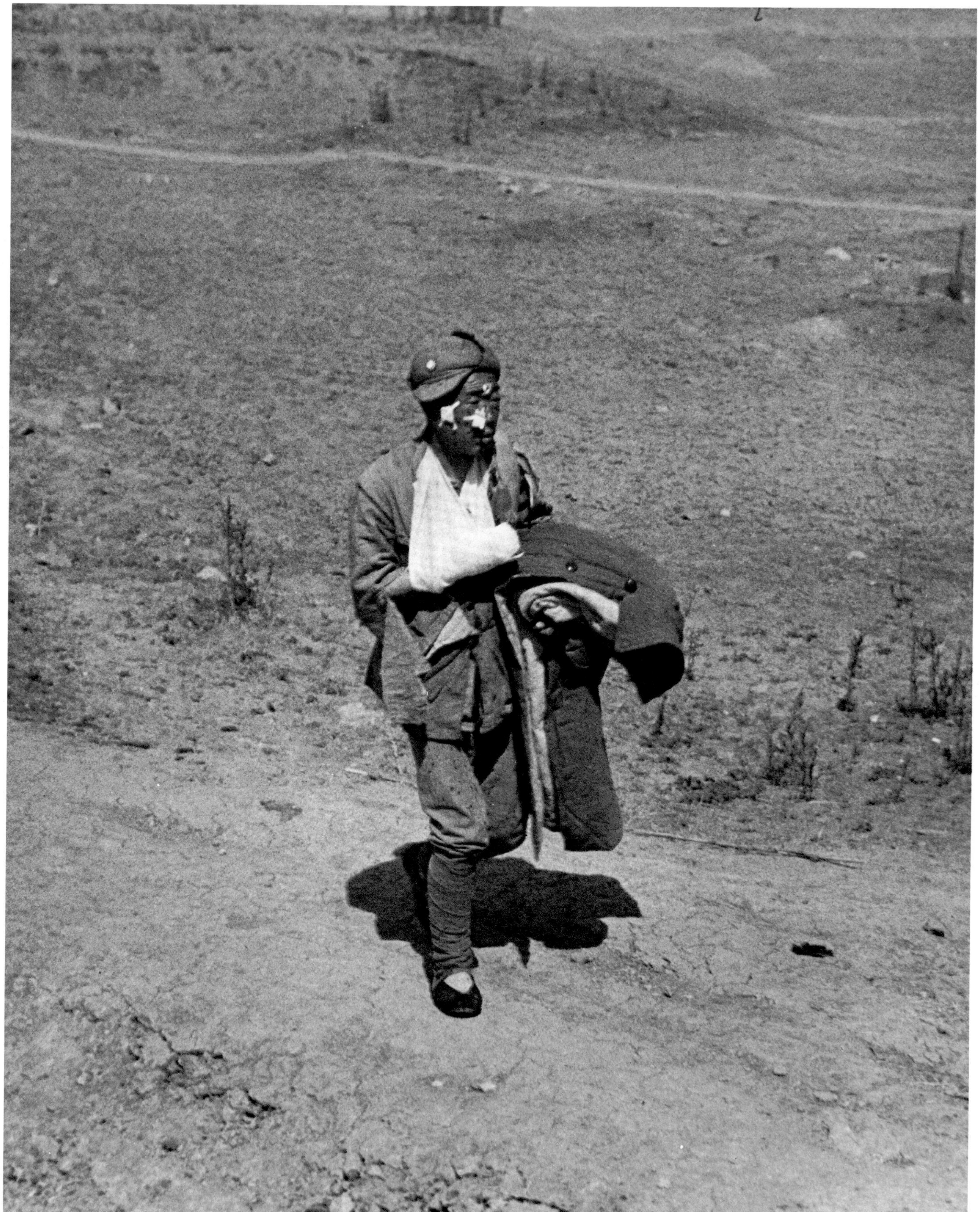

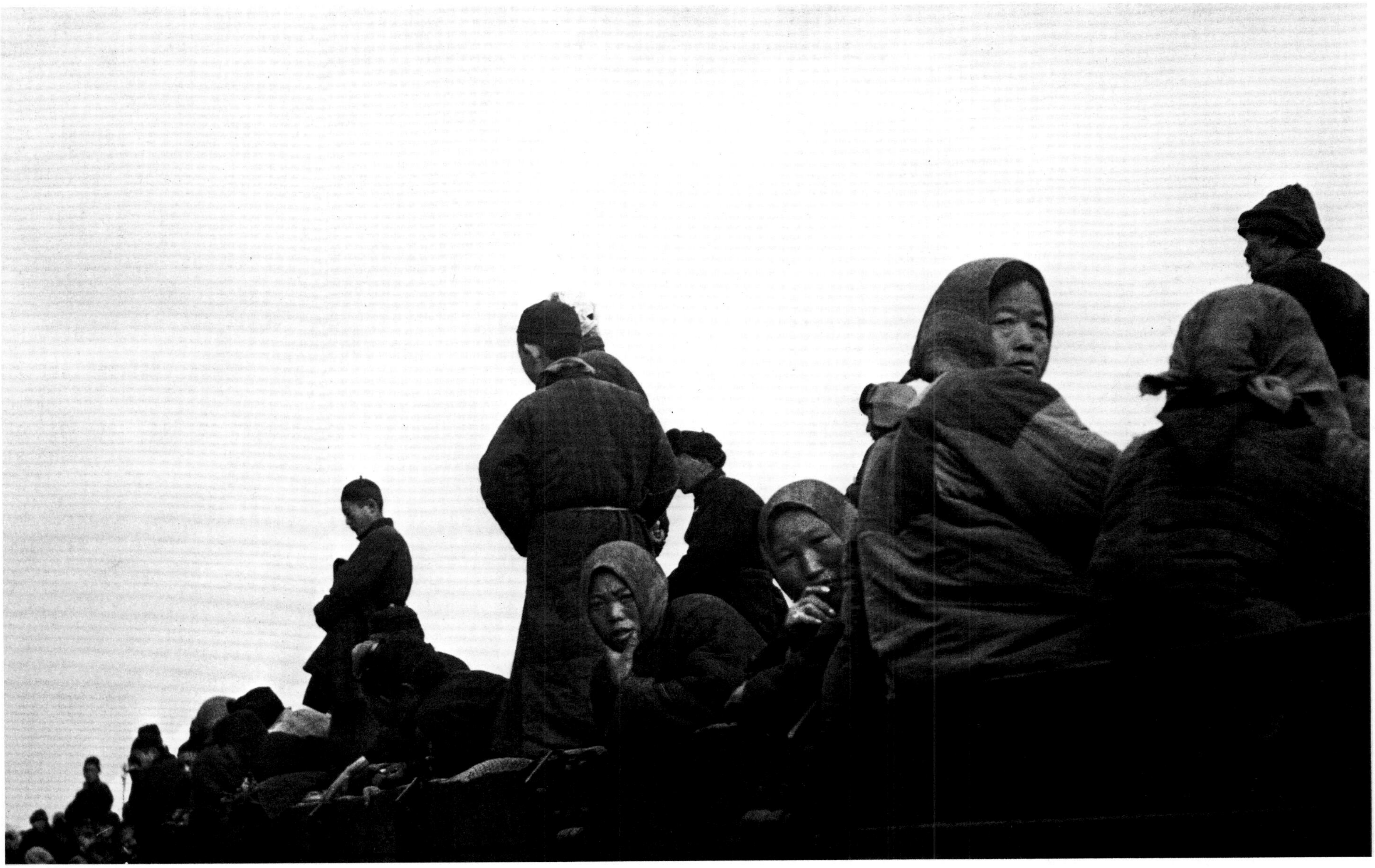

Links: Taierchwang, April 1938. Bis auf die Schwerstverwundeten mußten fast alle zehn Kilometer bis zu einem Zug gehen, der sie in Krankenhäuser hinter den Linien brachte.
Oben: Nahe der Sutschoufront, April 1938.

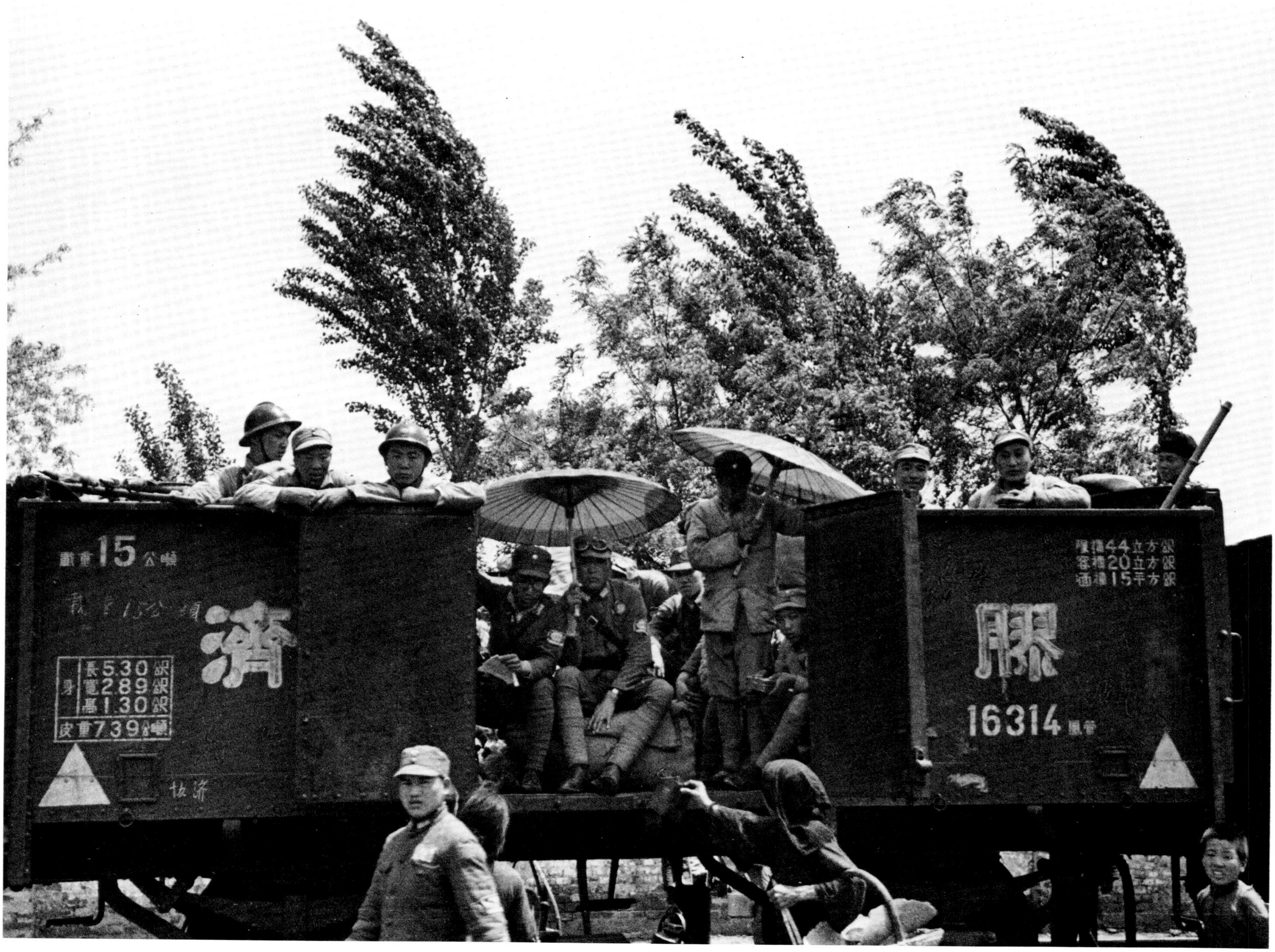

Nahe der Sutschoufront, April 1938.

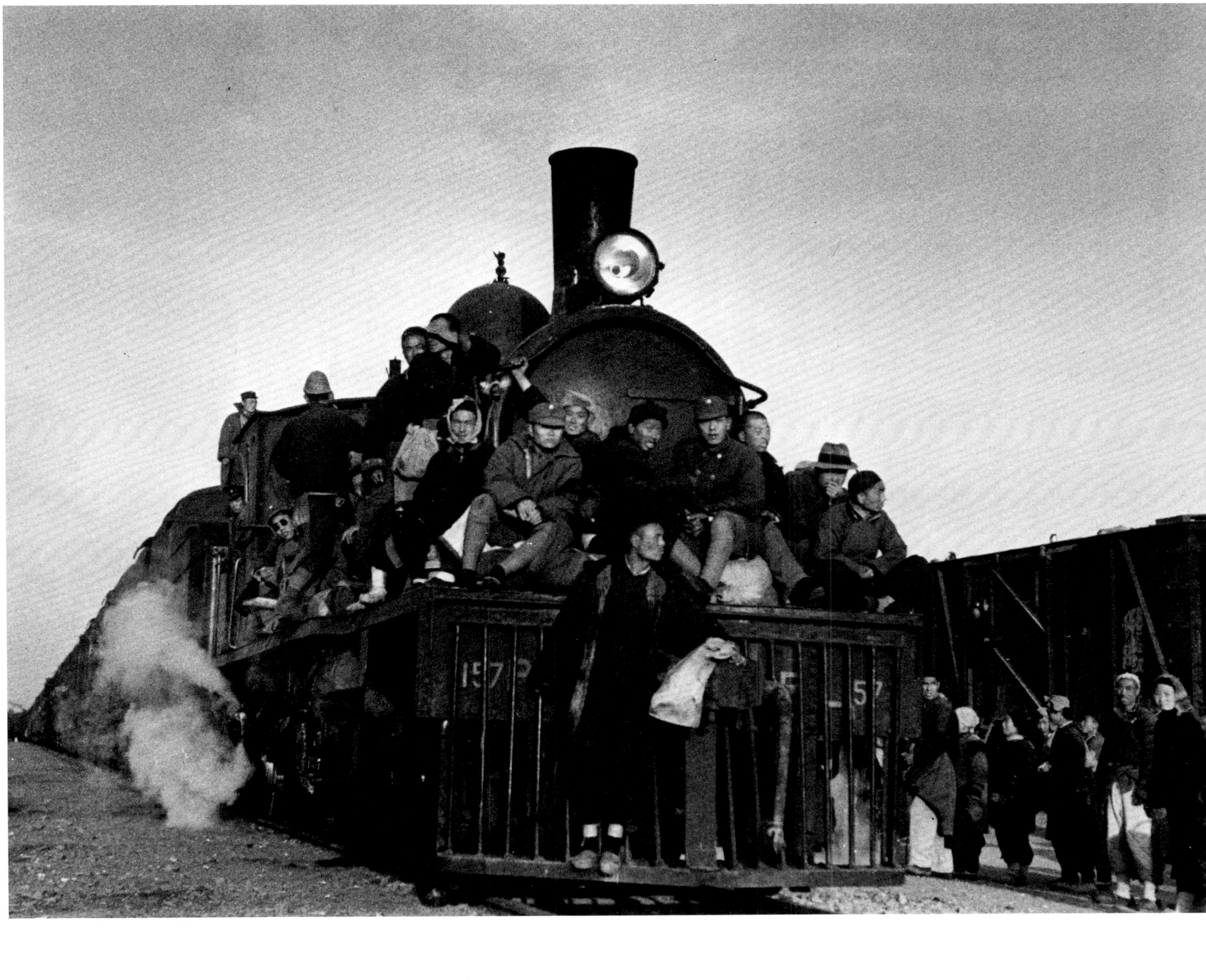
1573
57

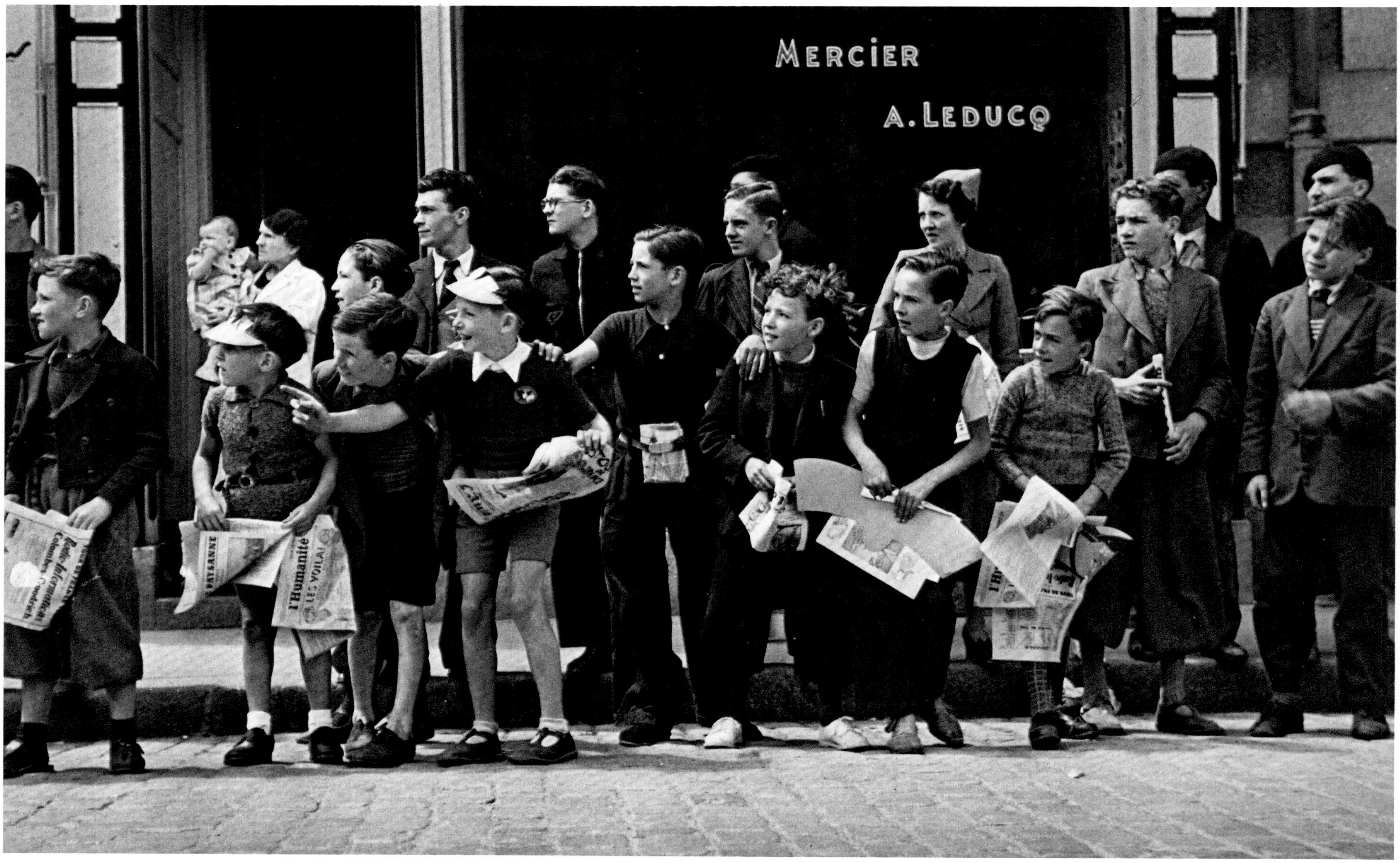

Pleyben, Bretagne, Juli 1939. Tour de France.

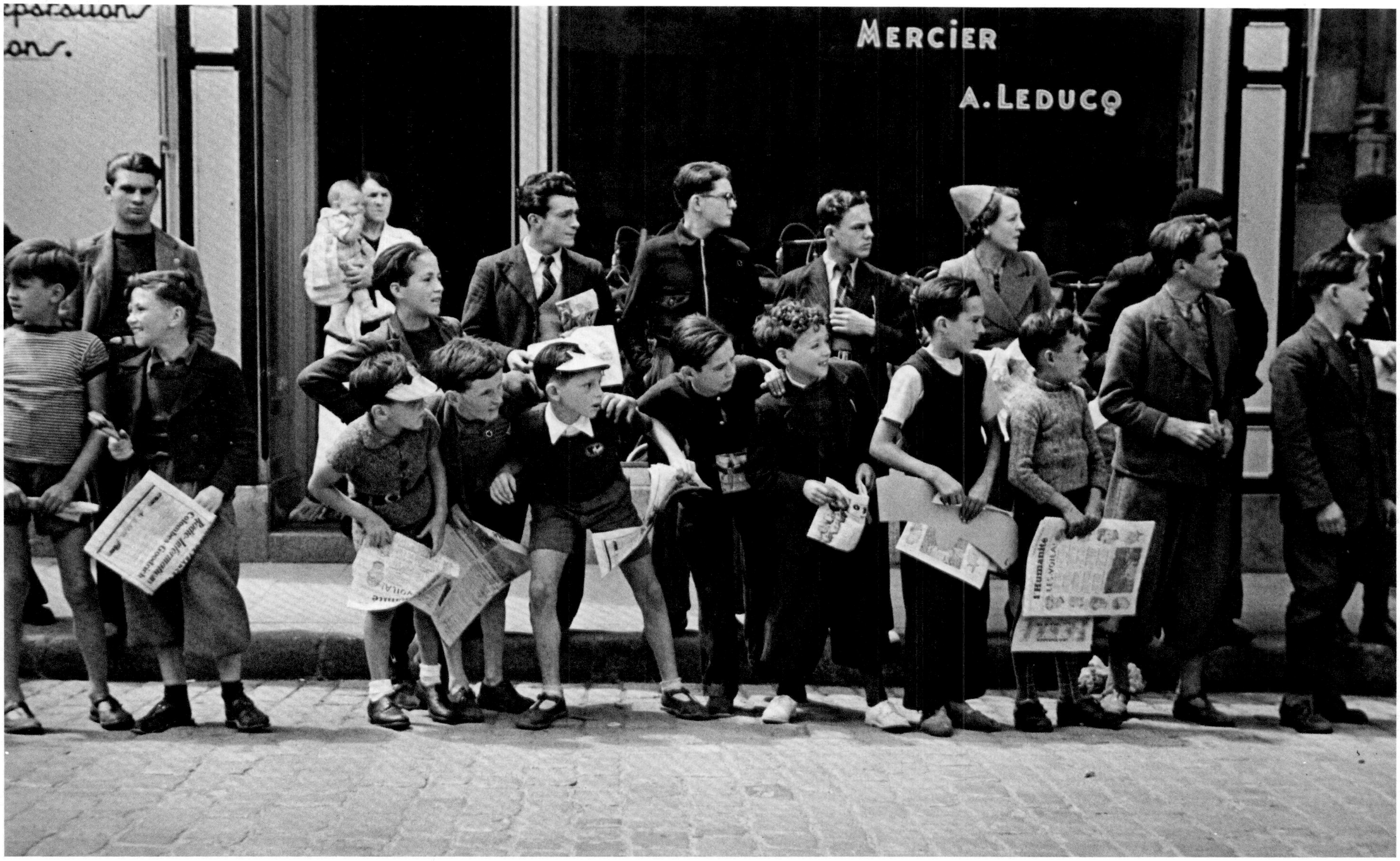
MERCIER
A. LEDUCQ

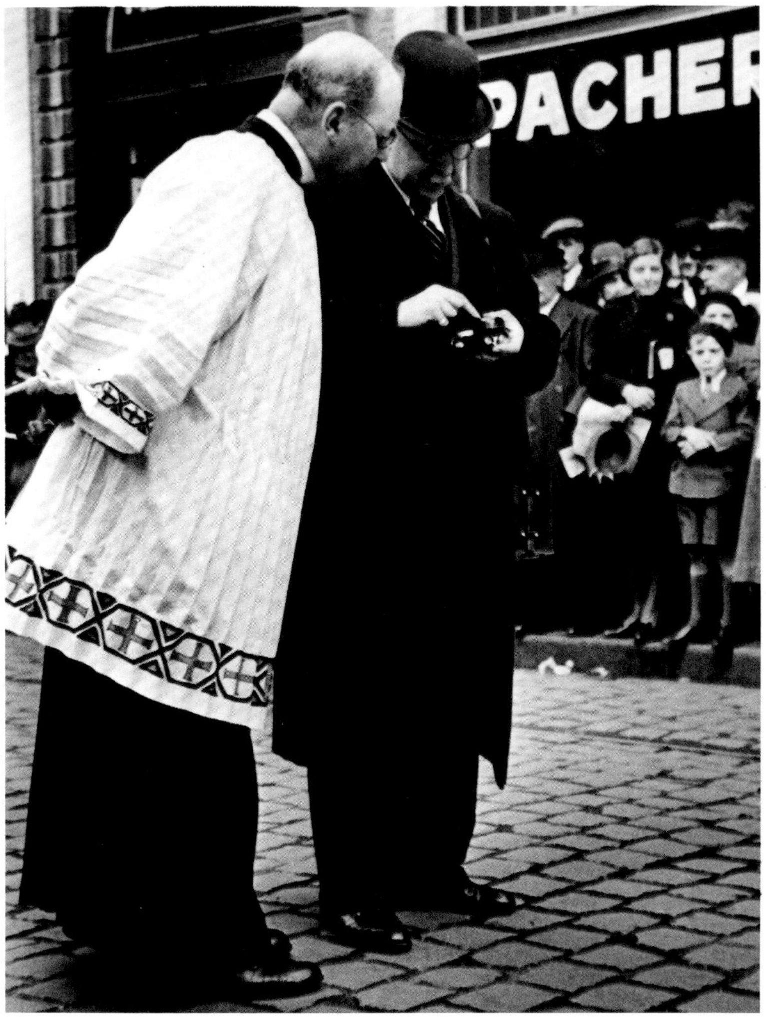
PACHER

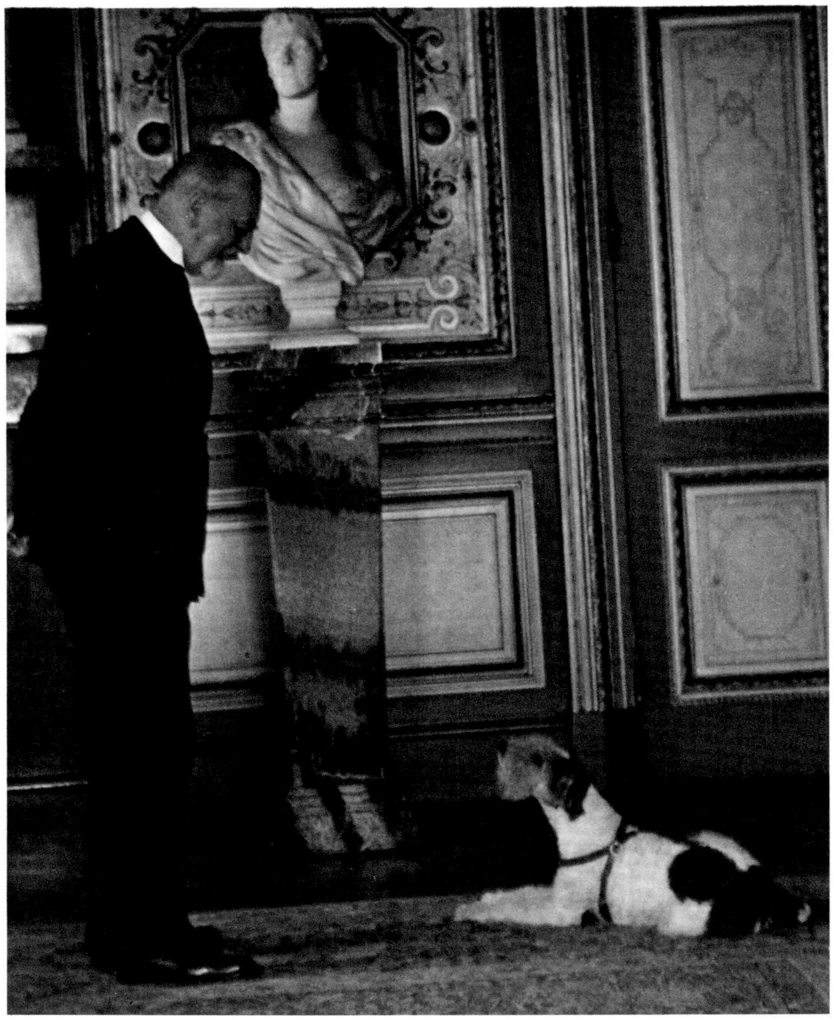

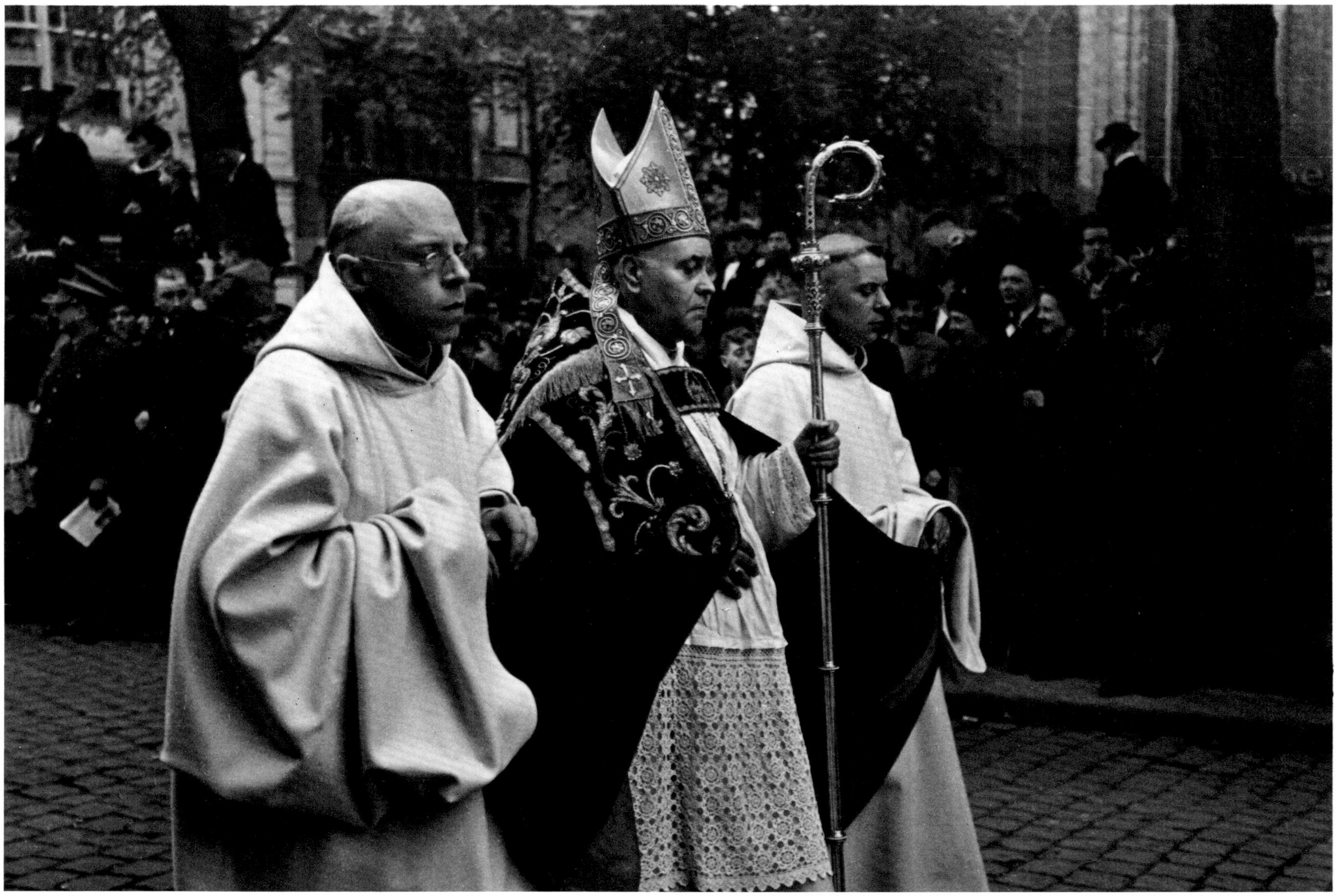

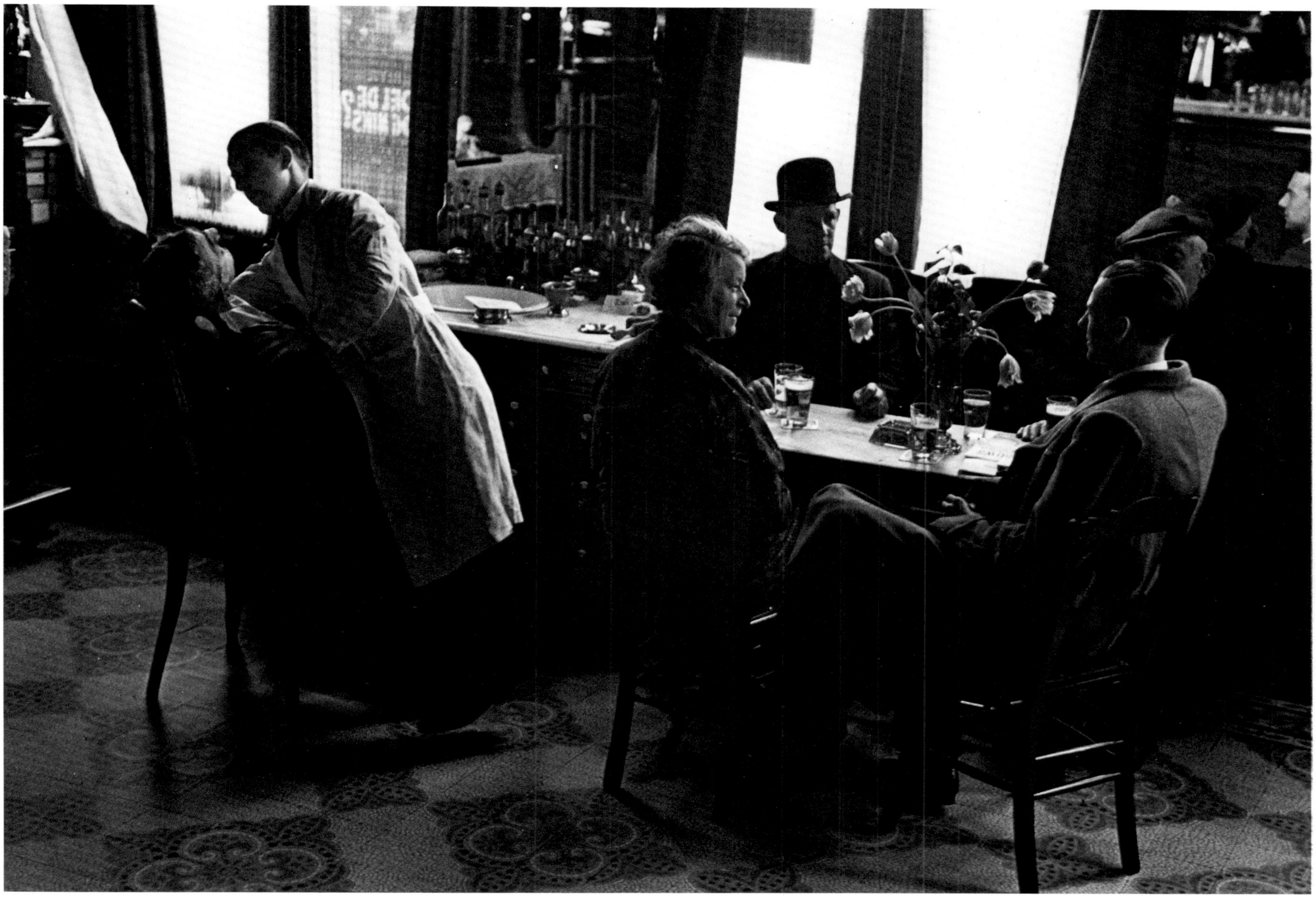

Gegenüberliegende Seite oben links: Brügge, Himmelfahrtstag (18. Mai) 1939.
Gegenüberliegende Seite oben rechts: Brüssel, April-Mai 1939. Adolphe Max, Bürgermeister der Stadt seit dreißig Jahren, im Gespräch mit seinem Hund Happy, dem letzten in einer langen Reihe von Terriern – alle gleichen Namens.
Gegenüberliegende Seite unten: Brügge, Himmelfahrtstag 1939. Prozession vom Heiligen Blut.
Oben: Antwerpen, April-Mai 1939. Das Café Bernstein am Hafen.

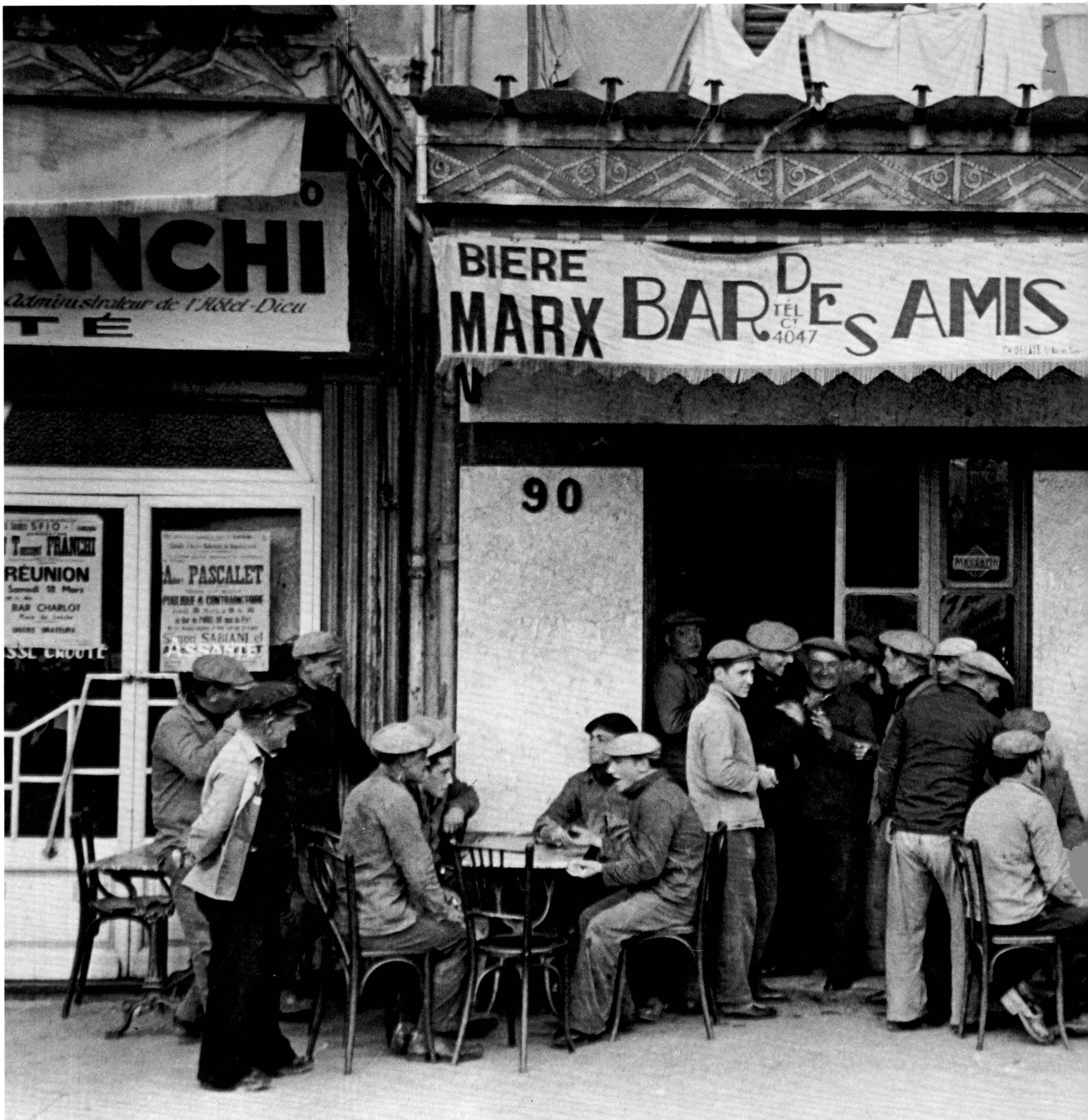
ANCHI
Administrateur de l'Hôtel-Dieu
TÉ
BIERE
MARX
BAR DES AMIS
TÉL Ct 4047
90
SFIO
FRANCHI
REUNION
Samedi 18 Mars
BAR CHARLOT
PASCALET
SABIANI

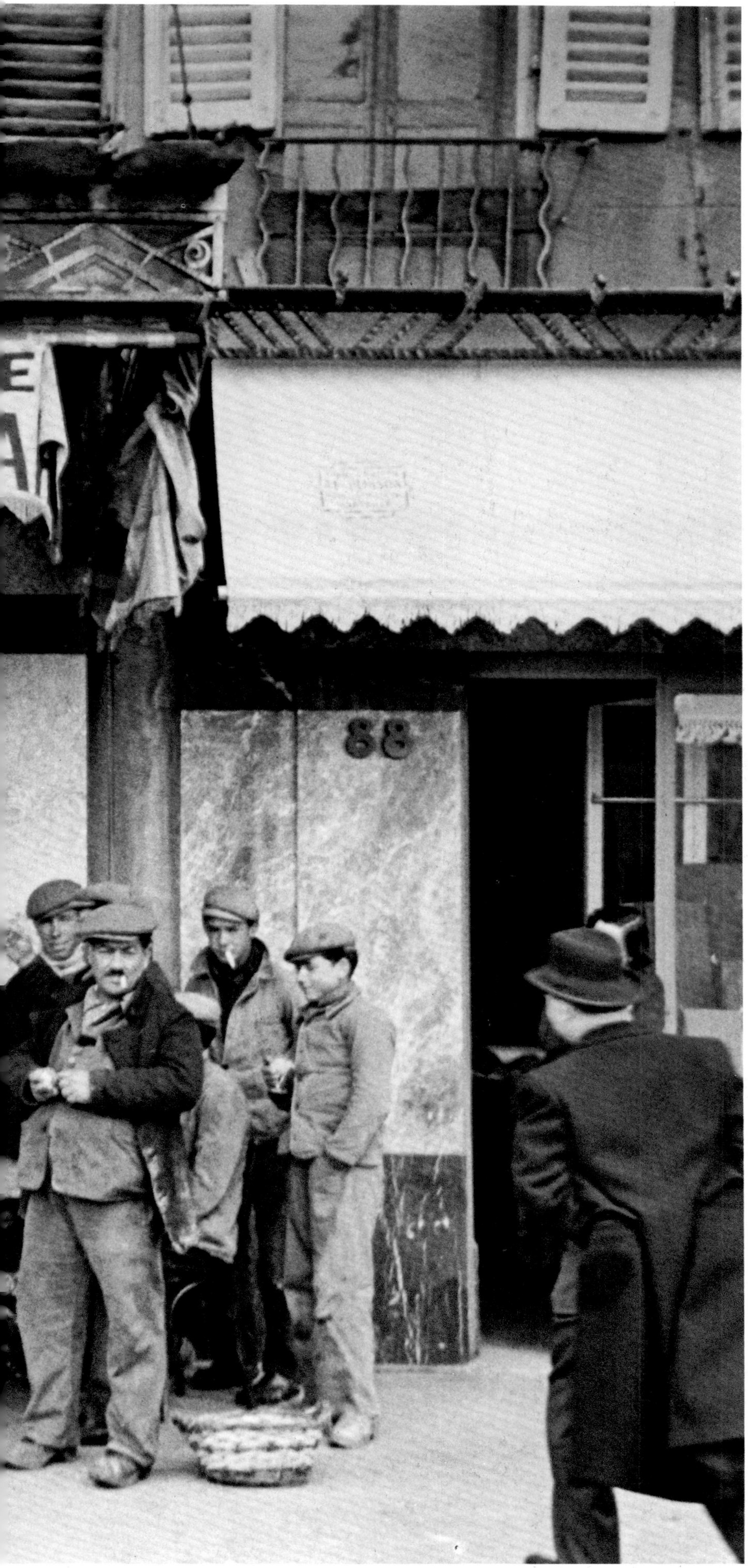

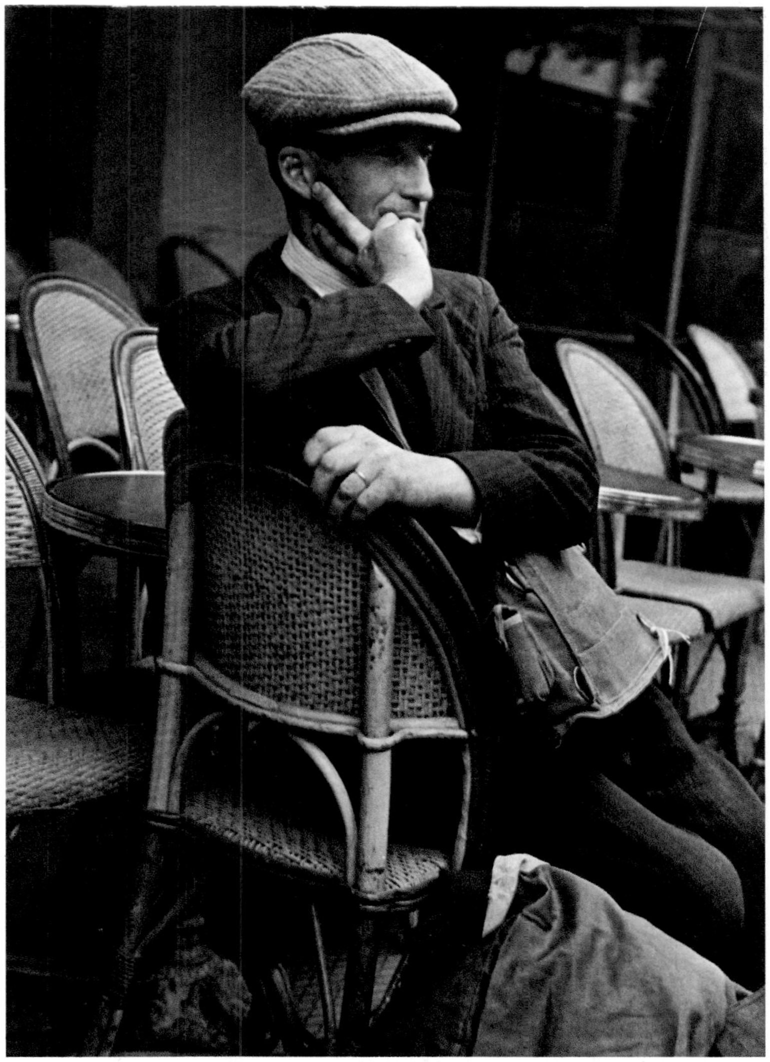

Links: Marseilles, März 1939. Oben: Paris, September 1939. Ein französischer Reservist während einer Pause in einem Straßencafé, bevor er sich bei seiner Einheit meldete.

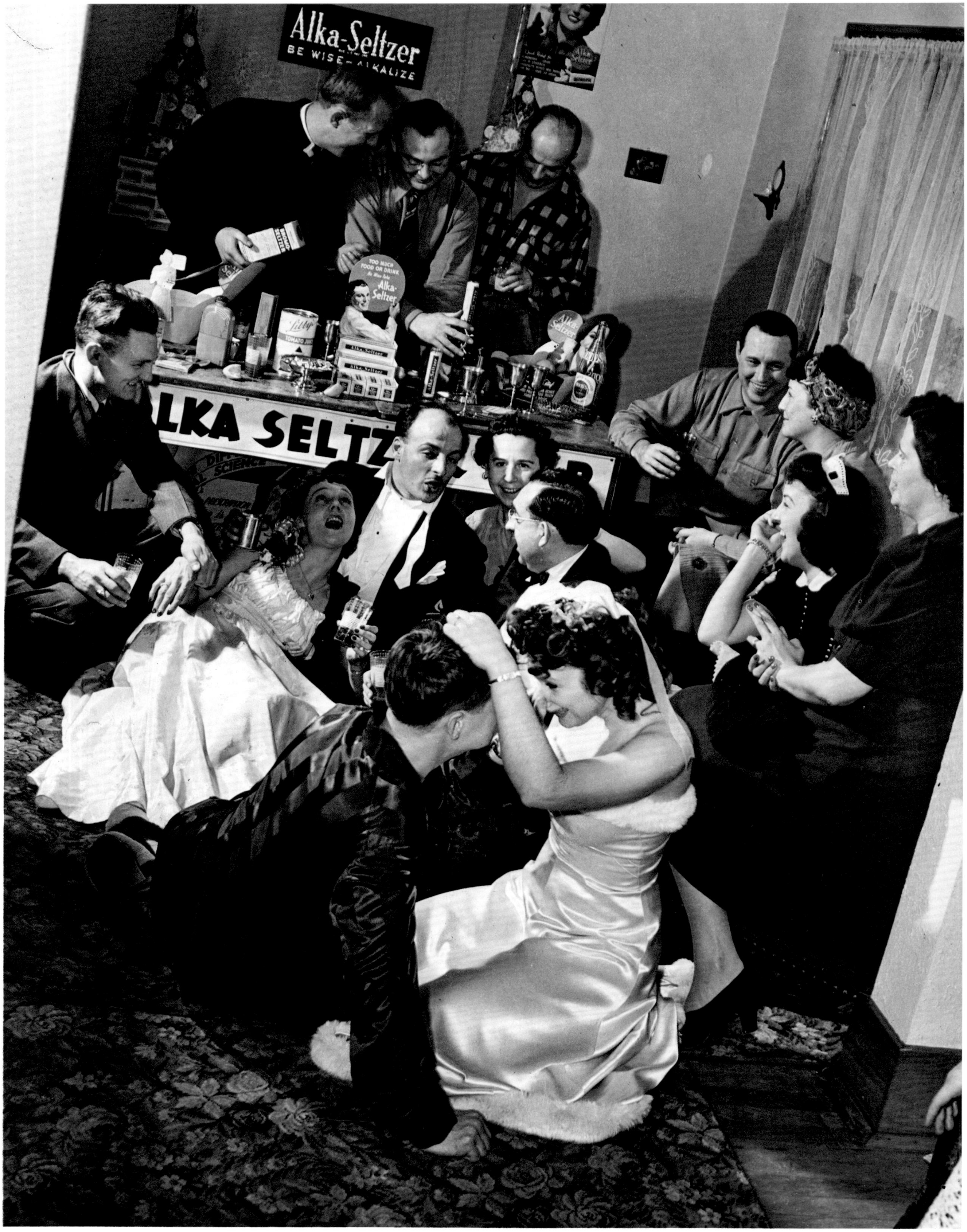
Alka-Seltzer
BE WISE-ALKALIZE
TOO MUCH FOOD OR DRINK
Alka-Seltzer
TOMATO JUICE
Alka-Seltzer

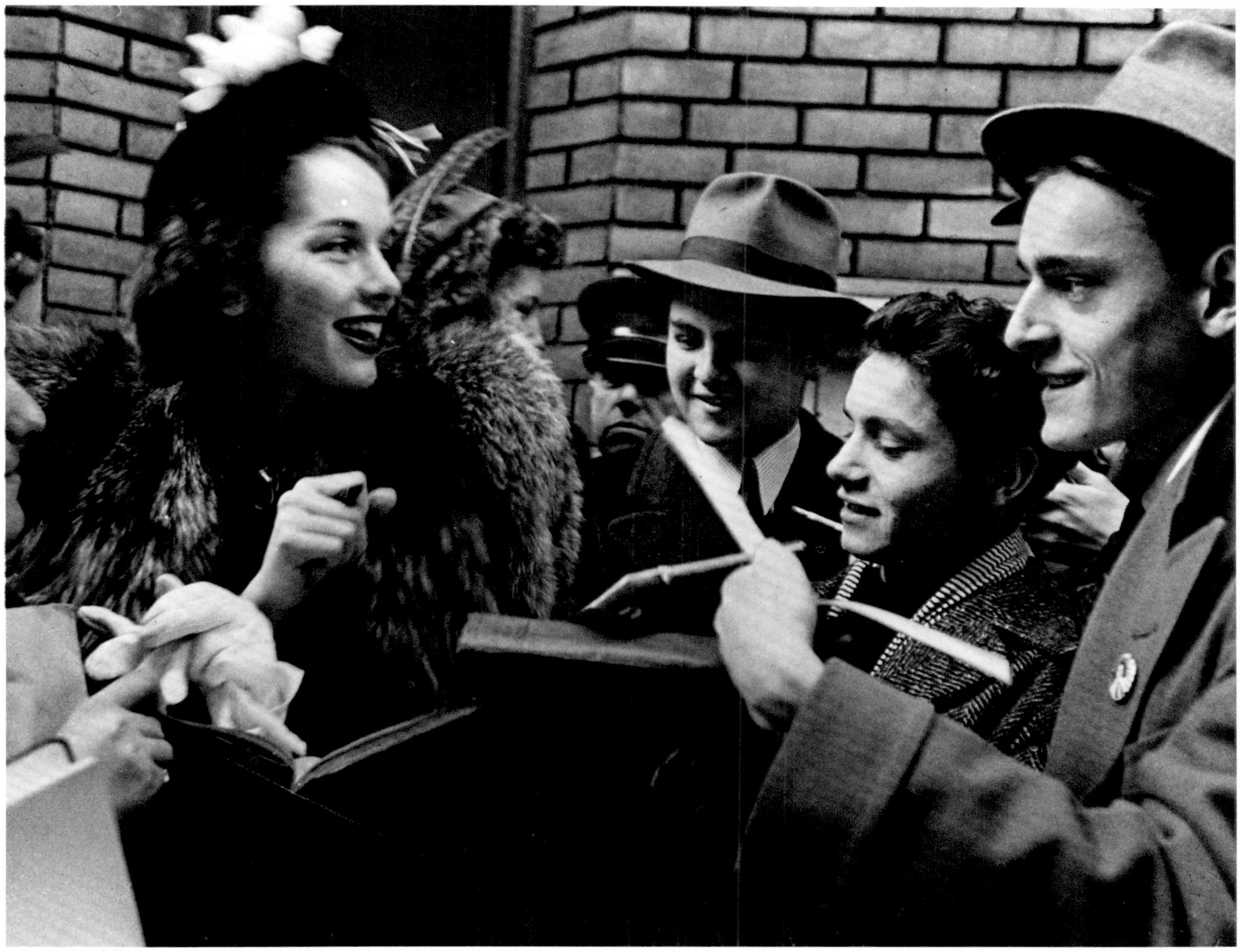

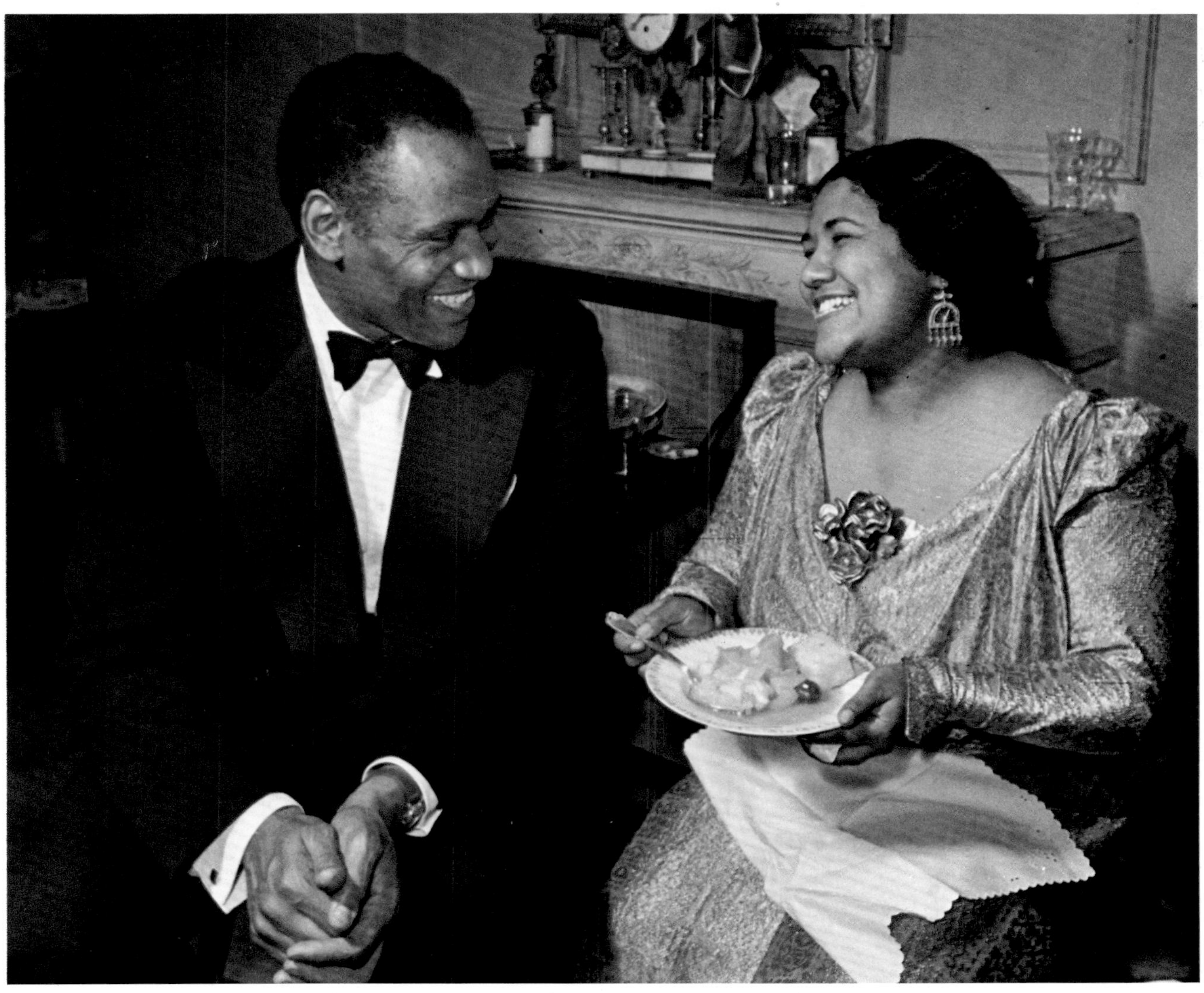

Links: Owosso, Michigan, Dezember 1940. Party unter dem Motto »Katerstimmung«.
Oben: New York, Dezember 1940. Jinx Falkenburg, damals in einer Nebenrolle in dem musikalischen Lustspiel *Hold On to Your Hats*.
Unten: New York, 19. November 1939. Dorothy Maynor und Paul Robeson auf der Party nach dem Debüt der Sopranistin in der Town Hall.

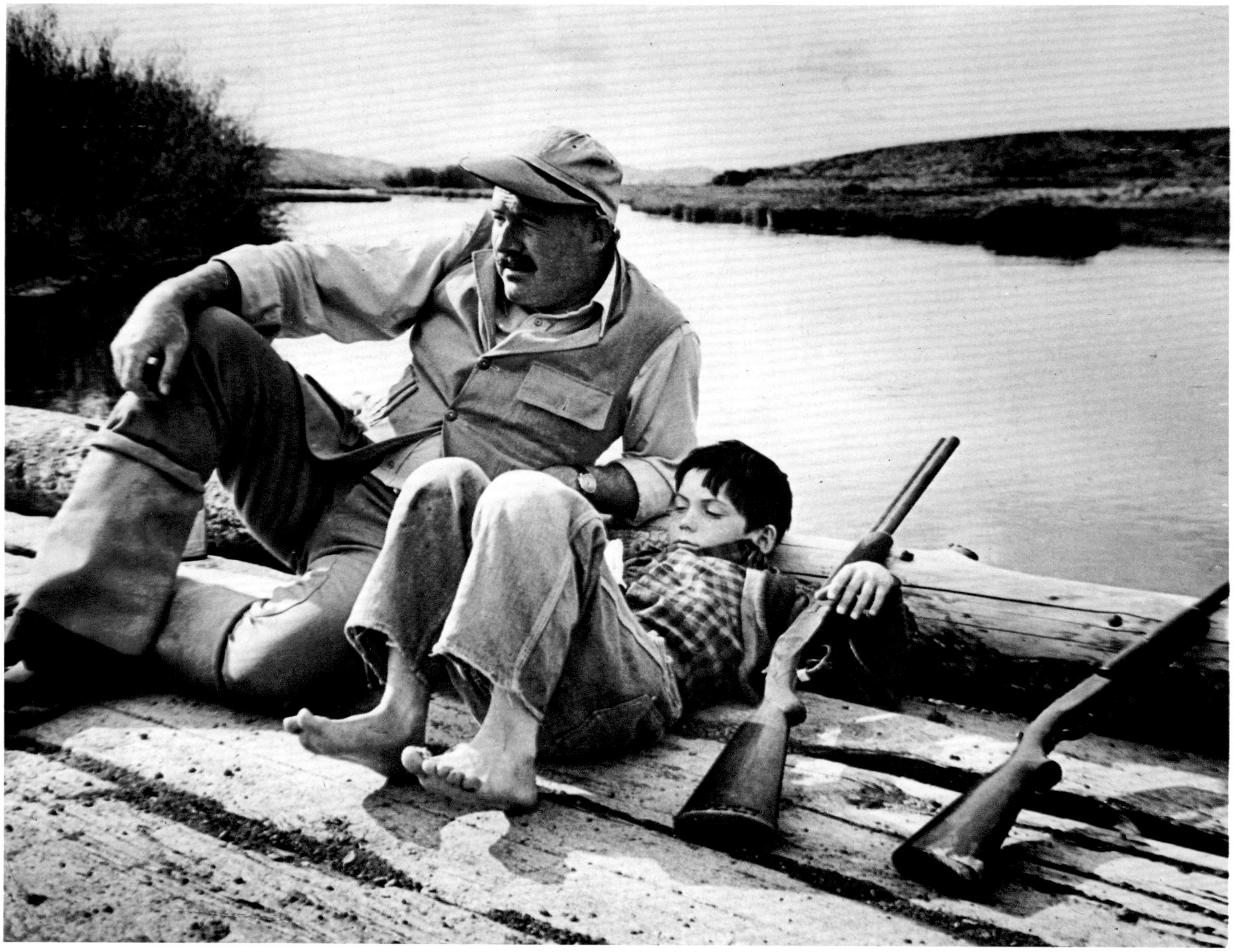

Sun Valley, Idaho, Oktober 1941.
Oben: Ernest Hemingway und sein Sohn Gregory.
Rechts: Gary Cooper.

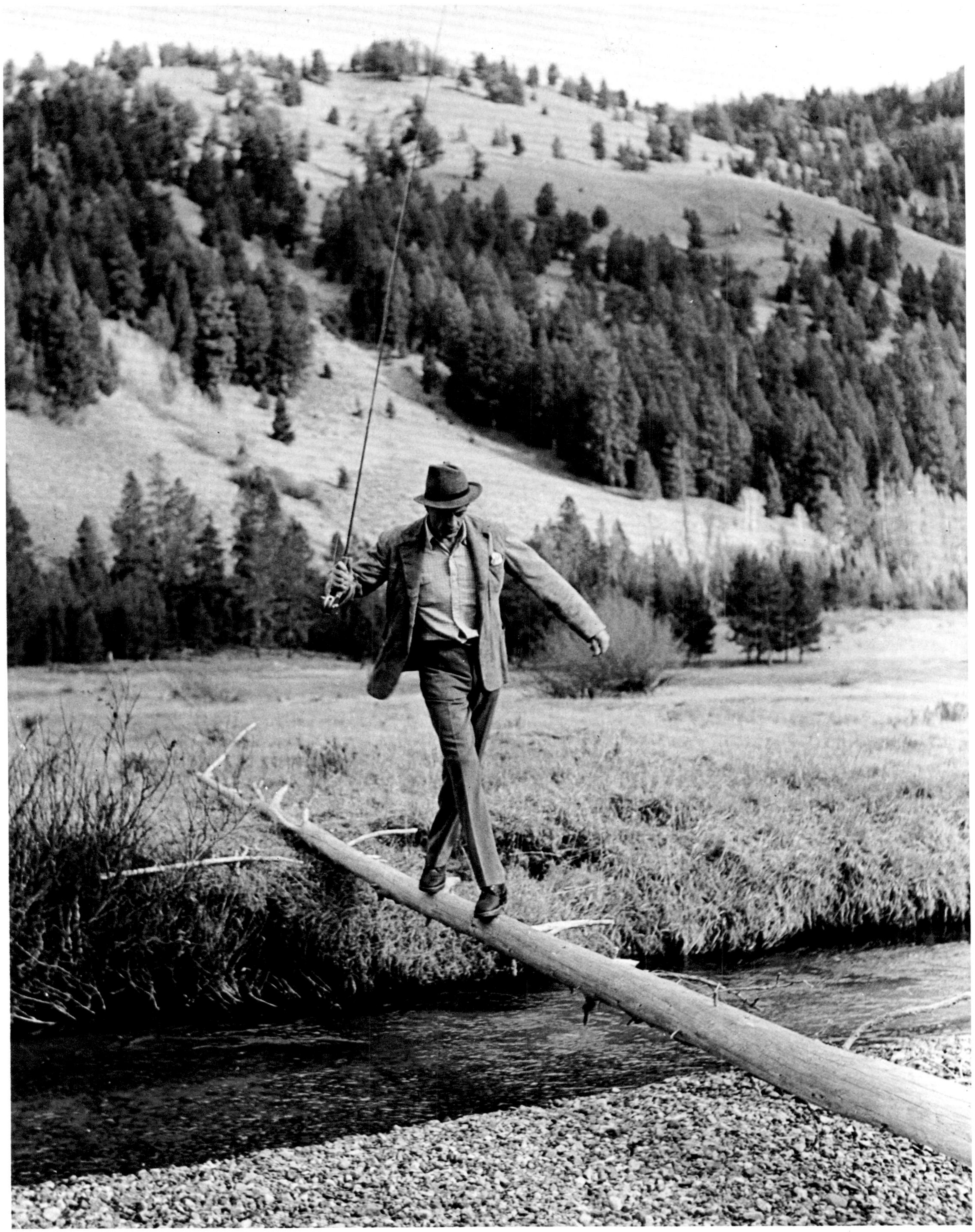

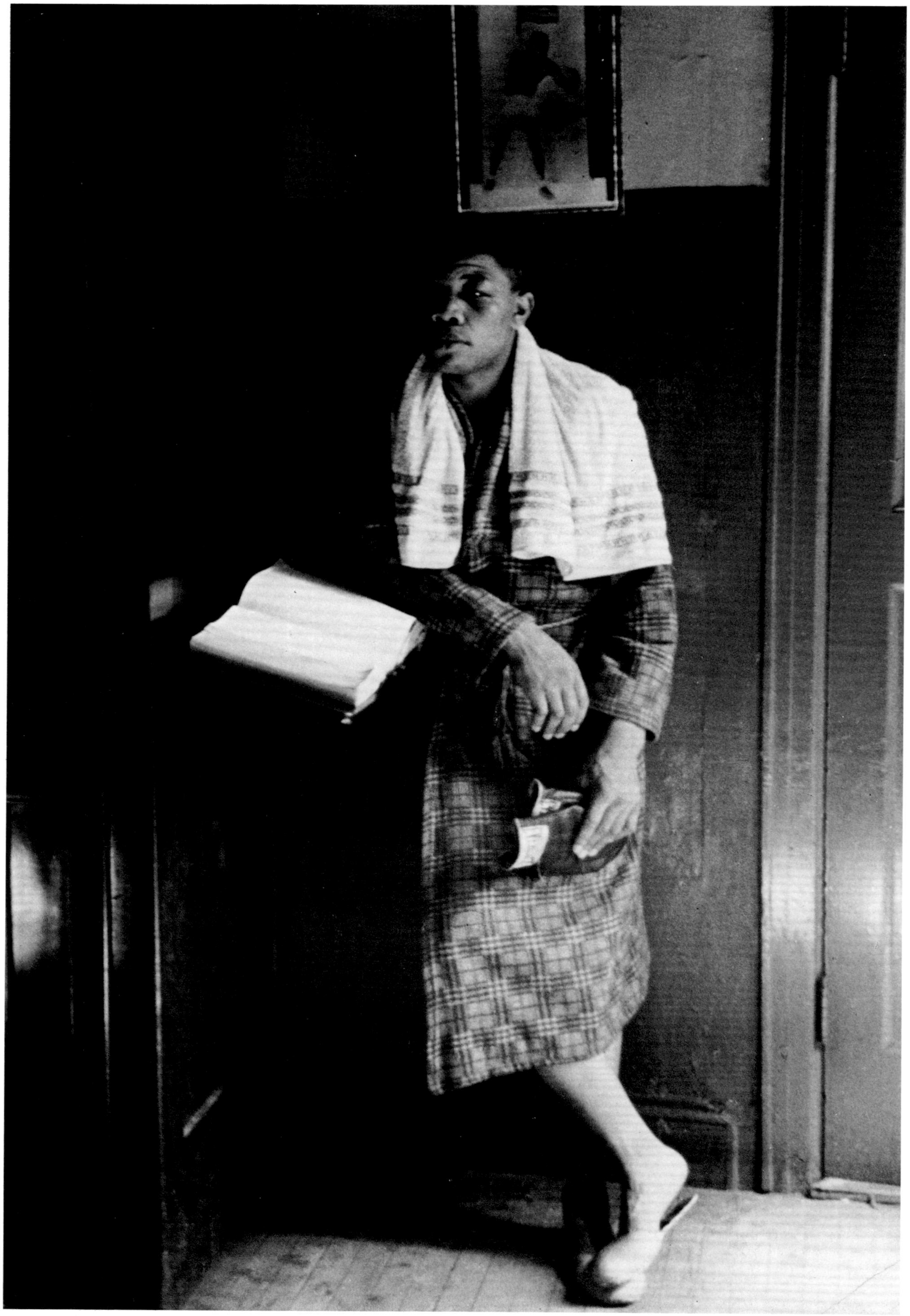

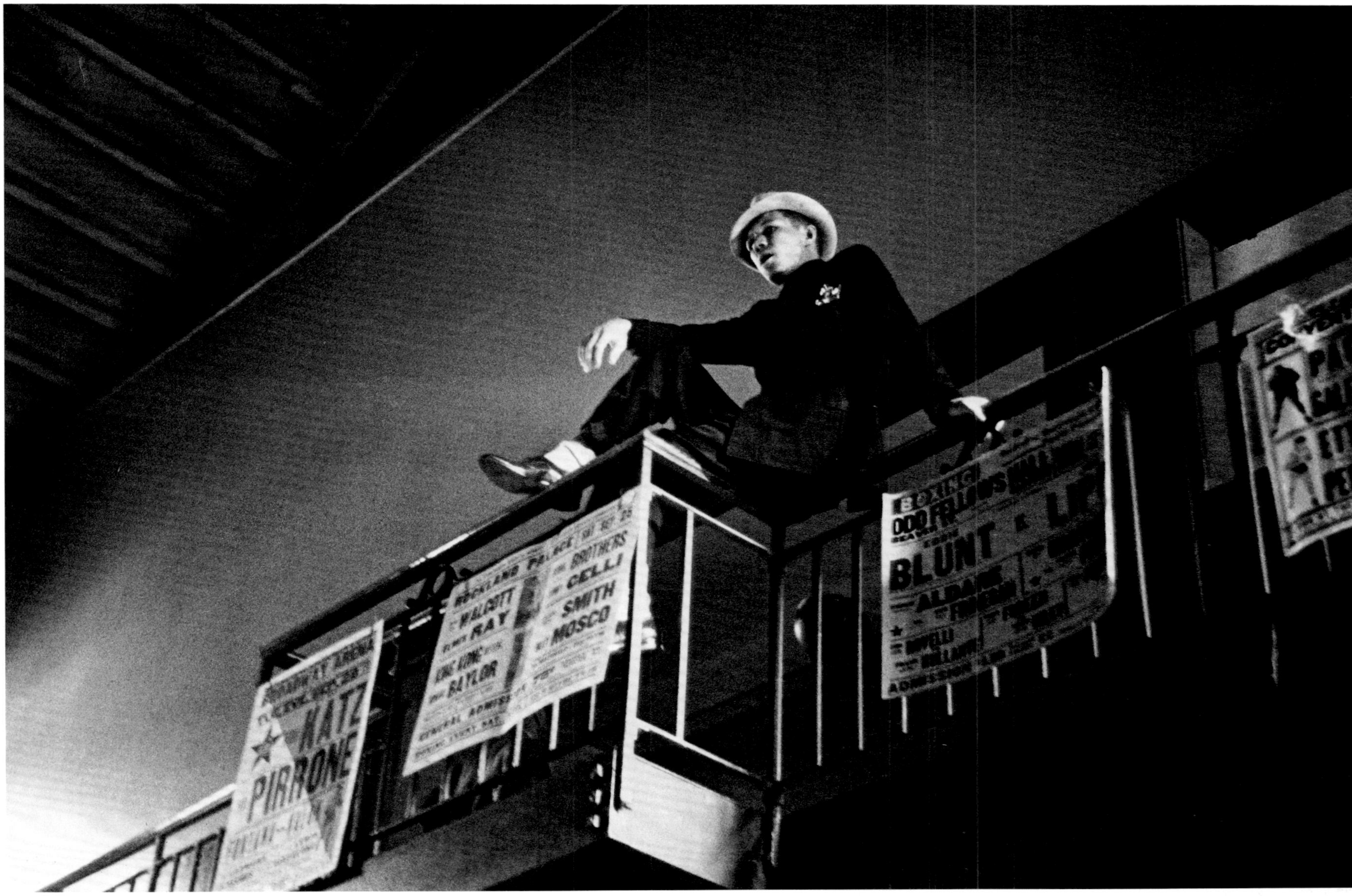

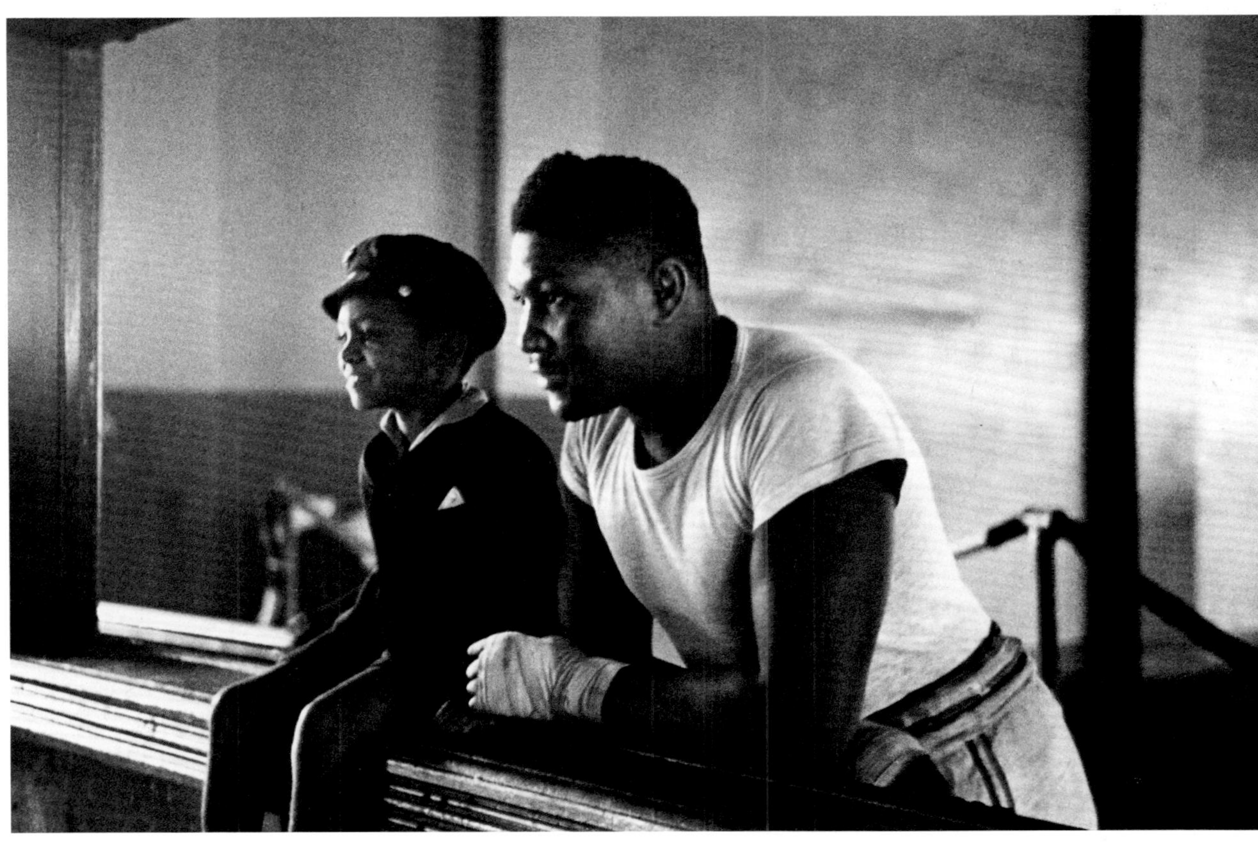

New York, September-Oktober 1937.
Stillman's Boxschule.

In einem Zug zwischen Memphis, Tennessee, und Hot Springs, Arkansas, 9. März 1940. Edward Hull Crump, der politische Chef von Memphis, lud eintausend seiner »guten Freunde« auf Kosten der Steuerzahler zu einem eintägigen Besuch der Rennen in Hot Springs ein.

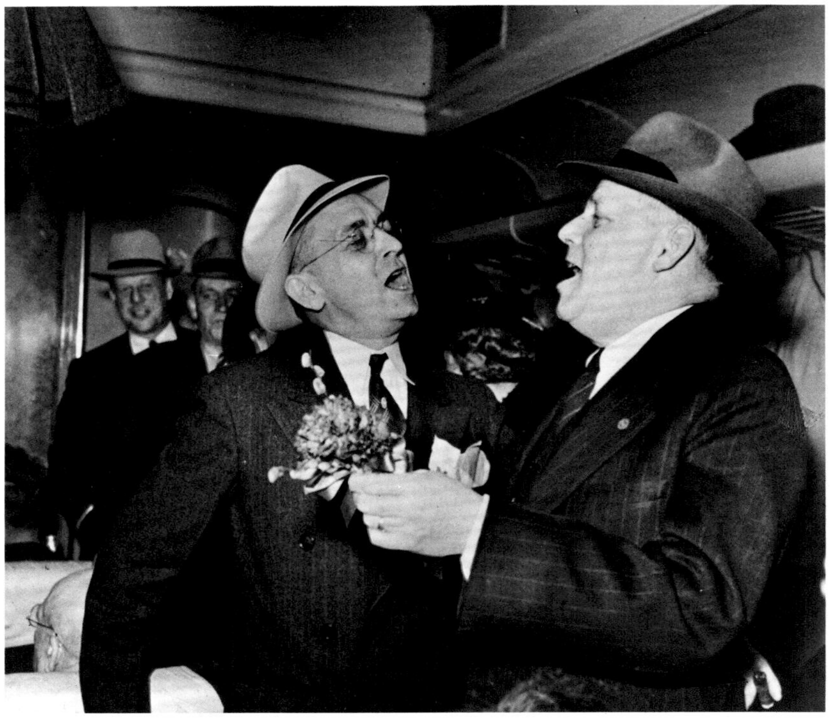

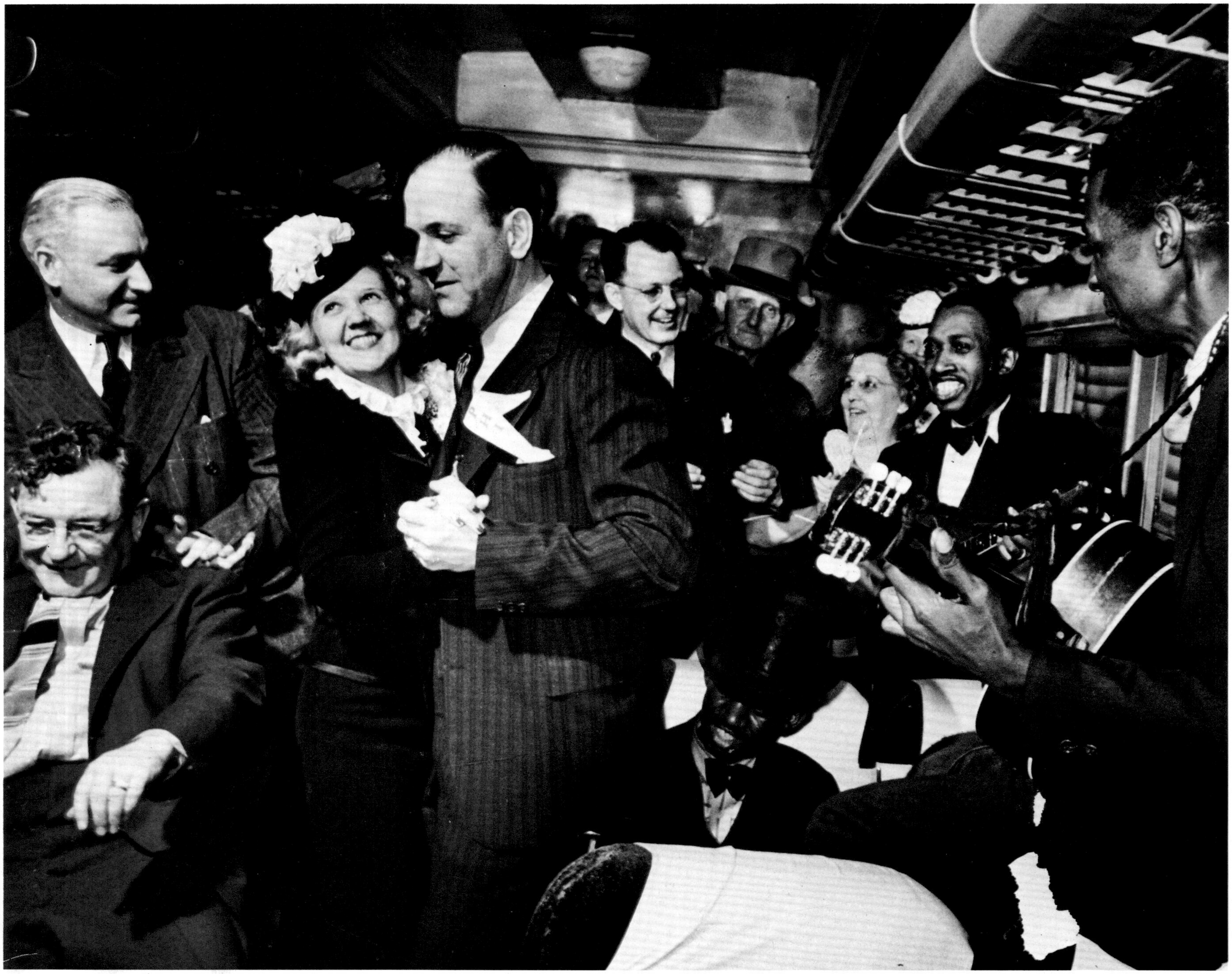

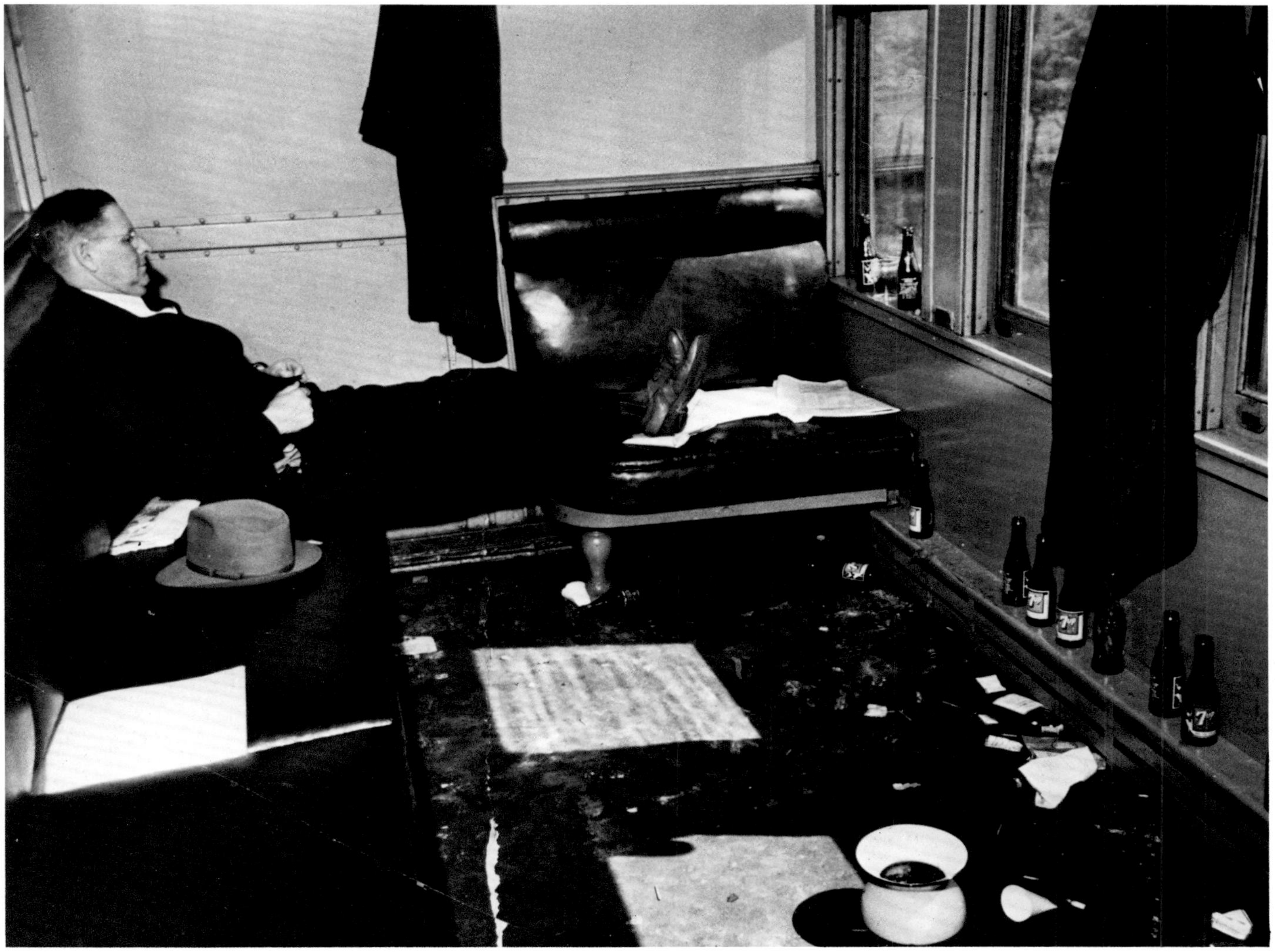

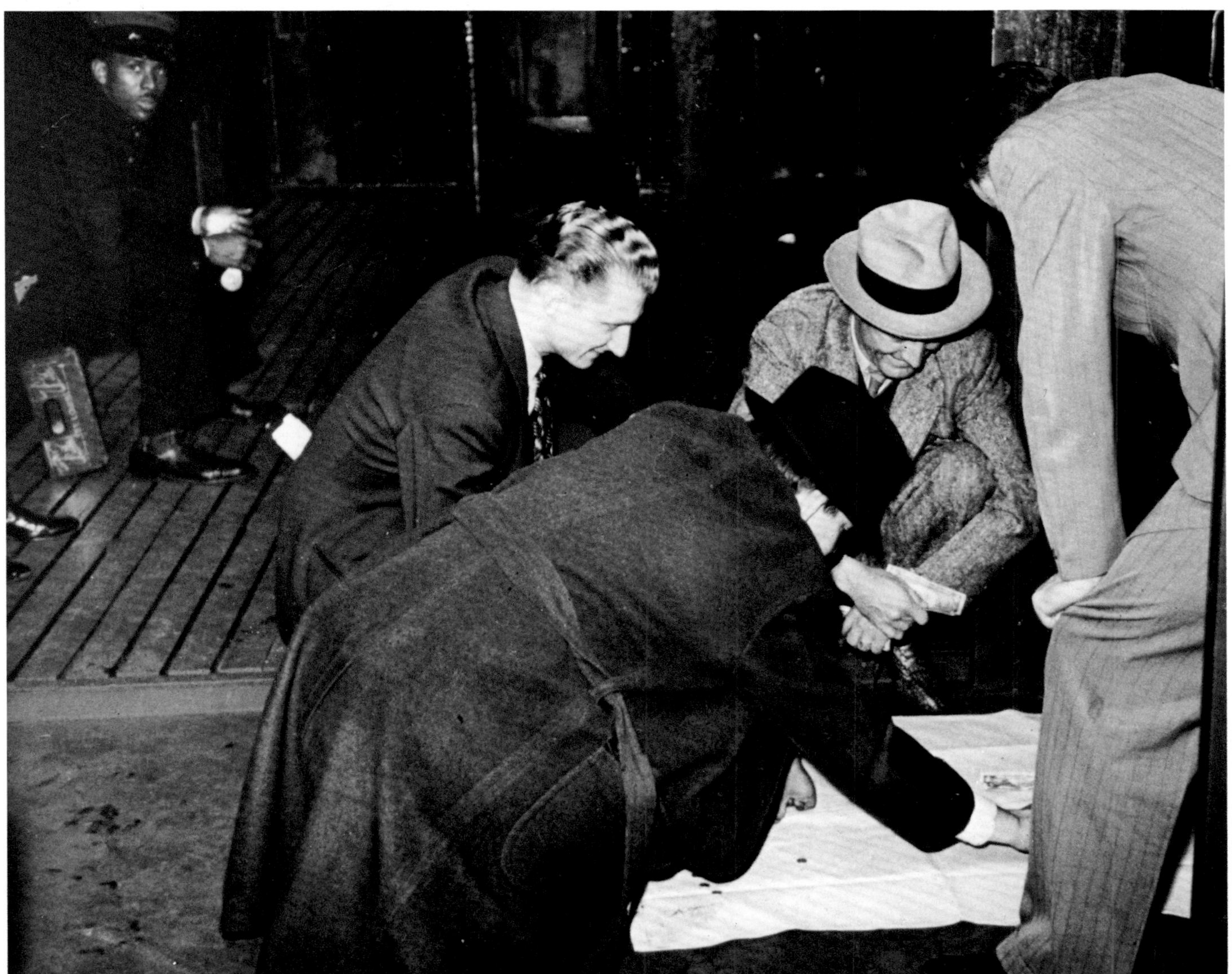

Umseitig: Calumet City, Illinois, Dezember 1940. Stahlarbeiter und Kesselmacher aus Hammond und Gary, unmittelbar jenseits der Grenze des Staates Indiana, strömen Samstagabend in die 308 Nachtklubs dieser »Stadt der Sünde«.

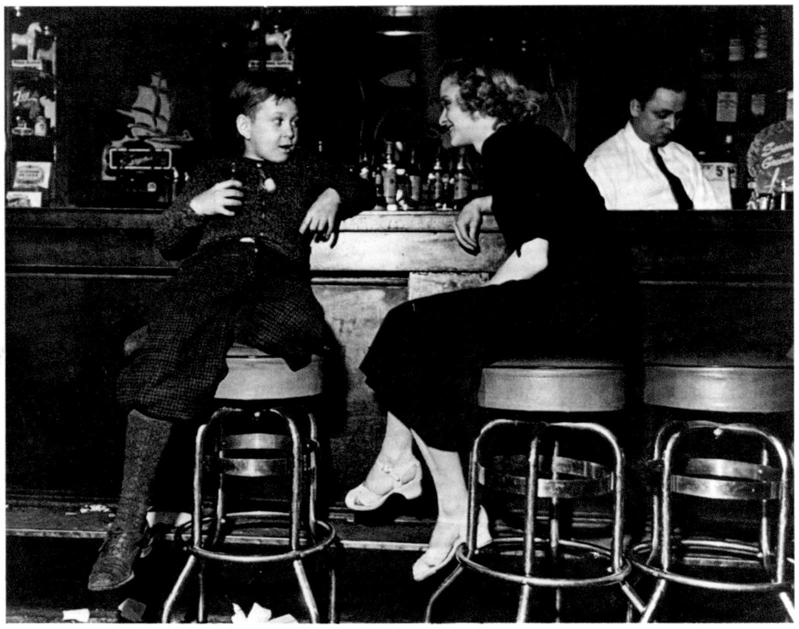
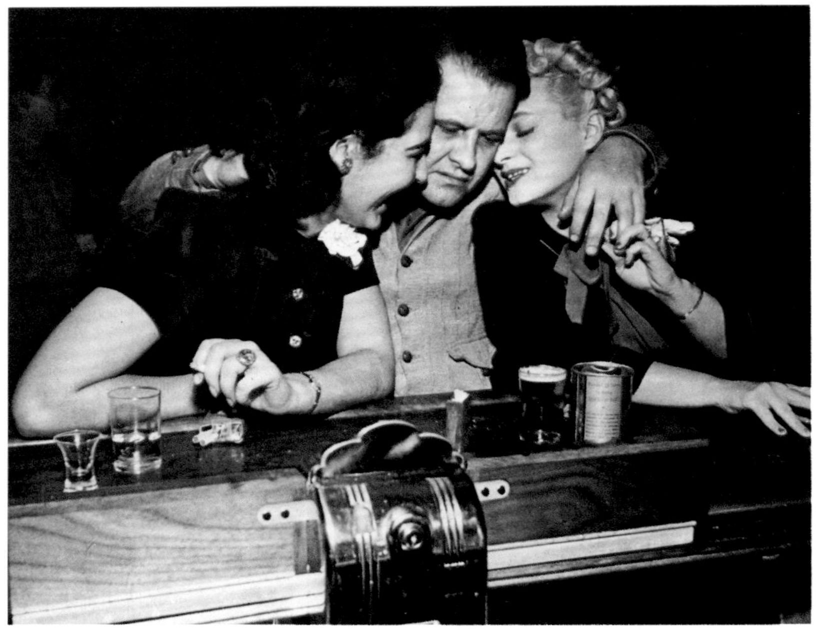
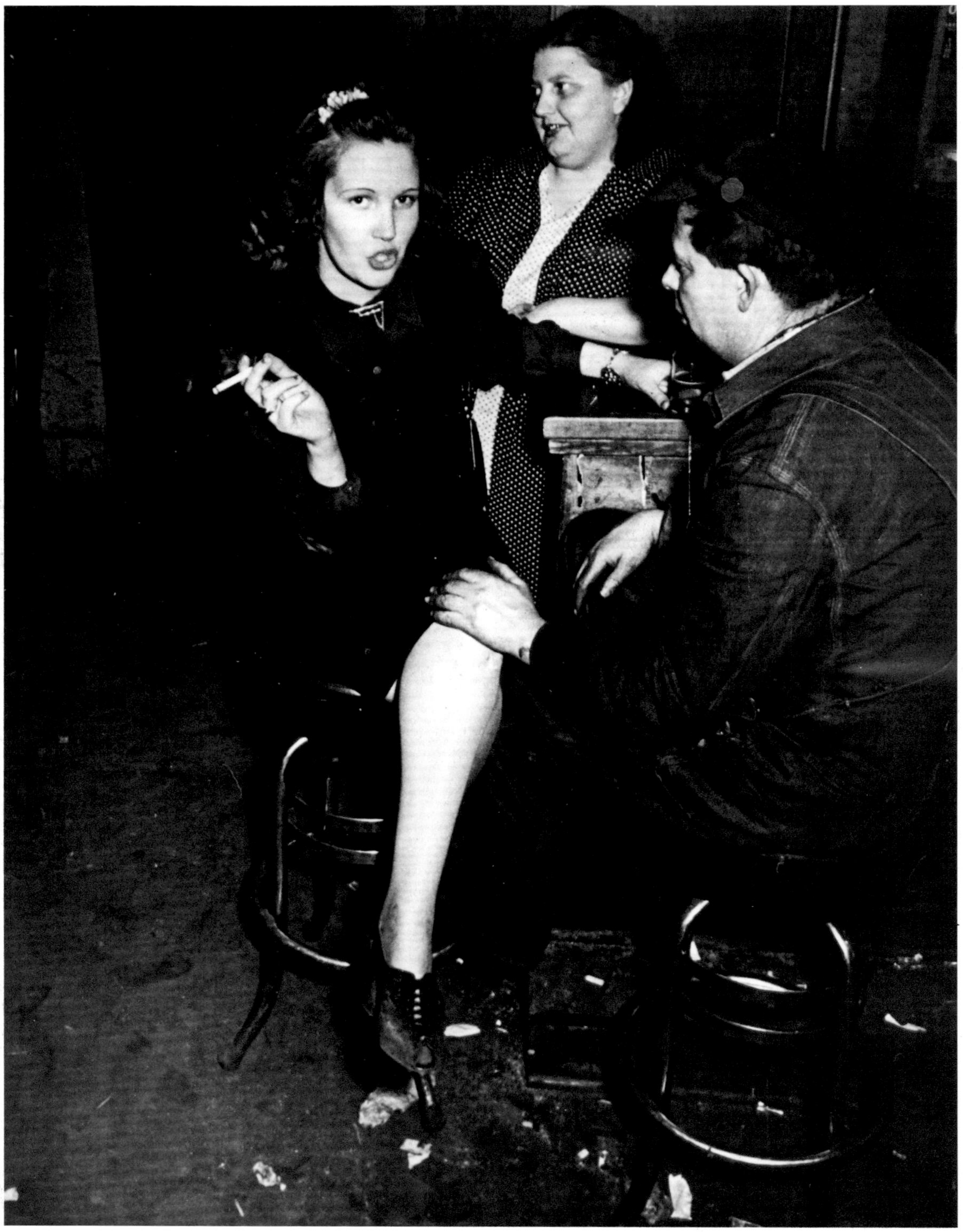
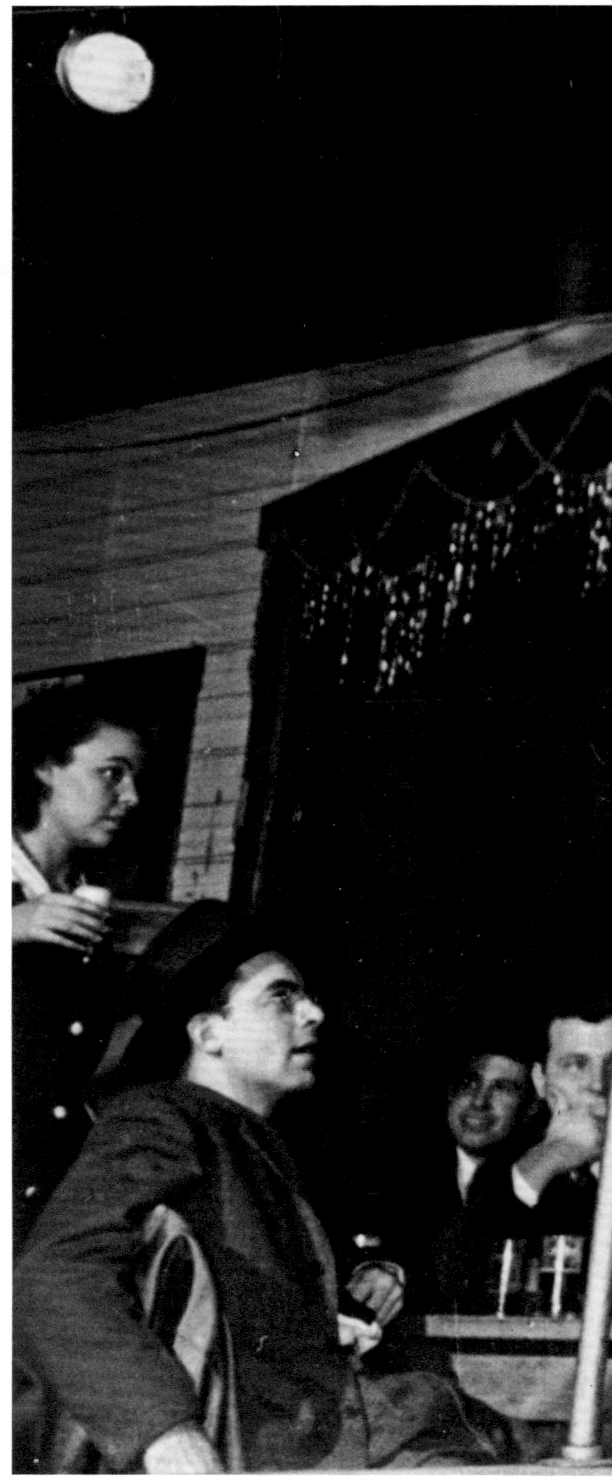

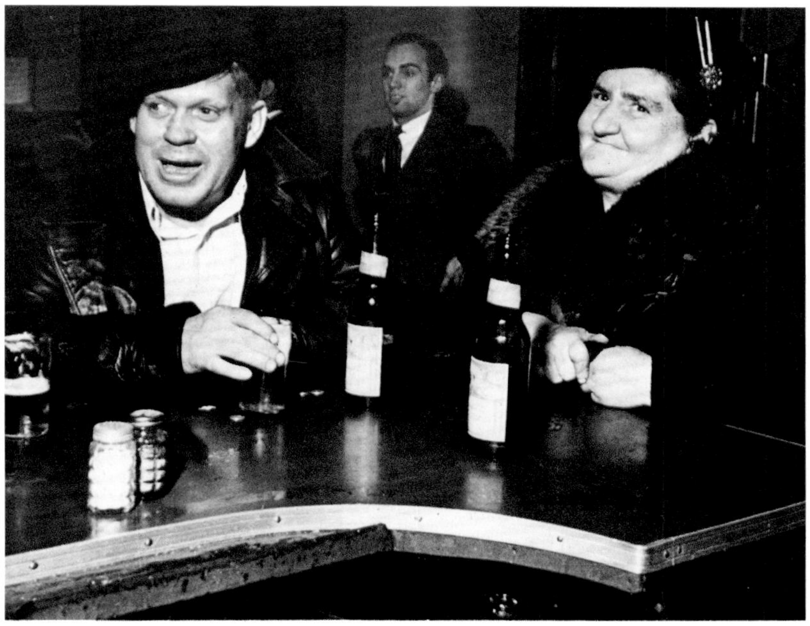

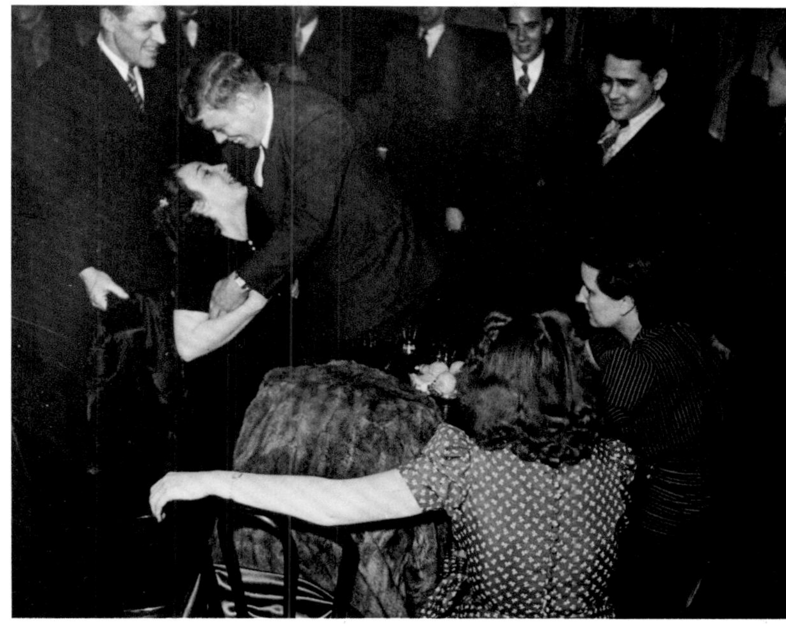

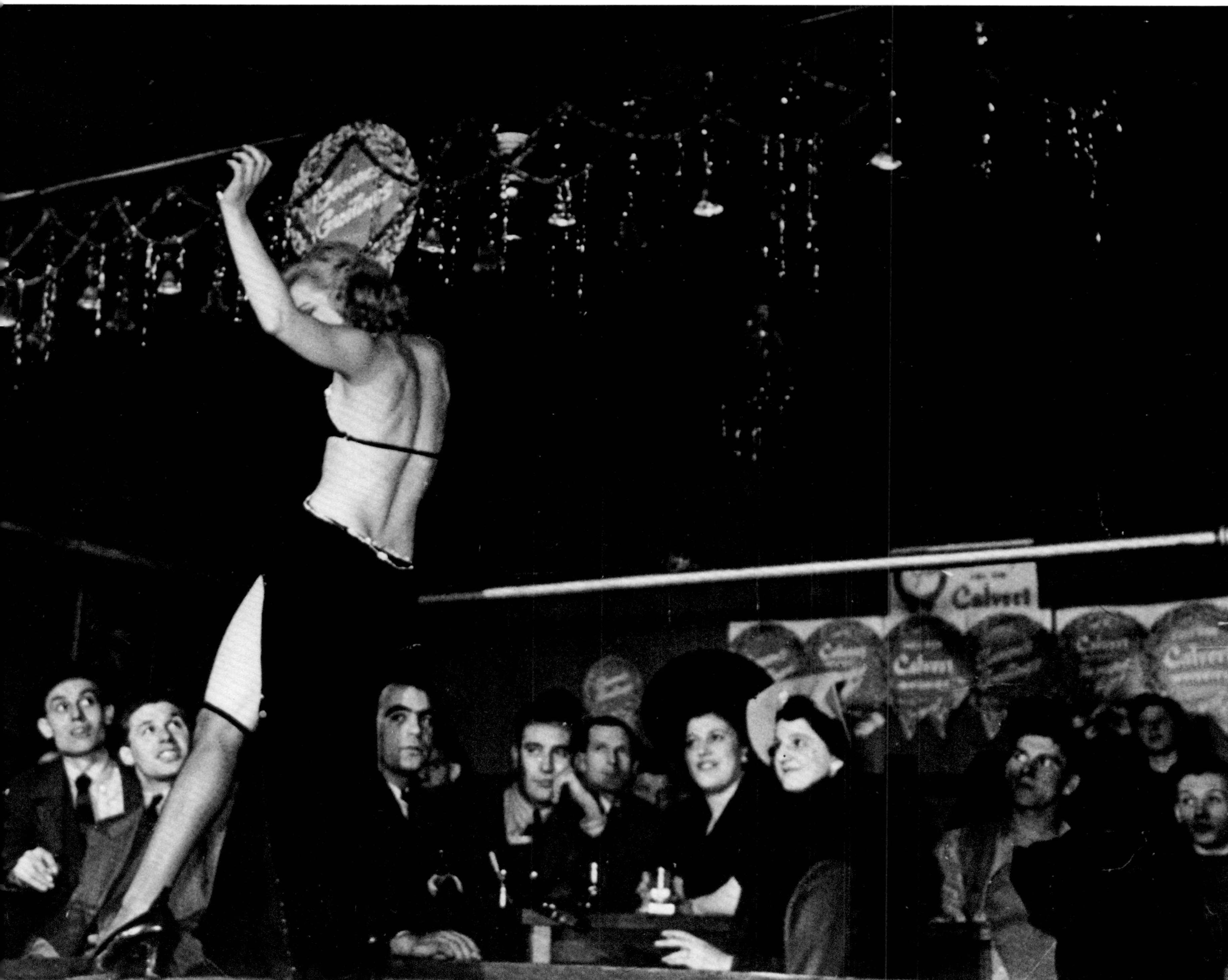
Calvert

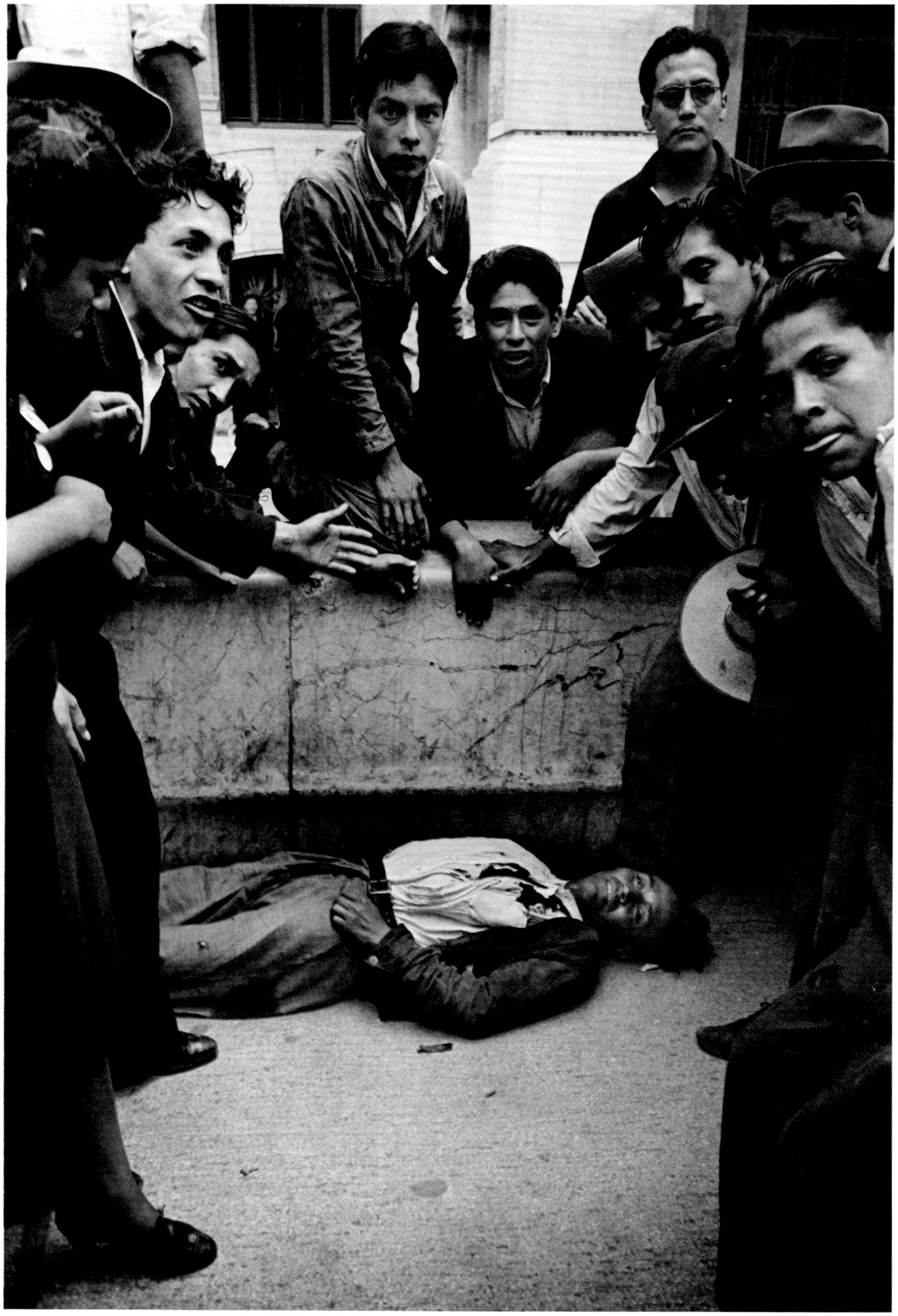

Links: Mexico City, 7. Juli 1940. Das erste Opfer der Ausschreitungen des Wahltages.
Unten: Mexico City, 9. Juli 1940.

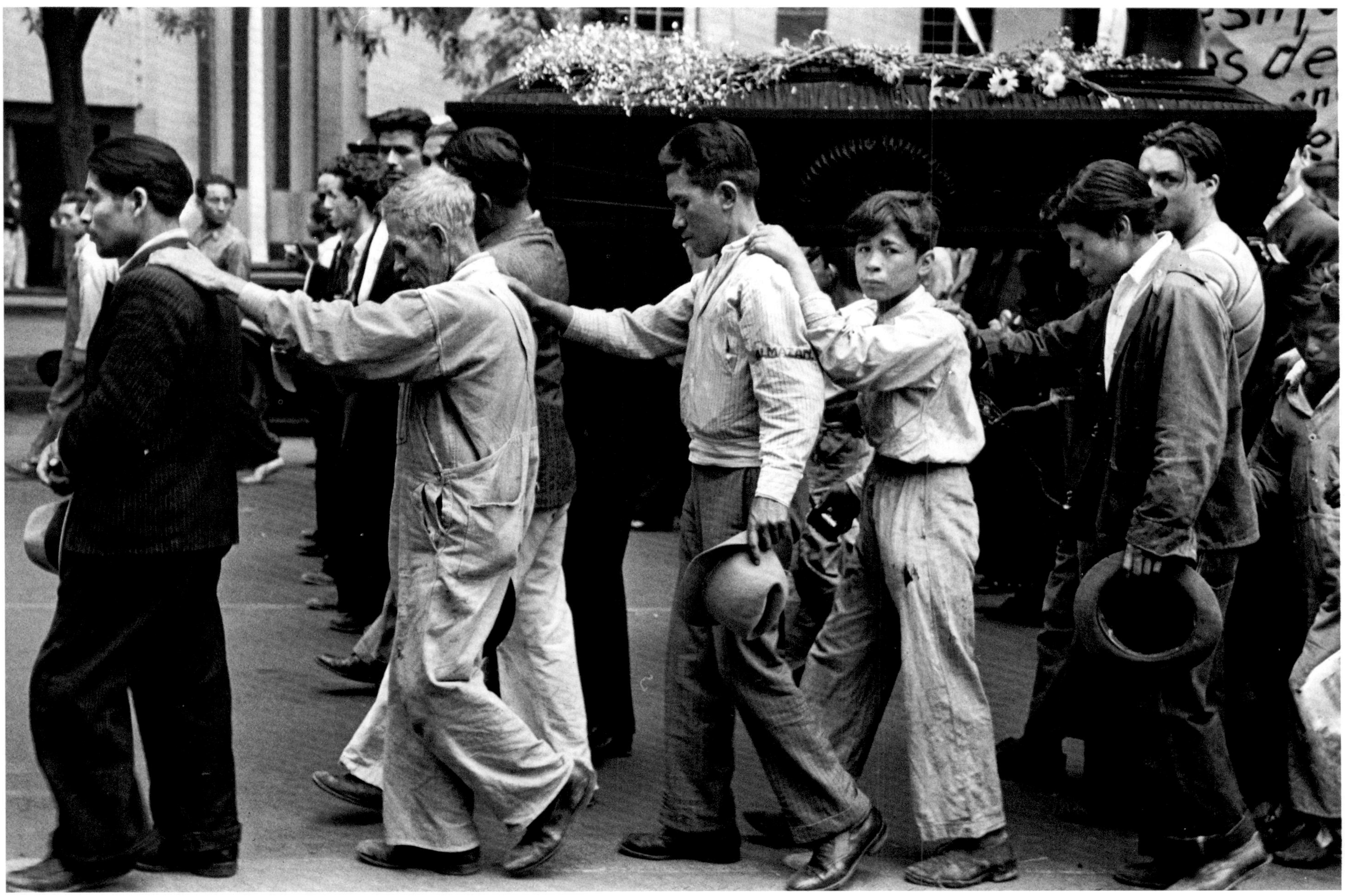

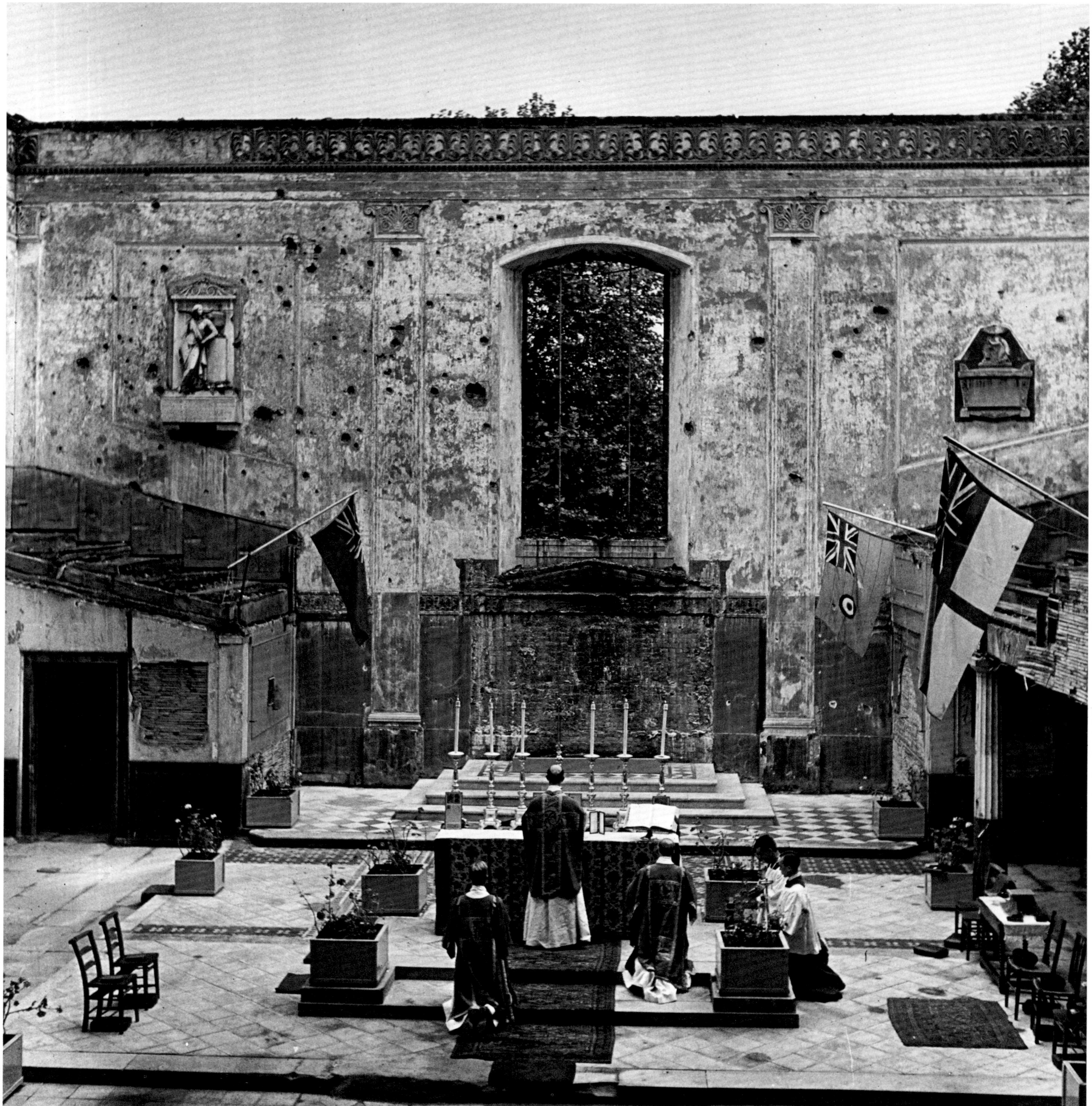

London, Juni-Juli 1941.
Links: St. John's Church, Waterloo Road.
Unten: Abendtee in einem Luftschutzbunker.

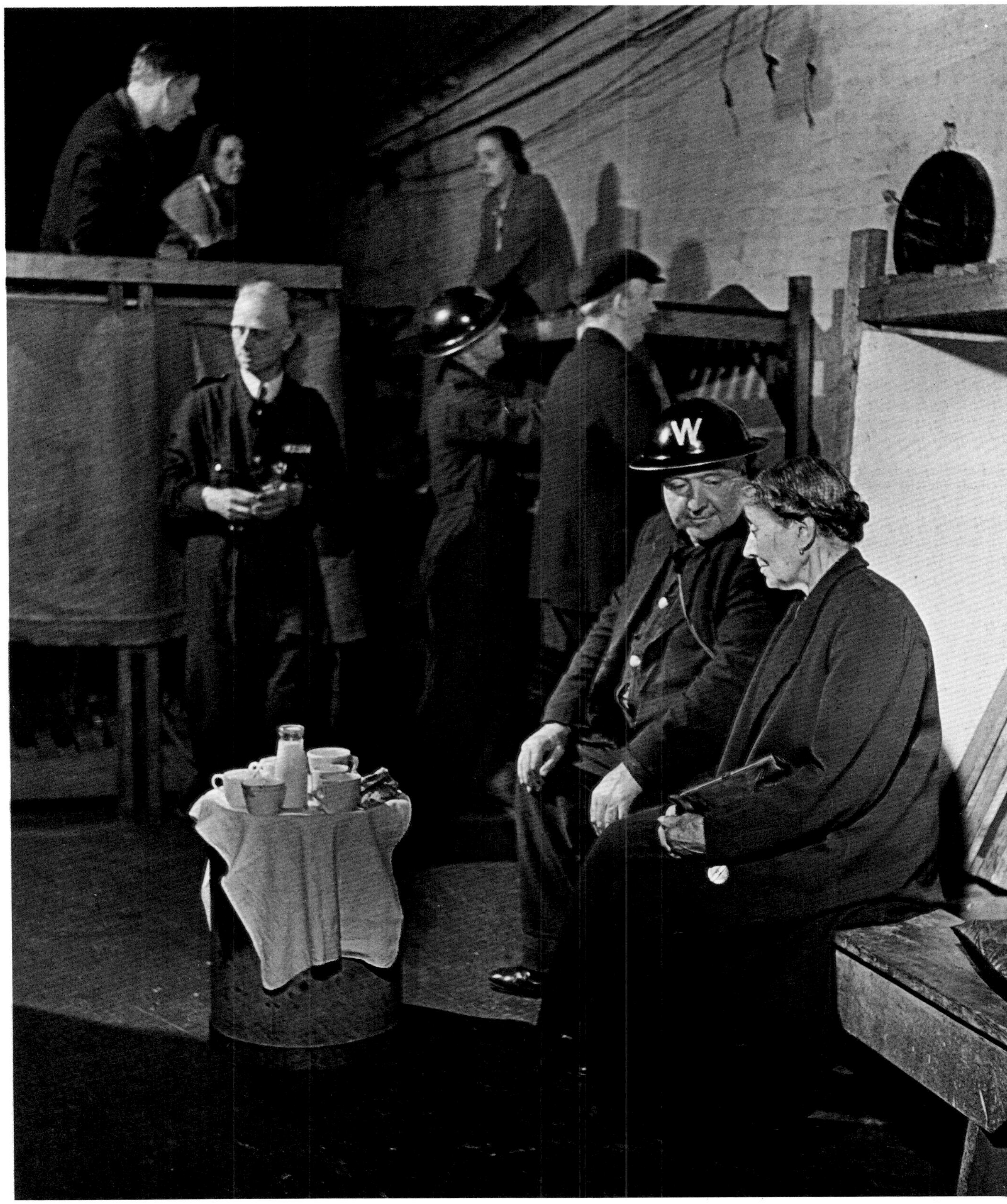

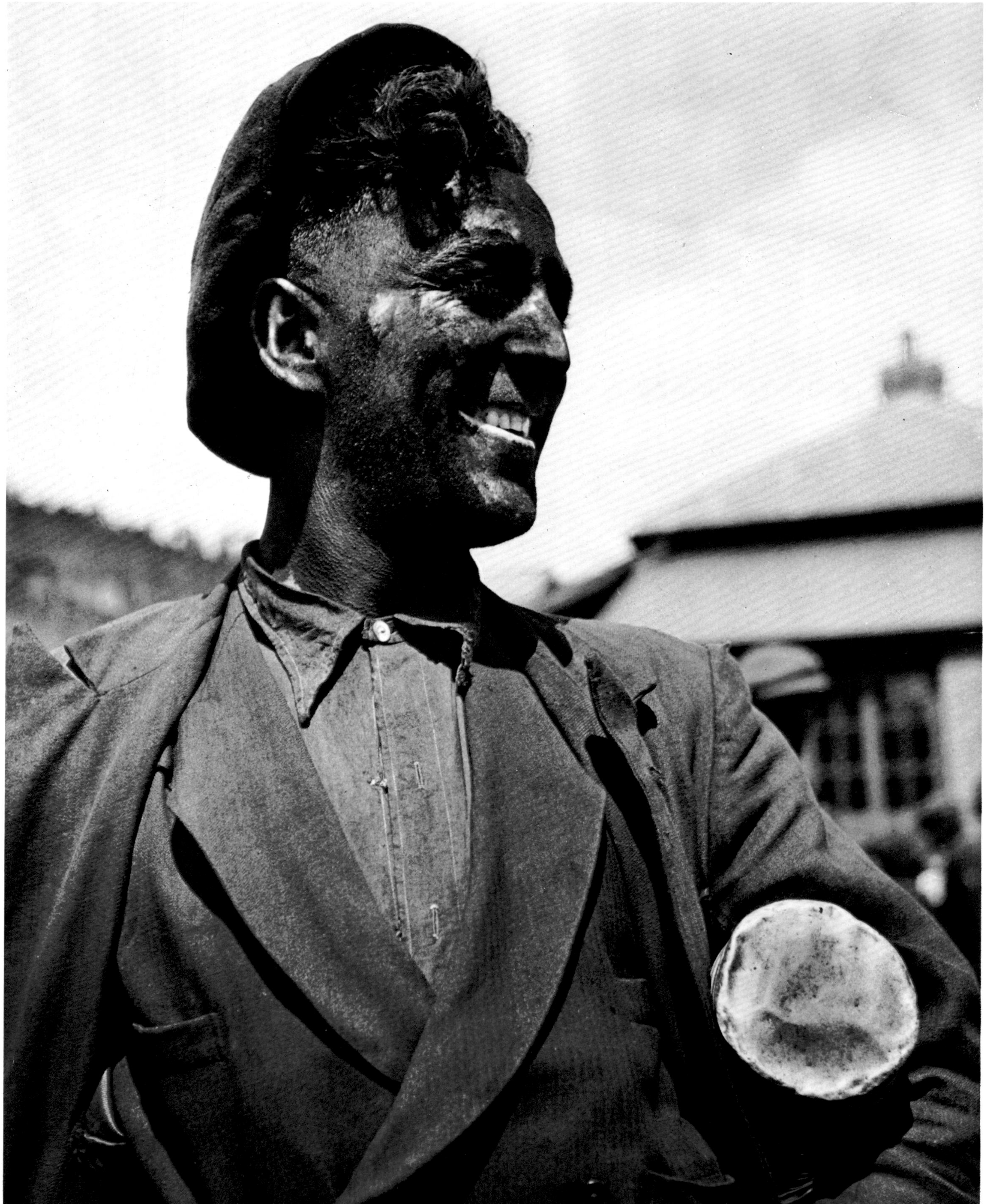

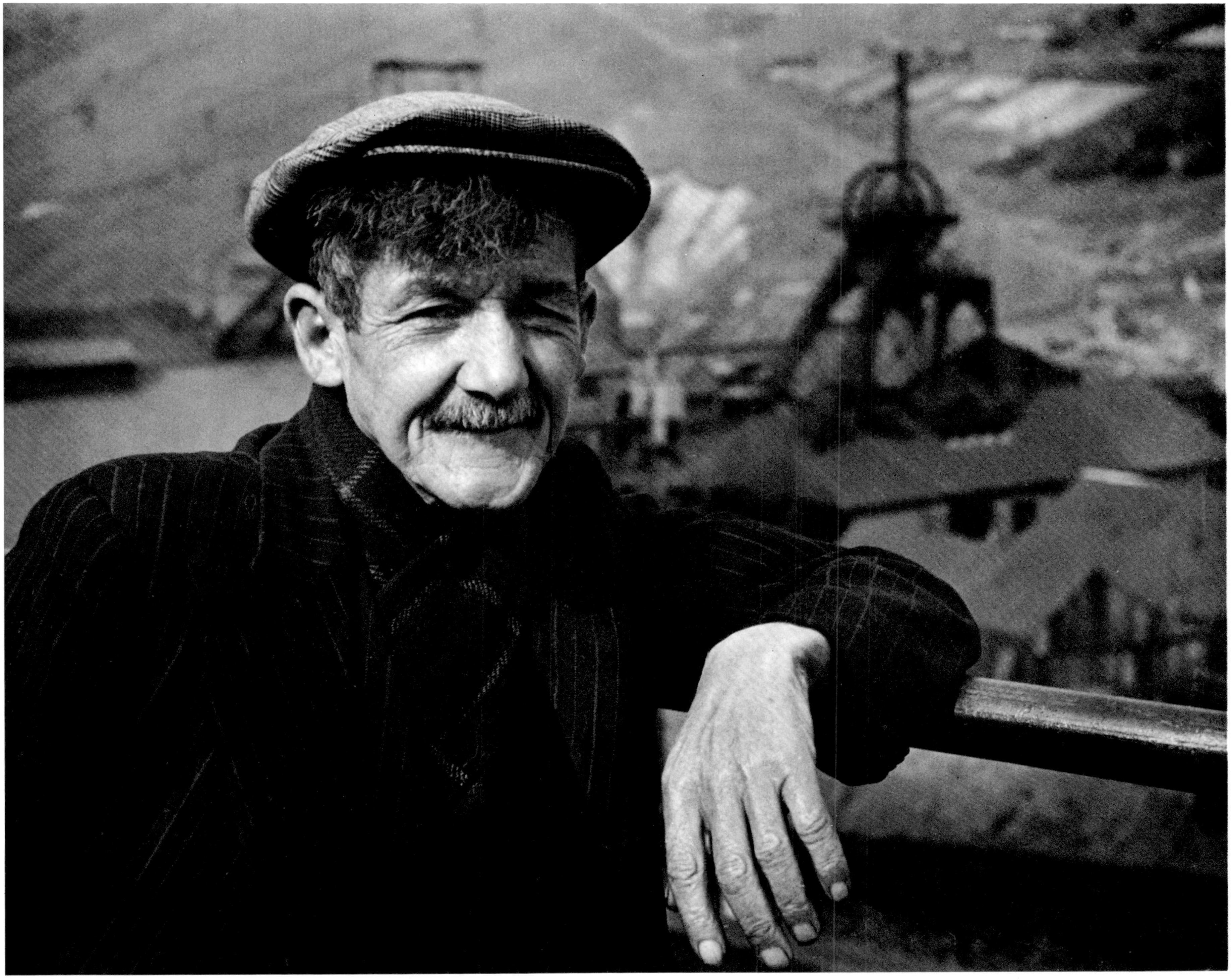

Rhondda Valley, Wales, Juni 1942. Grubenarbeiter.

Unten: London, Januar-Februar 1943. Amerikanischer Soldat mit Kriegswaisen, die seine Einheit »adoptiert« hatte.
Rechts: London, Juni-Juli 1941. Whichcote Street, gleich neben der Waterloo Road.

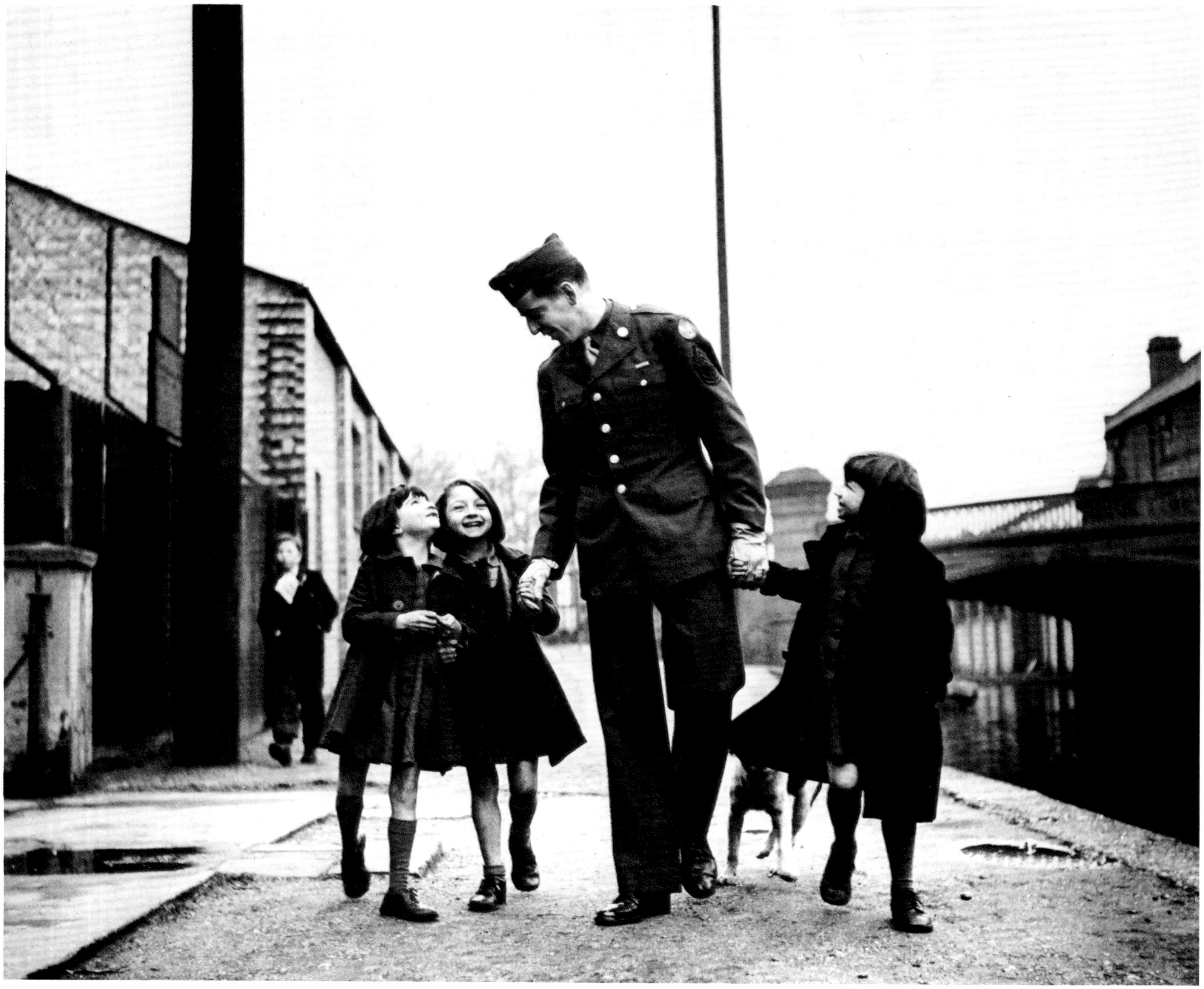

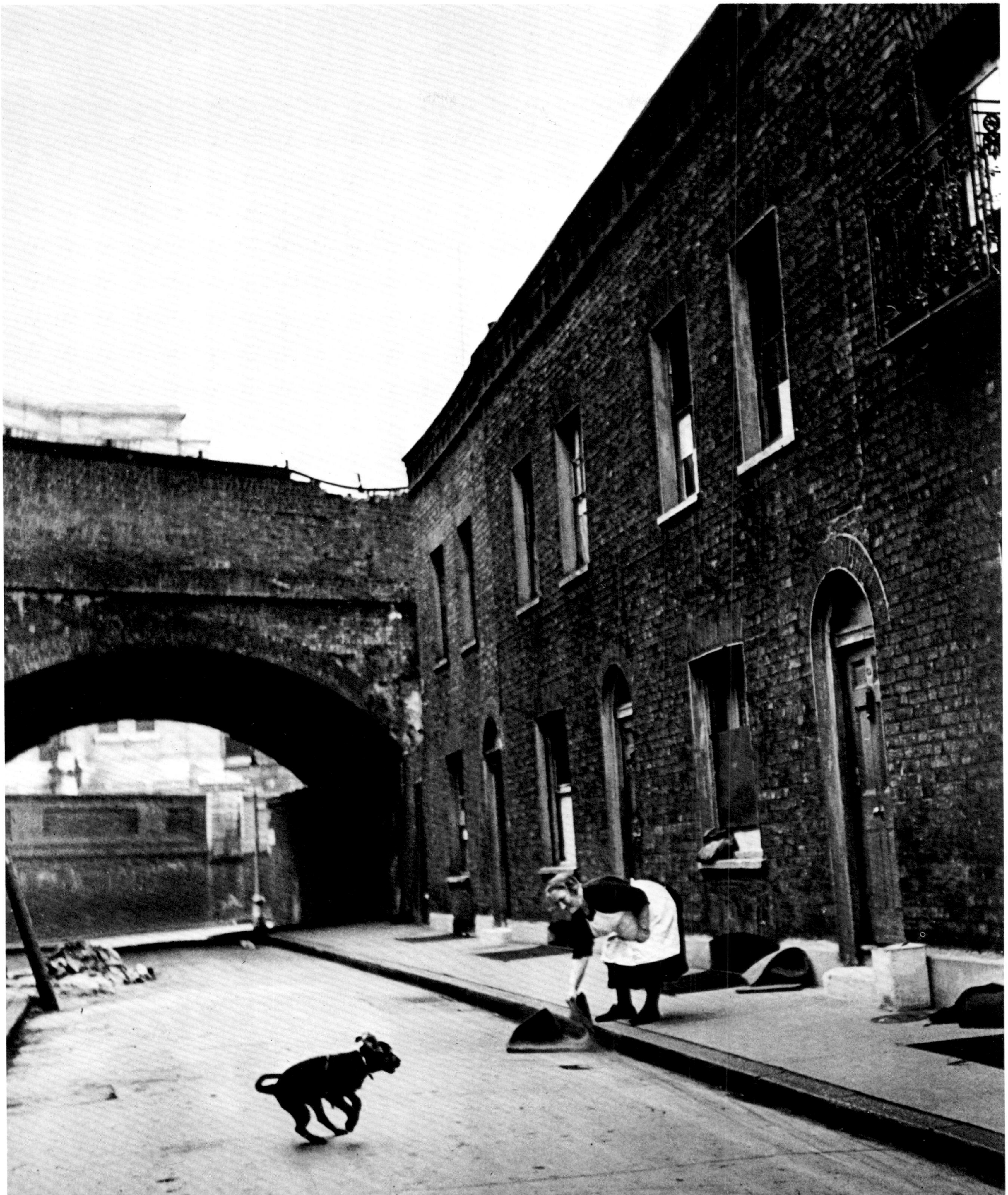

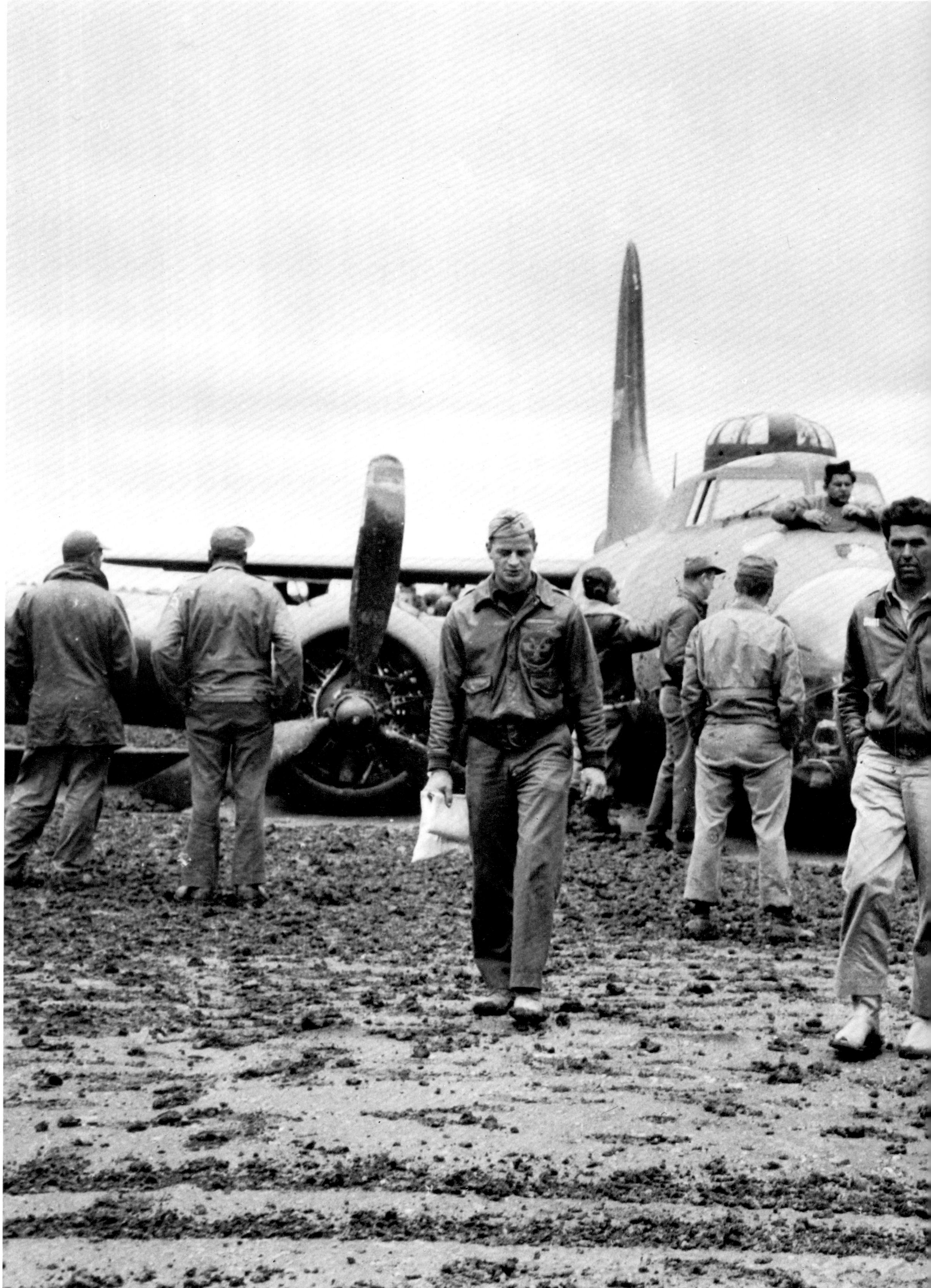

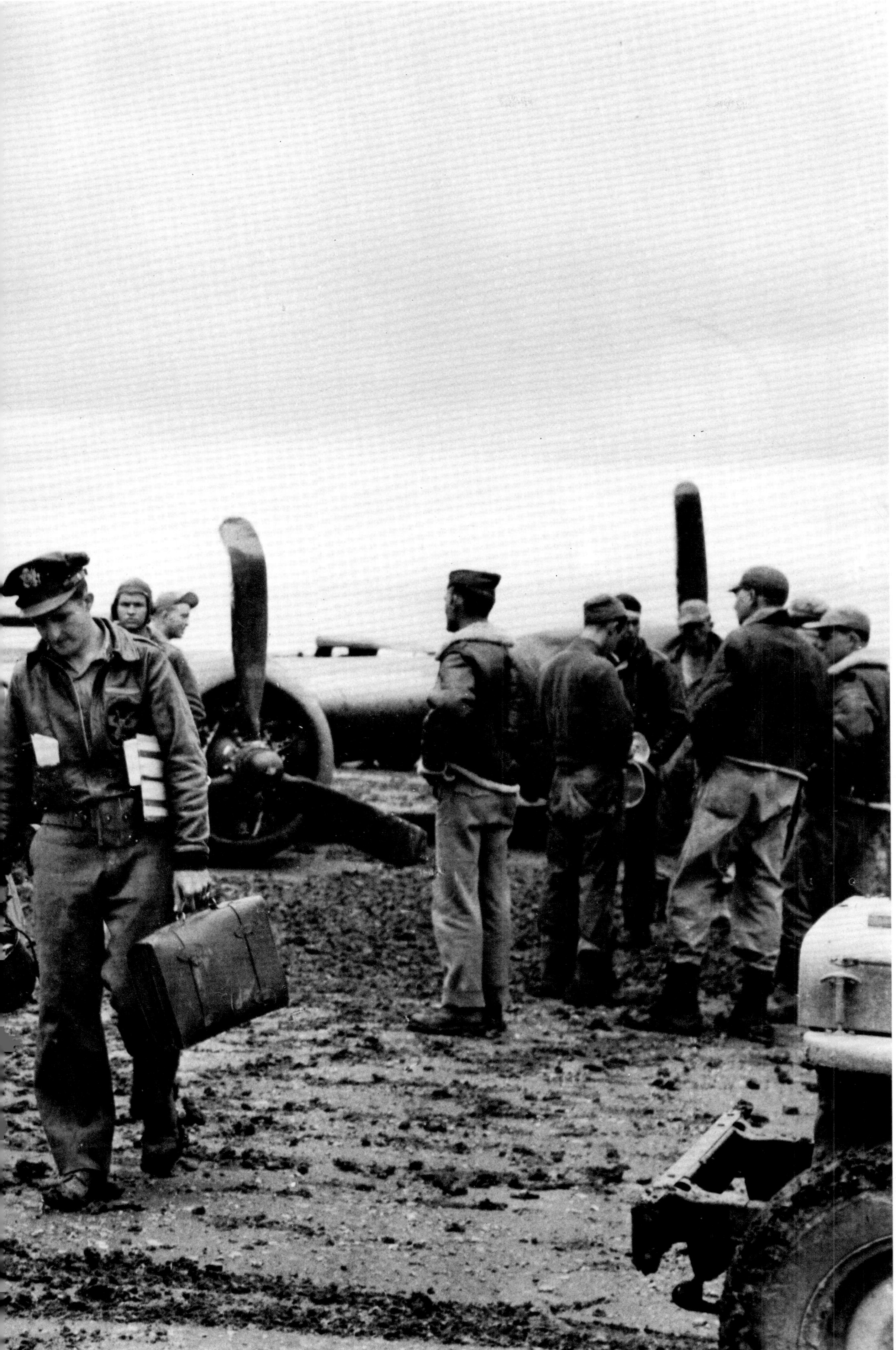

Chelveston, England, November 1942. Männer der 301. amerikanischen Bomberstaffel nach einem Tageseinsatz. Dem Flugzeug war das Fahrgestell weggeschossen worden, doch dem Piloten gelang eine Bauchlandung.

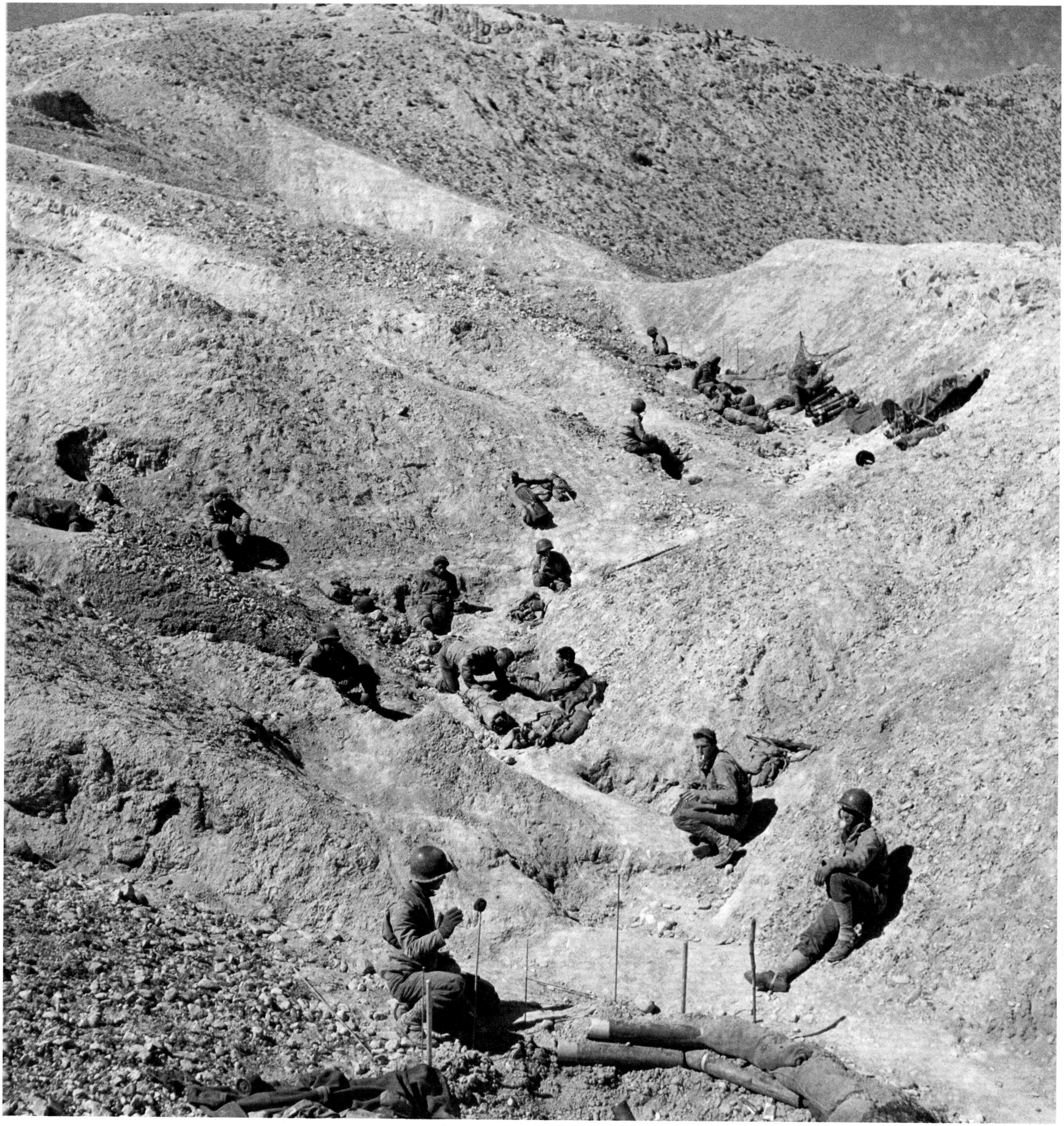

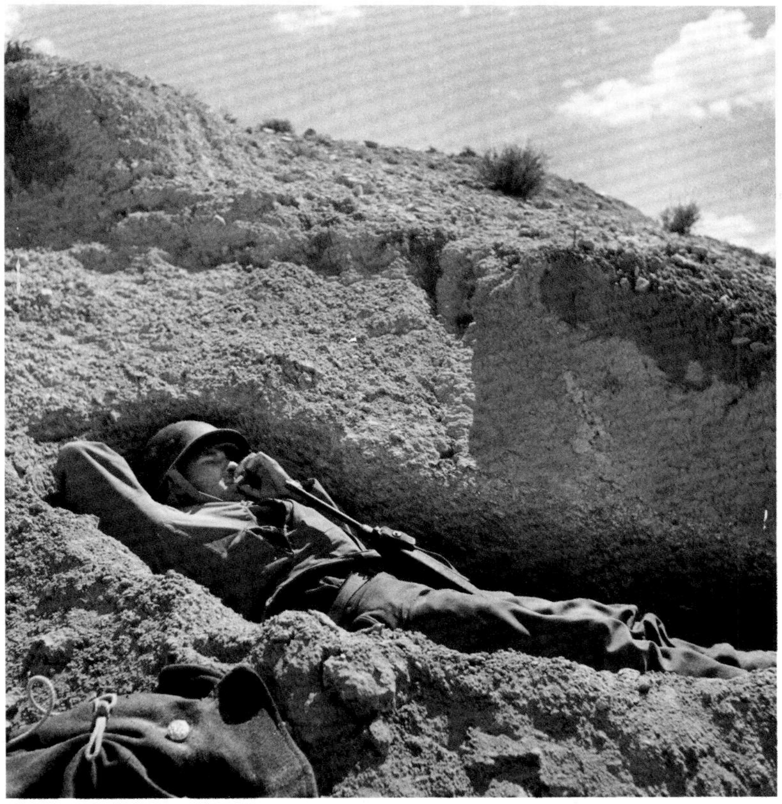

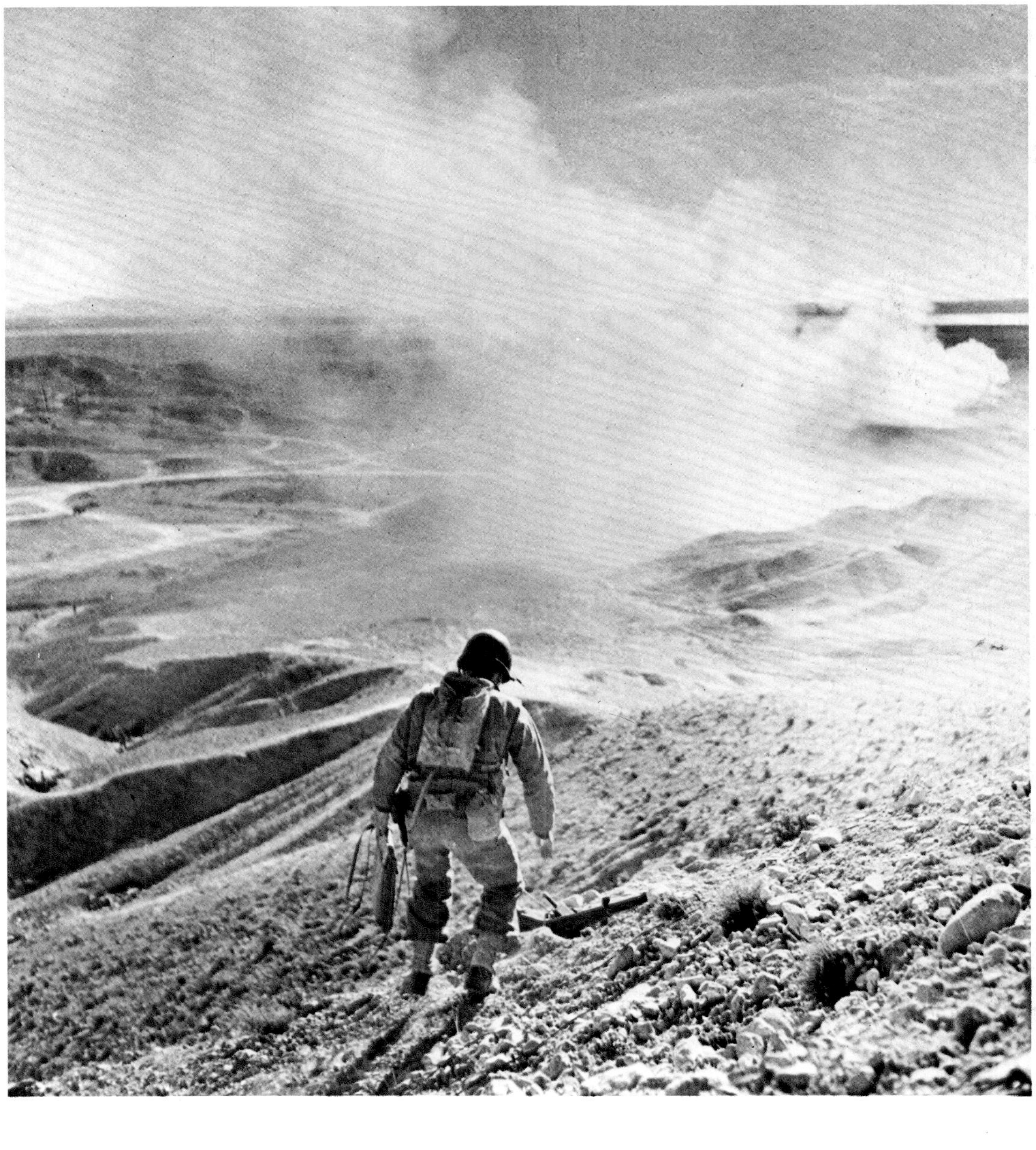

El Guettar, Tunesien, März 1943.

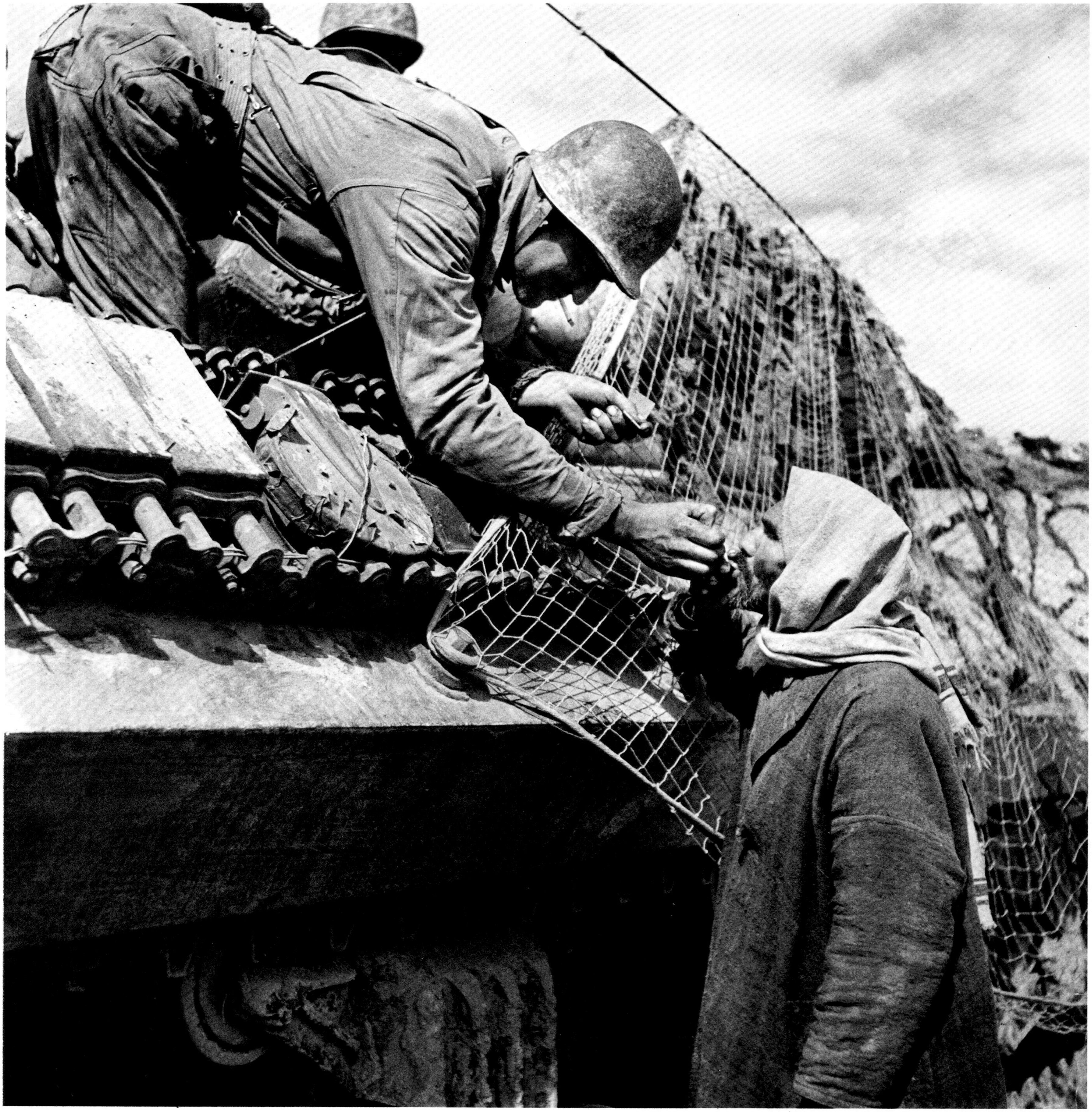

Maknassy, Tunesien, 22. März 1943.

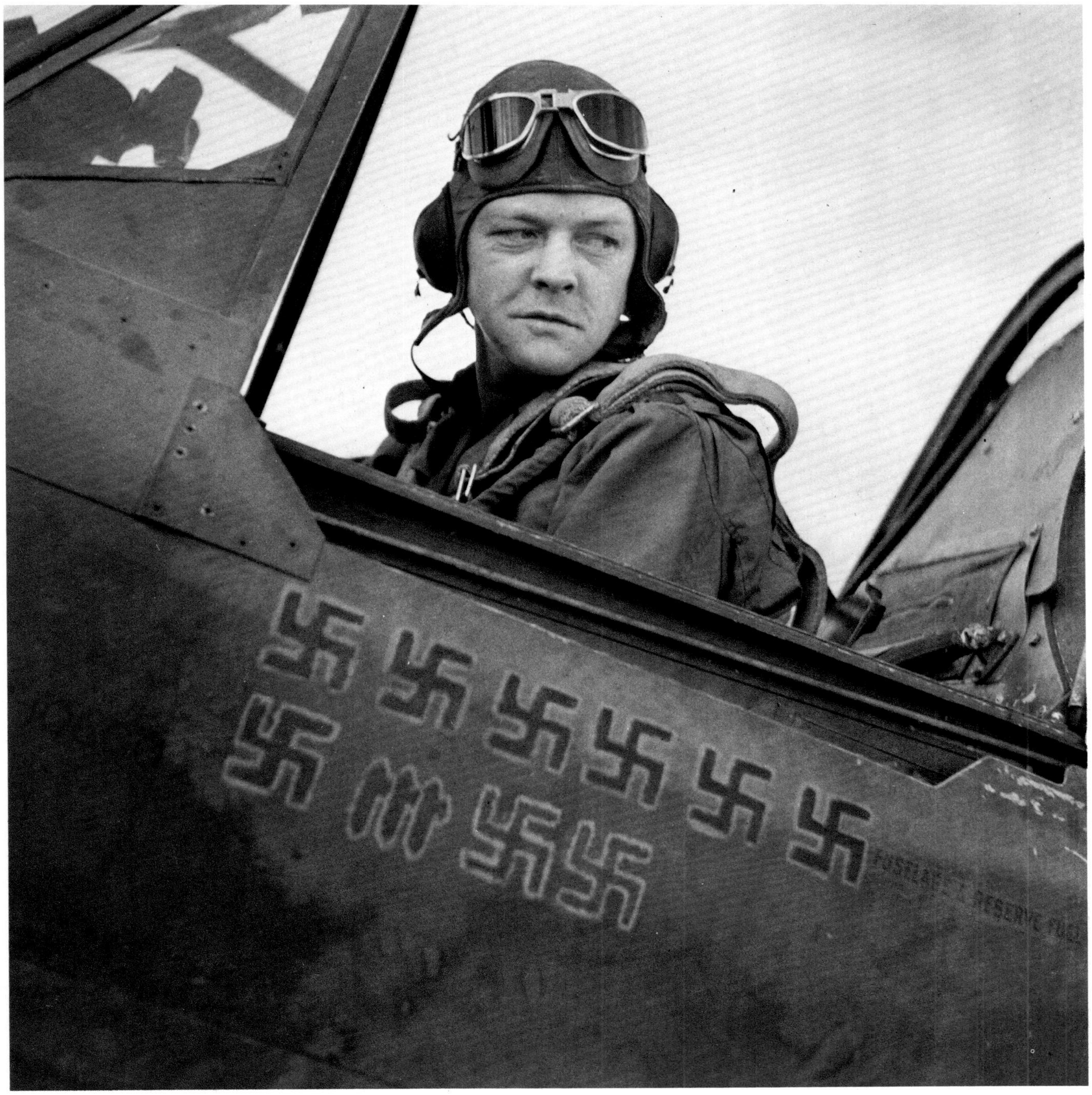

Tunesien, April 1943. Amerikanisches Fliegeras.

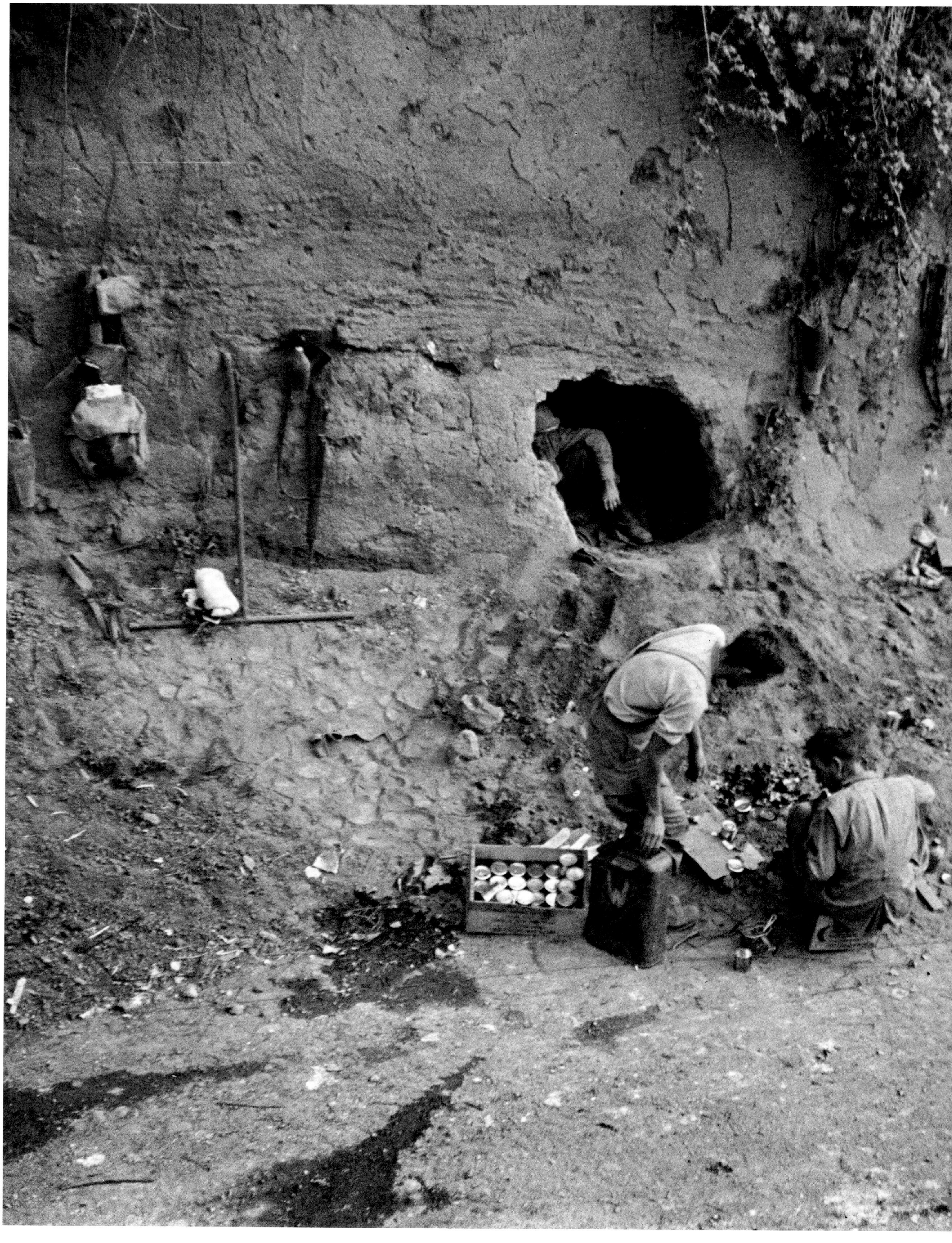

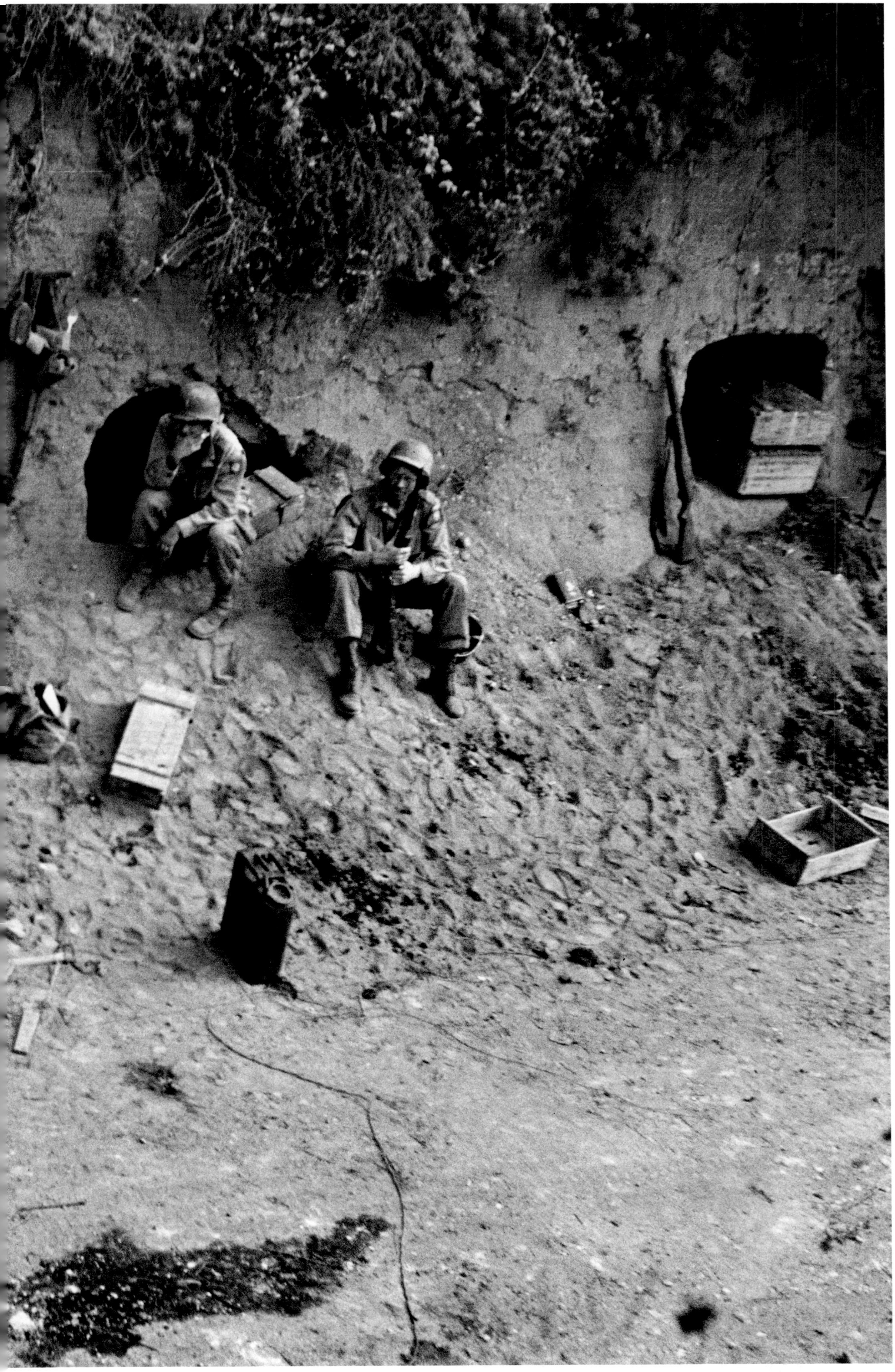

Chiunzipaß, oberhalb von Maiori auf der Halbinsel von Sorrento in Italien, September 1943. Soldaten während einer Gefechtspause vor ihren Schützenlöchern.

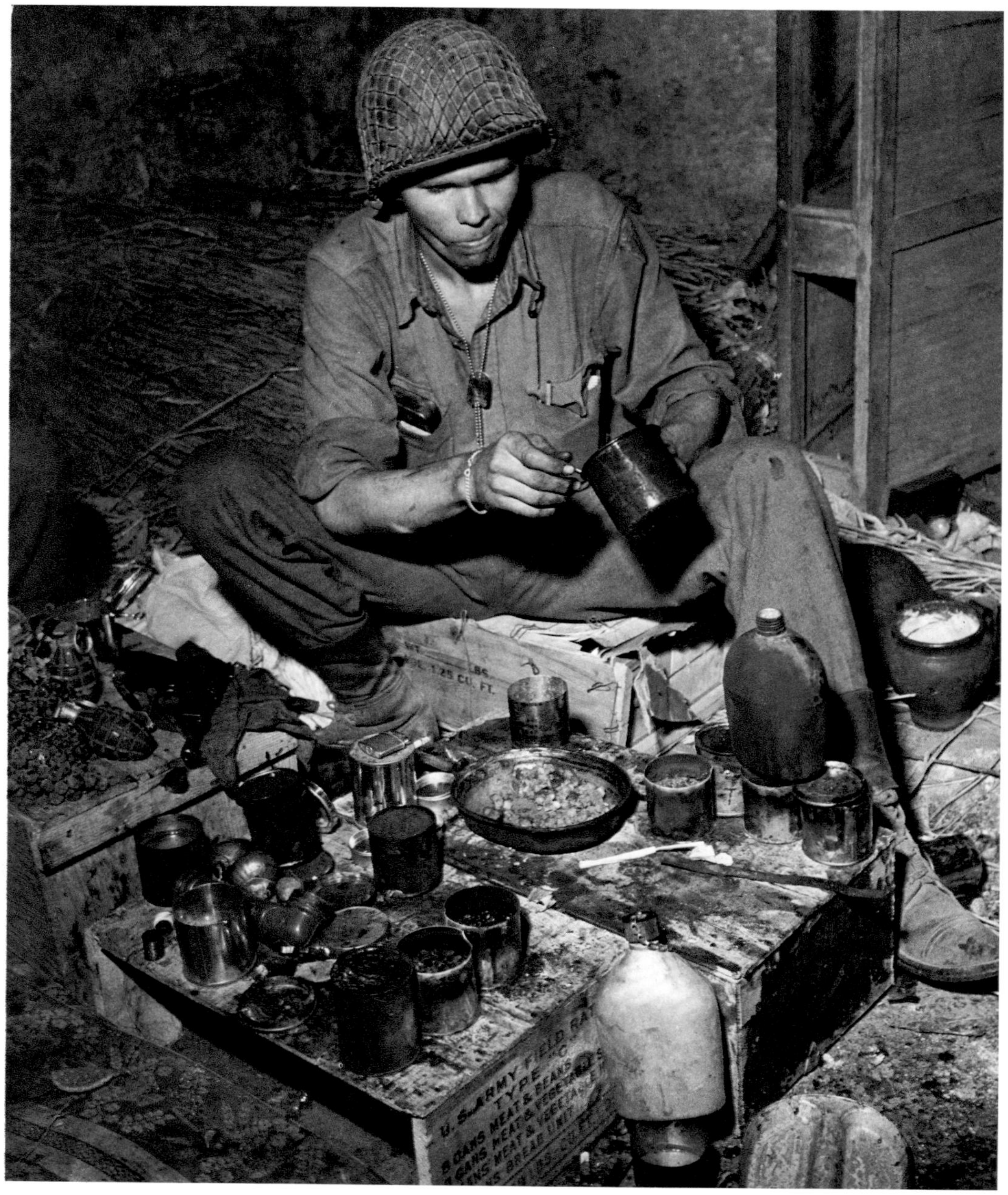

Chiunzipaß, September 1943.

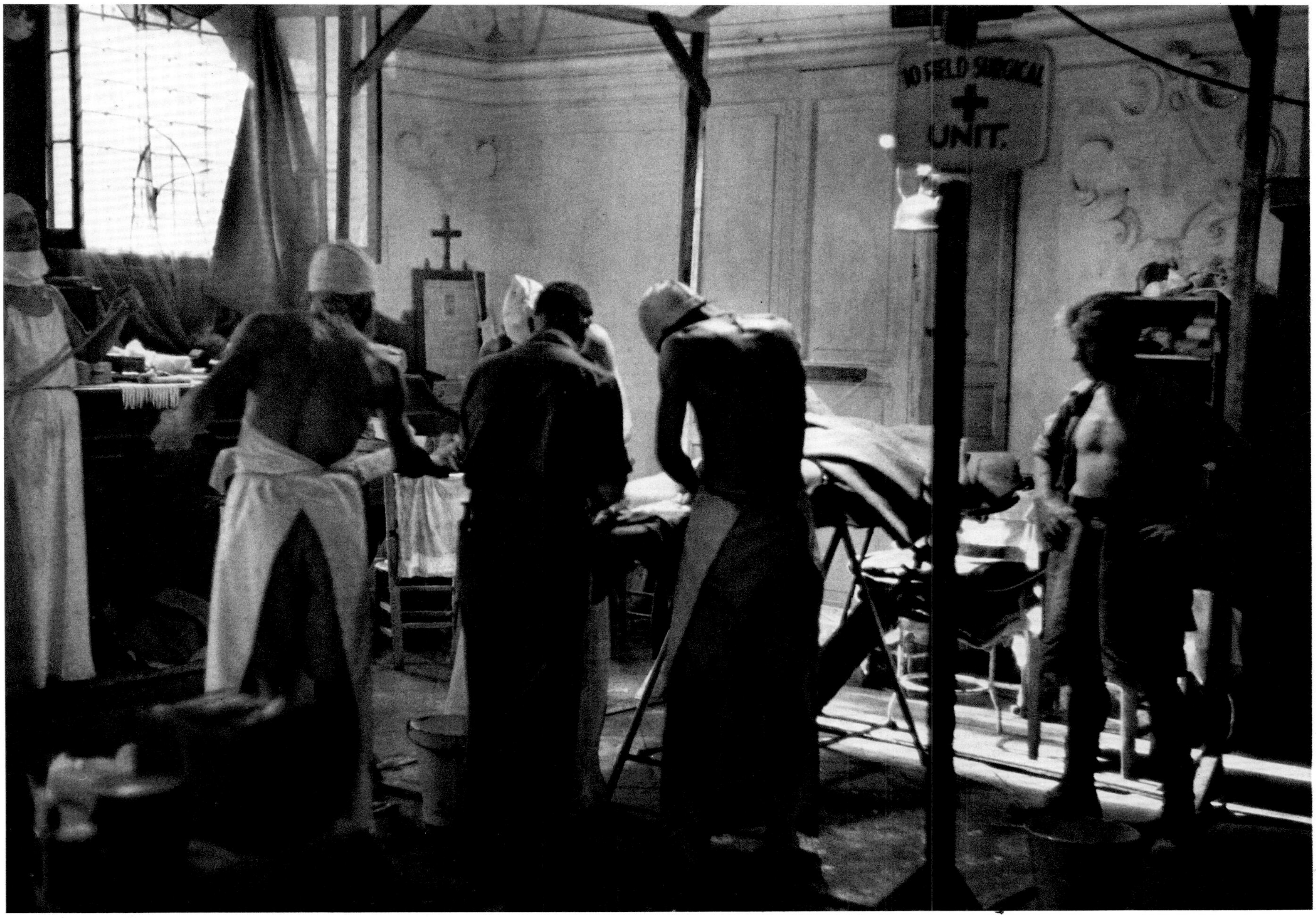

Maiori, 19. September 1943. Operationssaal in einer Kirche im Nordabschnitt des Brückenkopfes von Salerno.

Unten: An der Straße nach Neapel, um den 30. September 1943.
Gegenüberliegende Seite oben: Troina, Sizilien, 6. August 1943. Die erste amerikanische Patrouille beim Betreten der Stadt.
Gegenüberliegende Seite unten: Vor den Toren von Troina, 4.–5. August 1943. Spähtrupp.

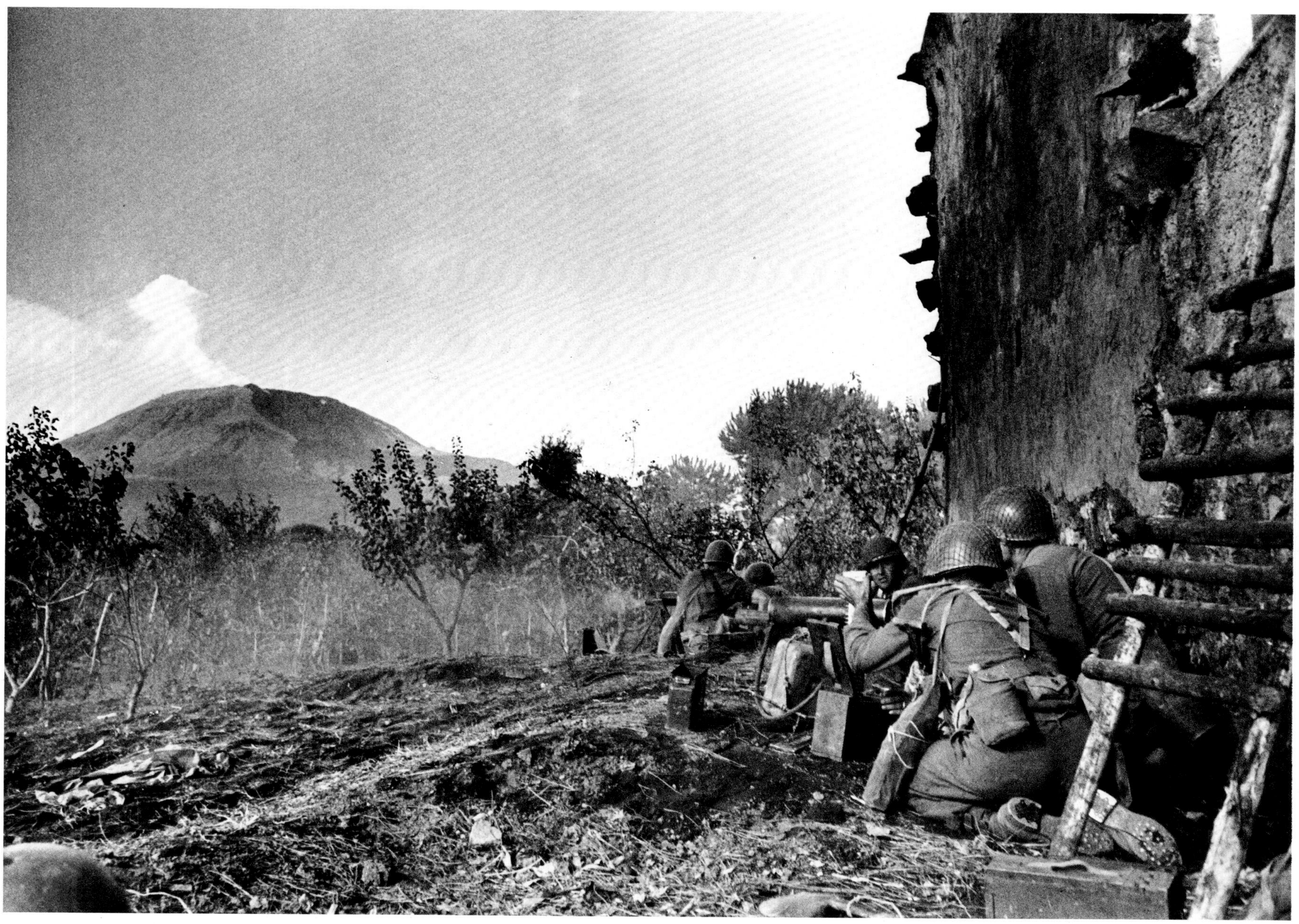

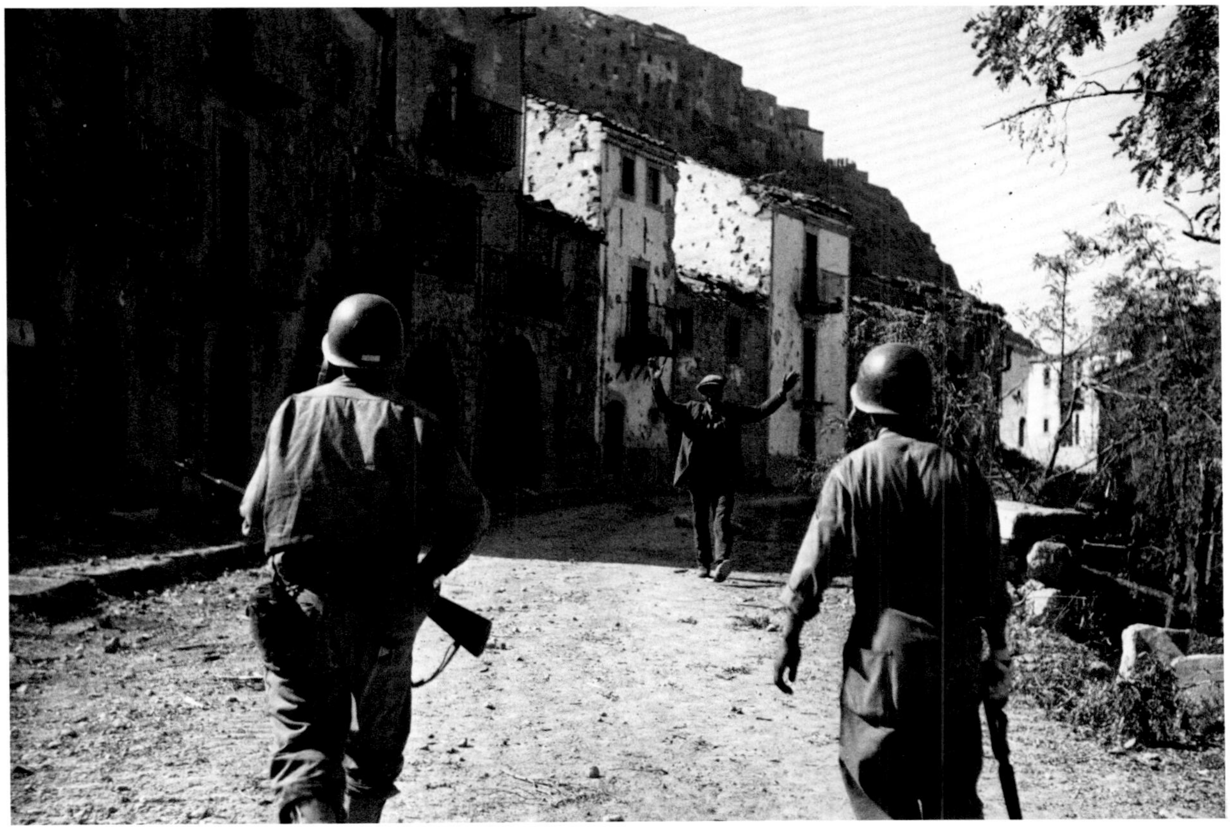

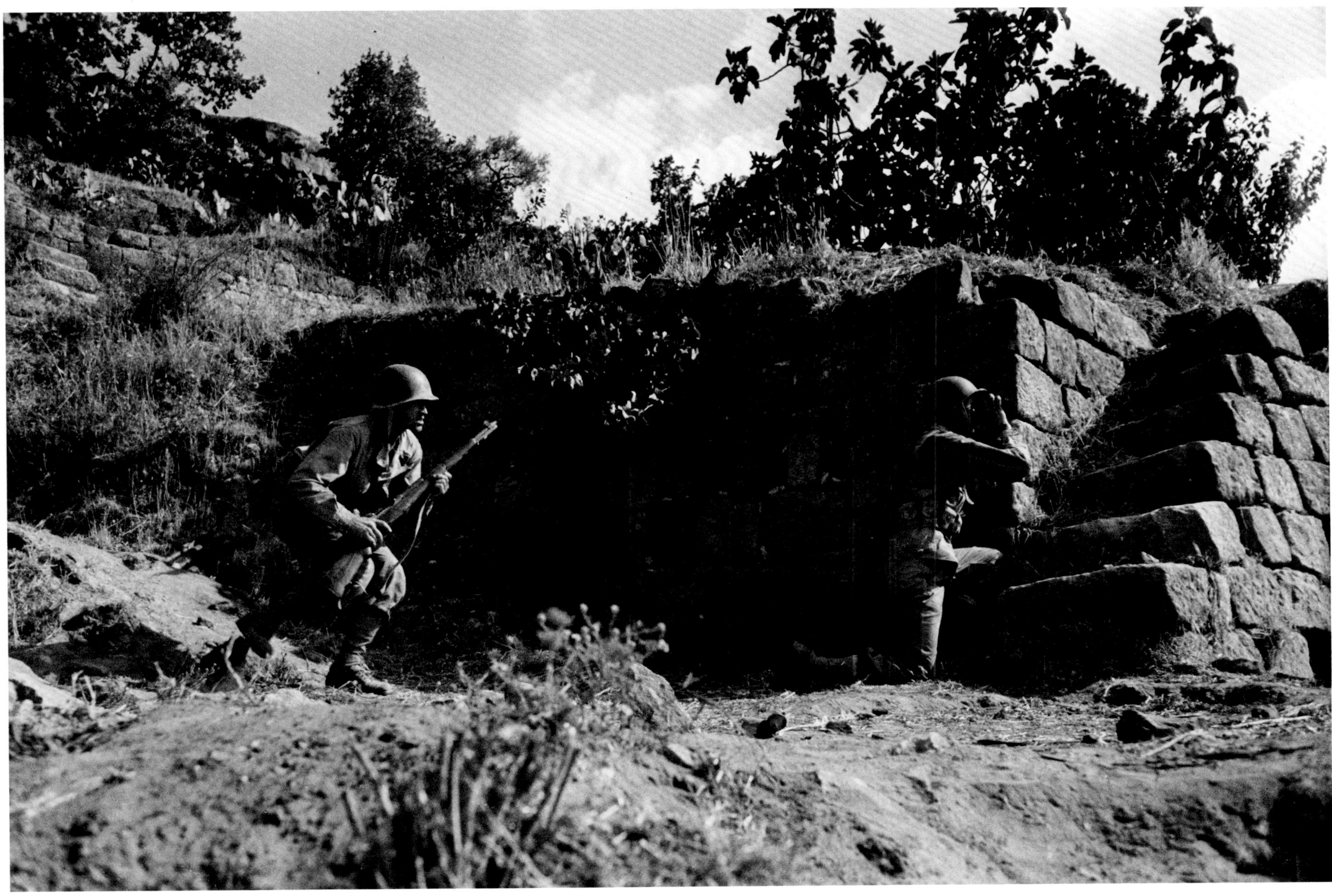

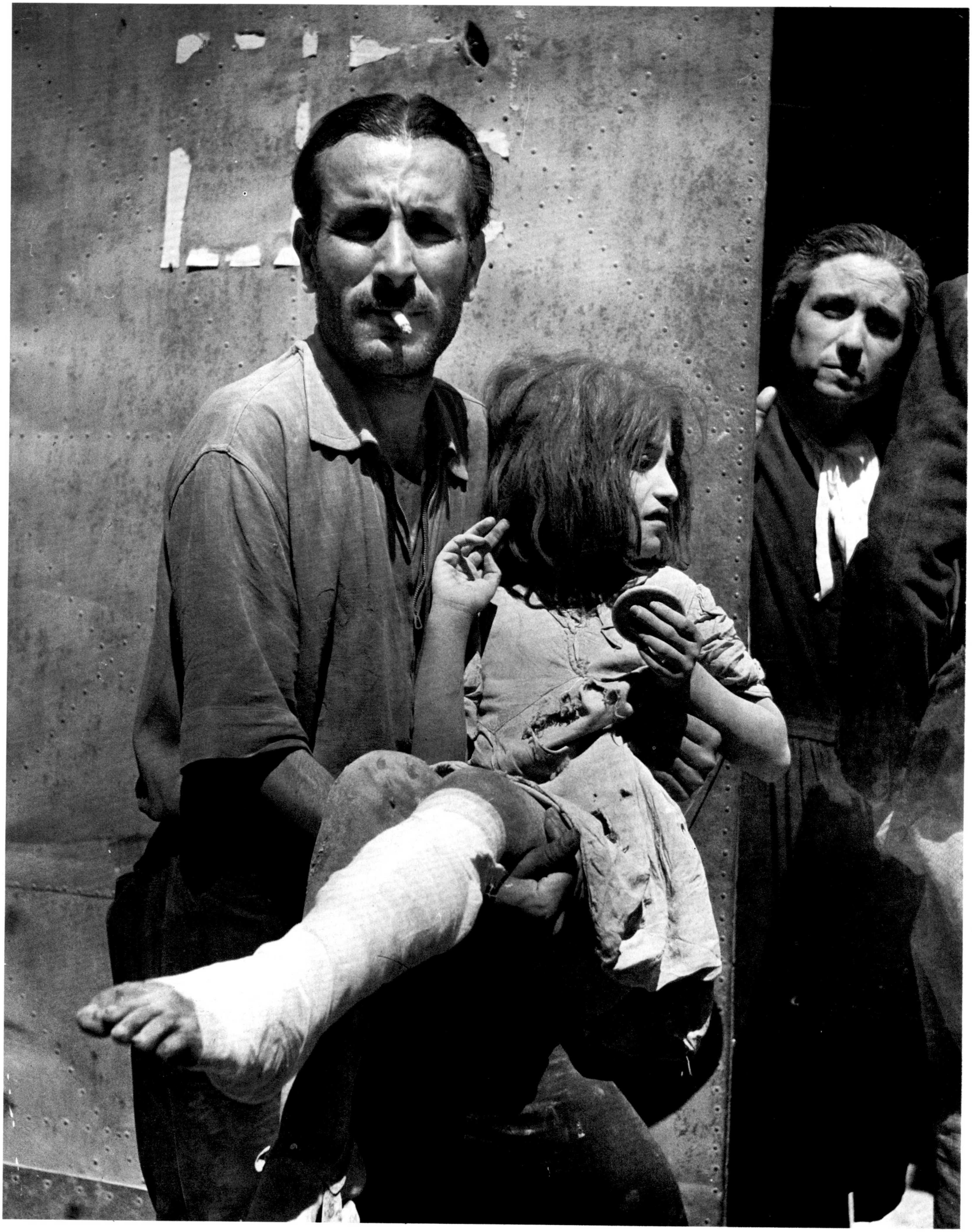

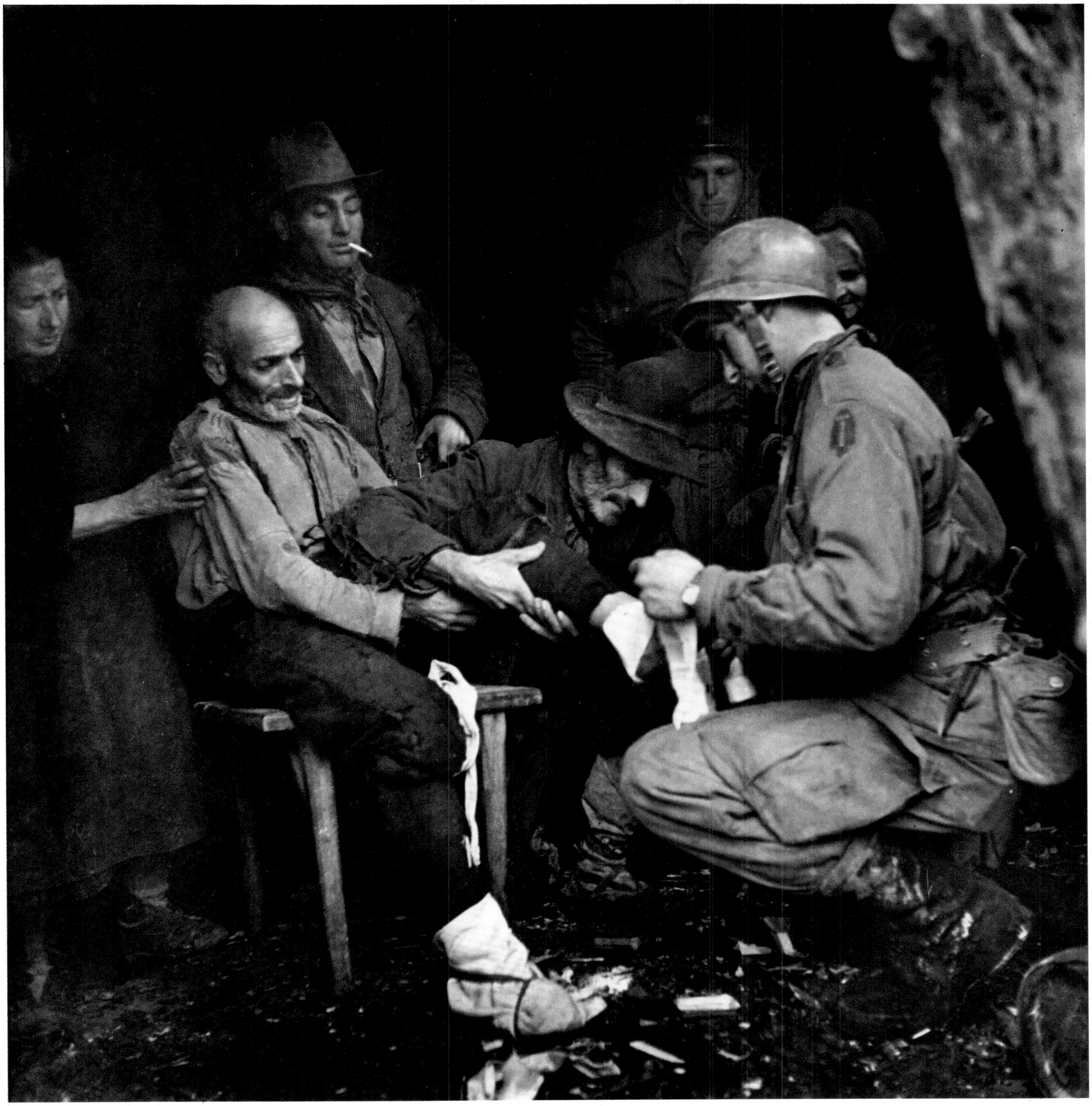

Links: Troina, 6. August 1943.
Oben: Radicosa (bei Cassino), 4. Januar 1944.

Unten: An der Straße nach Neapel, um den 30. September 1943. Ein verwundeter Deutscher, in einer Scheune entdeckt von amerikanischen Fallschirmjägern.
Gegenüberliegende Seite oben: Bei Nicosia, Sizilien, 28. Juli 1943. Deutscher Gefangener.
Gegenüberliegende Seite unten: Sizilien, Juli-August 1943.

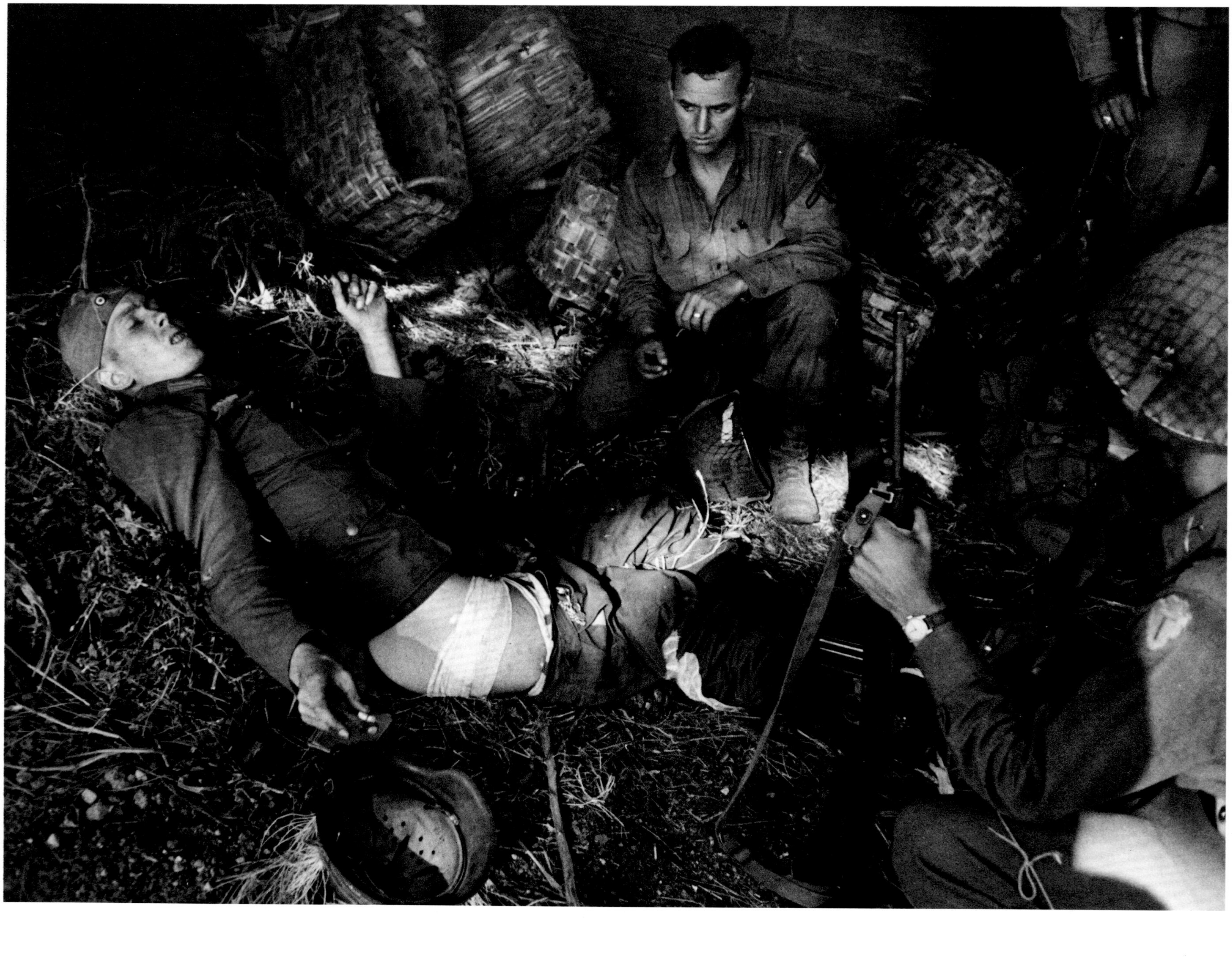

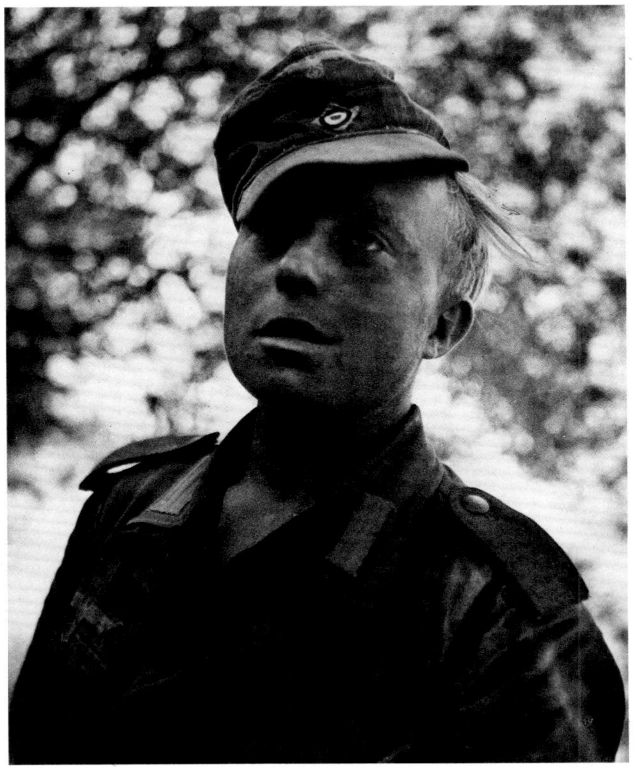

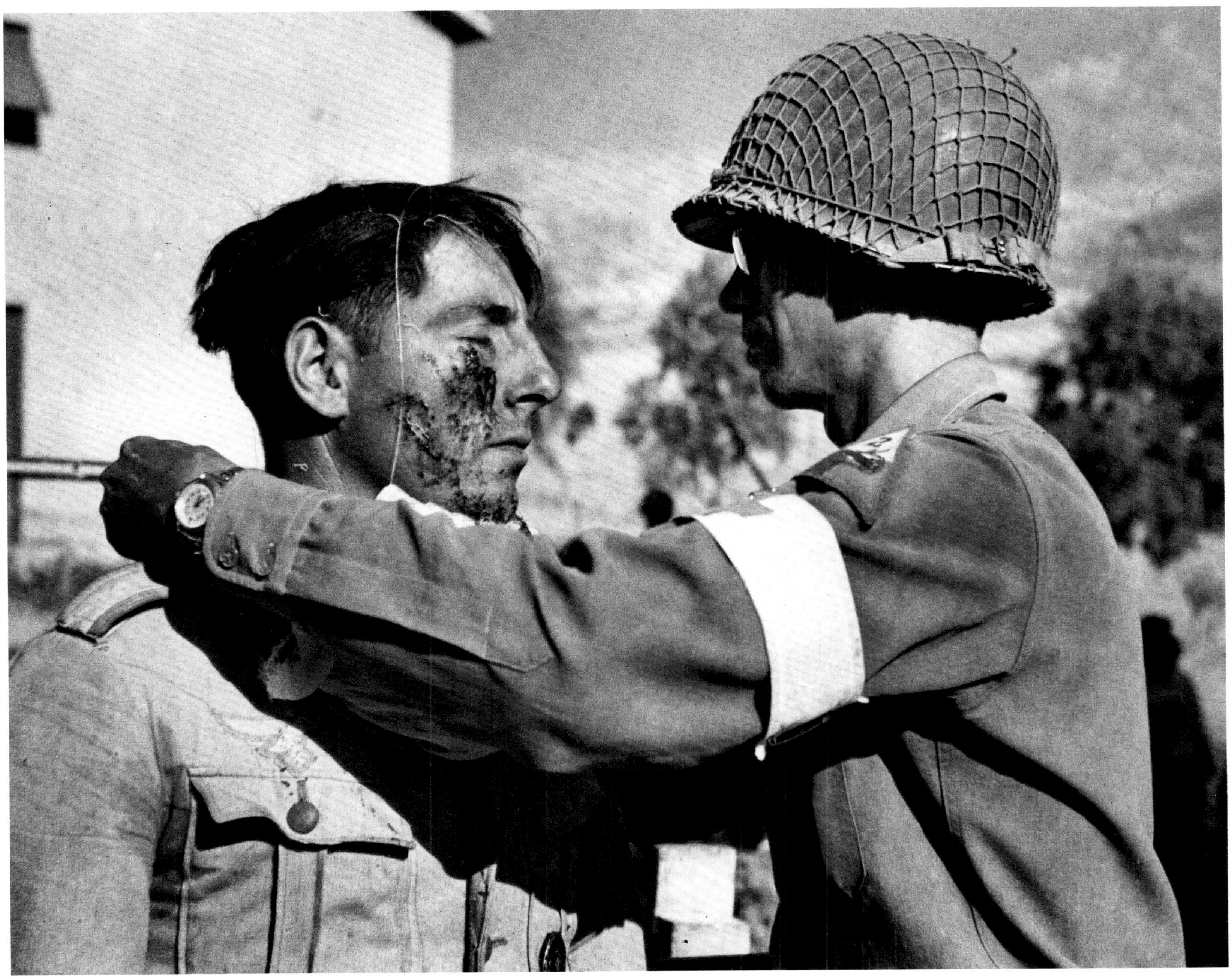

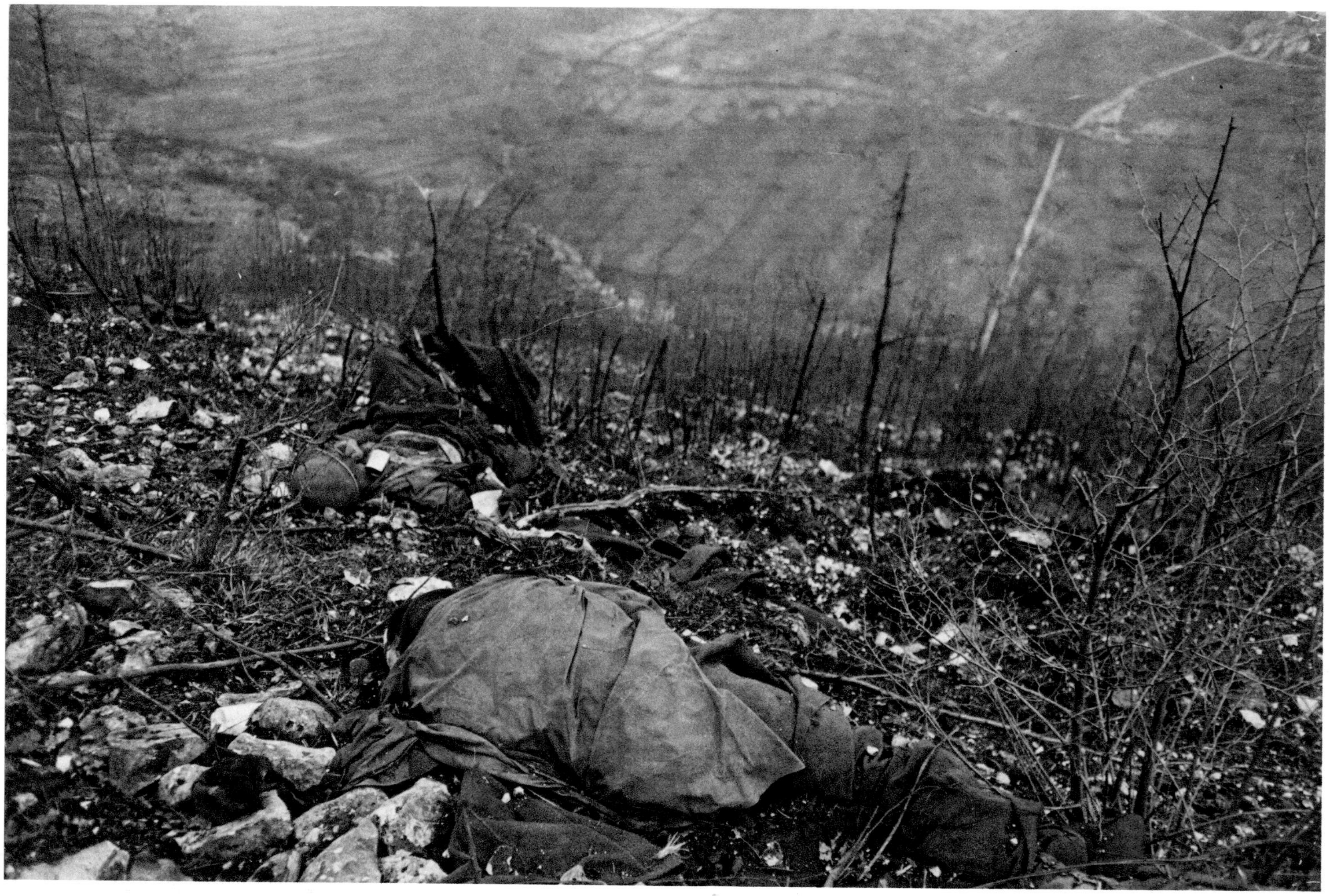

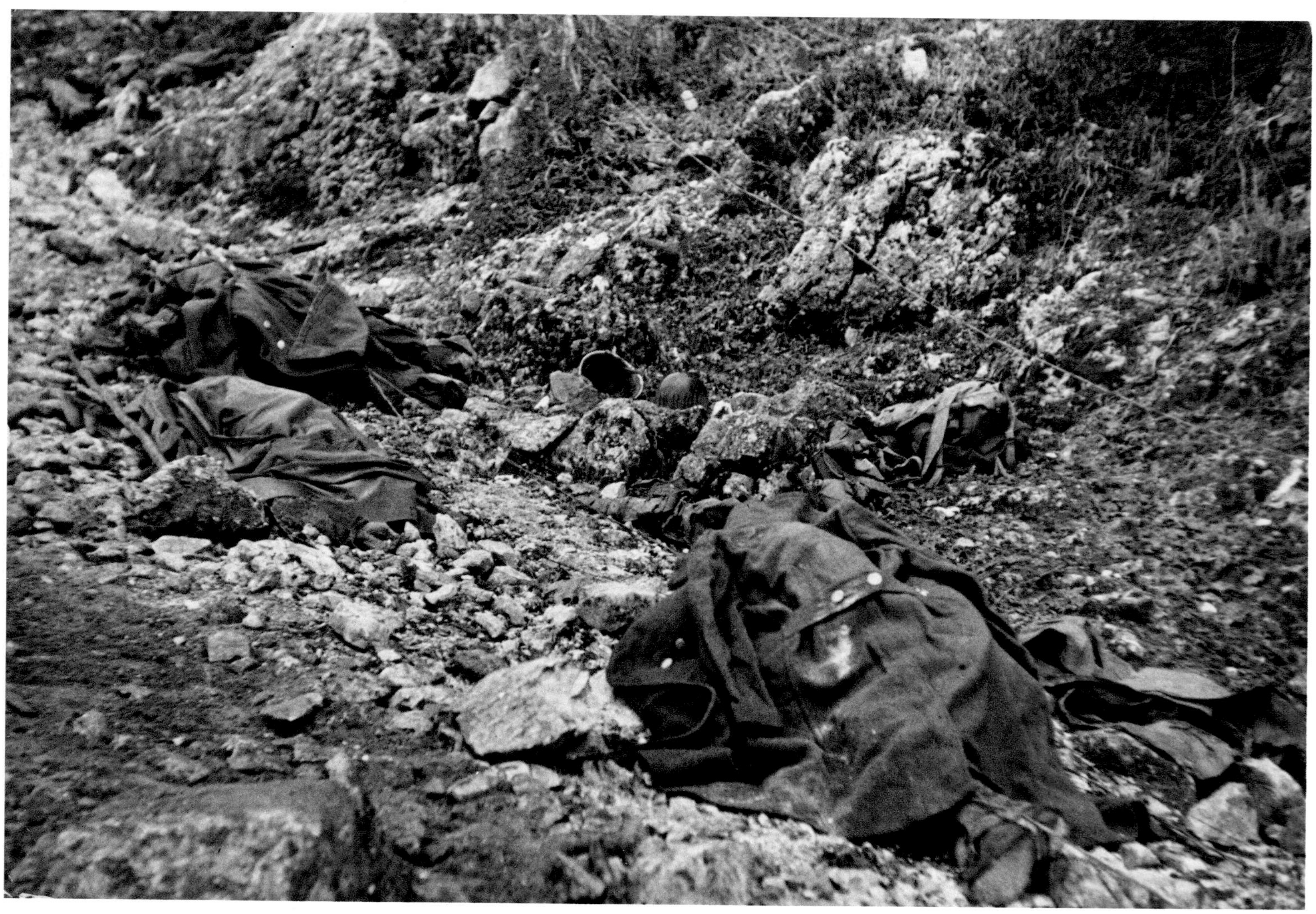

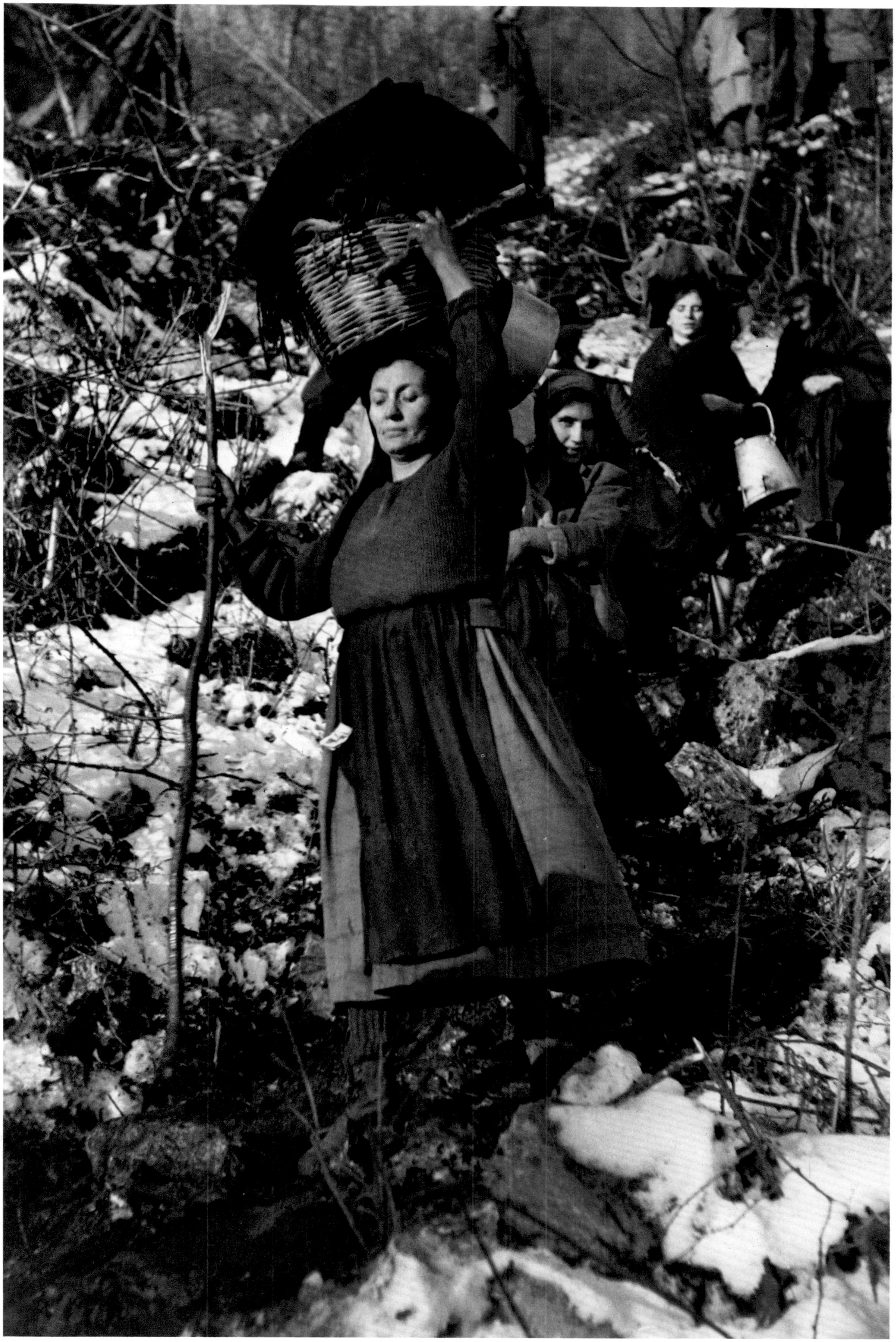

Links: Monte Pantano (bei Cassino), Italien, 18. Dezember 1943.
Rechts: Moscosopaß (bei Cassino), 4. Januar 1944.

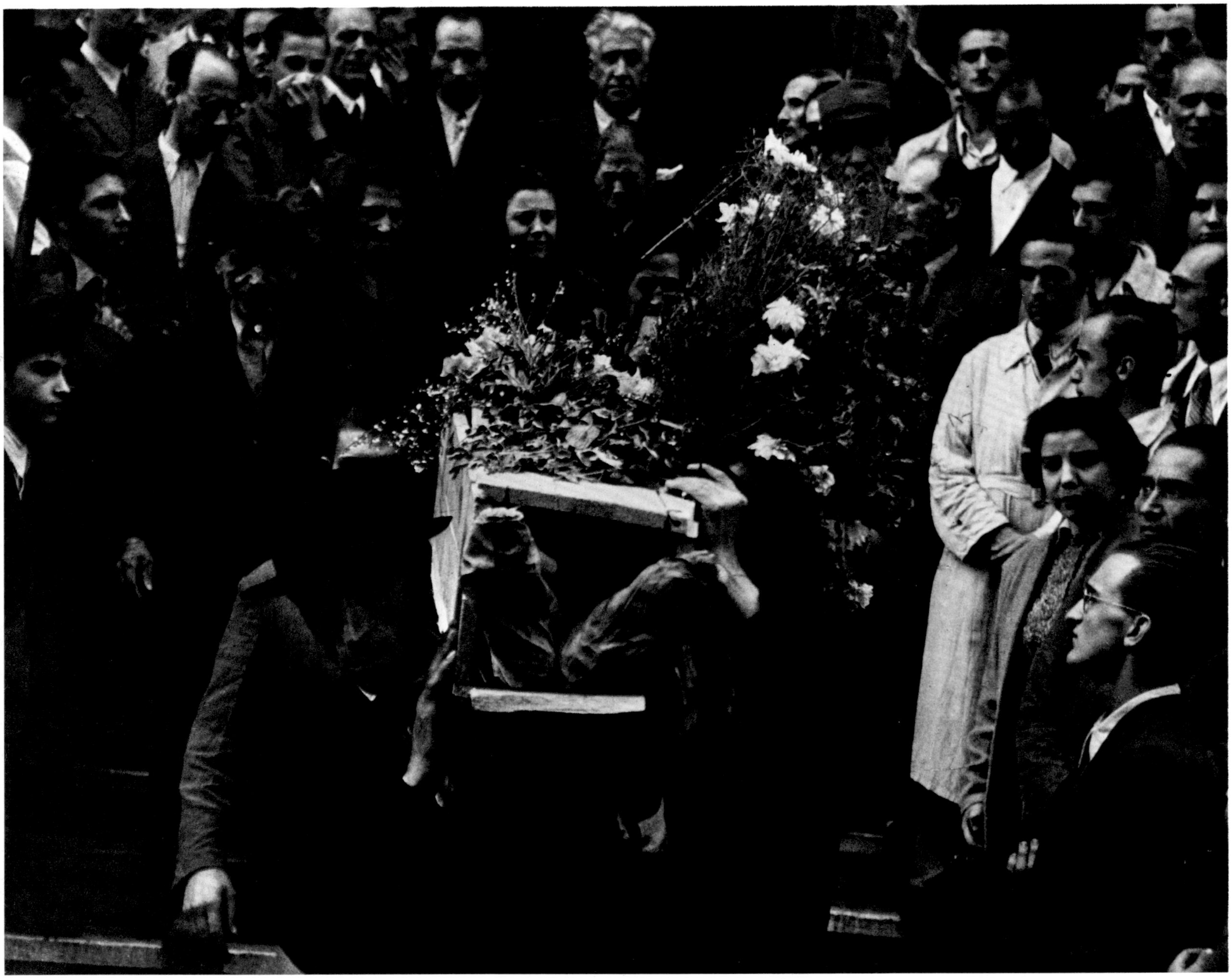

Neapel, 2. Oktober 1943. Begräbnis von zwanzig halbwüchsigen Partisanen, die das Liceo Sannazaro im Bezirk Vomero besuchten. Unter der Führung eines ihrer Lehrer hatten die Jungen in den vier Tagen, bevor die Alliierten die Stadt eroberten, gegen die Deutschen gekämpft.

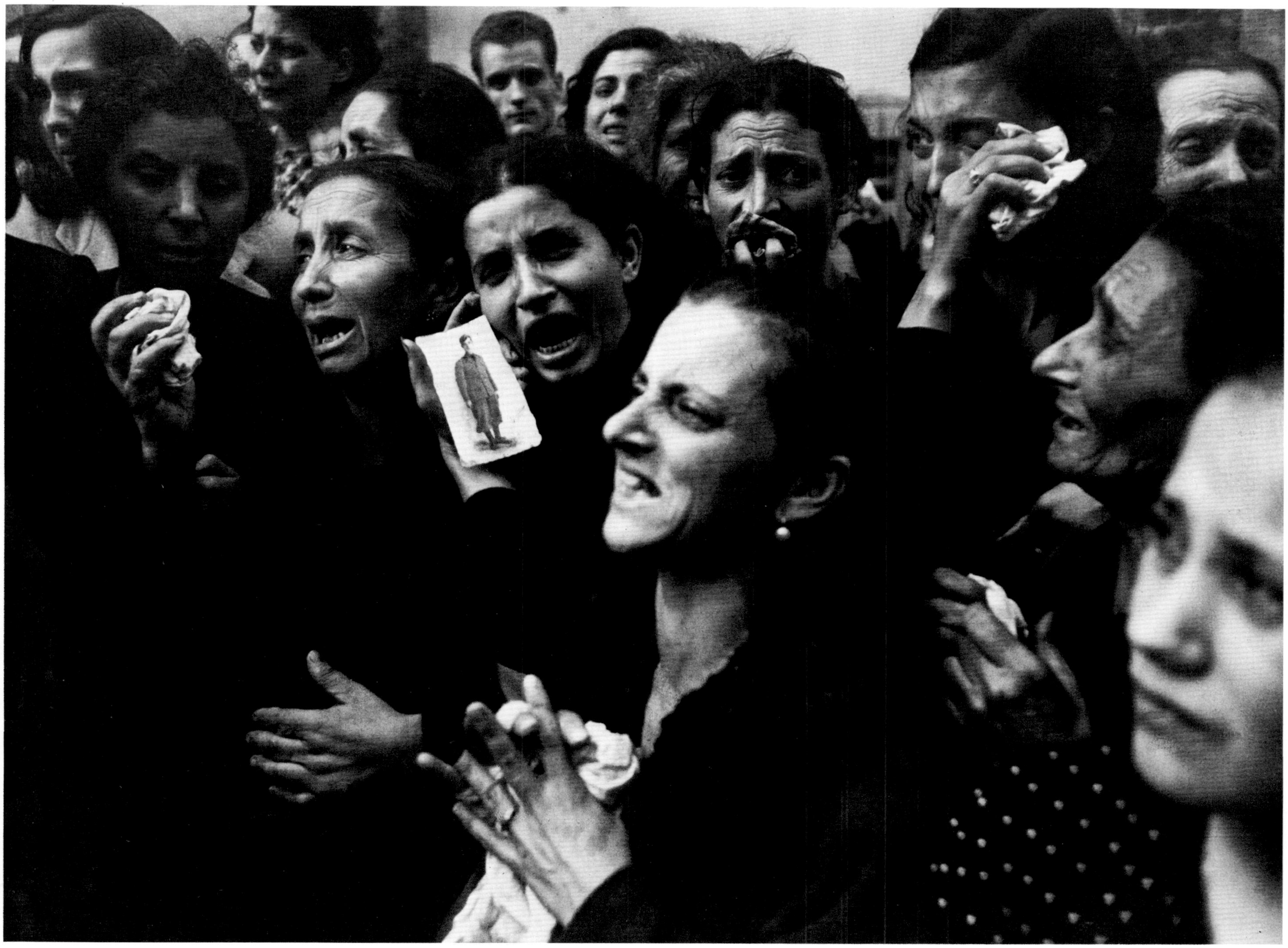

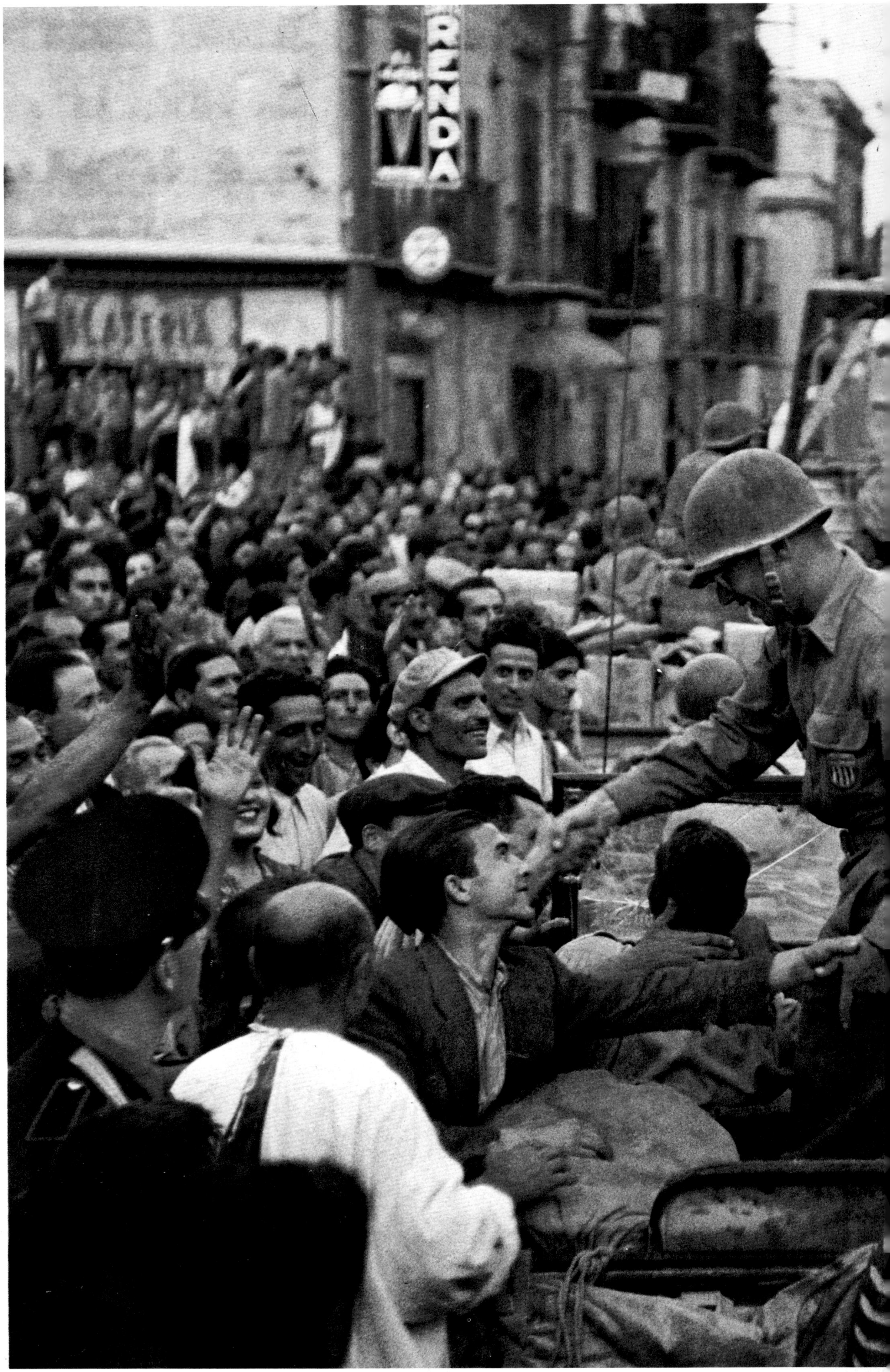
RENDA

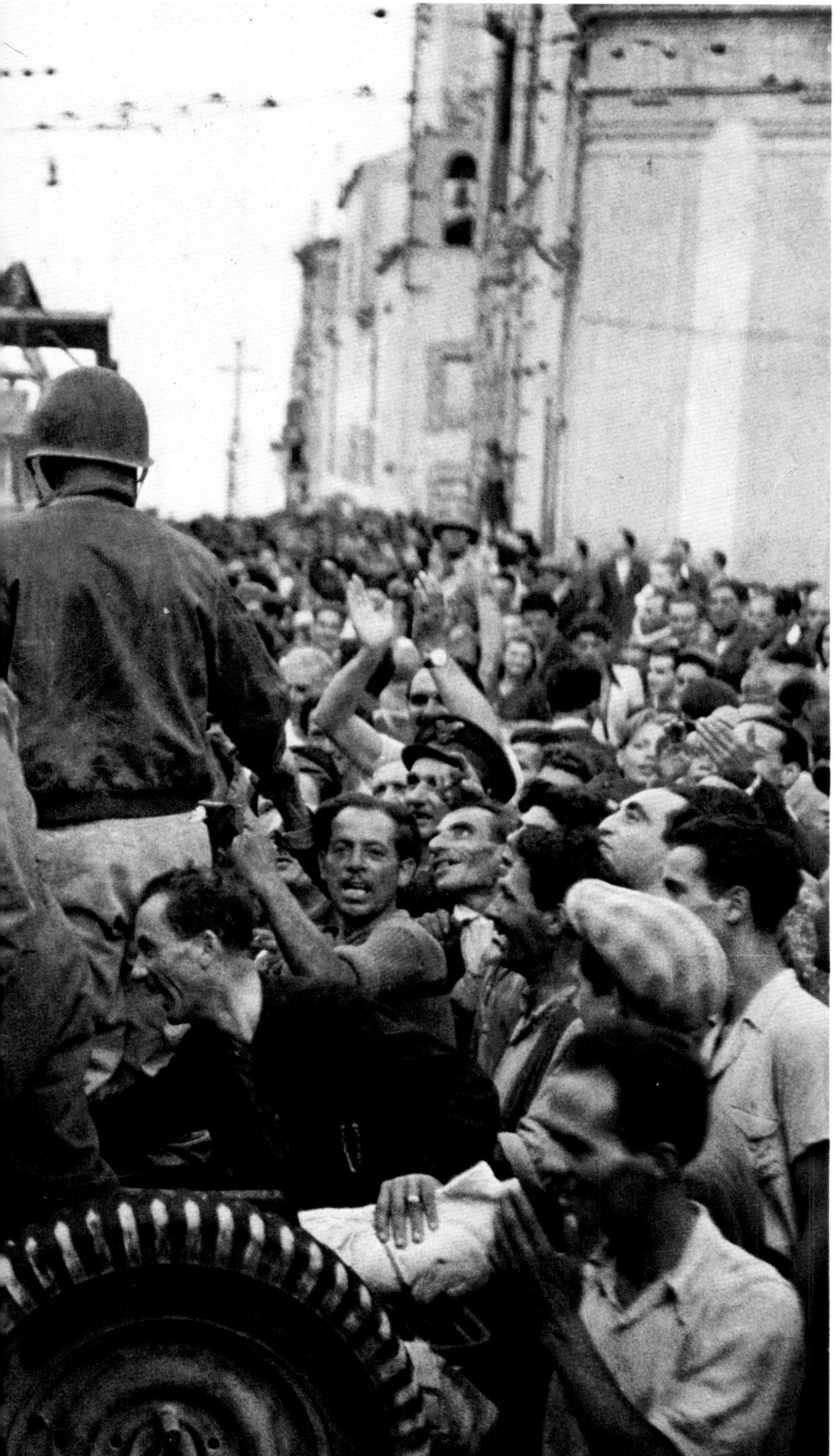

Monreale in der Nähe von Palermo,
Sizilien, 22. Juli 1943.

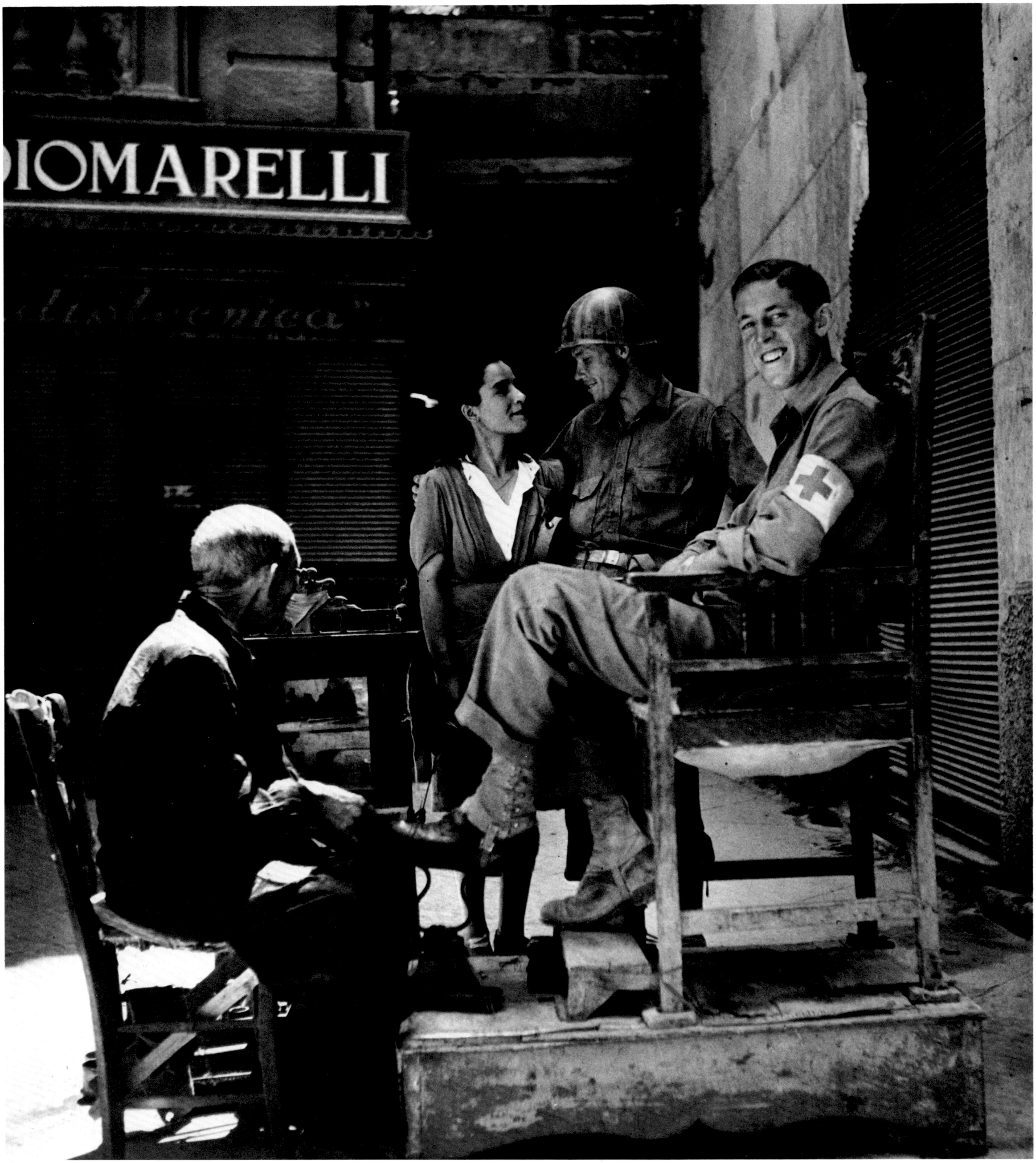
IOMARELLI

Links: Palermo, Sizilien, 23. Juli 1943.
Unten: Agrigento, Sizilien, 17.–18. Juli 1943.

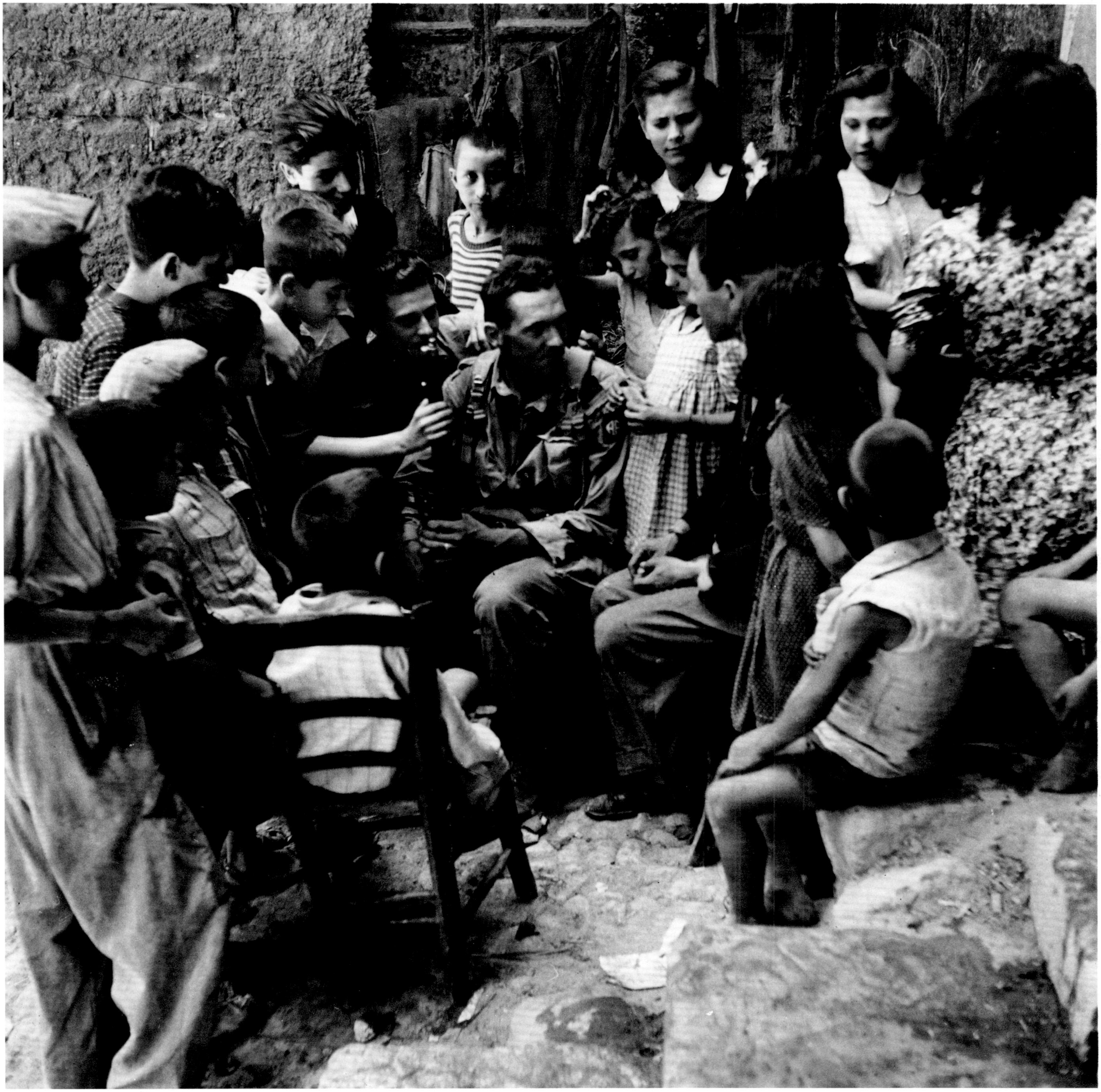

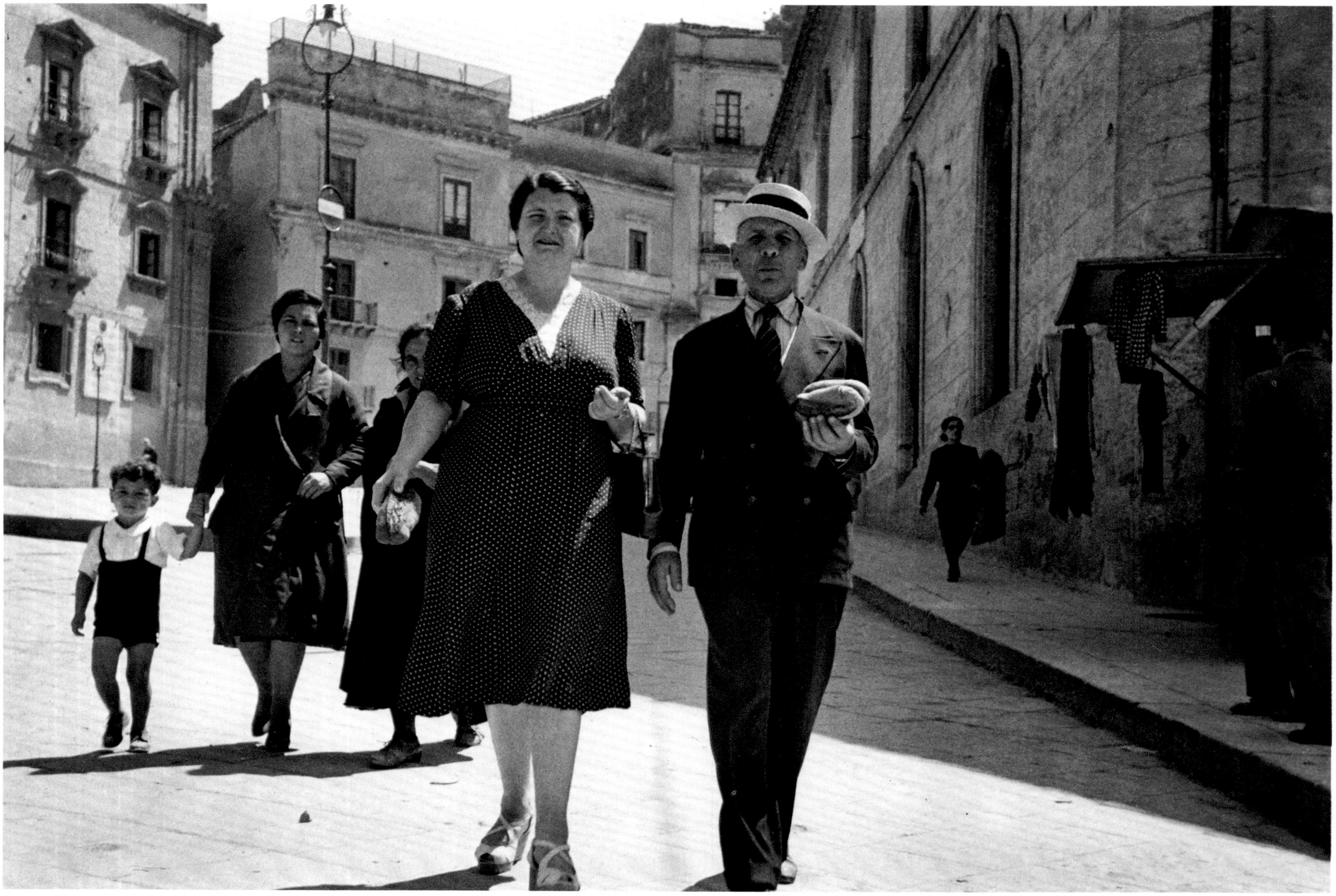

Oben: Cefalù, Sizilien, 26. Juli 1943. Straßenbild zwei Tage nach der Befreiung der Stadt.
Rechts: Bei Nicosia, Sizilien, 28. Juli 1943. Ein italienischer Soldat auf dem Weg ins Kriegsgefangenenlager hinter der Kolonne seiner gefangenen Kameraden zurückbleibend.

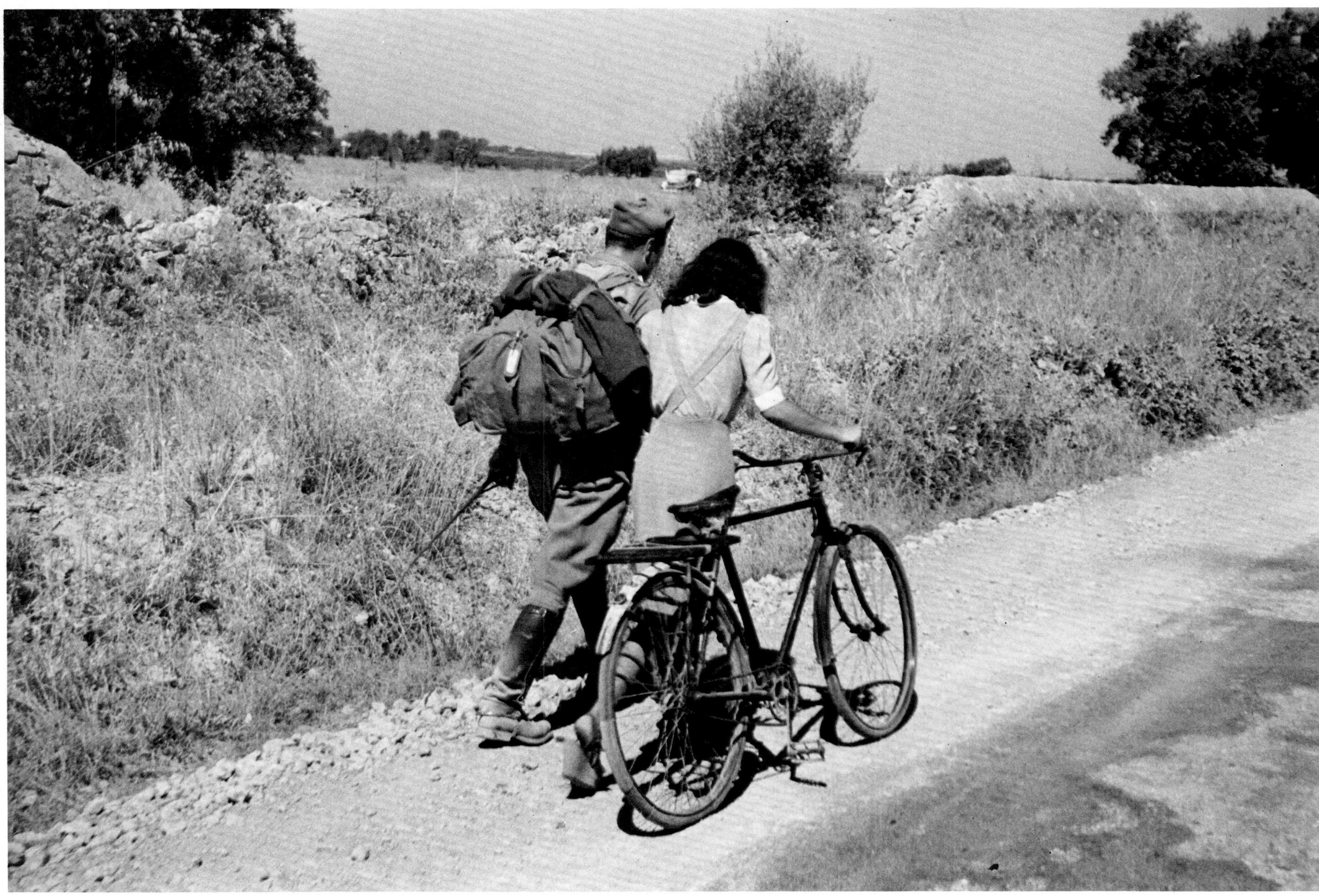

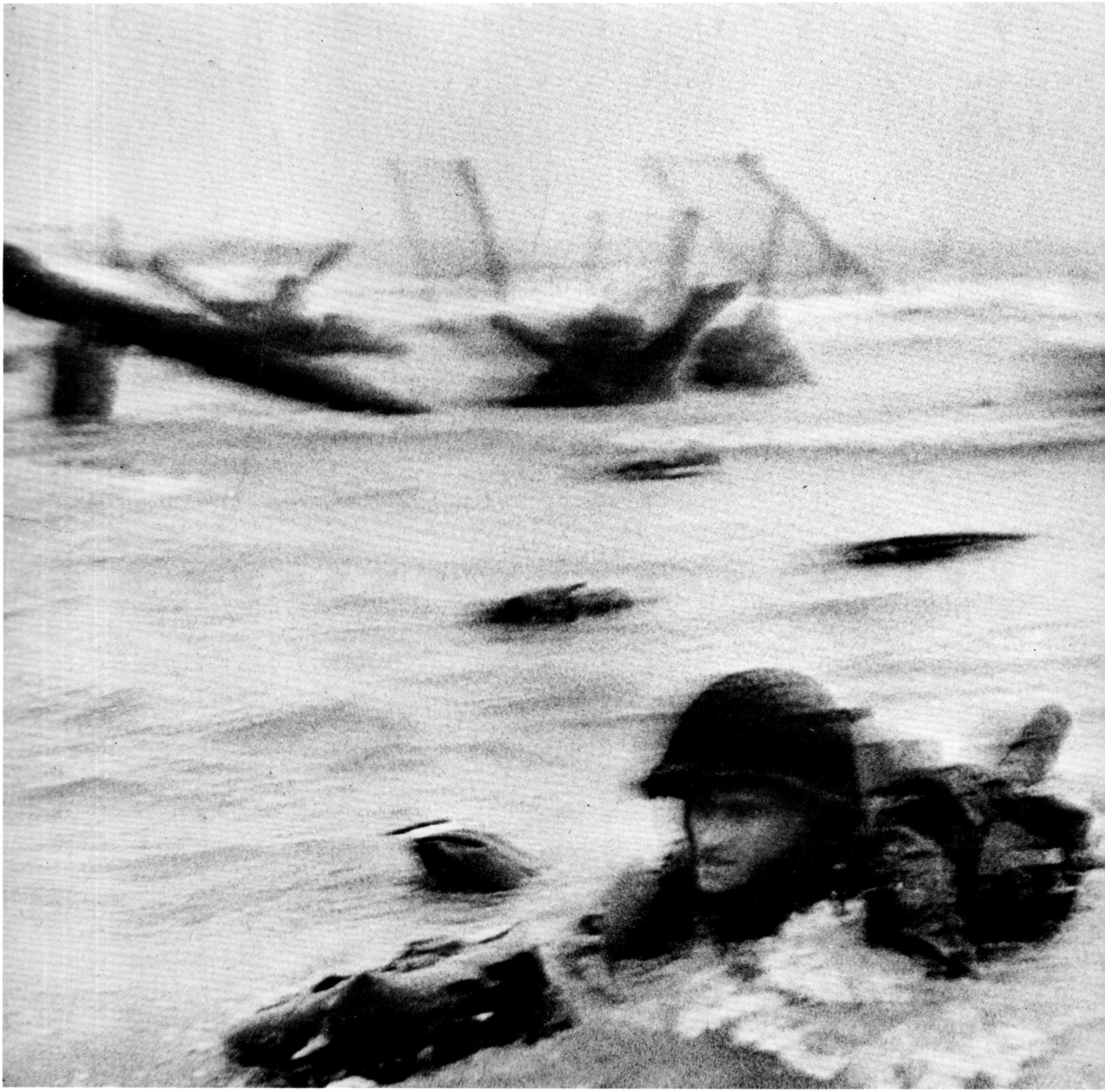

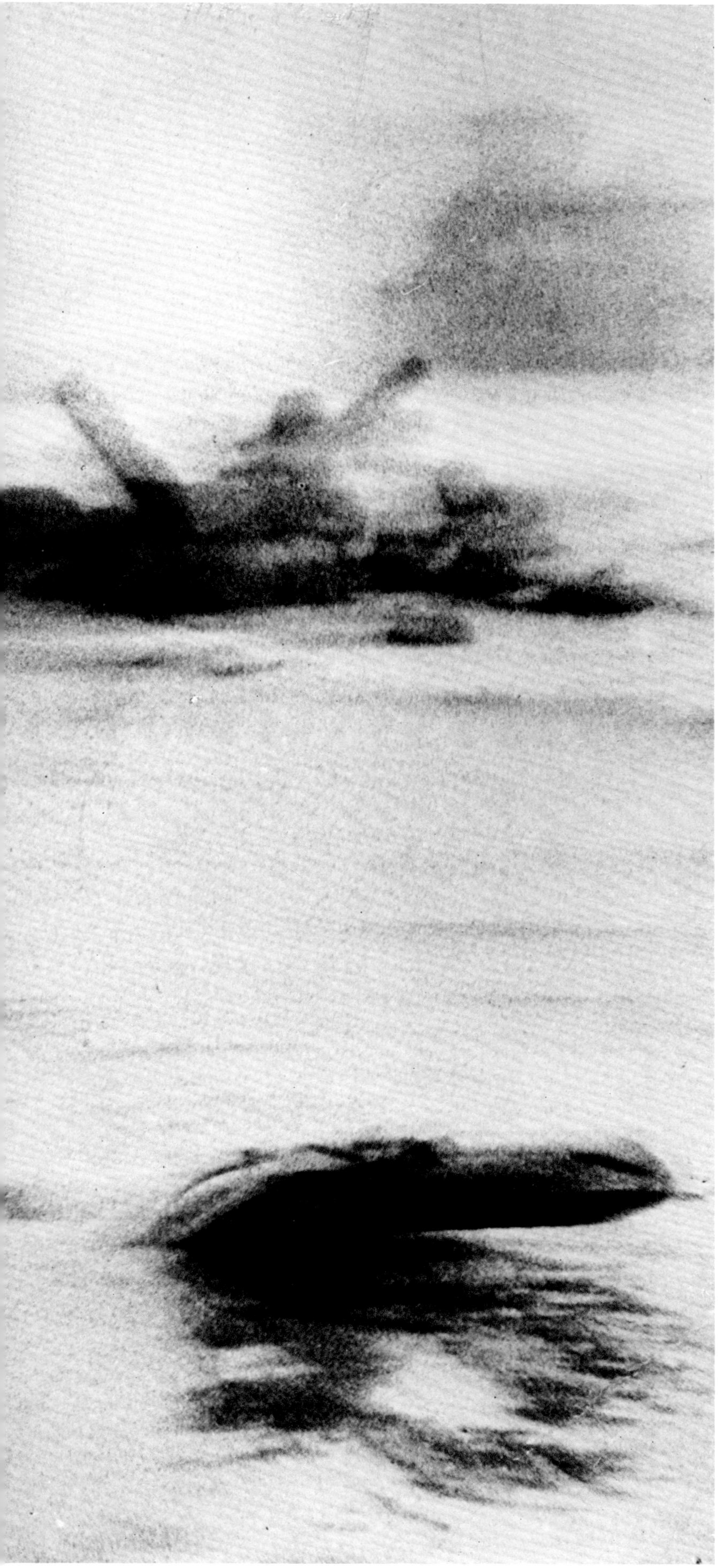

Omaha-Brückenkopf bei Colleville-sur-Mer, Normandieküste, 6. Juni 1944. Amerikanische Truppen bei der Landung am Tag der Invasion.

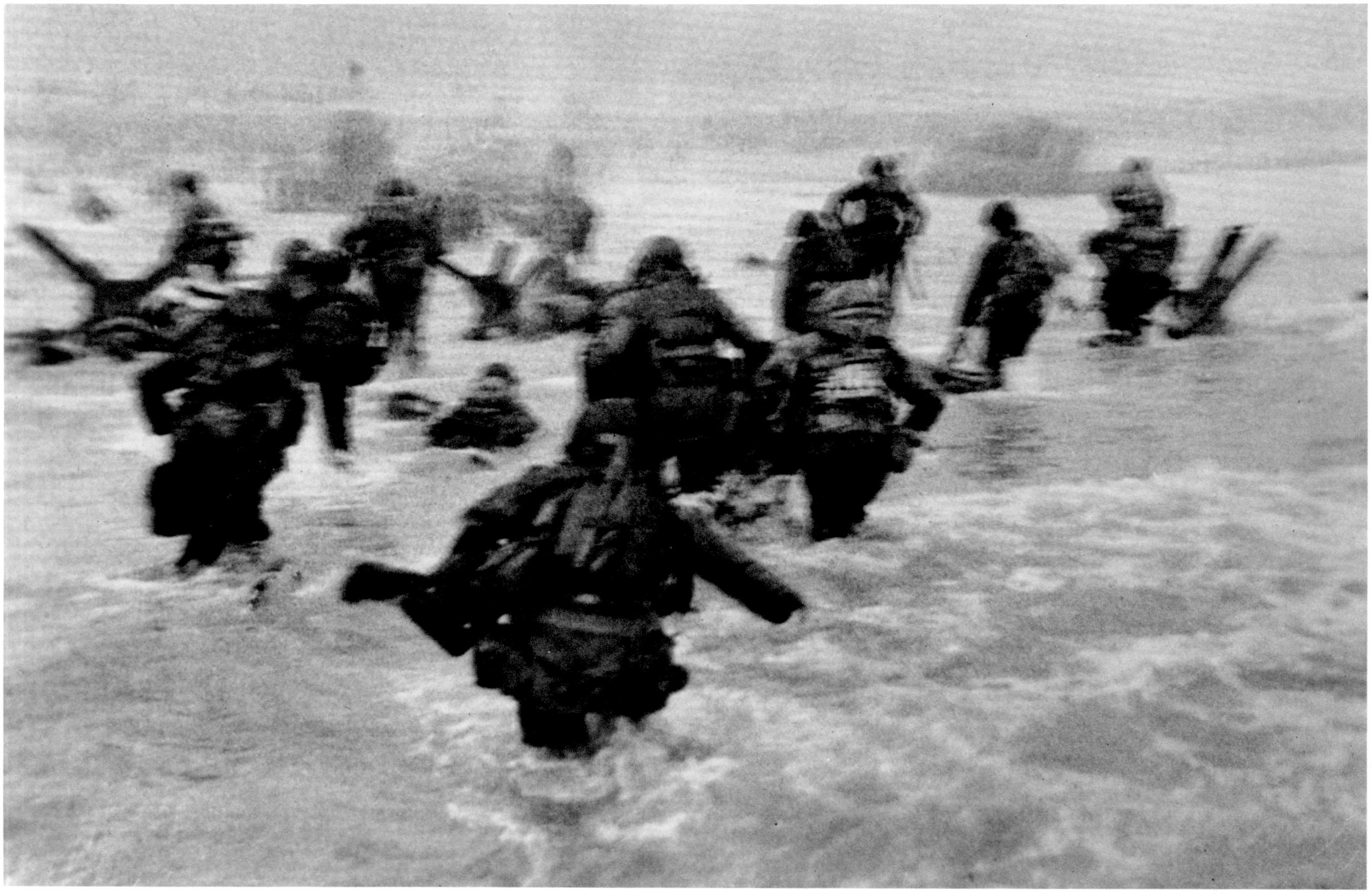

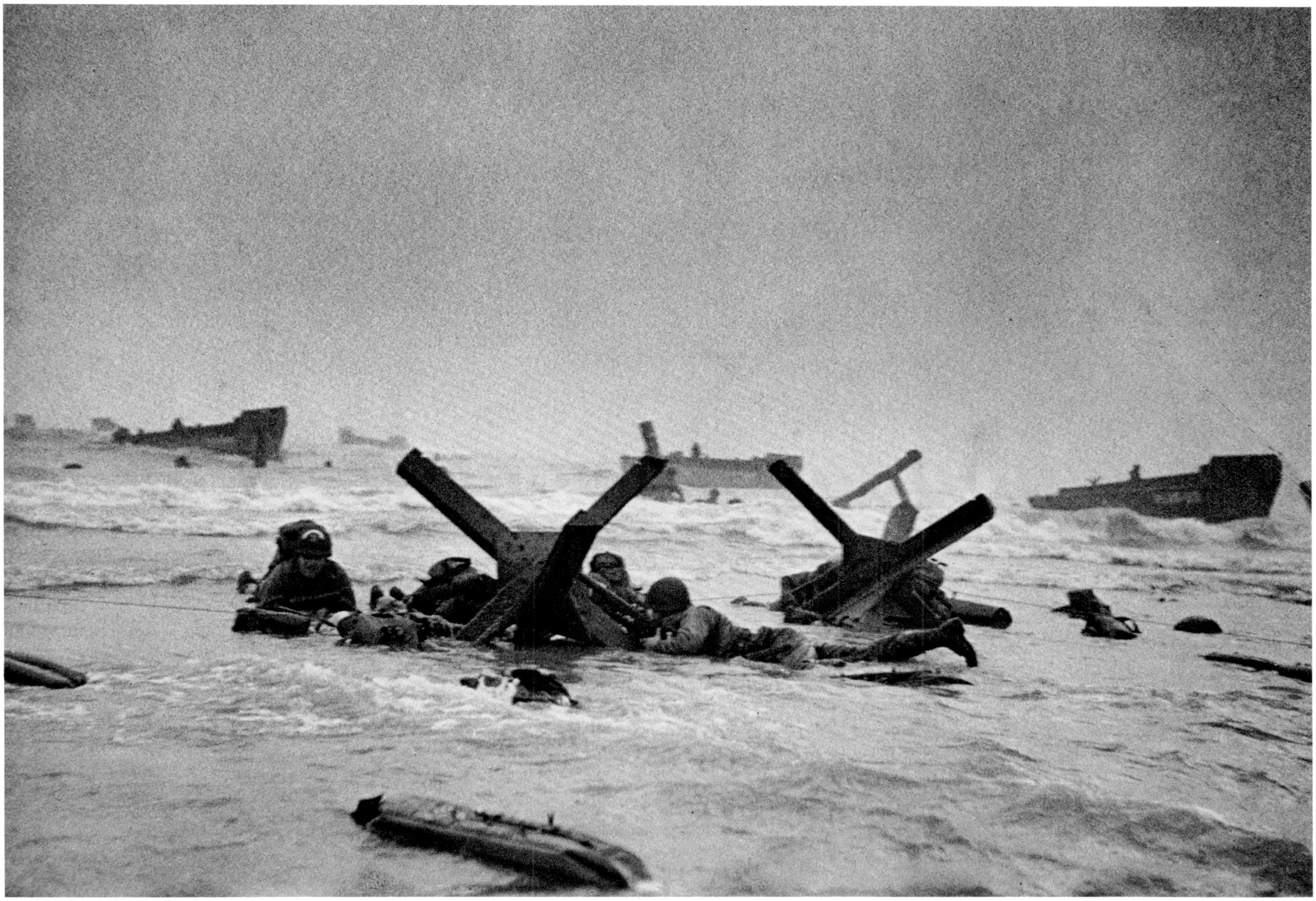

Omaha-Brückenkopf bei Colleville-sur-Mer, Normandieküste, 6. Juni 1944. Amerikanische Truppen bei der Landung am Tag der Invasion.

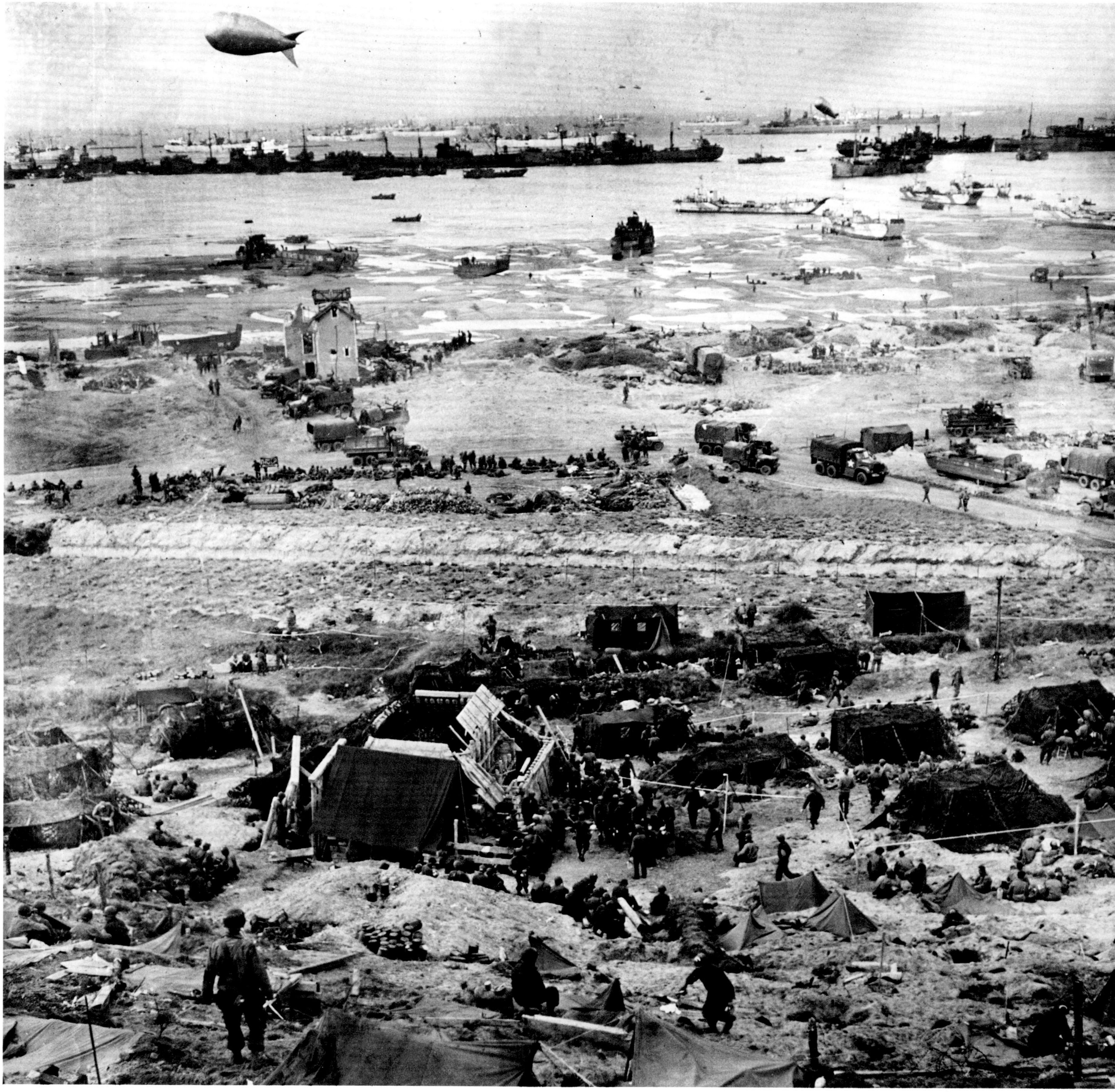

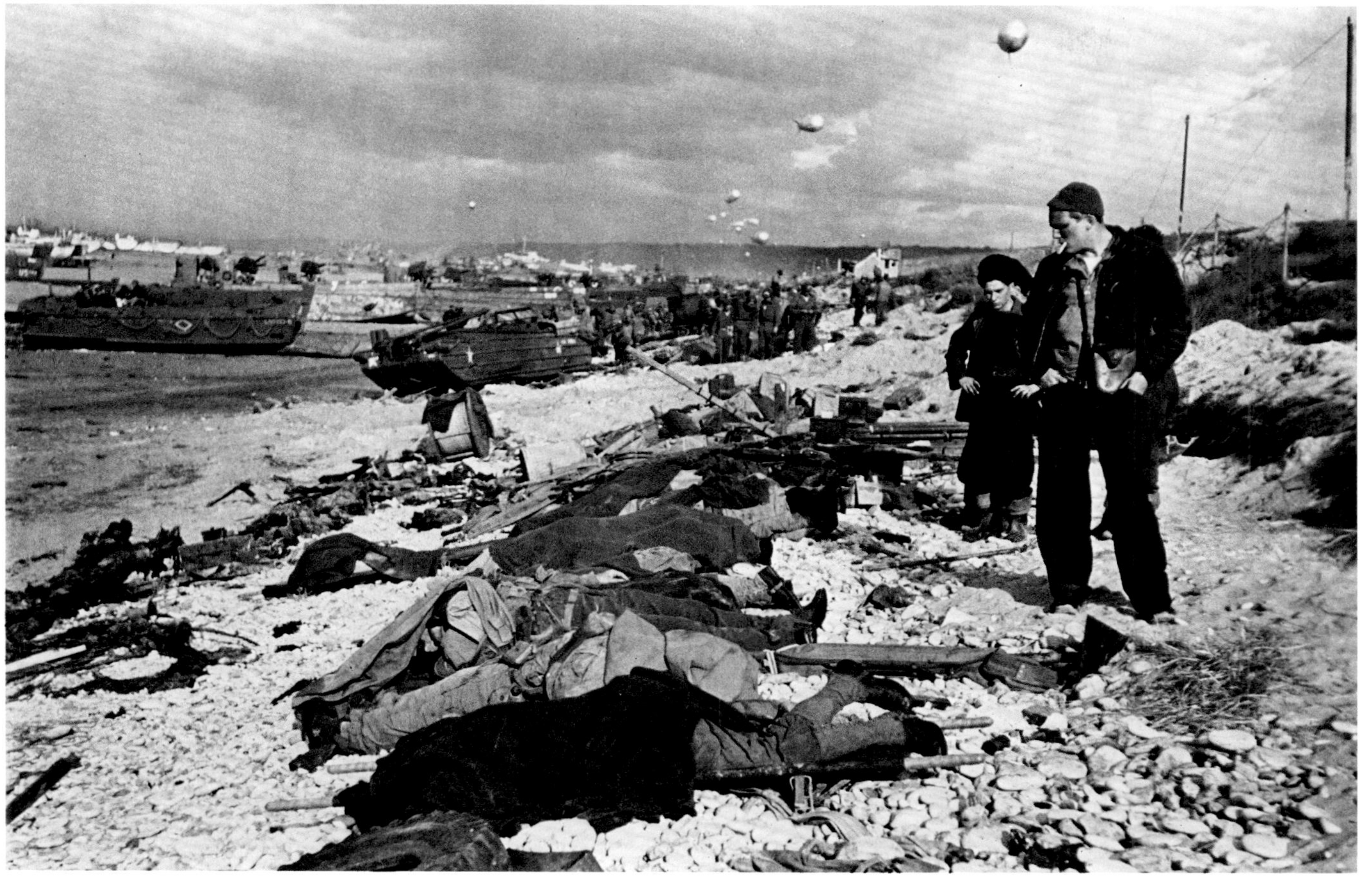

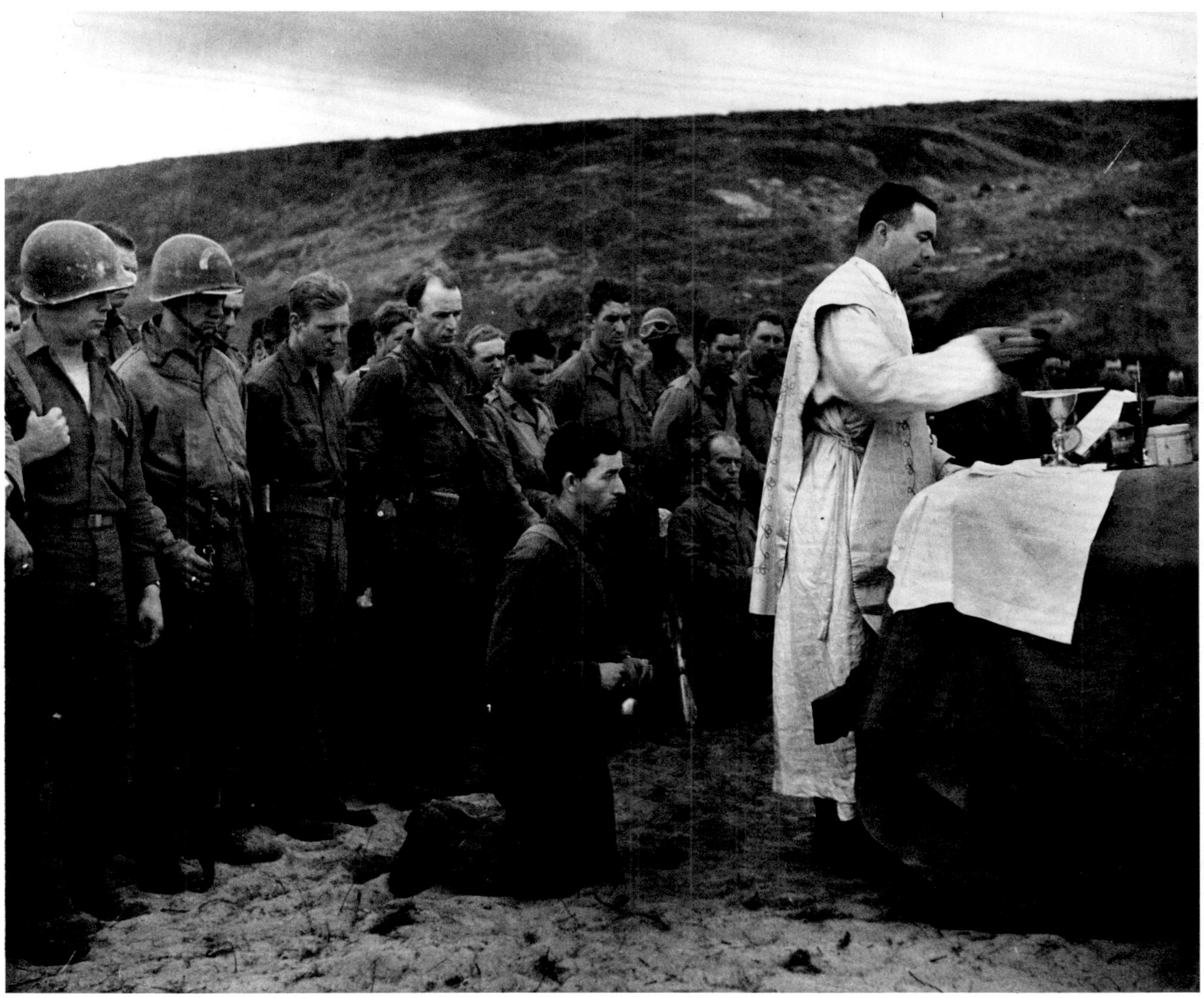

Omaha-Brückenkopf, Juni 1944.
Links: Der Brückenkopf einige Tage nach dem Invasionstag.
Oben: Französische Fischer betrachten die Leichen Gefallener vor dem Begräbnis.
Rechts: Römisch-katholischer Kaplan zelebriert die Messe zur Einweihung eines amerikanischen Soldatenfriedhofs, wobei er die Motorhaube eines Jeeps als Altar benutzt.

Unten: Südwestlich von St.-Lô, 26.–30. Juli. Die 2. amerikanische Panzerdivision.
Gegenüberliegende Seite: St.-Sauveur-le-Vicomte, südlich von Cherbourg, 16. Juni 1944. 82. amerikanische Luftlandedivision.

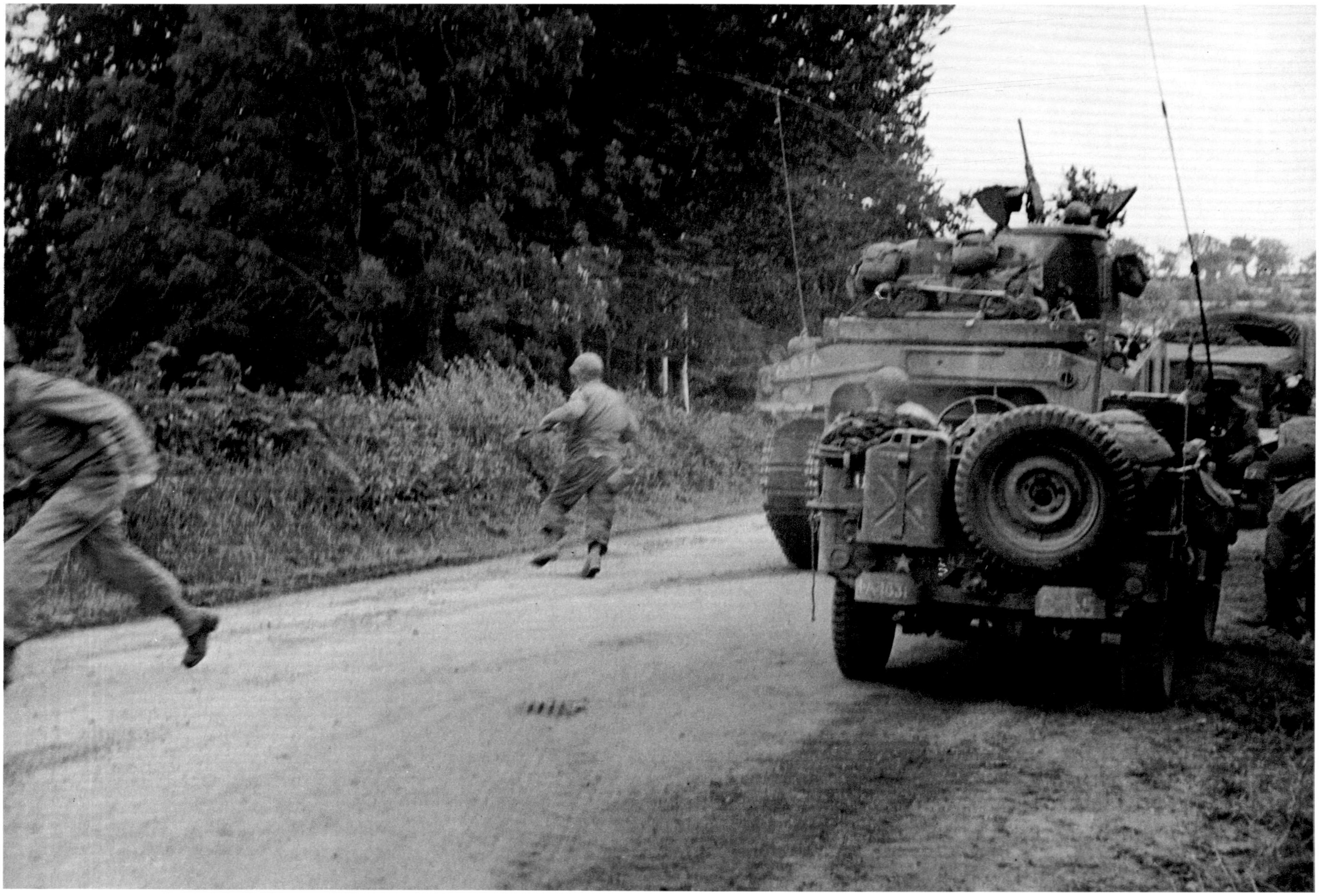

Umseitig links: Bei Gavray, Normandie, um den 1. August 1944. Rückkehr in die befreite Stadt.
Umseitig rechts: Notre-Dame-de-Cenilly, südwestlich von St.-Lô, 28. Juli 1944.

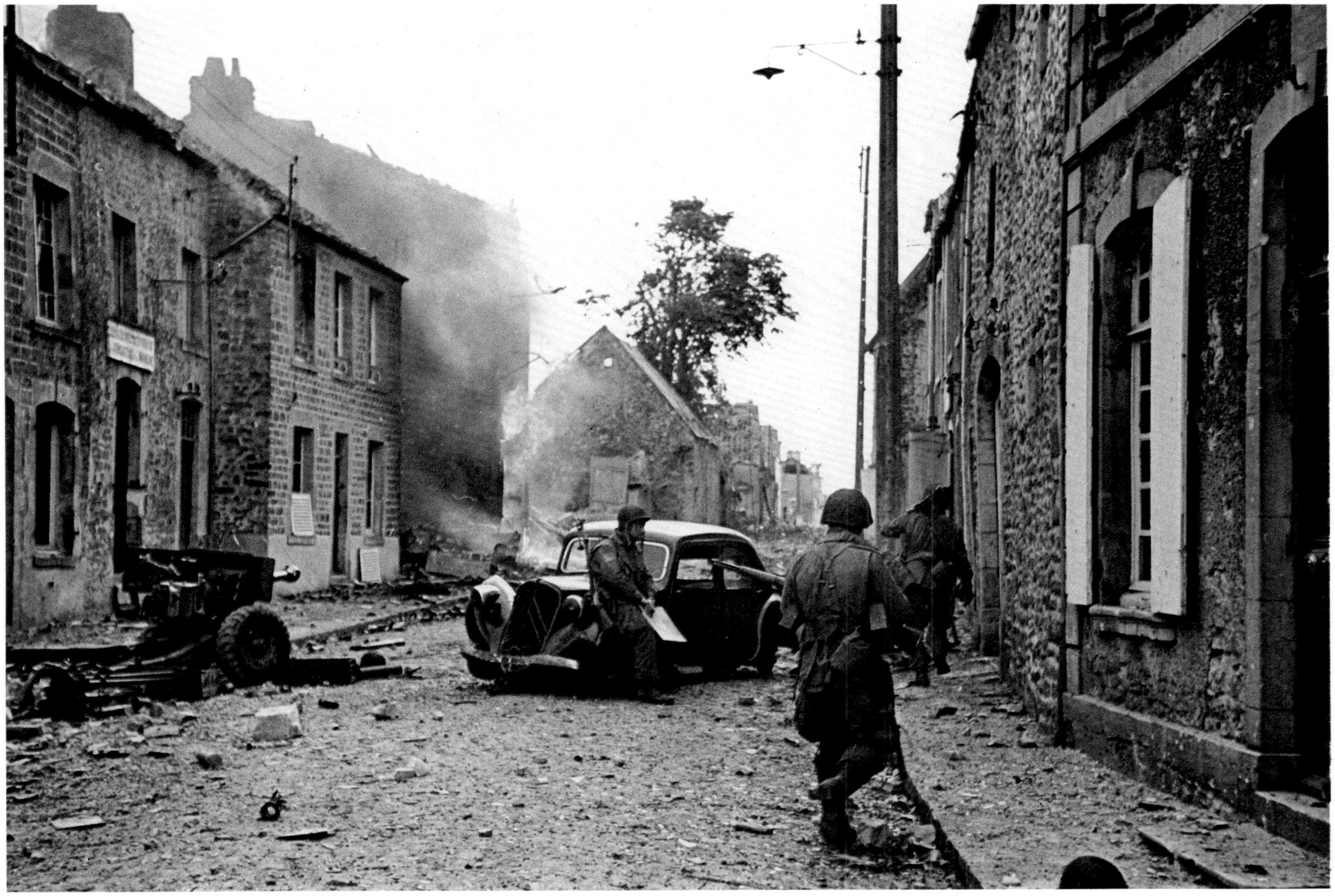

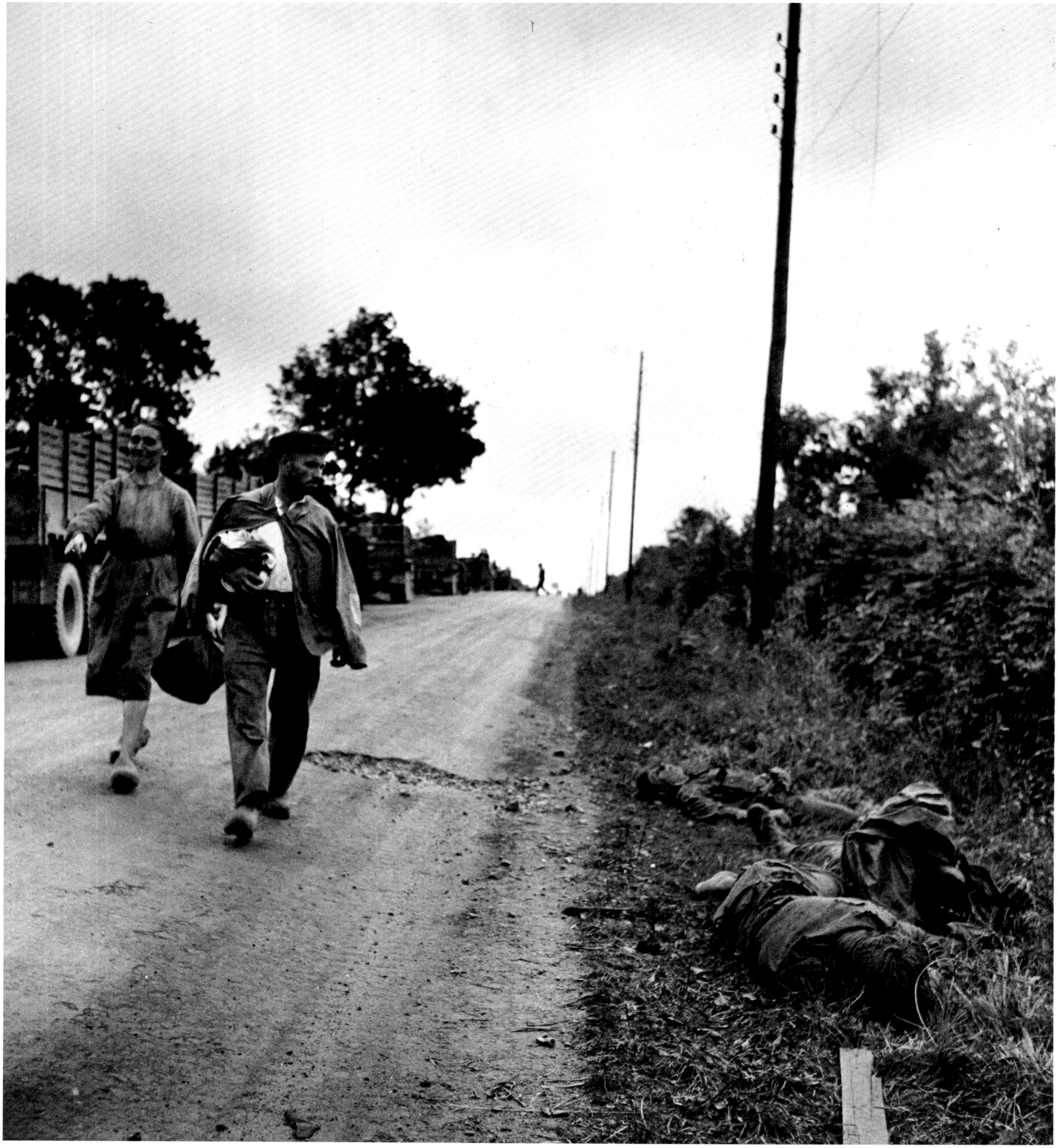

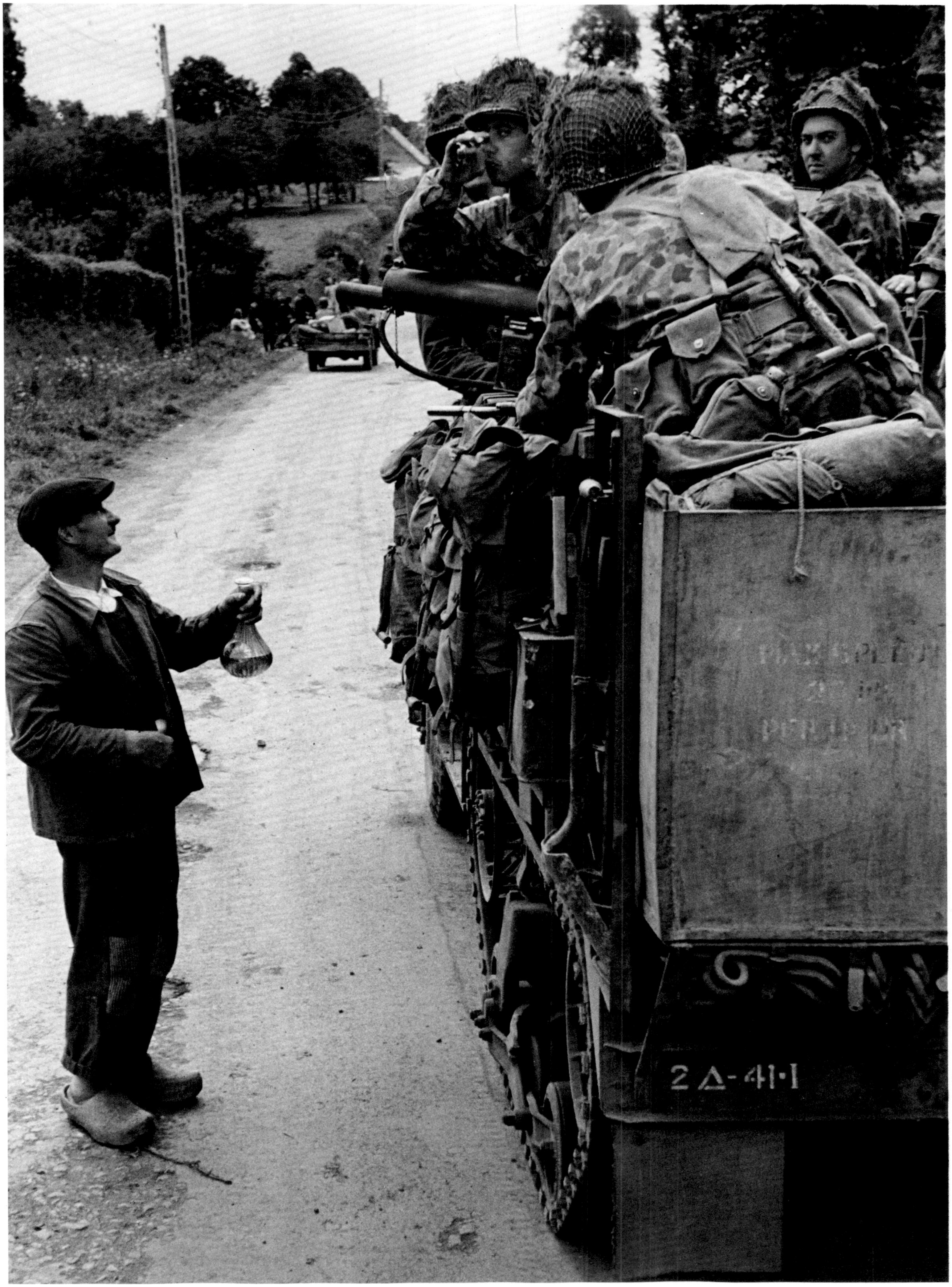
2 Δ-41·1

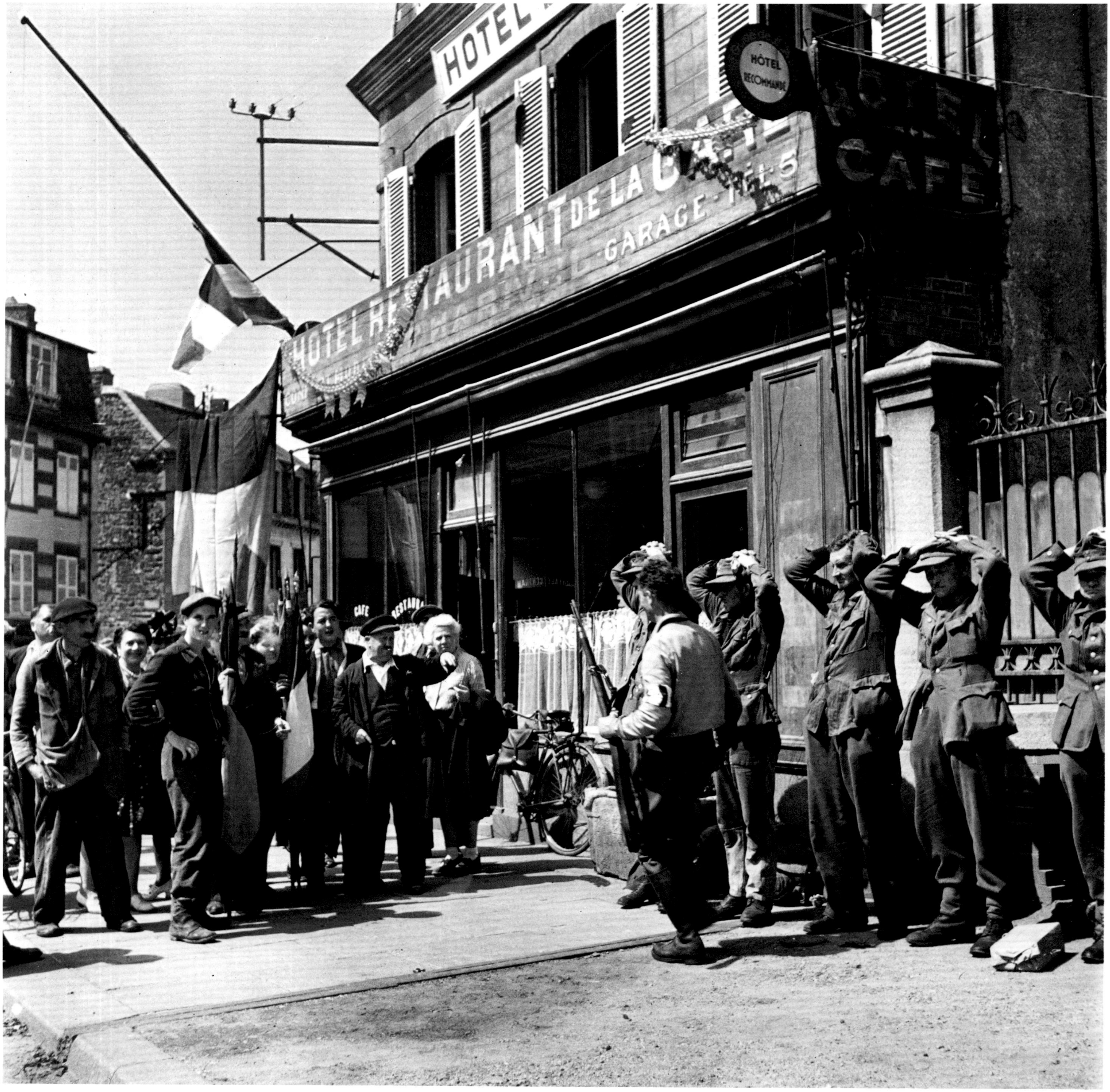
HOTEL
HÔTEL RECOMMANDÉ
CAFE
HOTEL RE TAURANT DE LA
GARAGE
CAFE

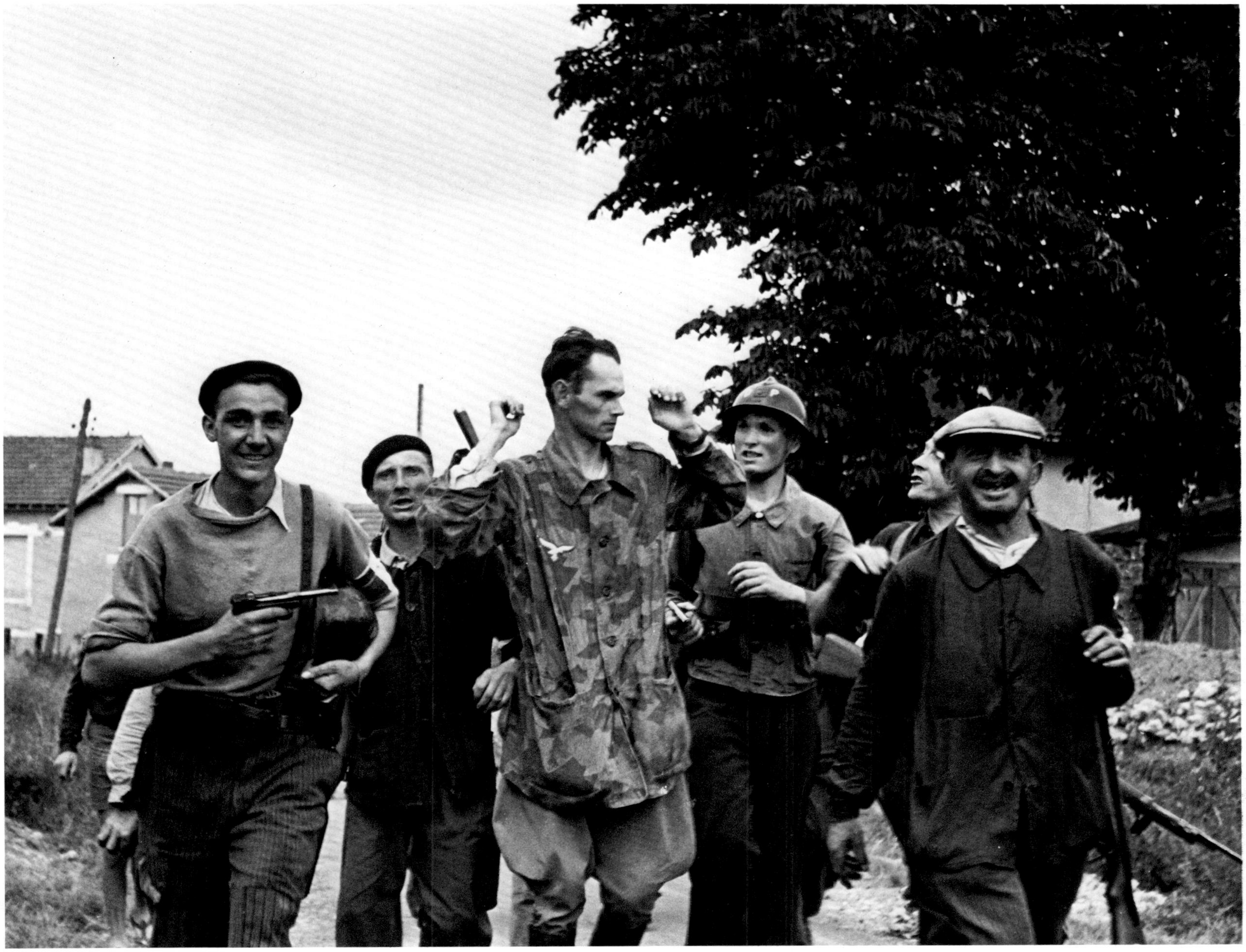

Links: Bei Chartres, um den 20. August 1944.
Oben: Granville, Normandie, 31. Juli 1944.

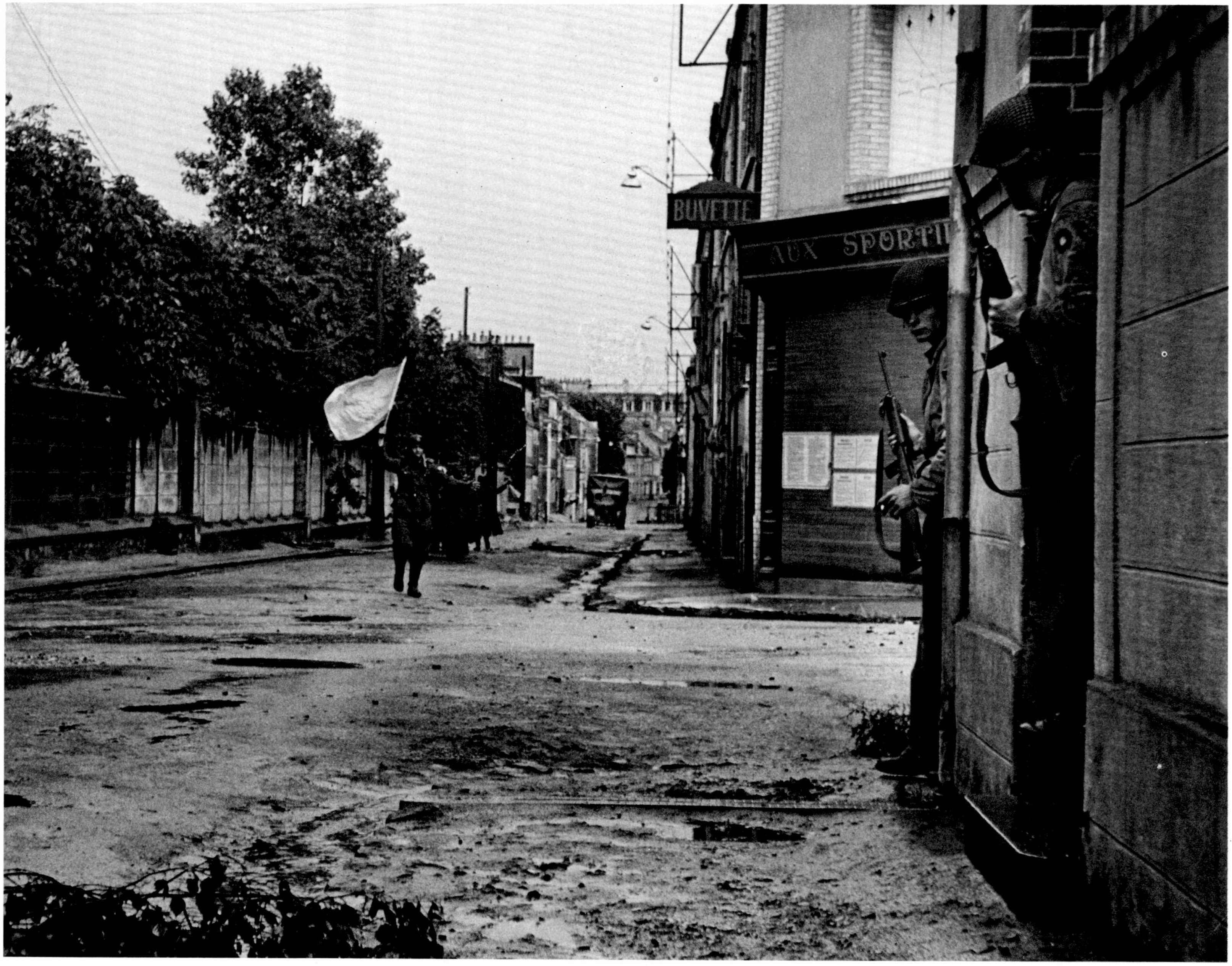
BUVETTE
AUX SPORTI

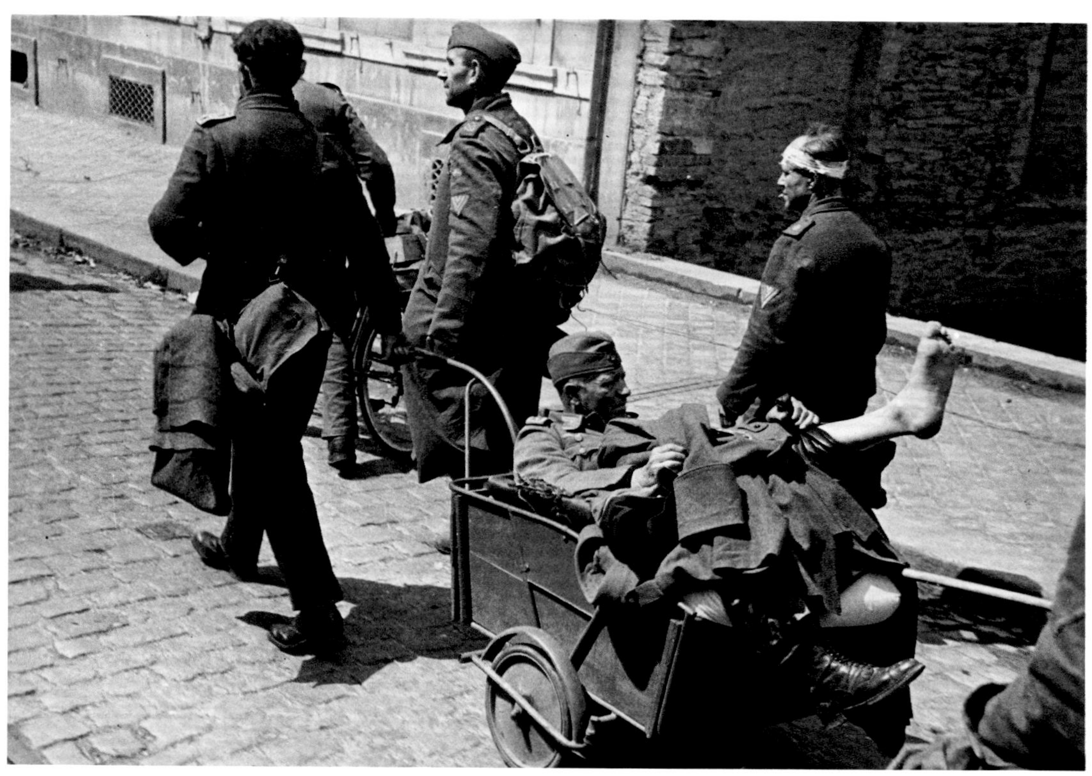

Gegenüberliegende Seite oben: Cherbourg, 26. Juni 1944.
Gegenüberliegende Seite unten: Cherbourg, 27. Juni 1944.
Rechts: Südwestlich von St.-Lô, 26.–30. Juli 1944.
Unten: St.-Malo, 9. August 1944. Eine französische Prostituierte folgt lieber ihren gefangenen deutschen Freiern, als sich dem Zorn ihrer Landsleute auszusetzen.

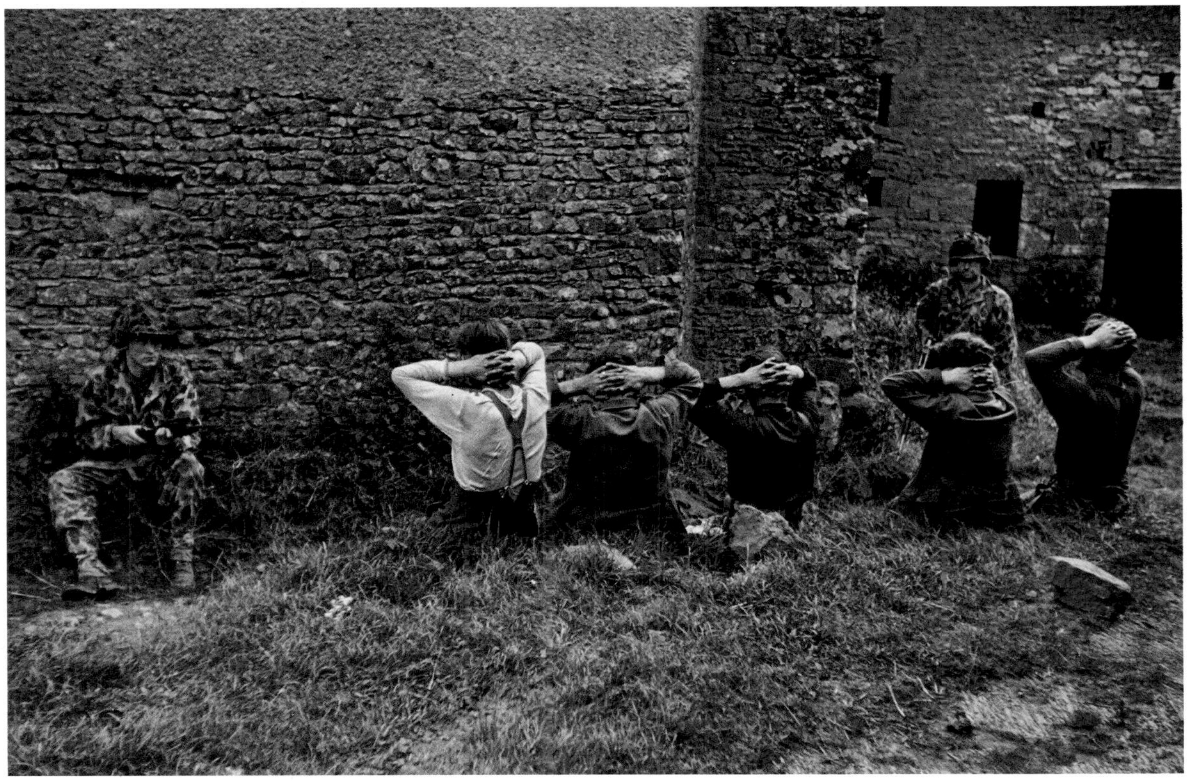

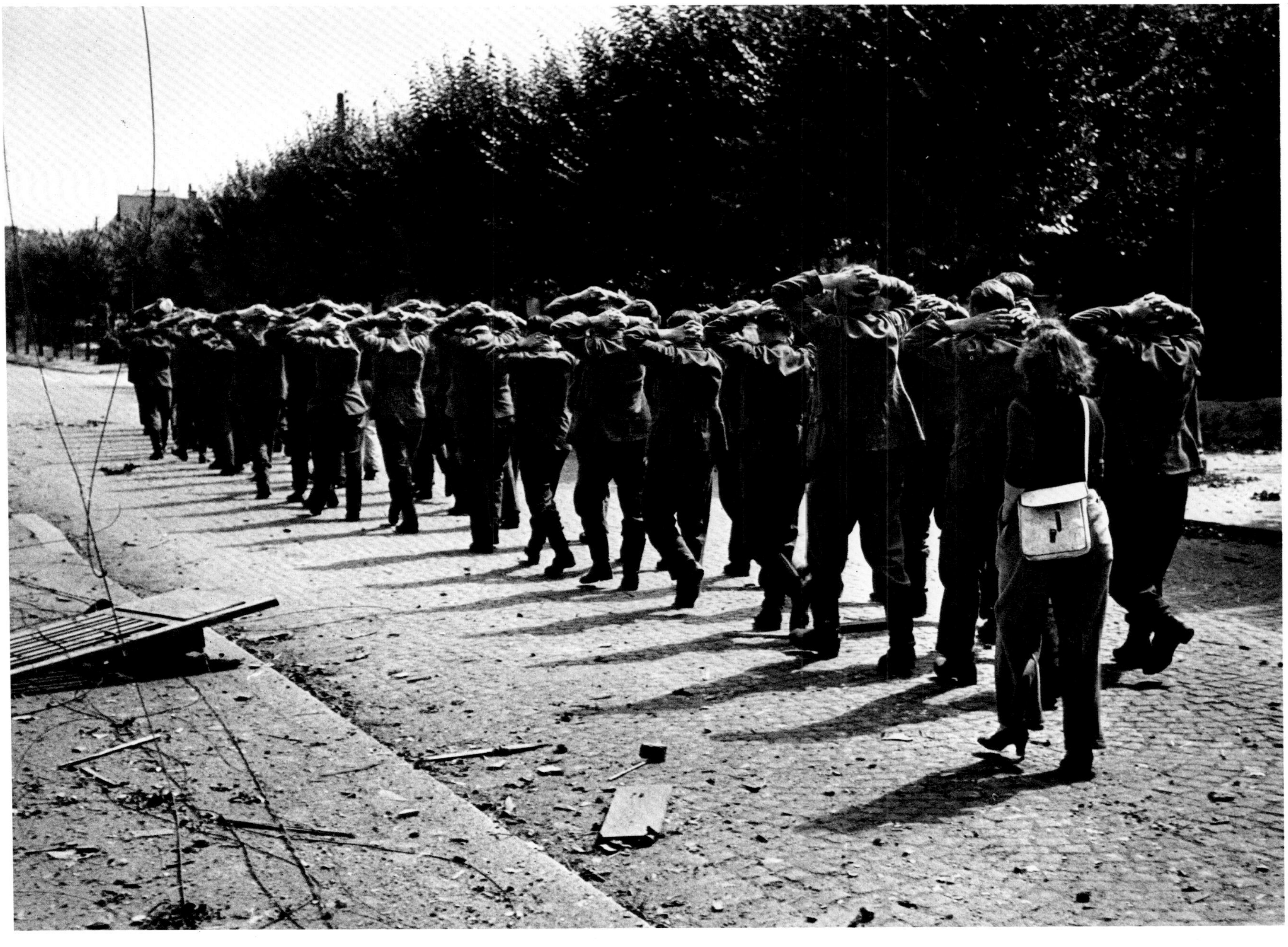

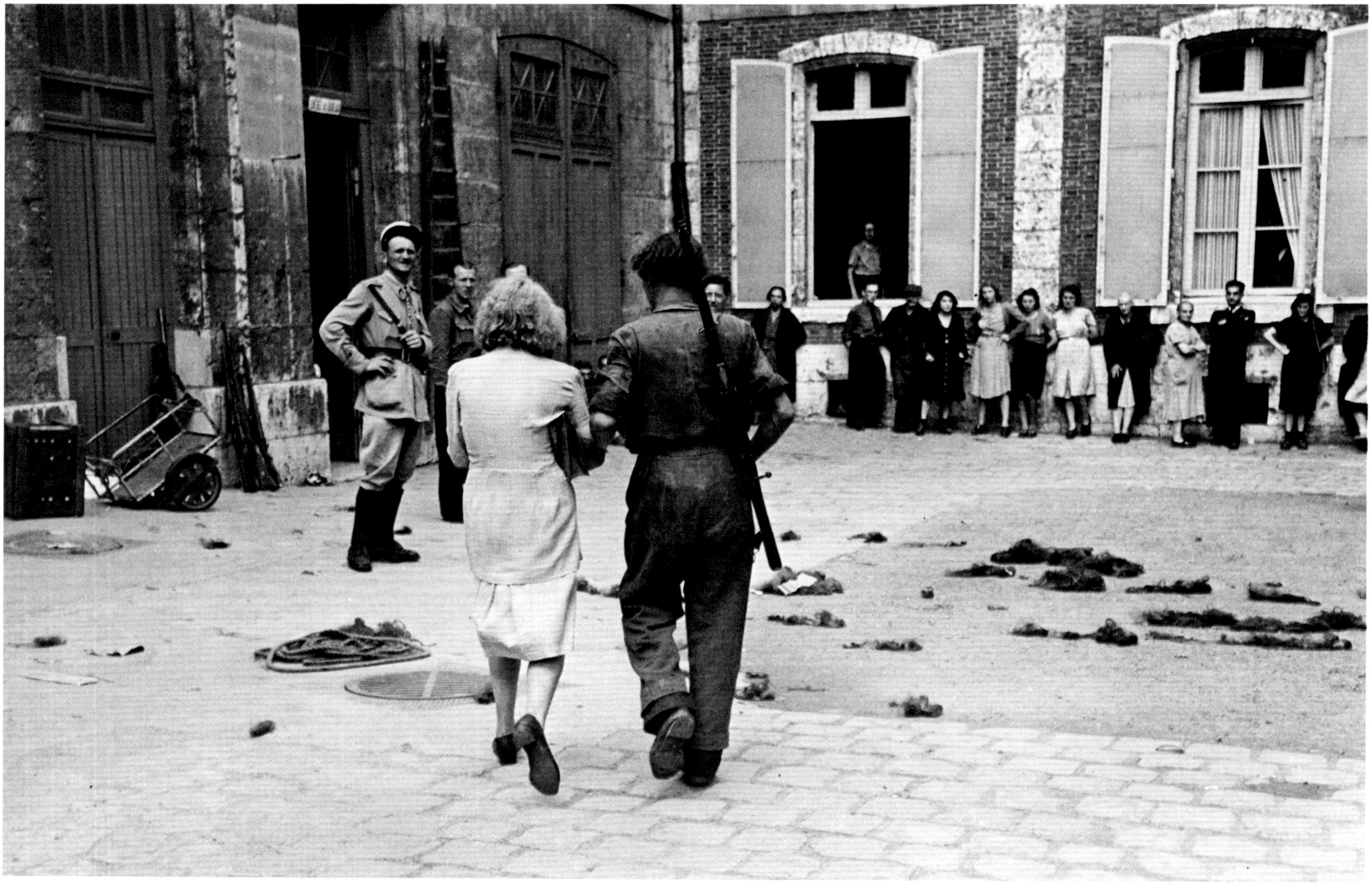

Chartres, 18. August 1944.
Oben: gleich nach der Befreiung der Stadt durch die Alliierten wird eine Frau, die mit den Deutschen kollaboriert hat, in den Hof der Polizeipräfektur geführt, wo ihr der Kopf kahlgeschoren wird.
Rechts: Kollaborateure.

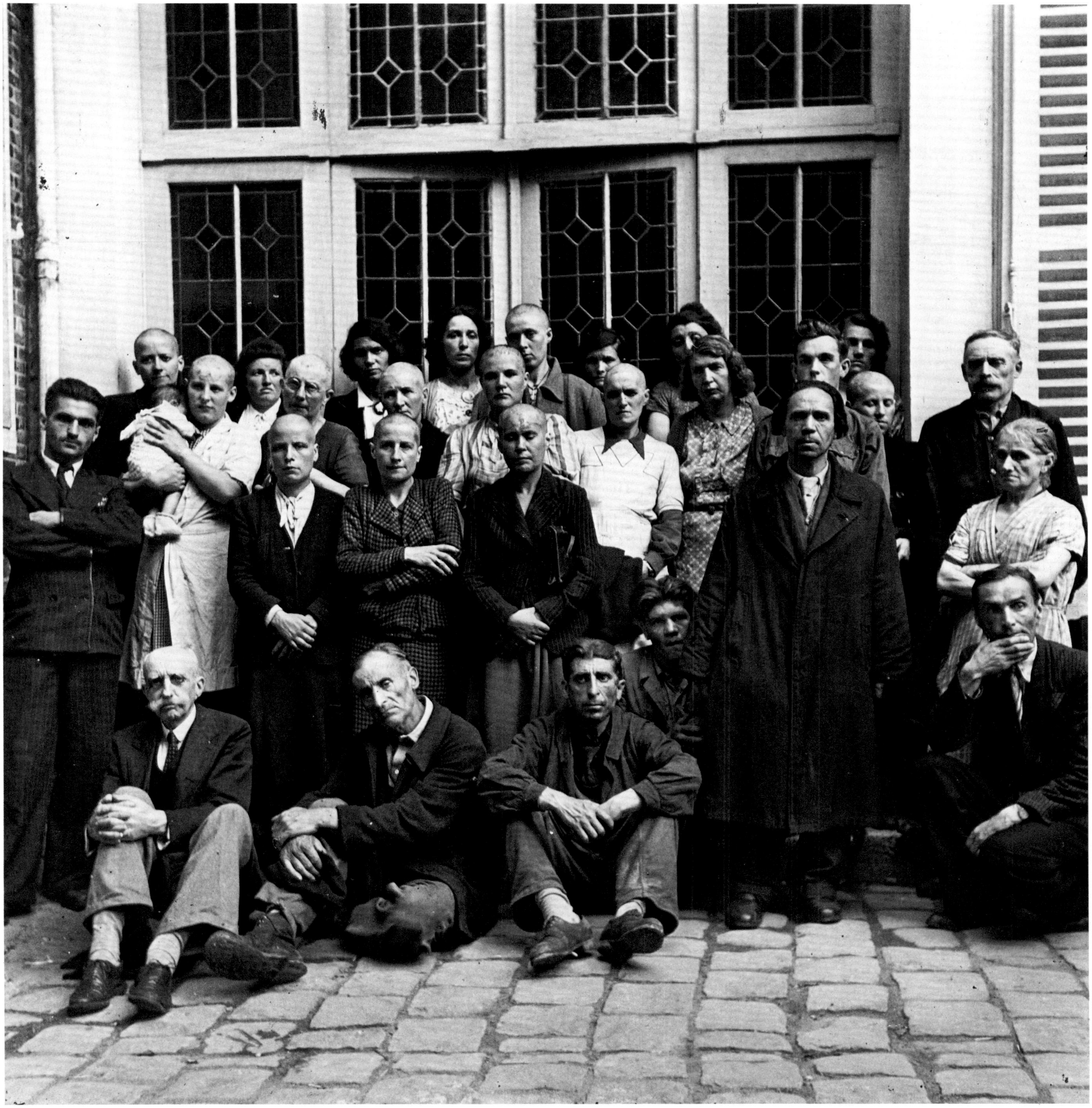

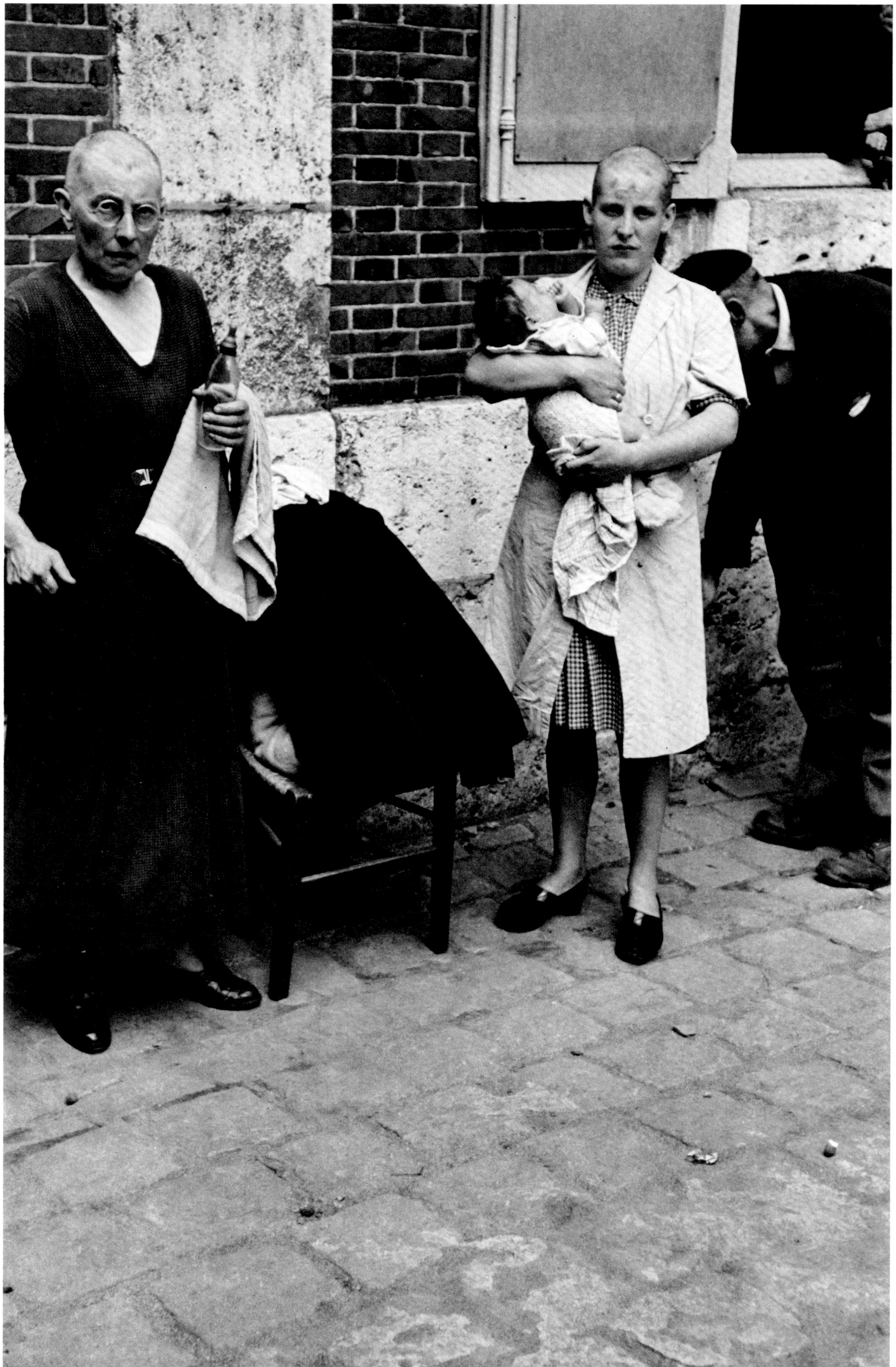

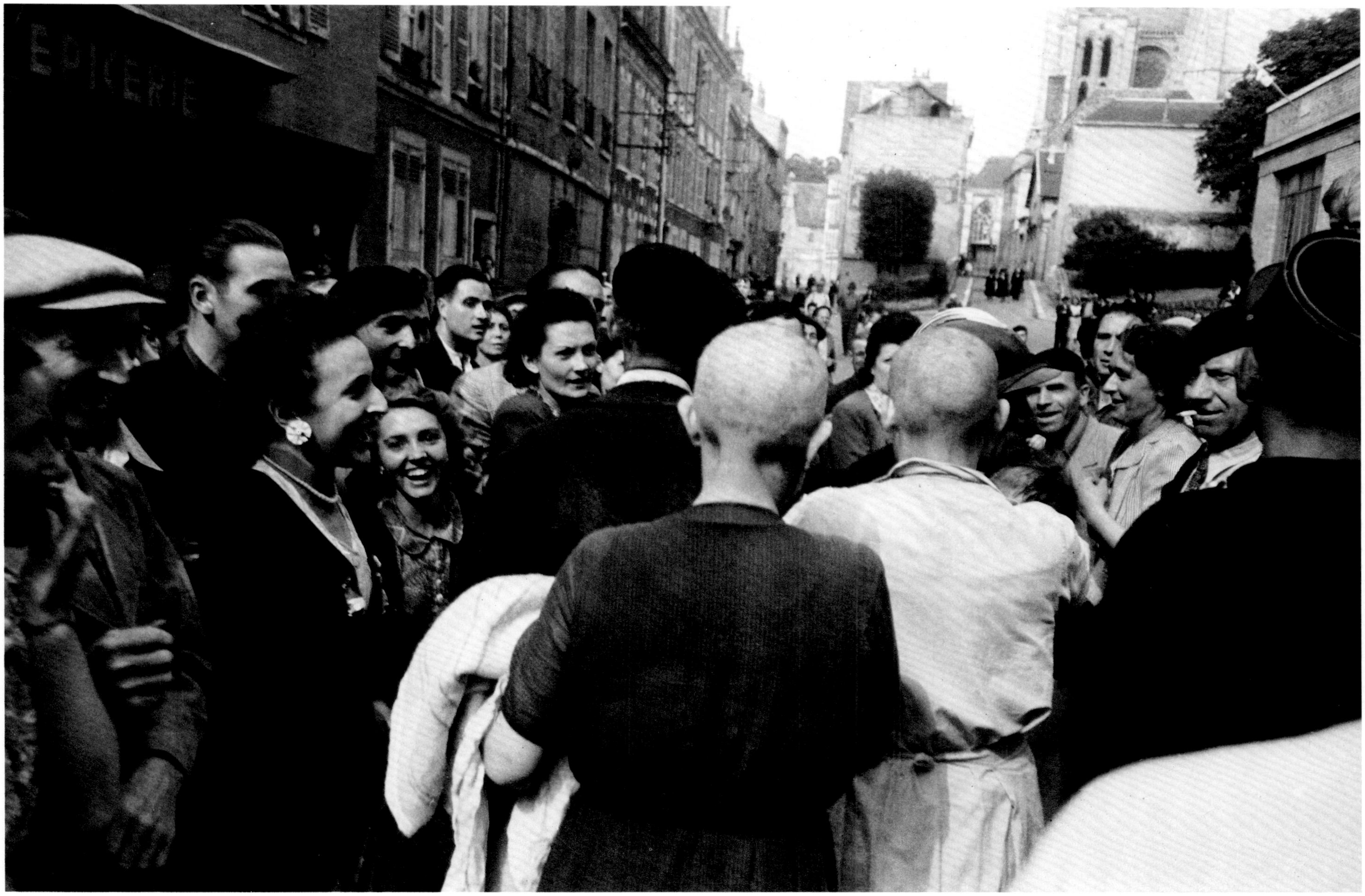

Chartres, 18. August 1944. Die junge Frau hatte ein Kind von einem deutschen Soldaten. Die ältere Frau ist ihre Mutter. (Auf dem Gruppenporträt Seite 163 stehen sie als dritte und fünfte von links.)

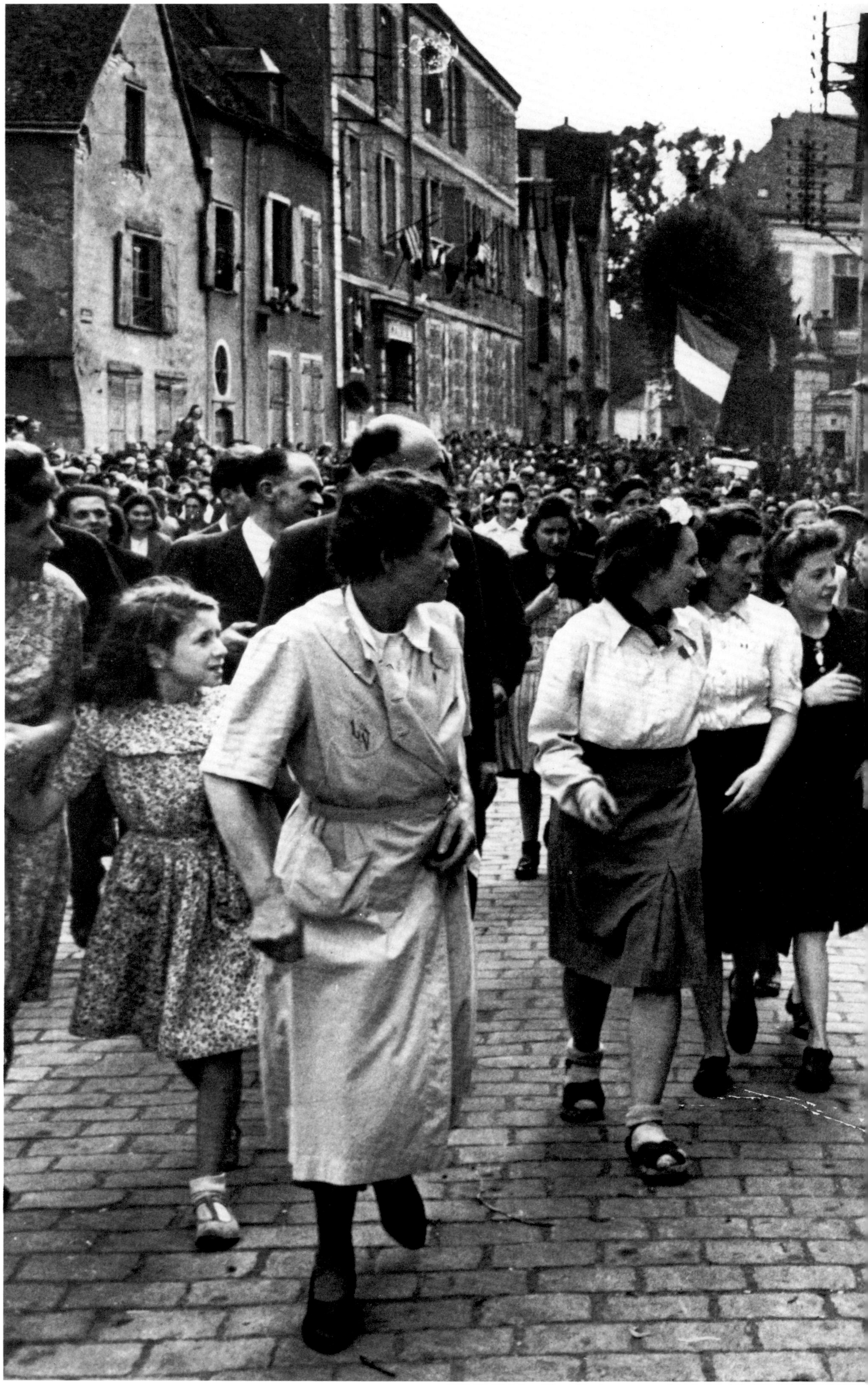

Chartres, 18. August 1944. Die beiden Frauen von den vorstehenden Photos werden nach Hause geführt. (Die Mutter ist über der rechten Schulter des Mannes mit dem Beutel zu erkennen.)

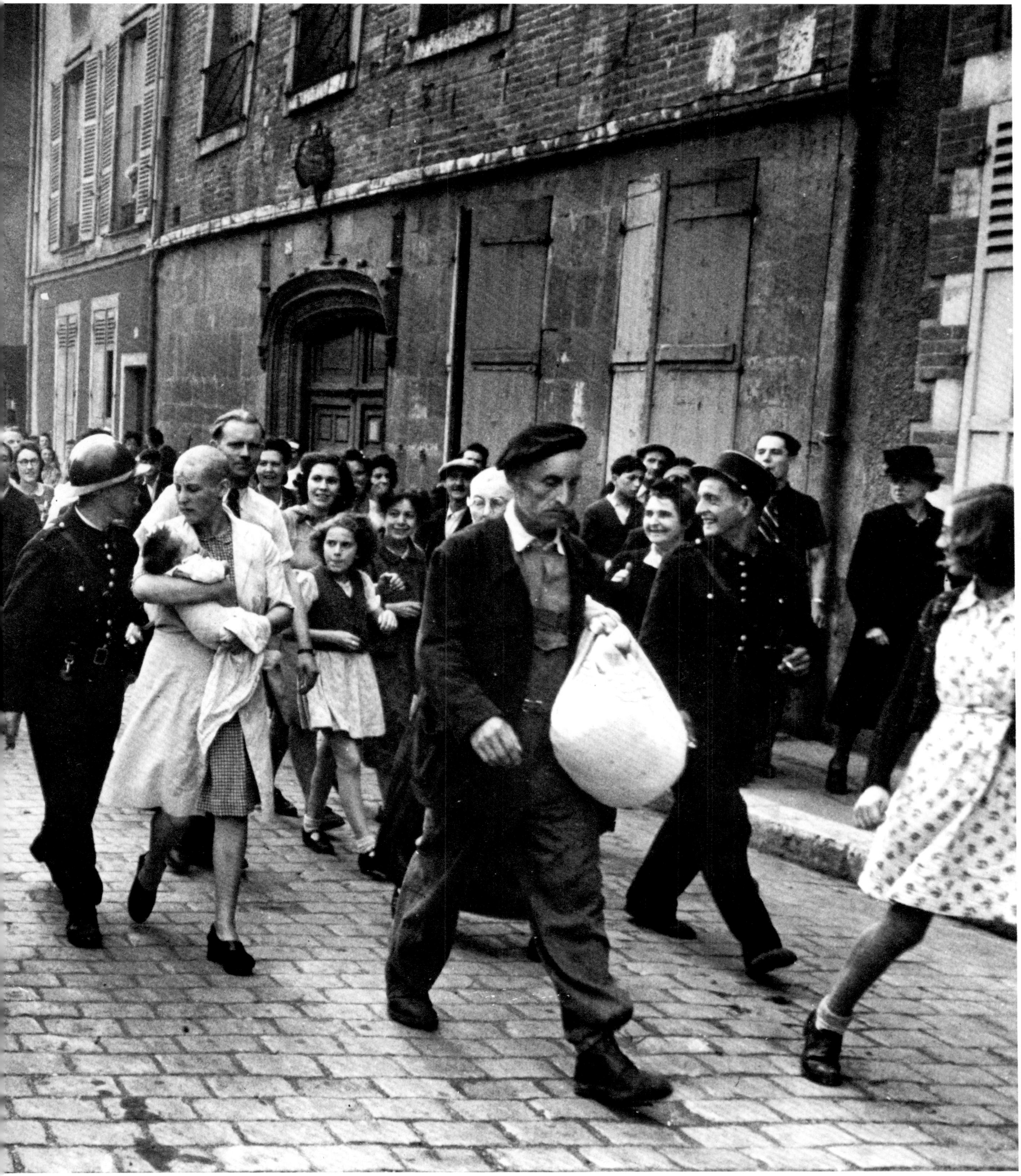

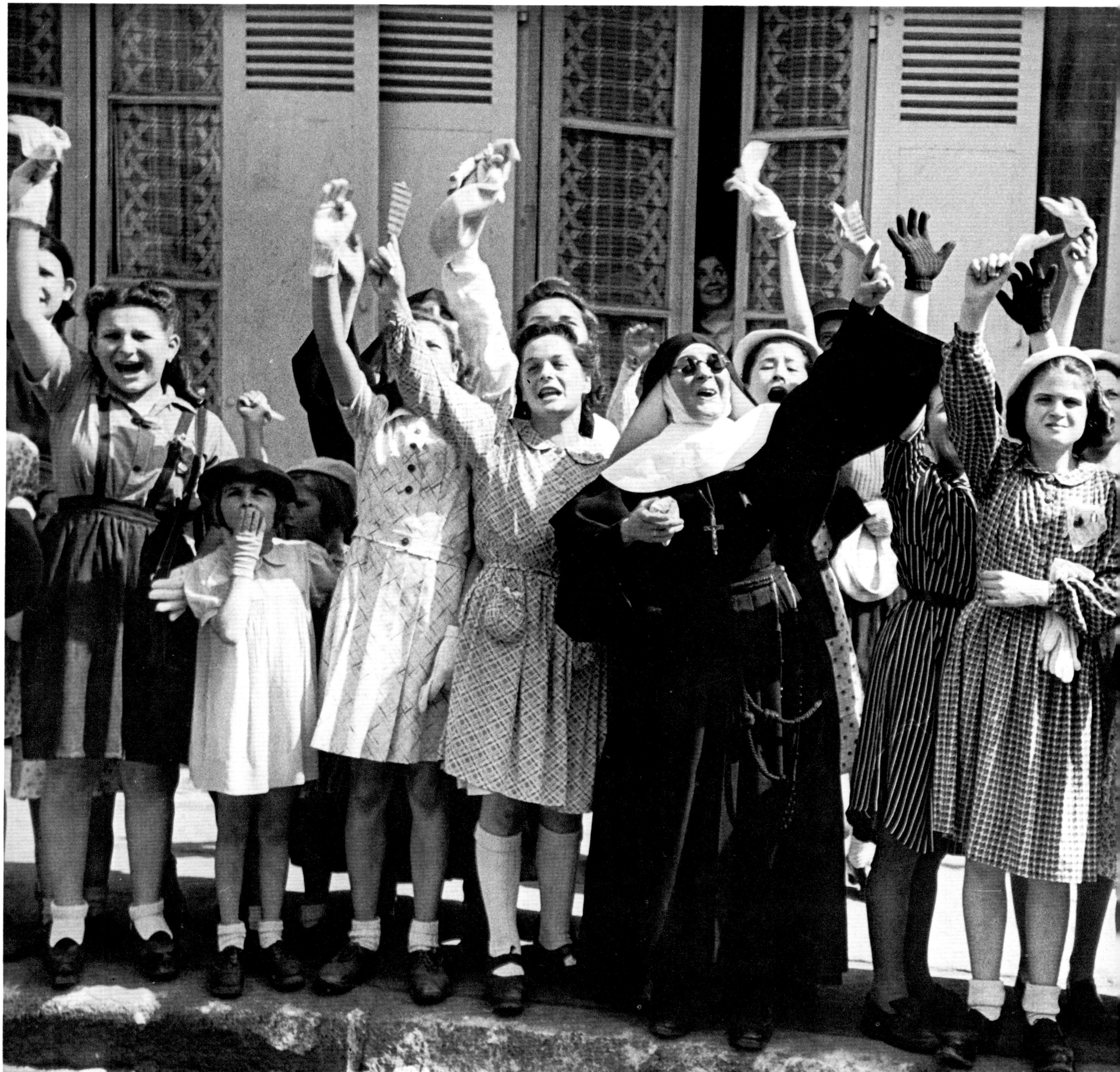

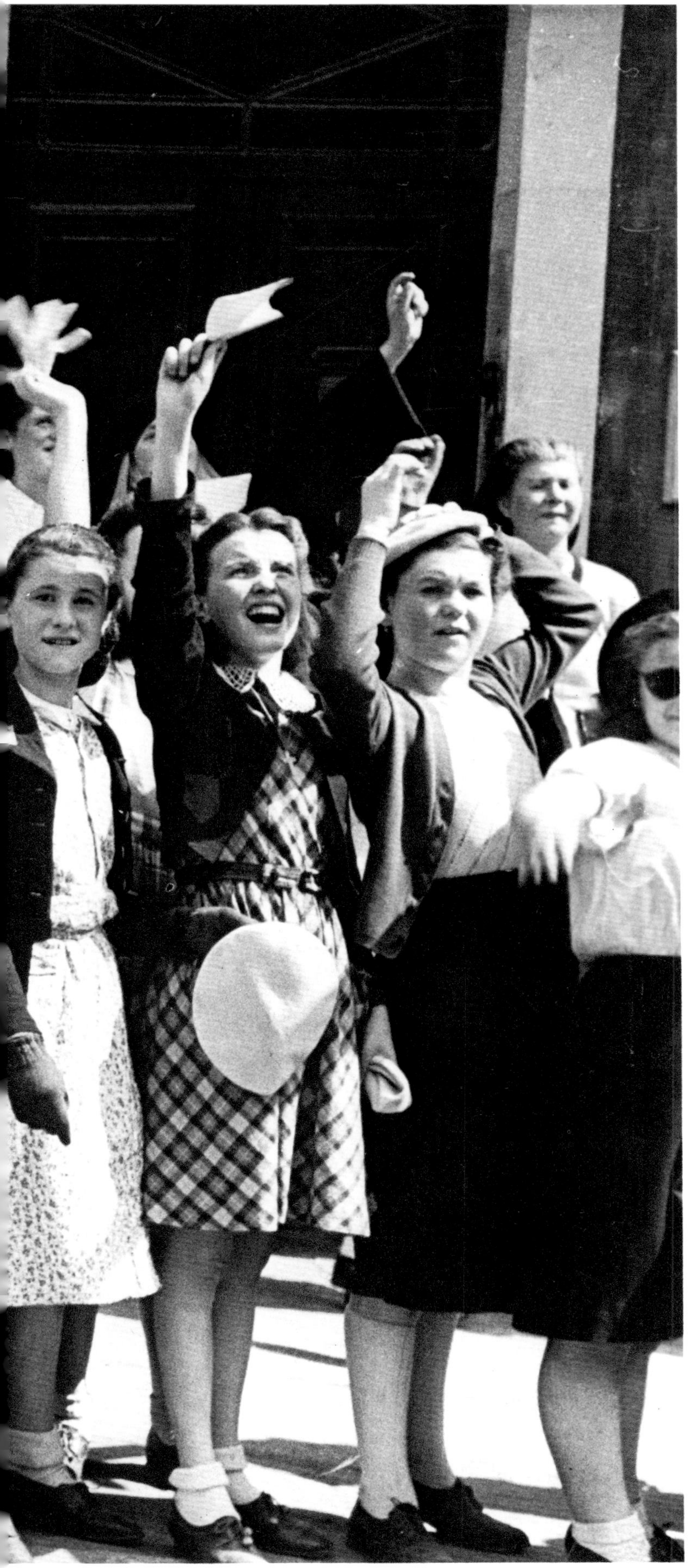

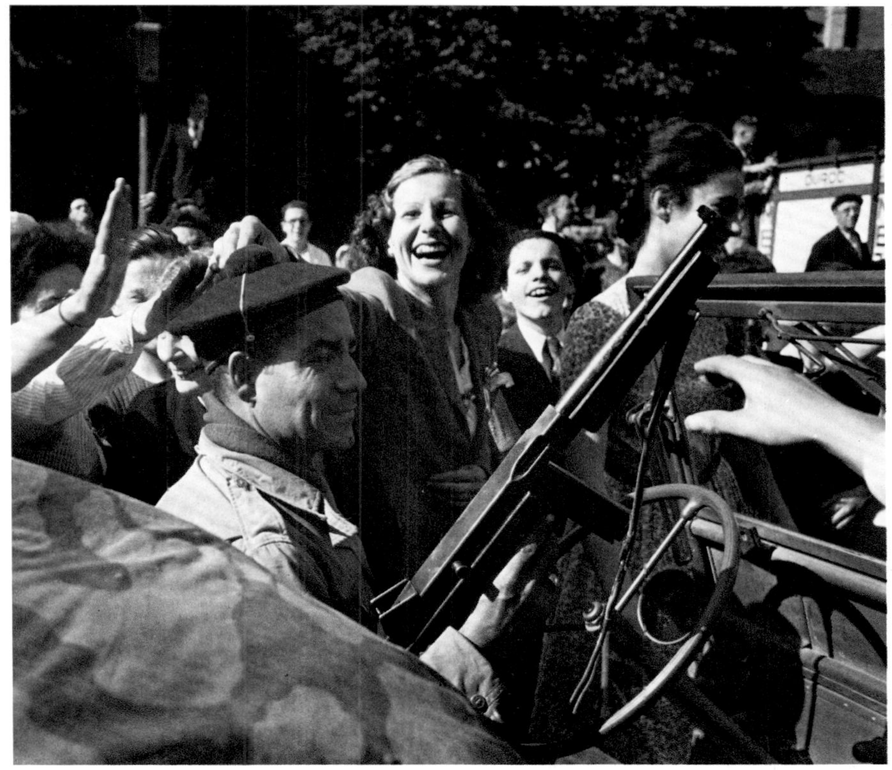

Links: Alençon, 12. August 1944.
Oben: Paris, 25. August 1944.

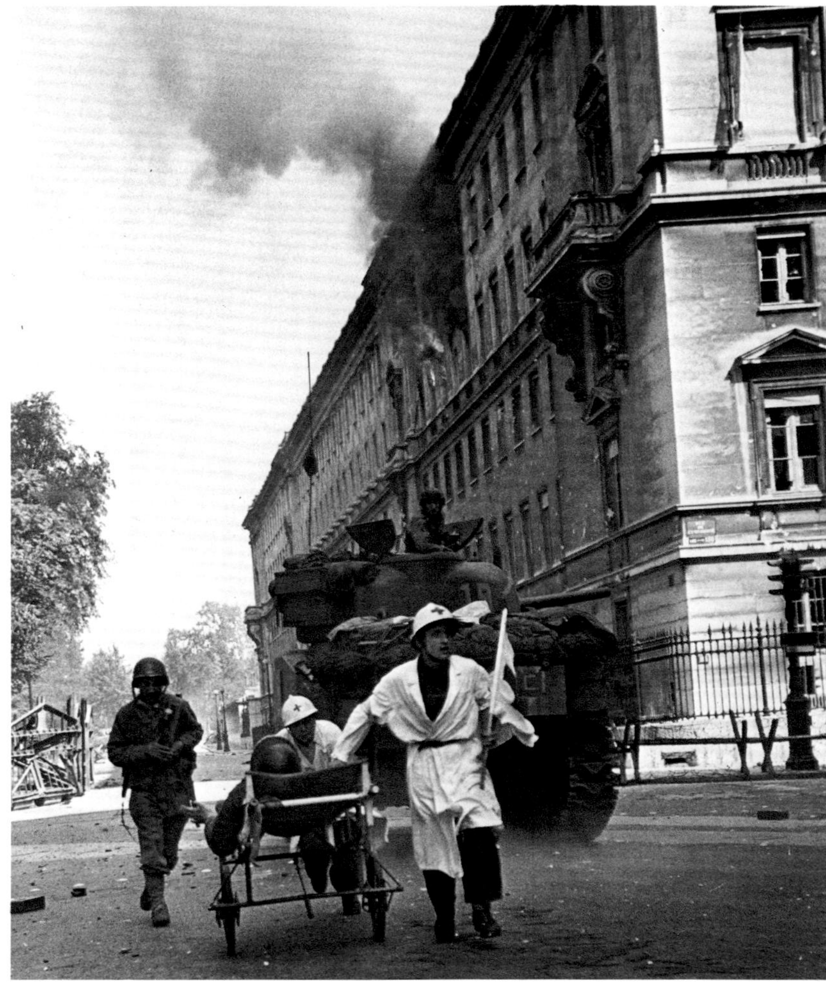

Paris, 25. August 1944. Französische Truppen und Resistanceleute vertreiben die letzten Deutschen aus dem Gebiet zwischen Invalidendom und Palais Bourbon.

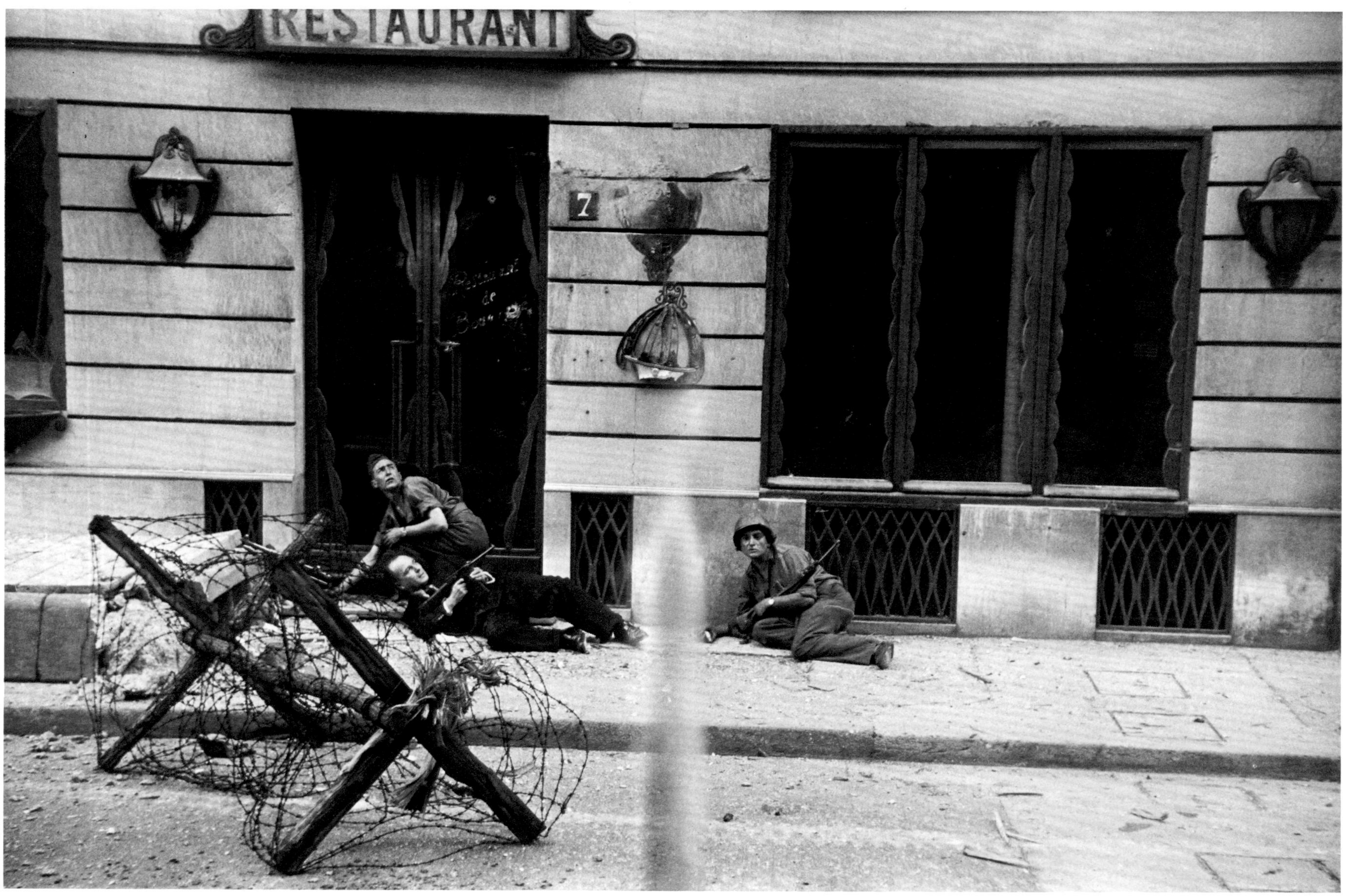

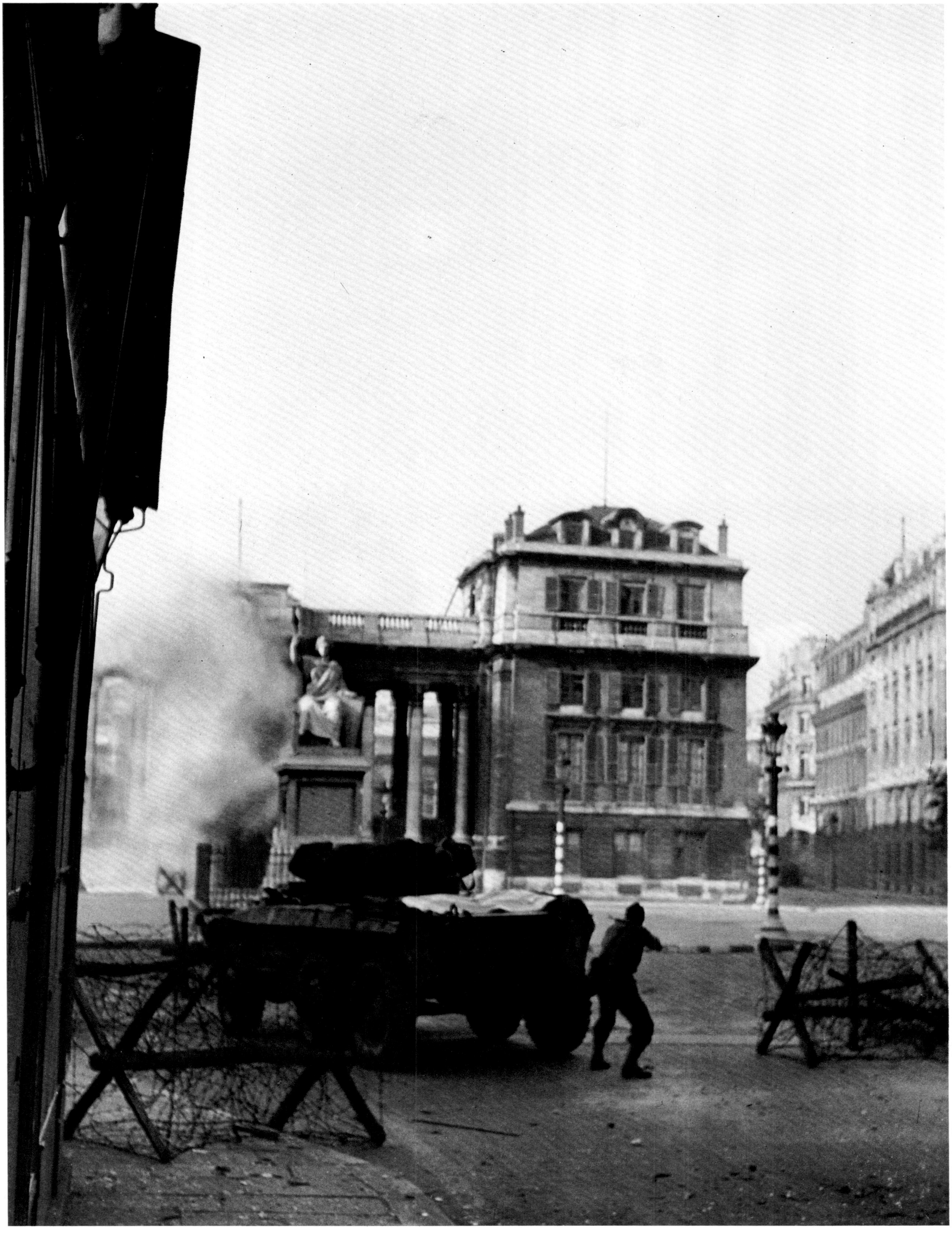

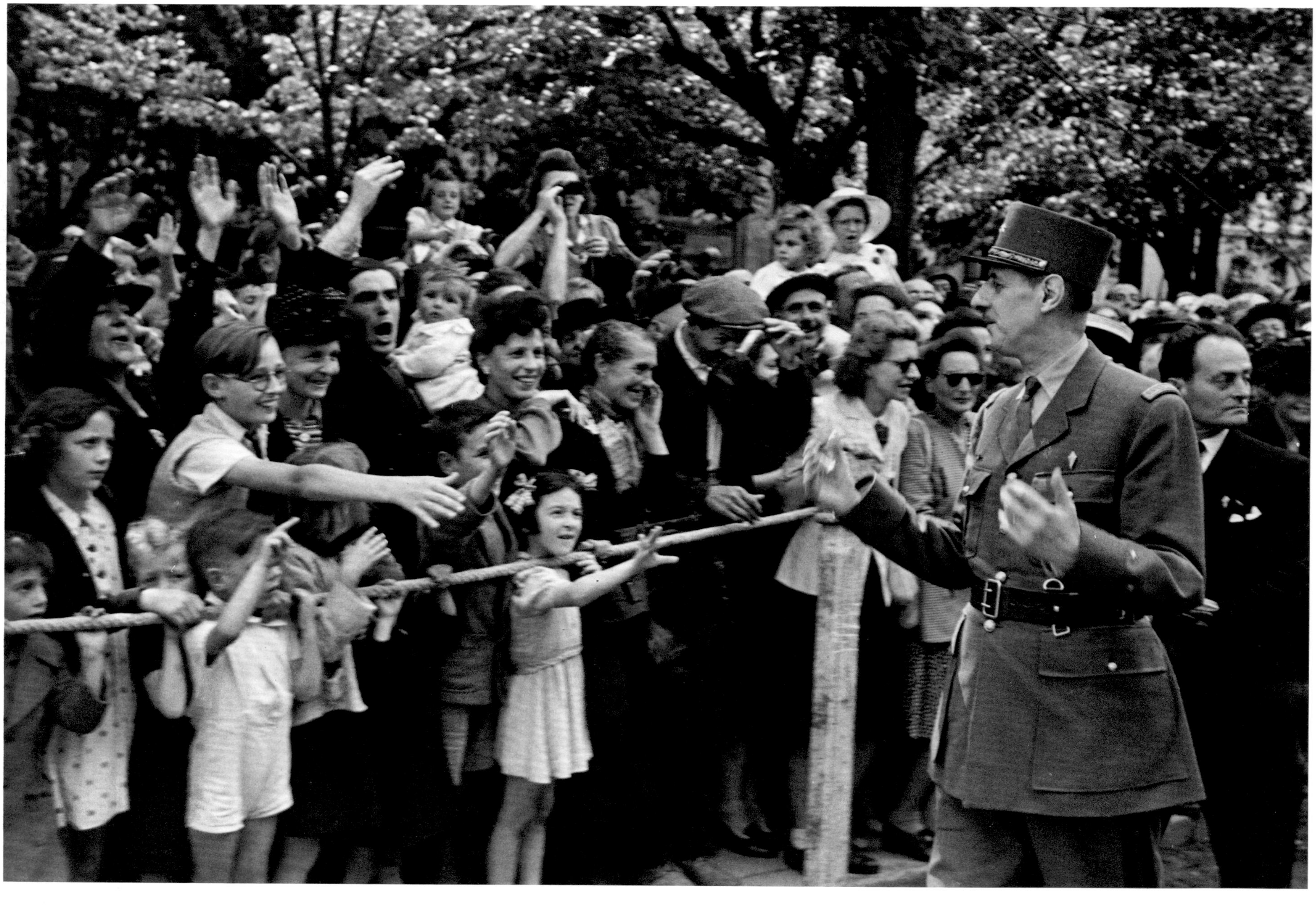

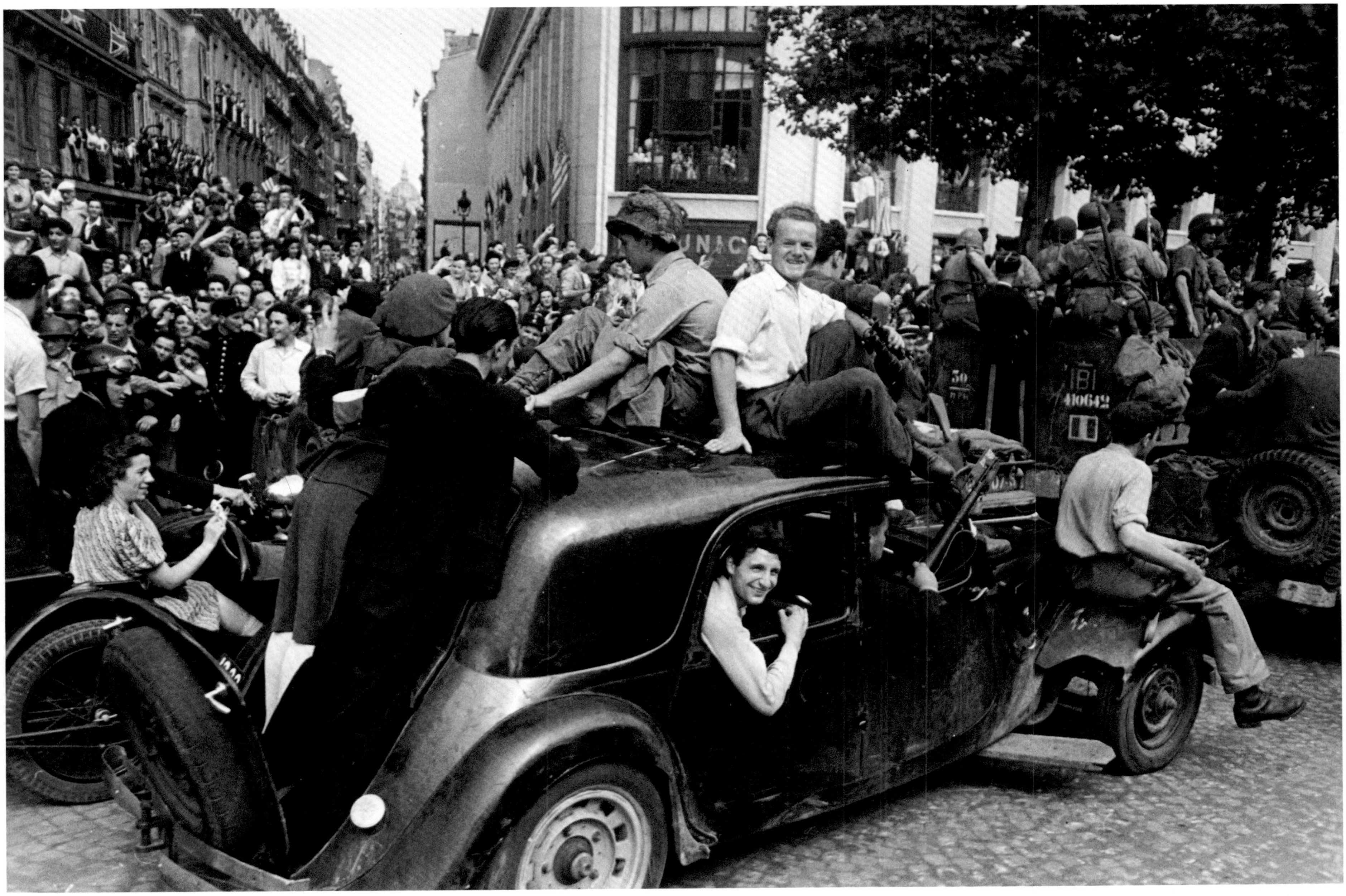

Paris, 26. August 1944.
Links: General Charles de Gaulle an der Spitze der Siegesparade auf den Champs-Elysées.

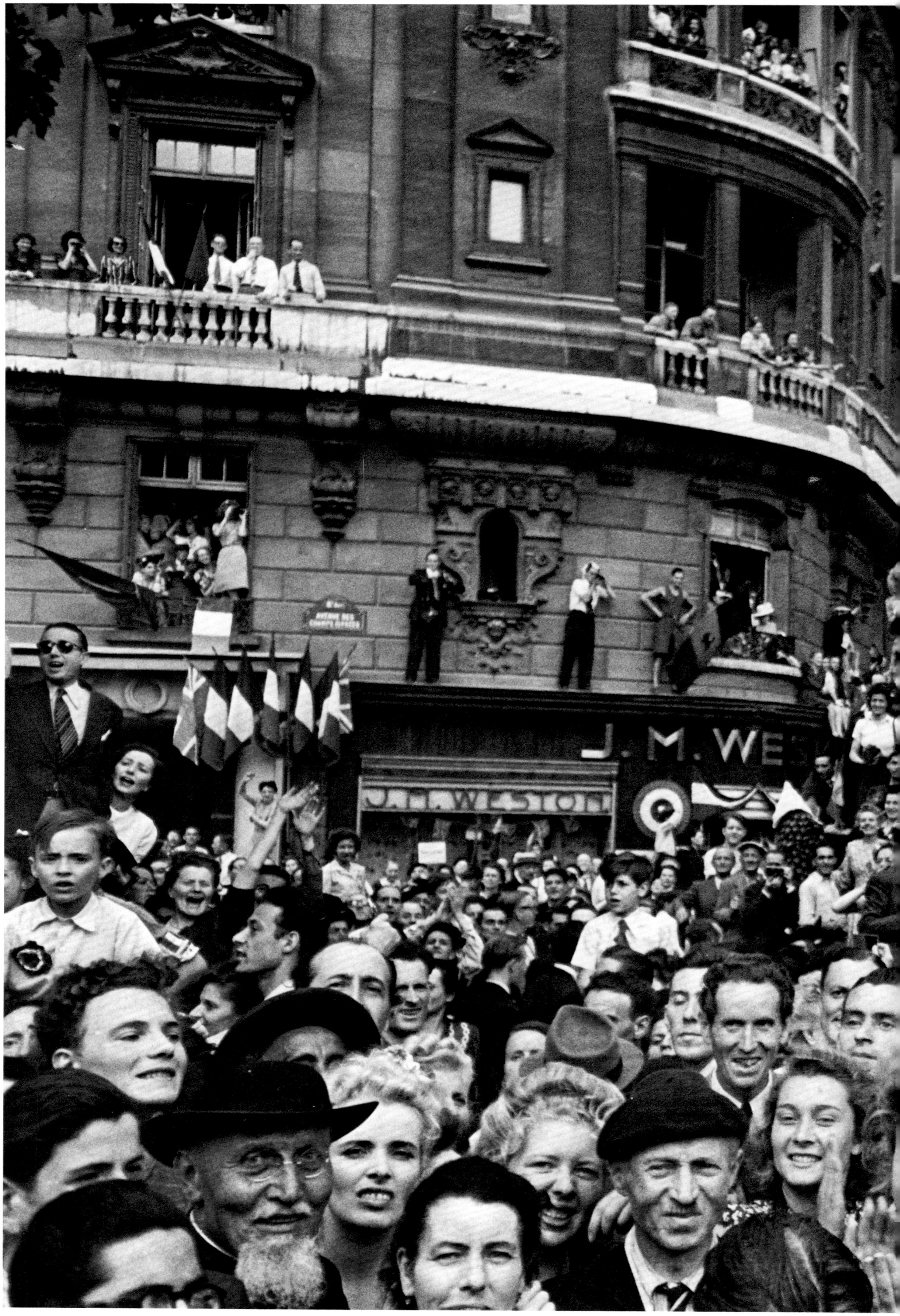

Paris, 26. August 1944.

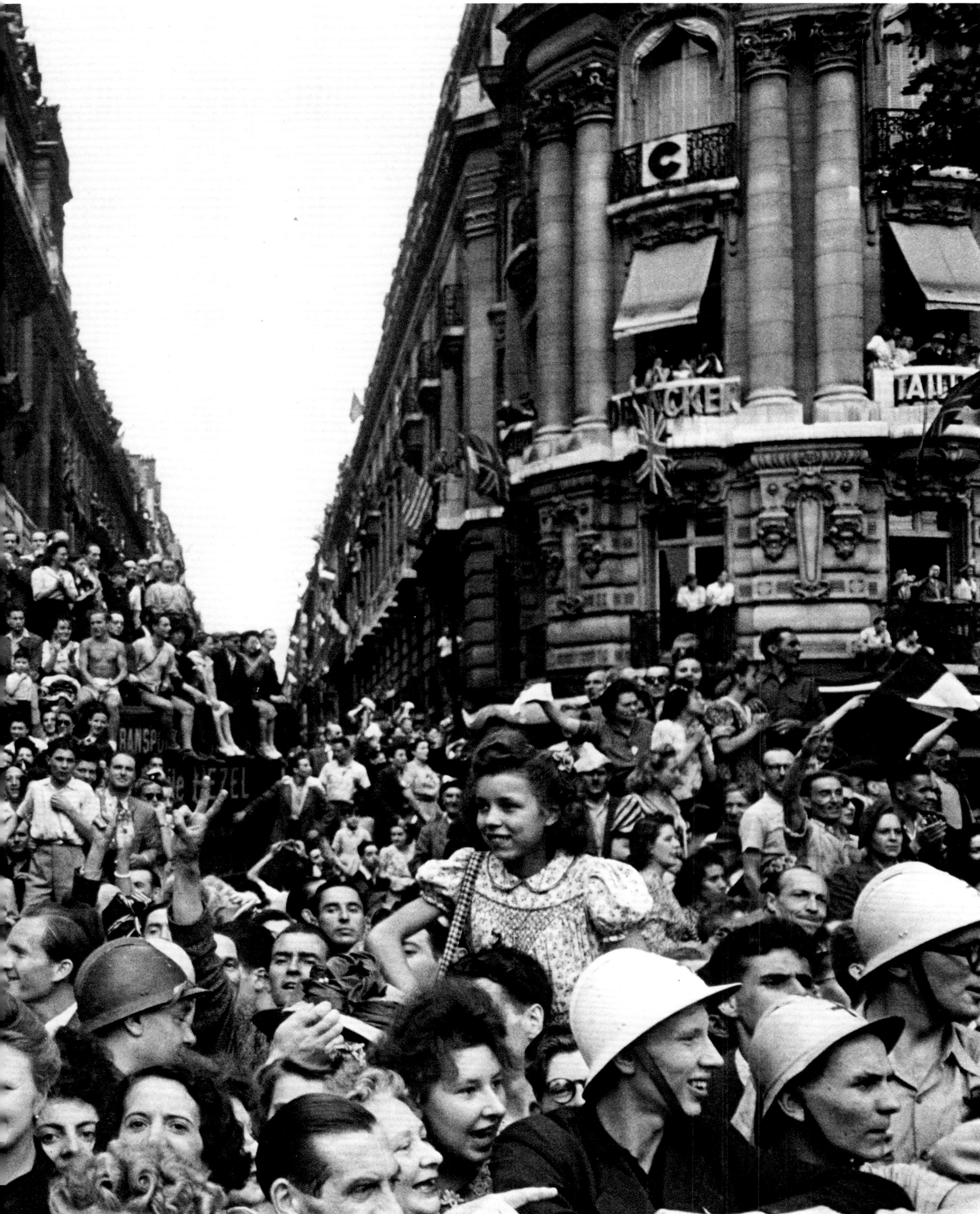

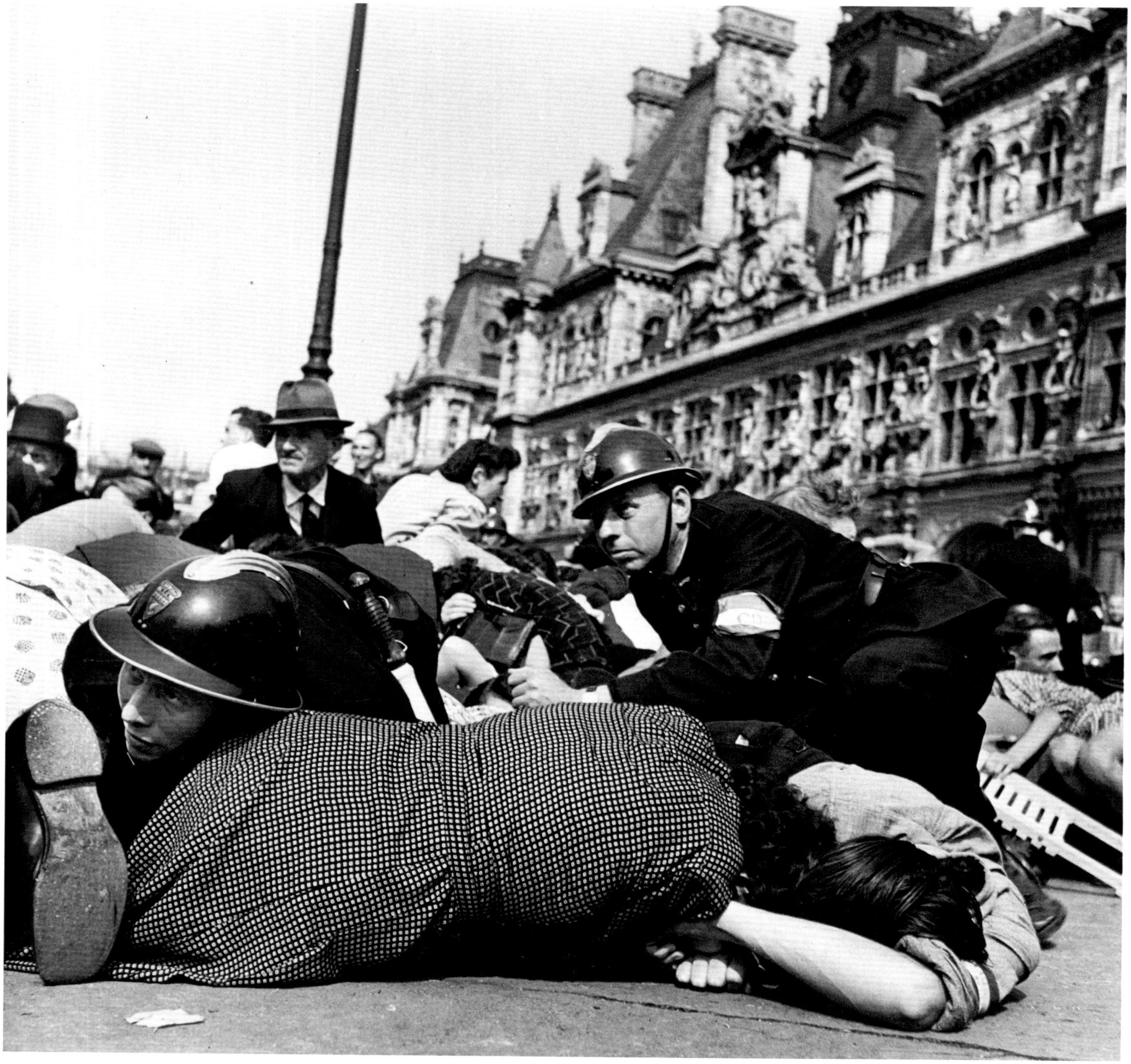

Paris, 26. August 1944. Als Heckenschützen von Gebäuden an der Place de l'Hôtel de Ville das Feuer auf die Siegesparade eröffneten, wirft sich die Menge, von Panik erfaßt, auf das Pflaster.

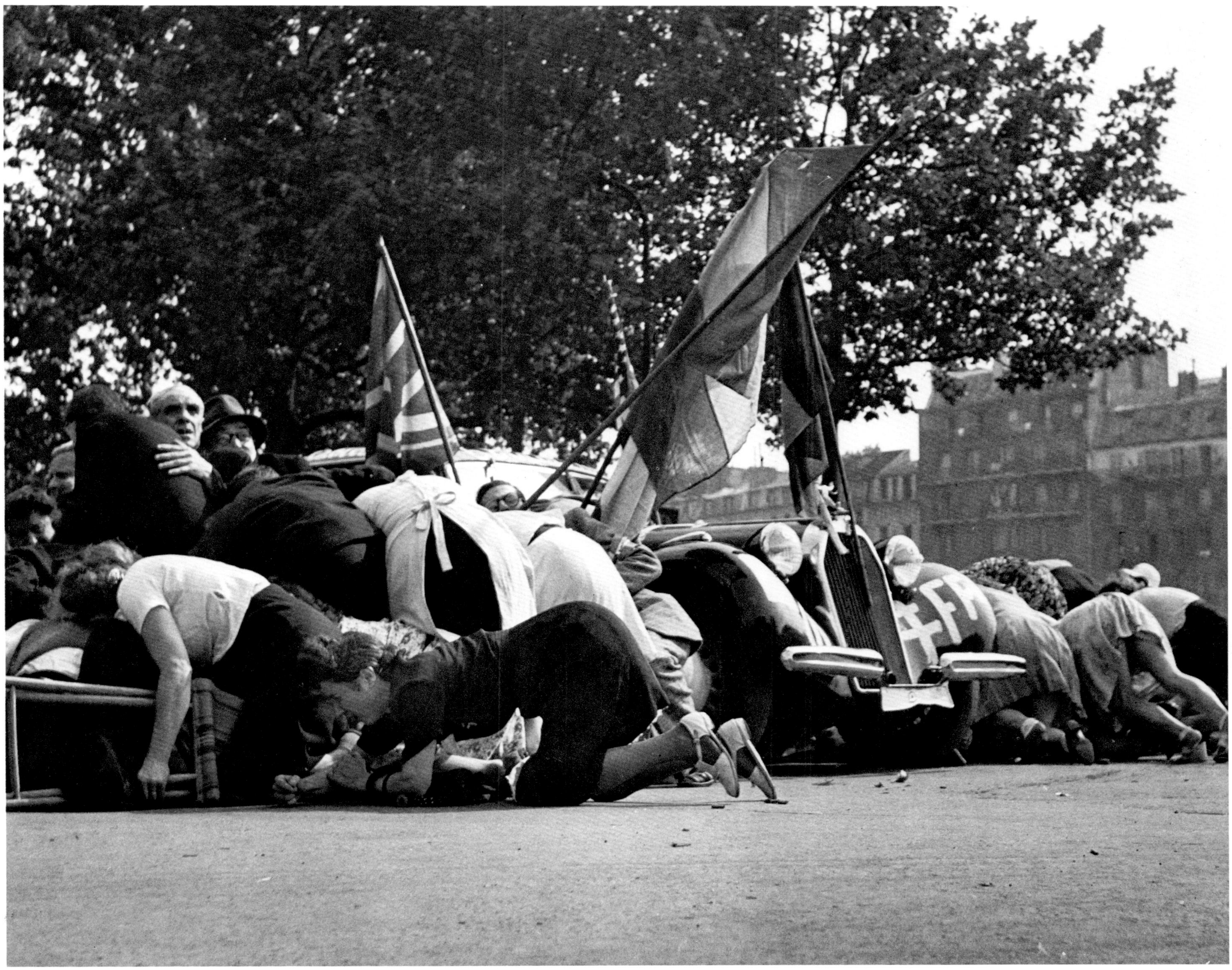

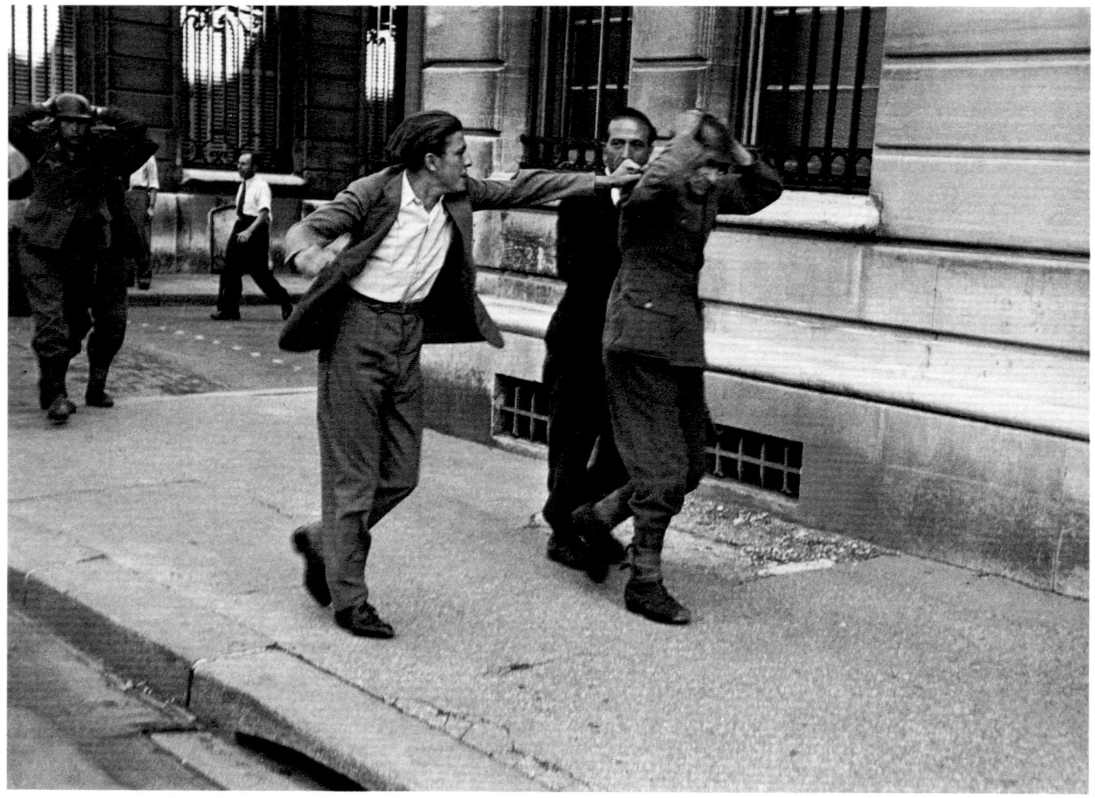

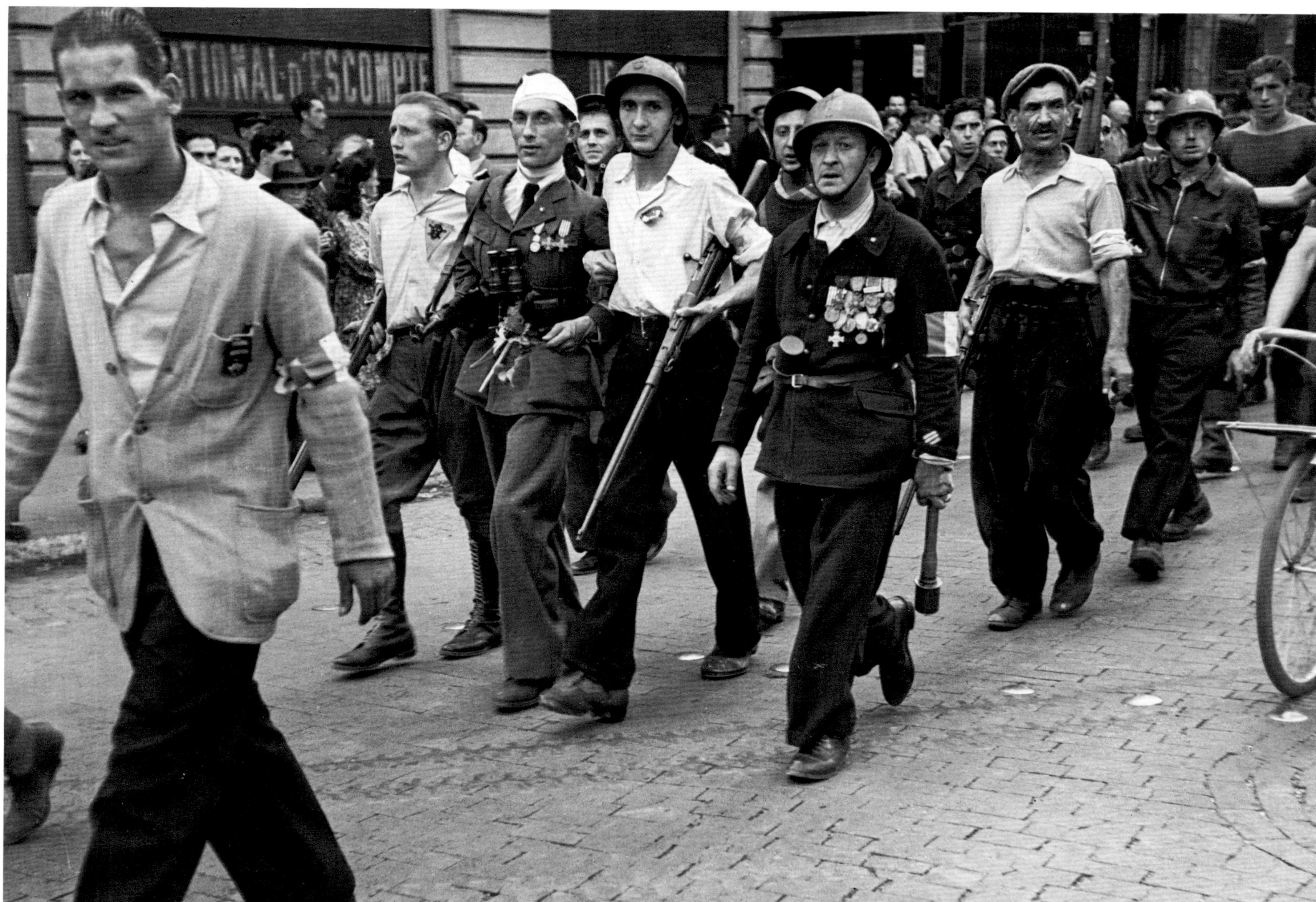
TIONAL-D'ESCOMPTE

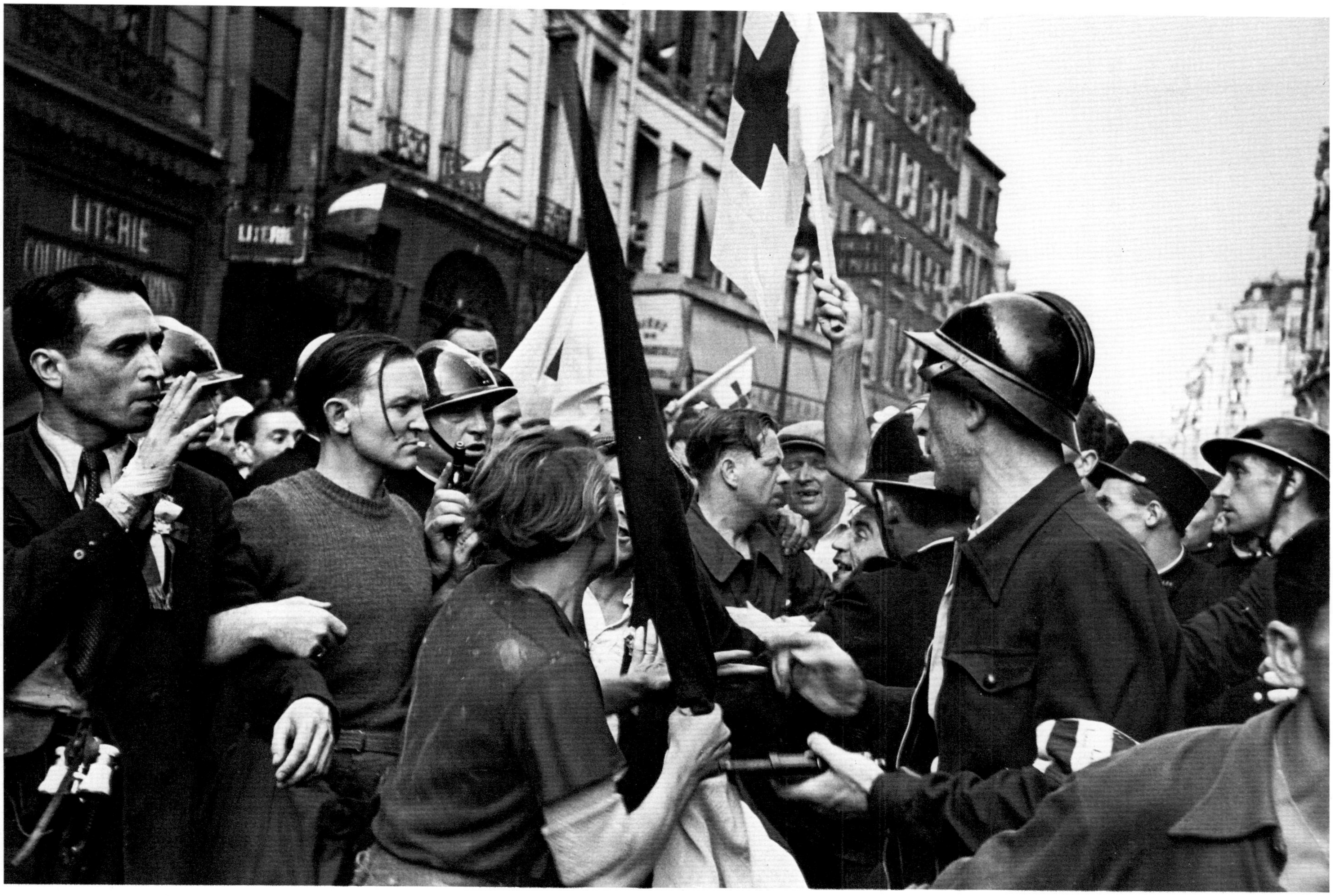

Paris, 25.–26. August 1944.

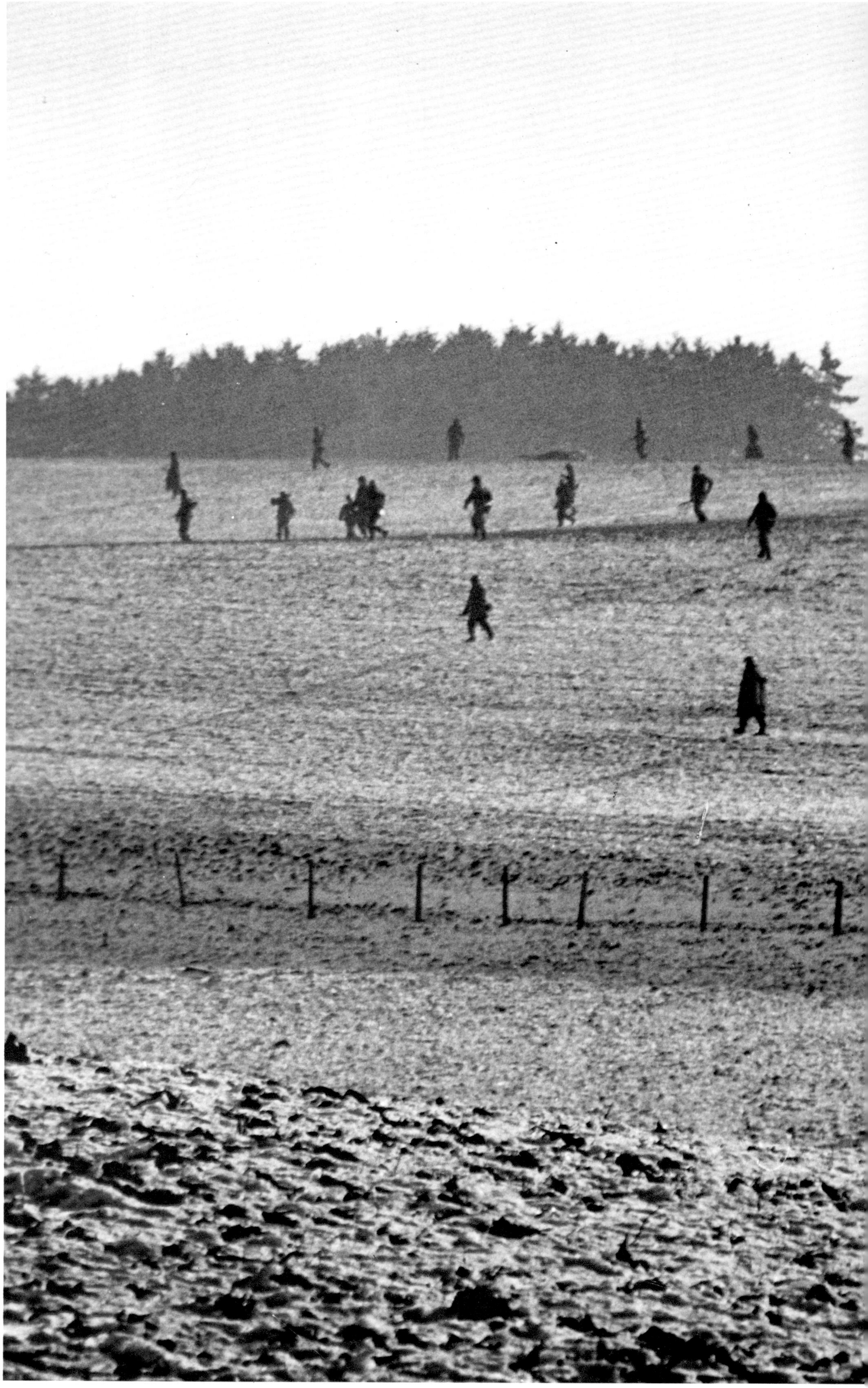

Südlich von Bastogne, Belgien, 23.–26. Dezember 1944. Amerikanische Infanterie beim Überqueren eines gefrorenen Feldes während der »Battle of the Bulge« (Schlacht um den Buckel).

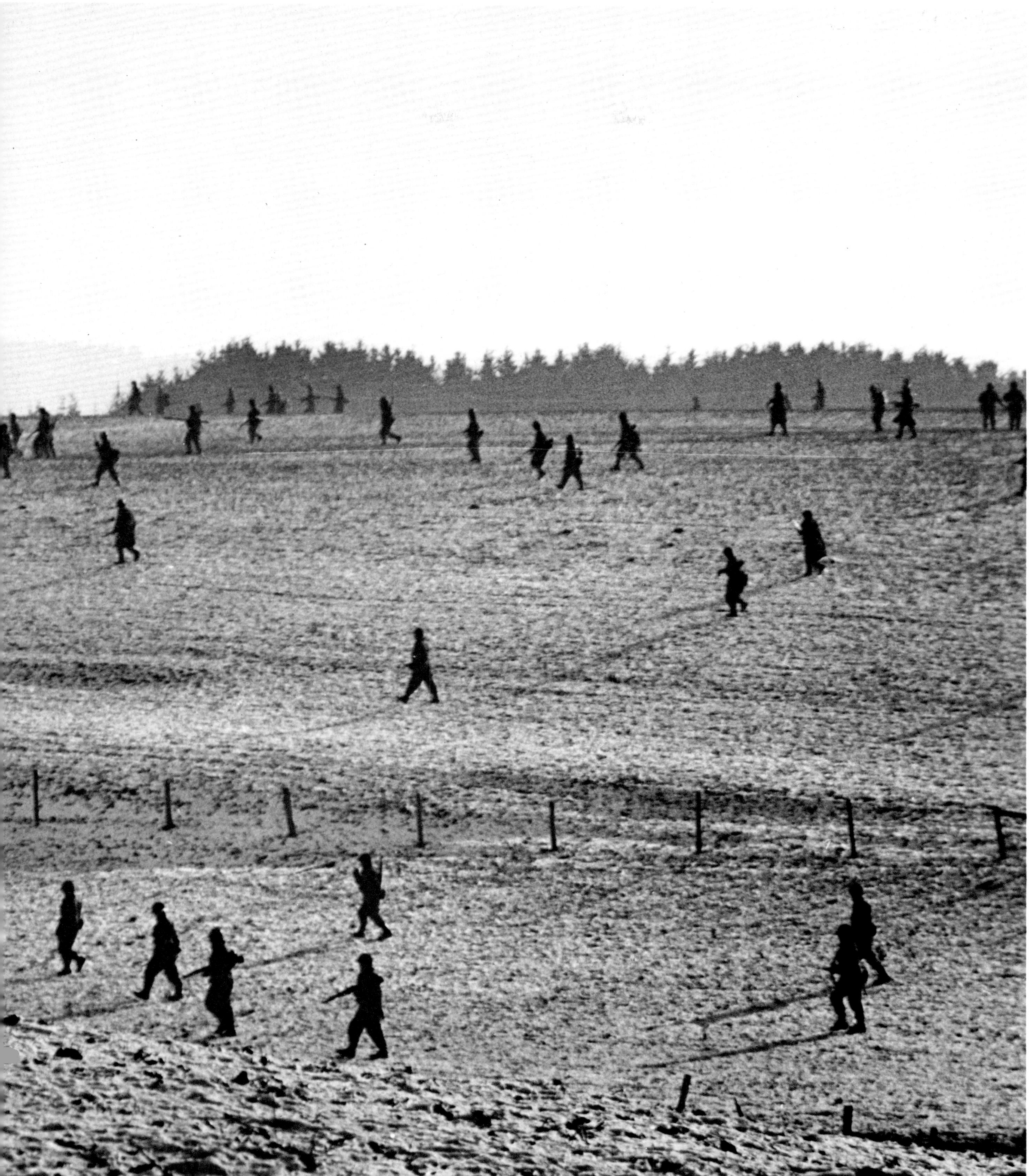

Südlich von Bastogne, 23.–26. Dezember 1944.

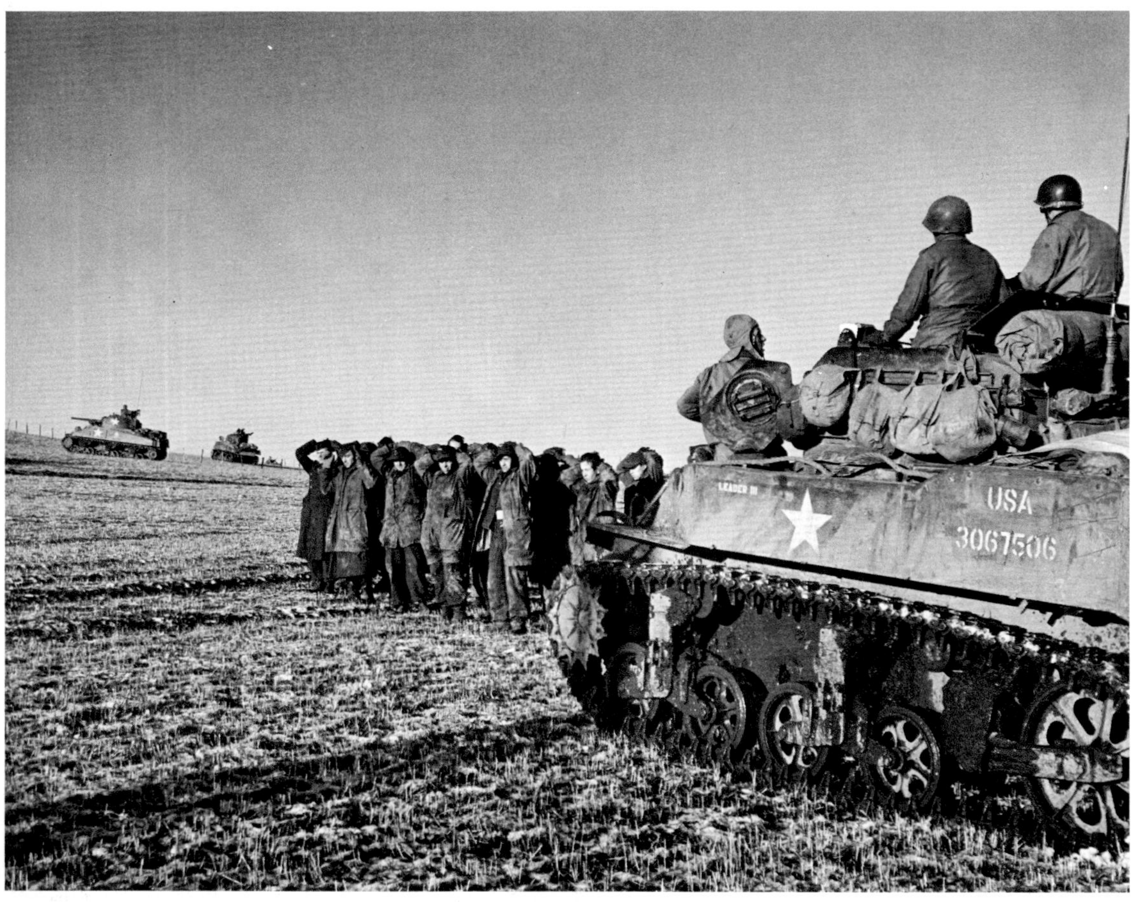

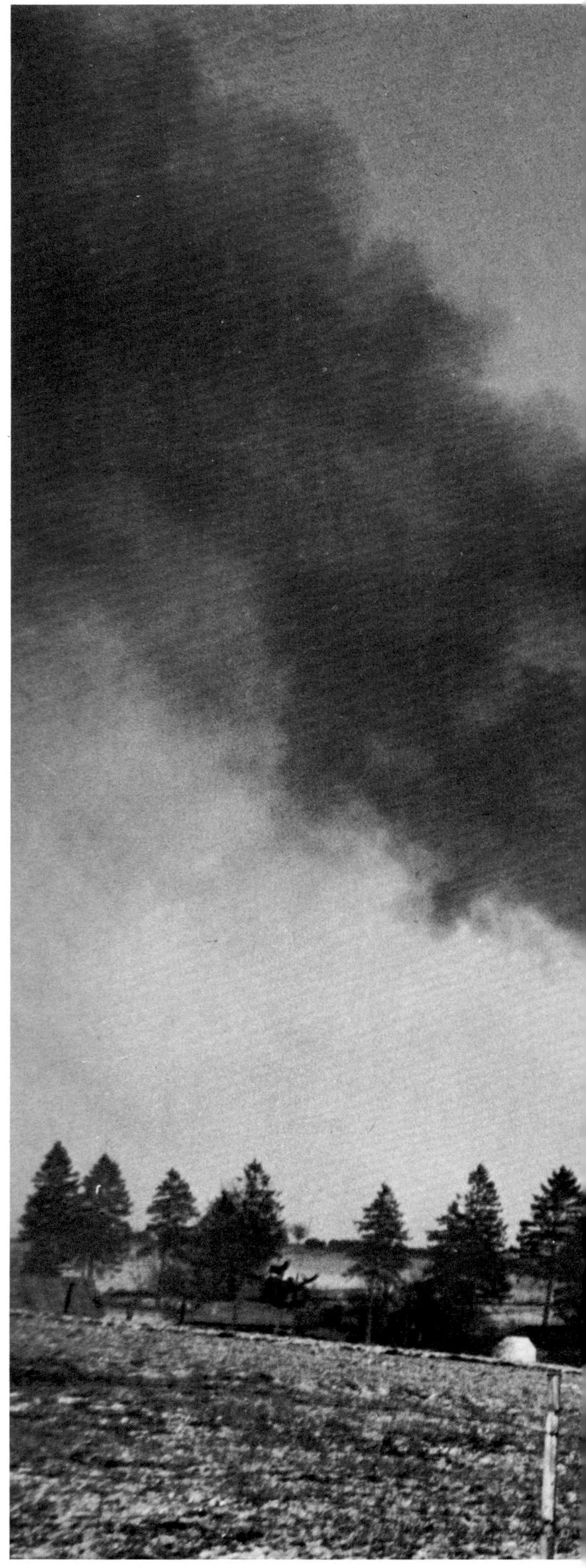

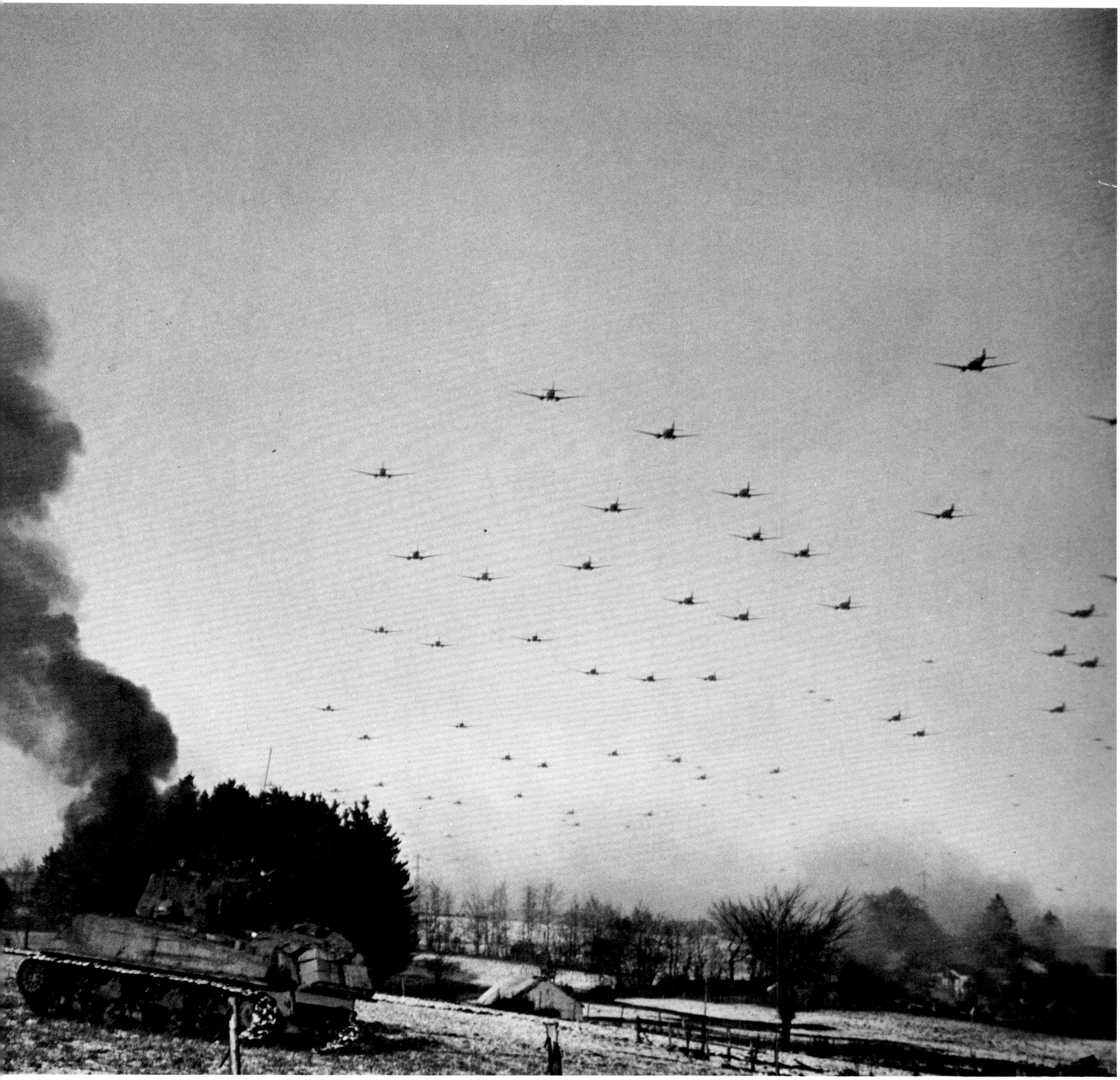

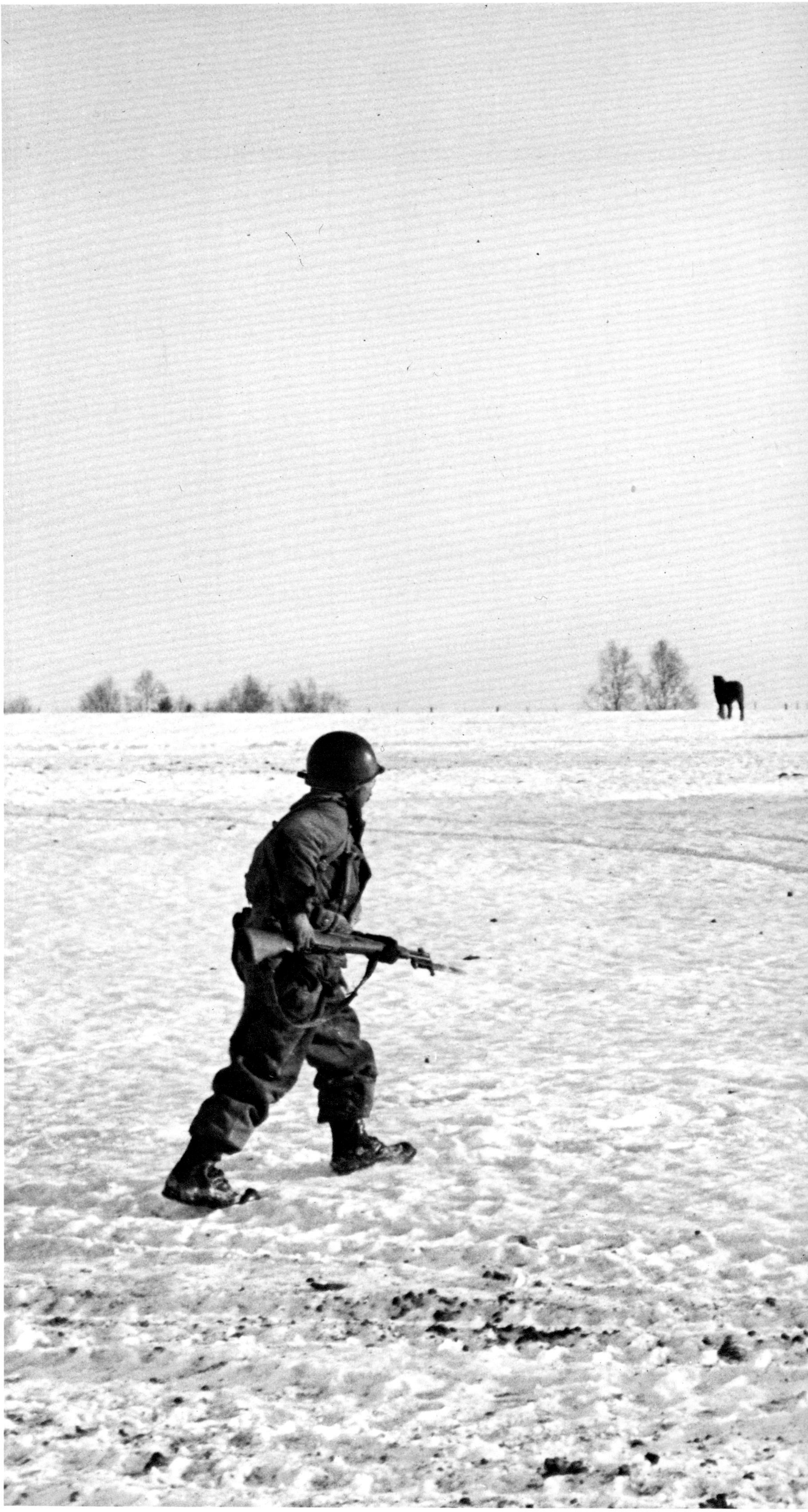

184 Südlich von Bastogne, 23.–26. Dezember 1944.

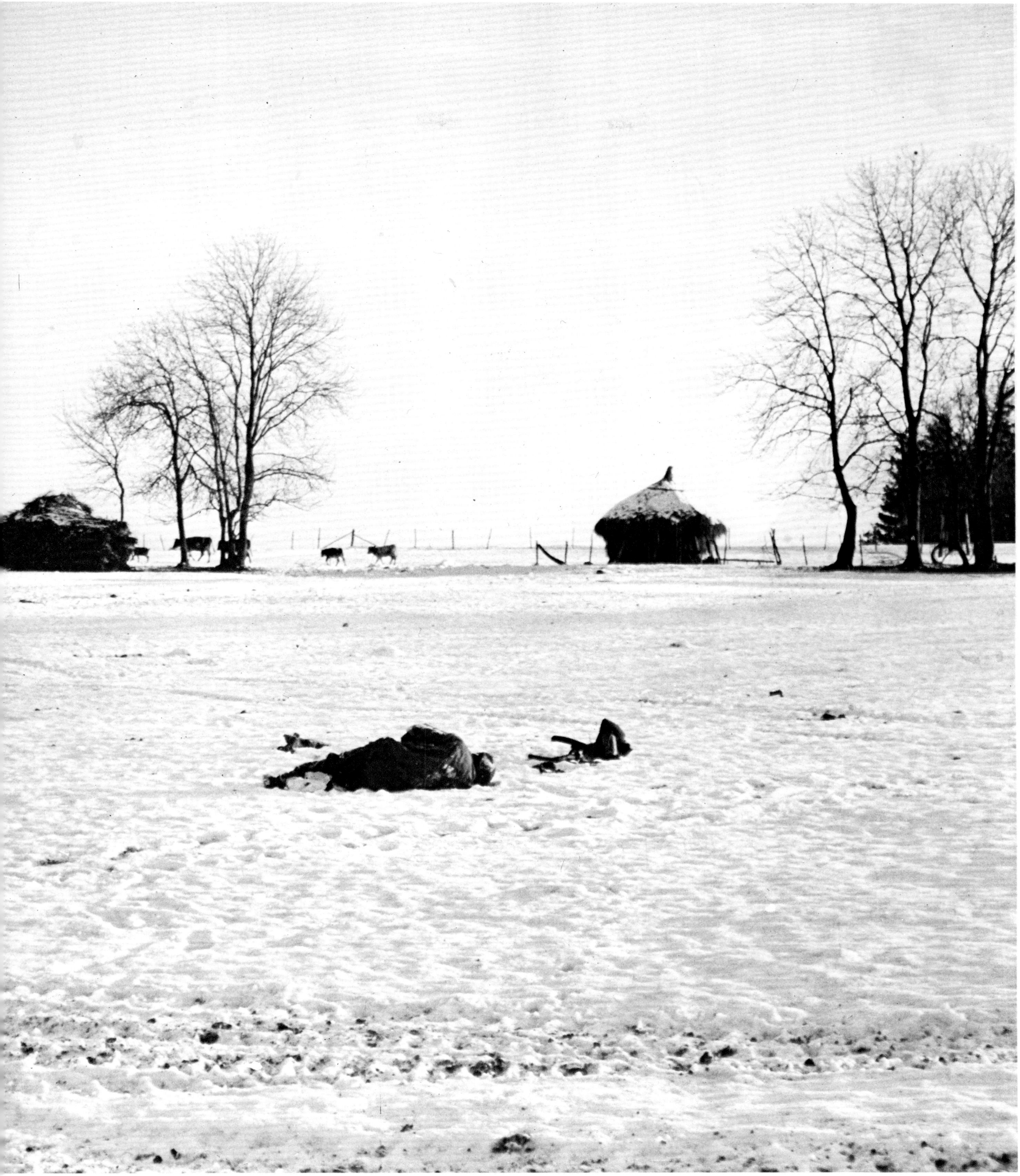

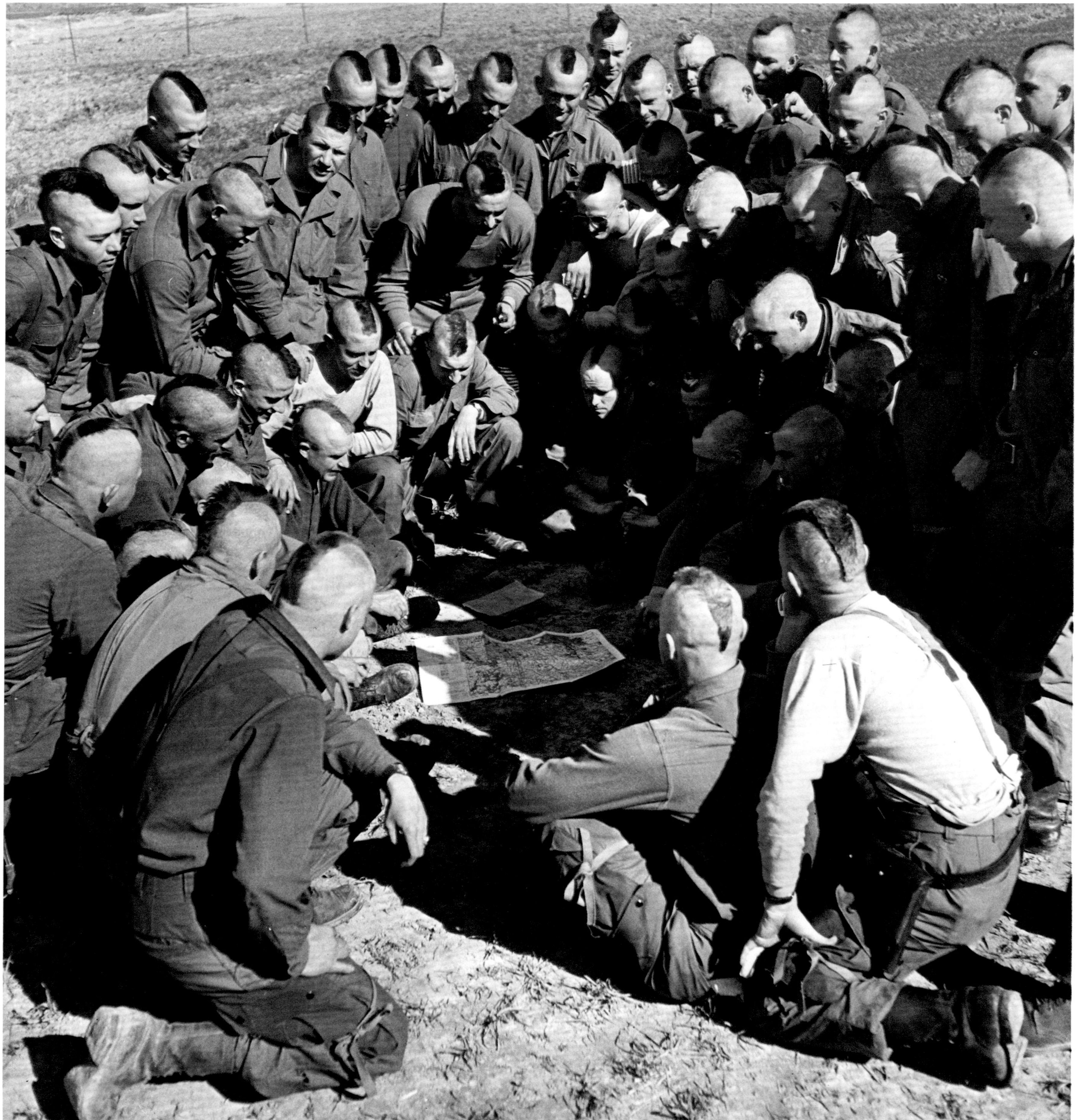

Oben: Arras, Frankreich, 23. März 1945. Amerikanische Fallschirmjäger mit Frisuren im Stil der Mohawk-Indianer, was für Glück und Kampfgeist sorgen soll, bei der Einweisung für den am folgenden Tag vorgesehenen Einsatz jenseits des Rheins.
Rechts: Bei Wesel, Deutschland, 24. März 1945.

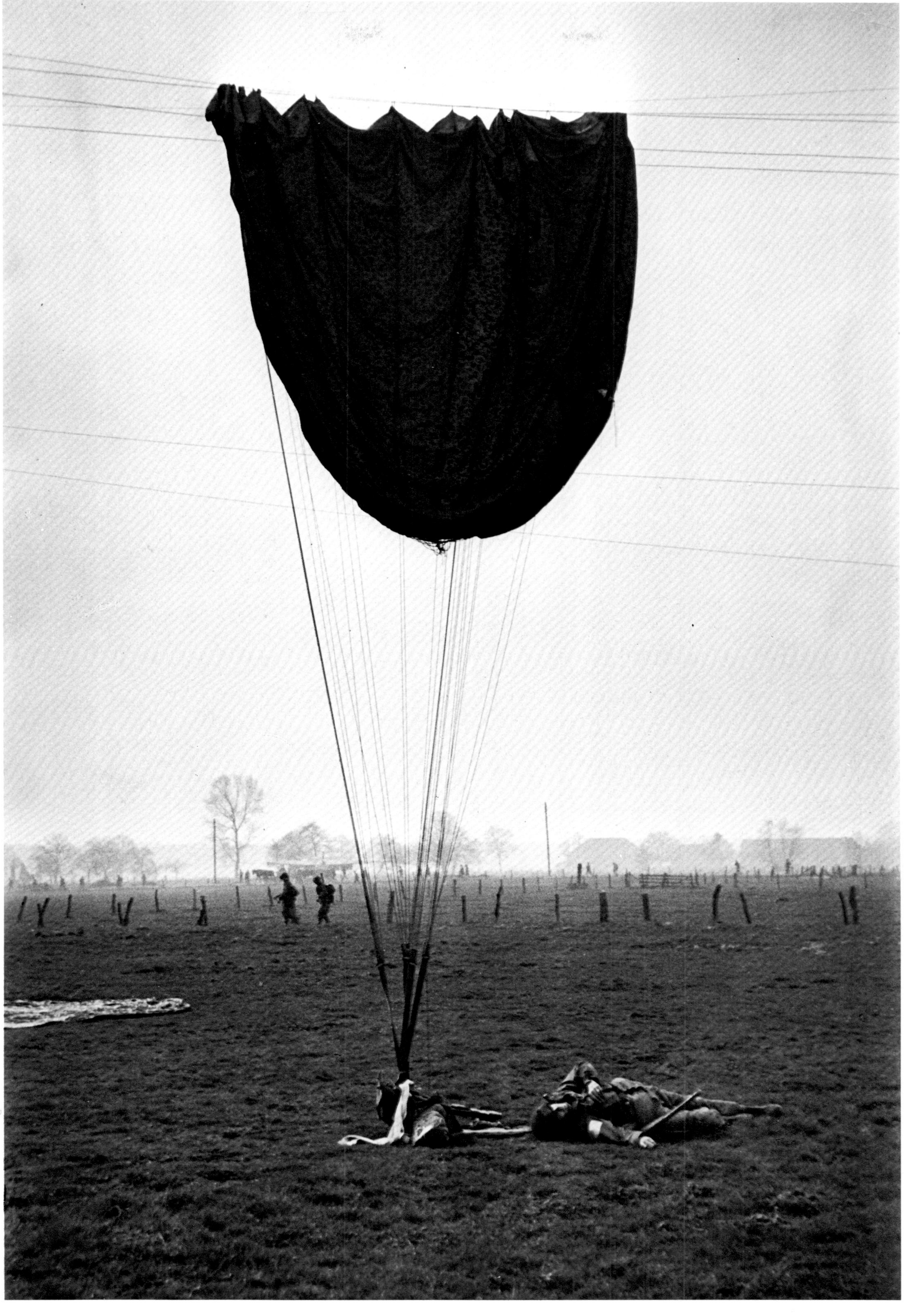

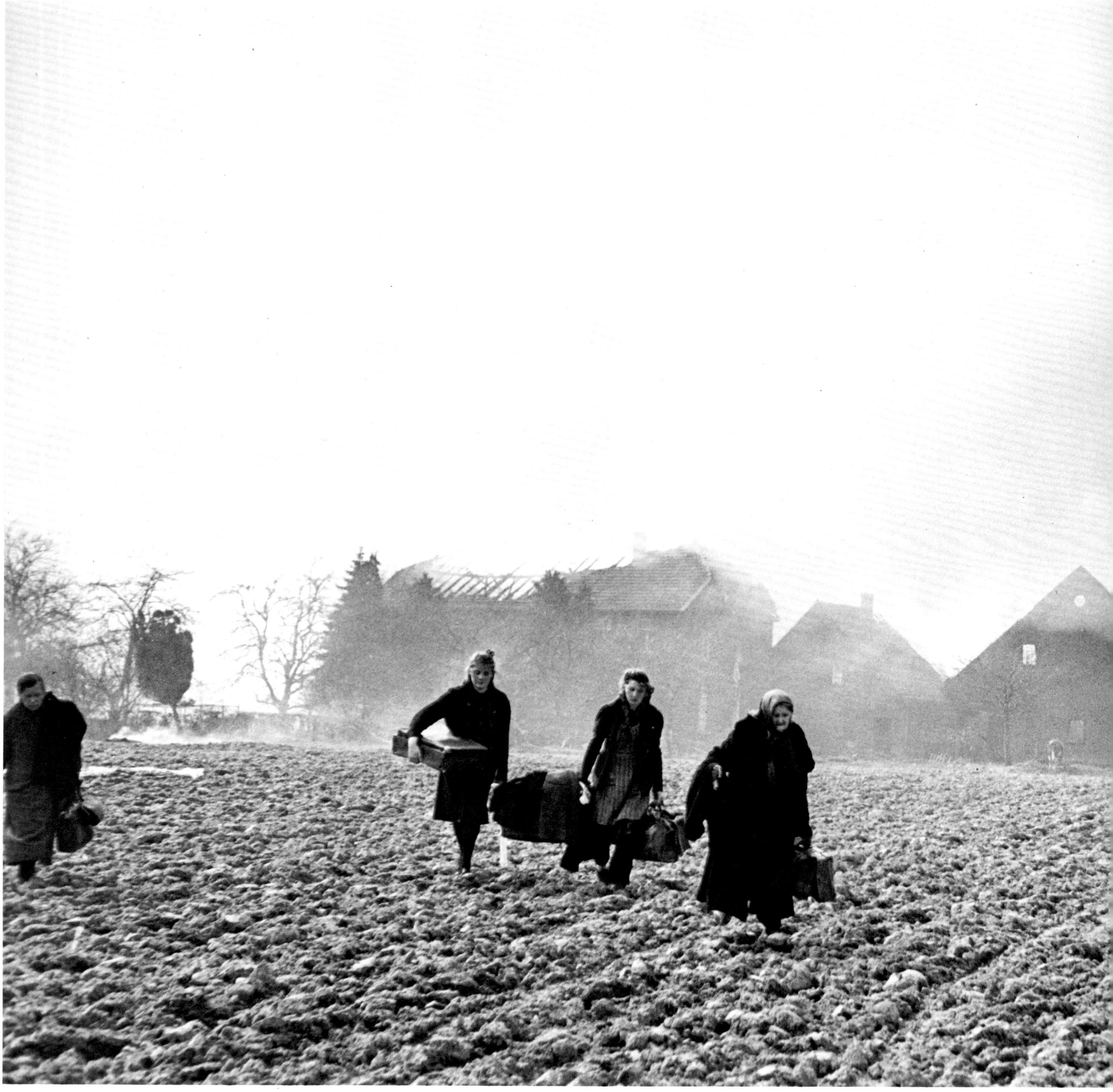

Bei Wesel, 24. März 1945.

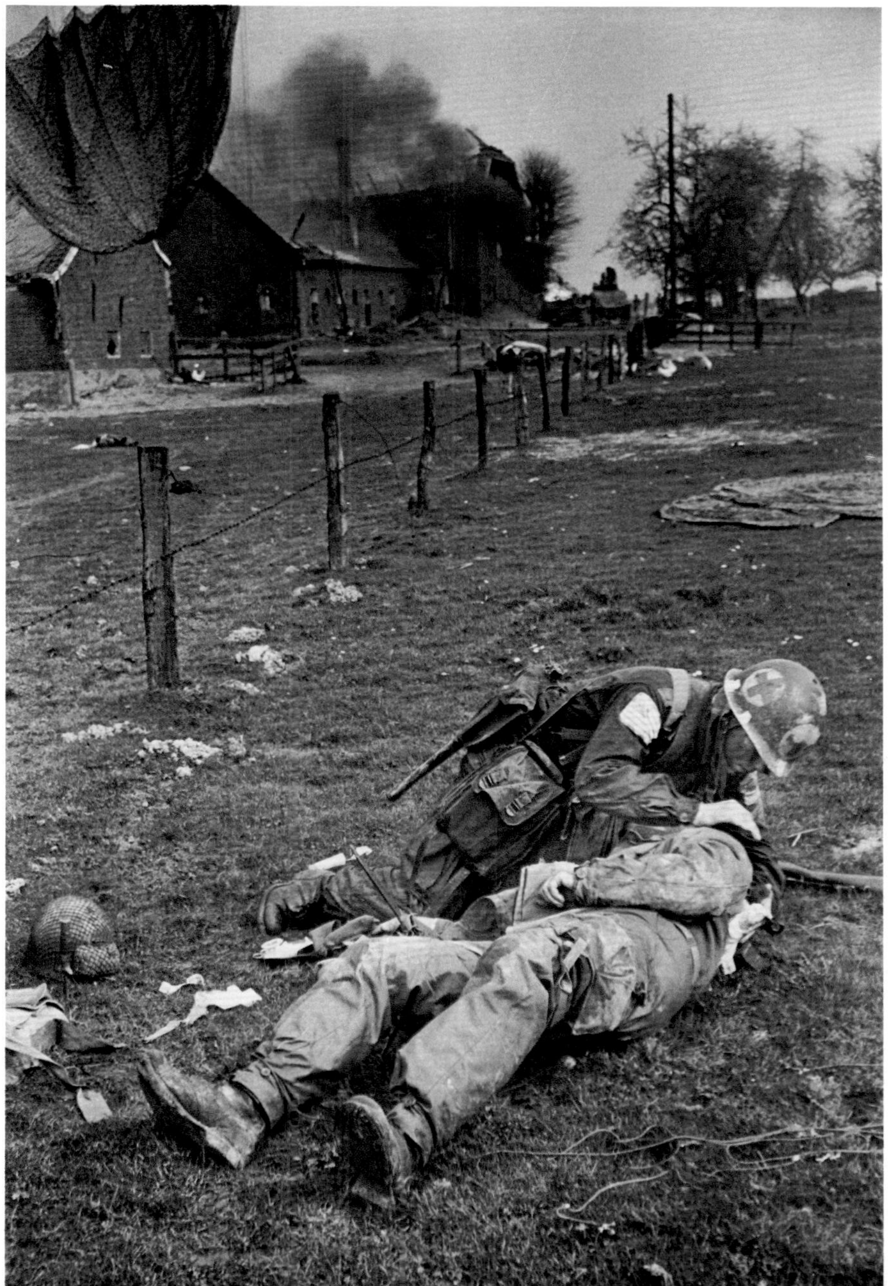

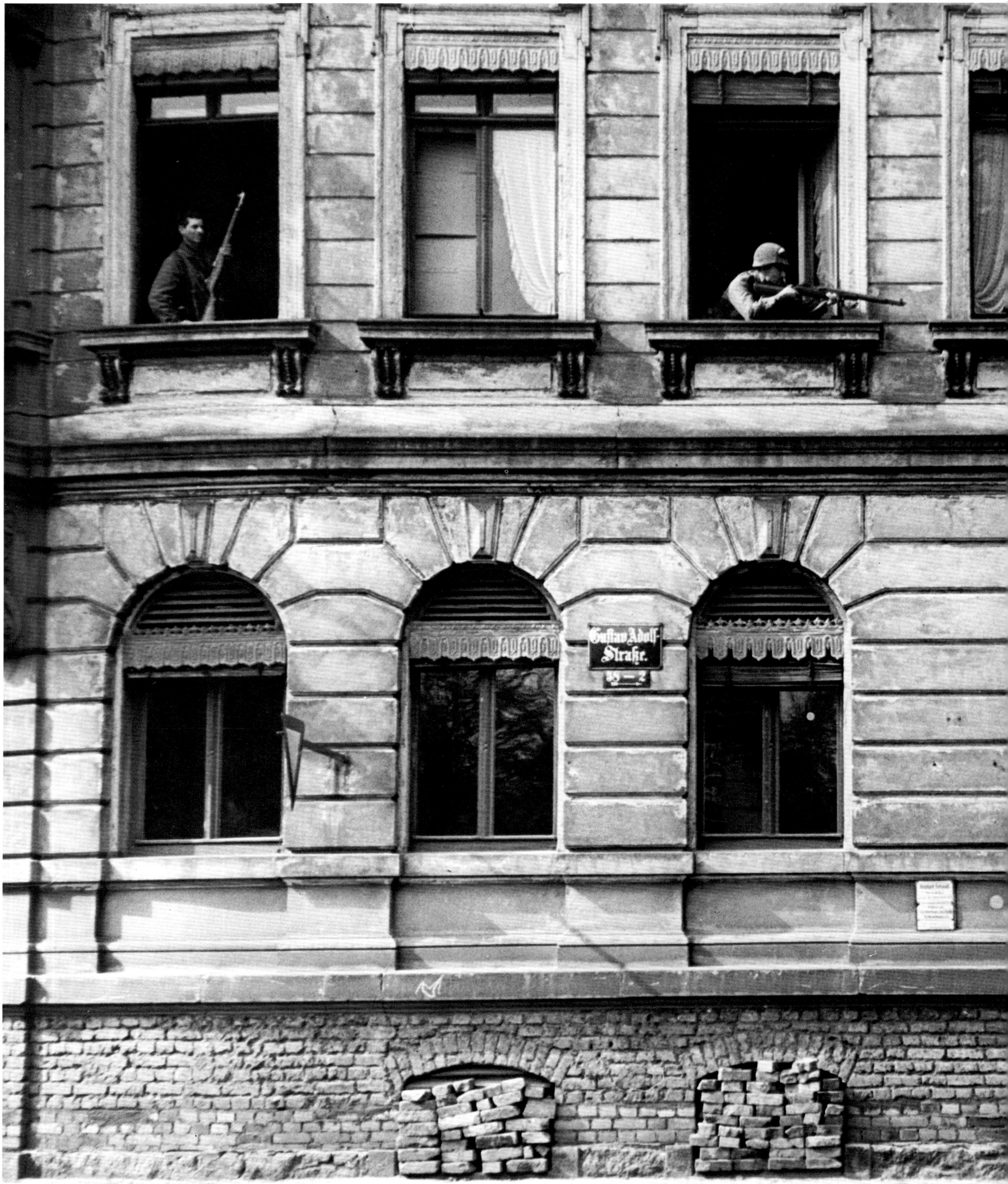
Gustav Adolf-
Straße.

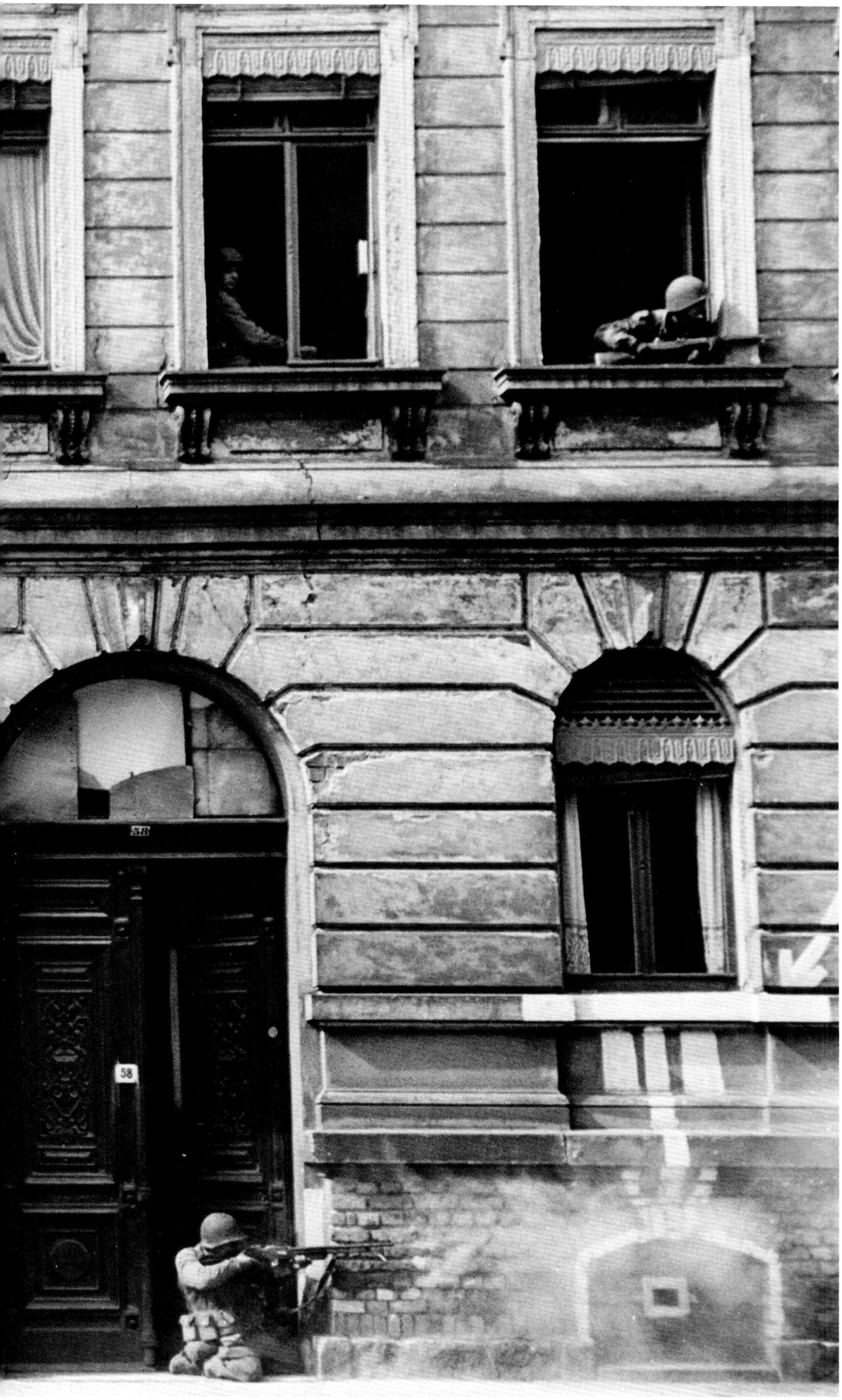

Leipzig, 18. April 1945.

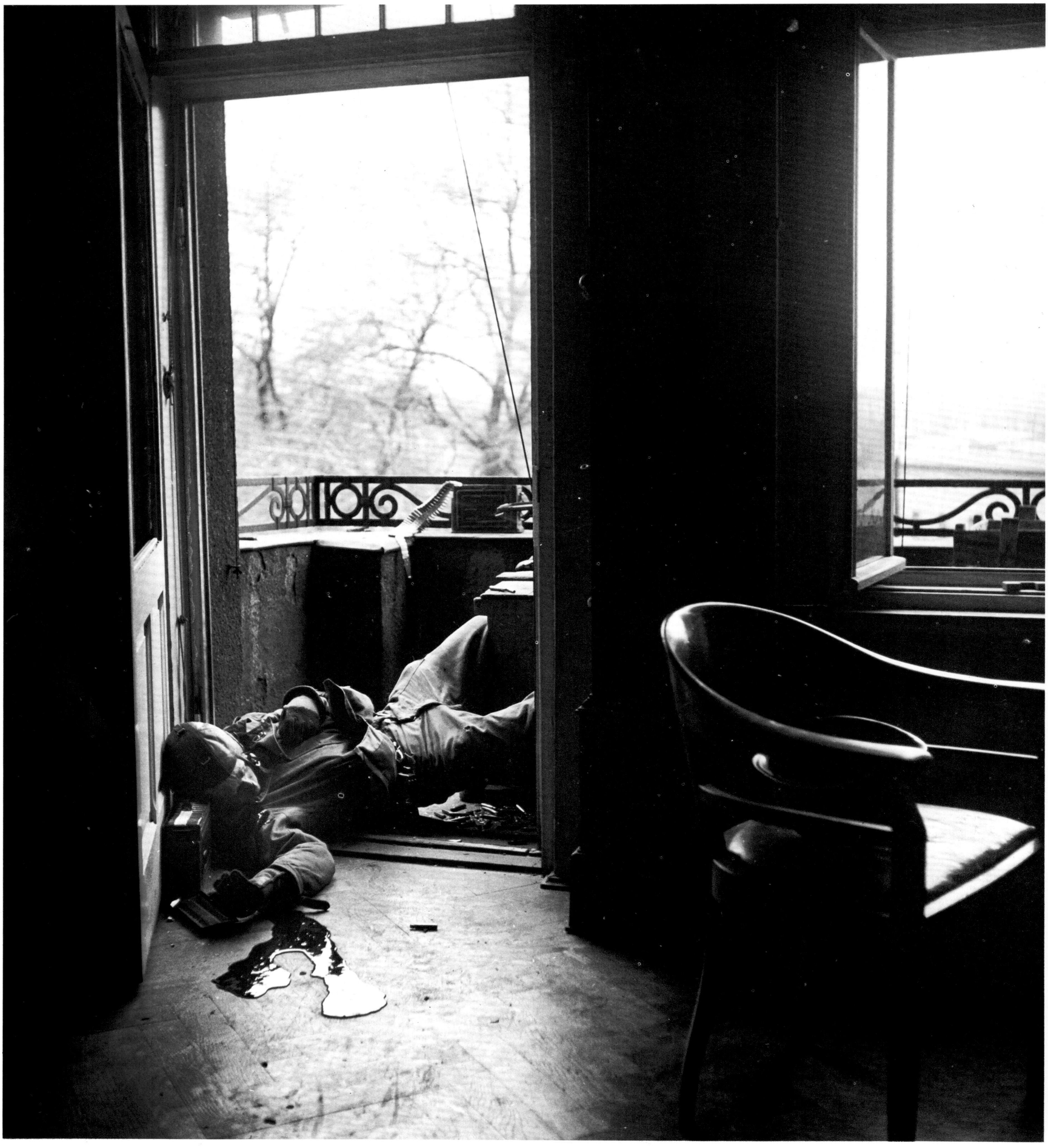

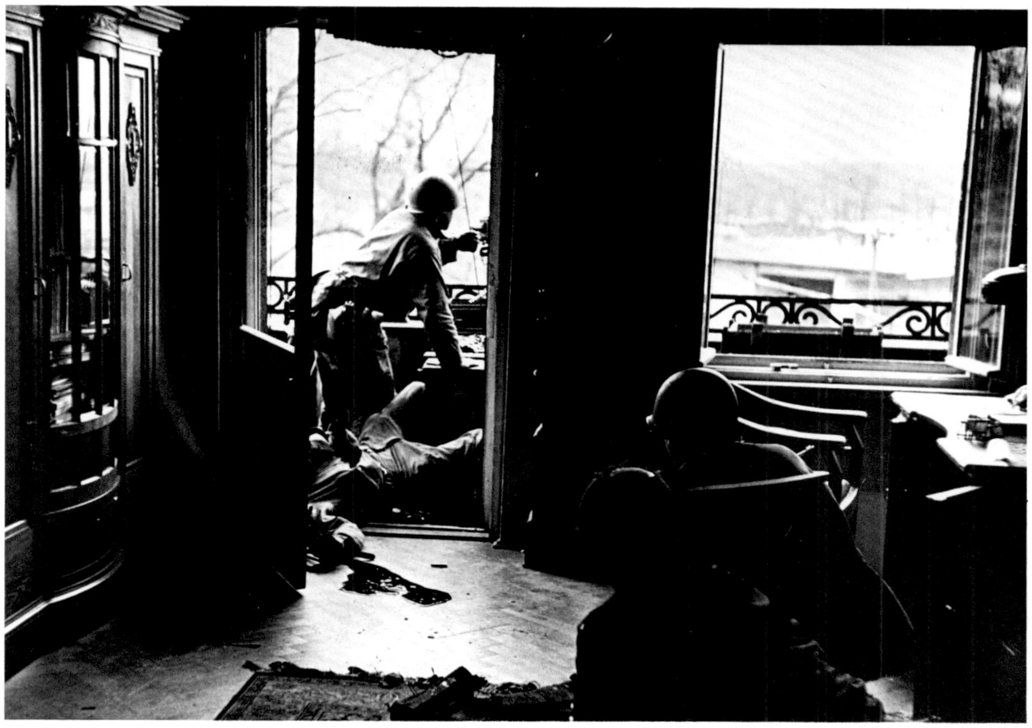

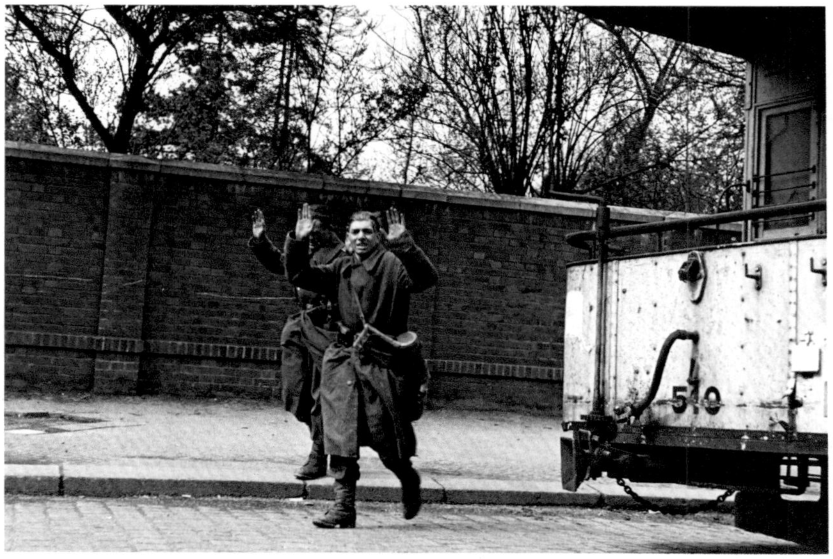

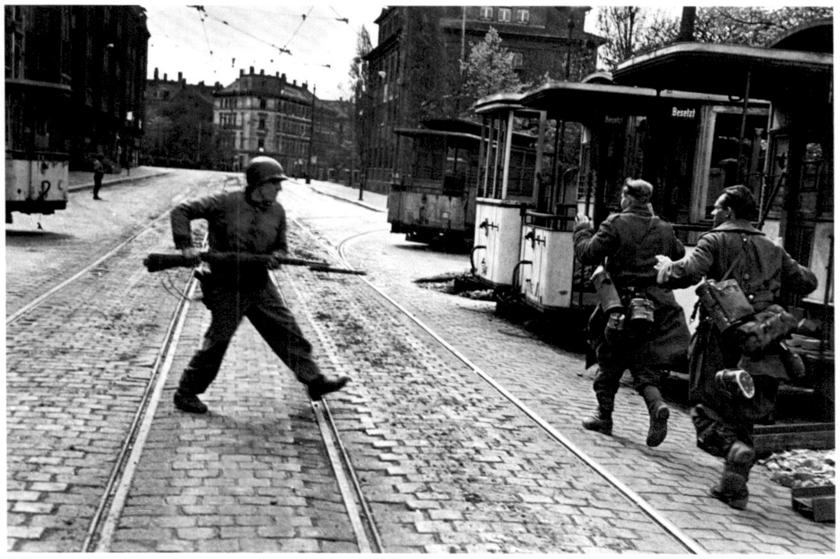

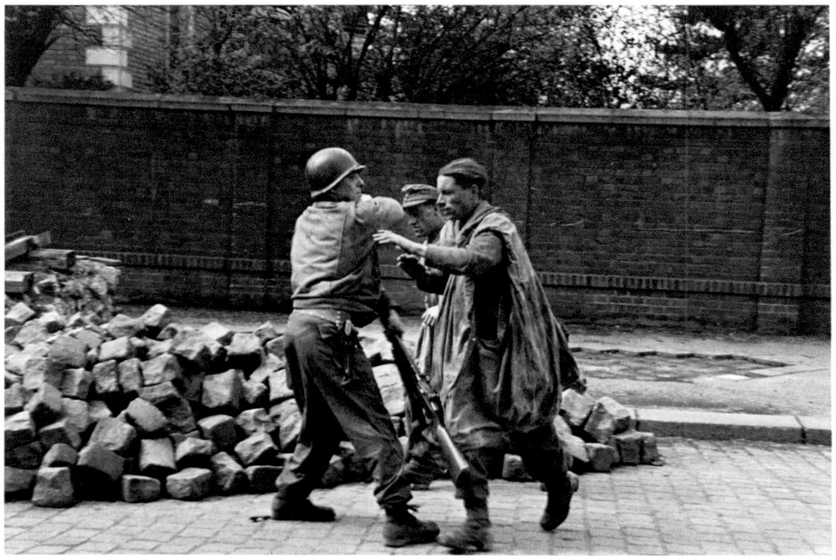

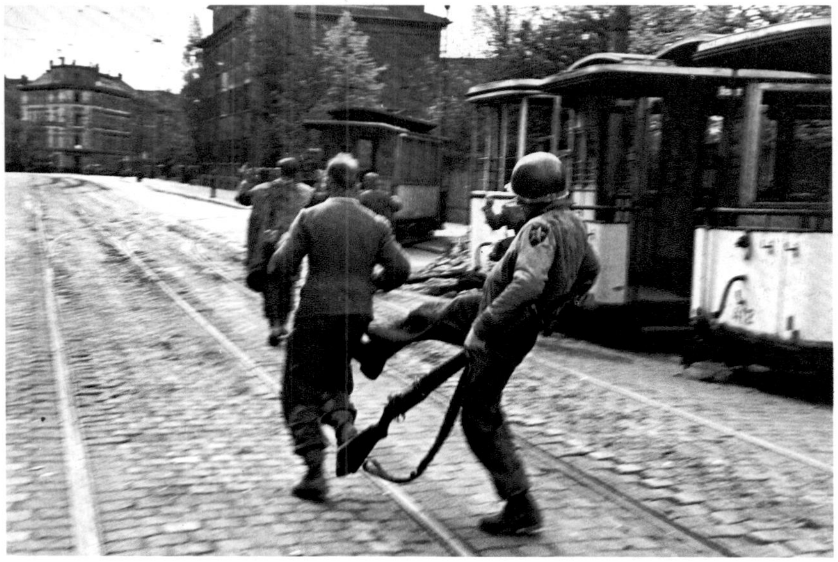

Leipzig, 18. April 1945: Nachdem ein amerikanischer Soldat sein Maschinengewehr vom Balkon einer Wohnung abgefeuert hatte und von einem Heckenschützen erschossen worden war, stürzten die Kameraden des Toten auf die Straße und entdeckten mehrere deutsche Soldaten, darunter auch den Heckenschützen, in einer verlassenen Straßenbahn.

Nürnberg, um den 20. April 1945.
Unten: Soldat Hubert Strickland, der Capa im Jeep am Tage der Befreiung von Paris in die Stadt hineingefahren hatte, beim ironischen Hitlergruß im Riesenstadion der Nationalsozialisten.

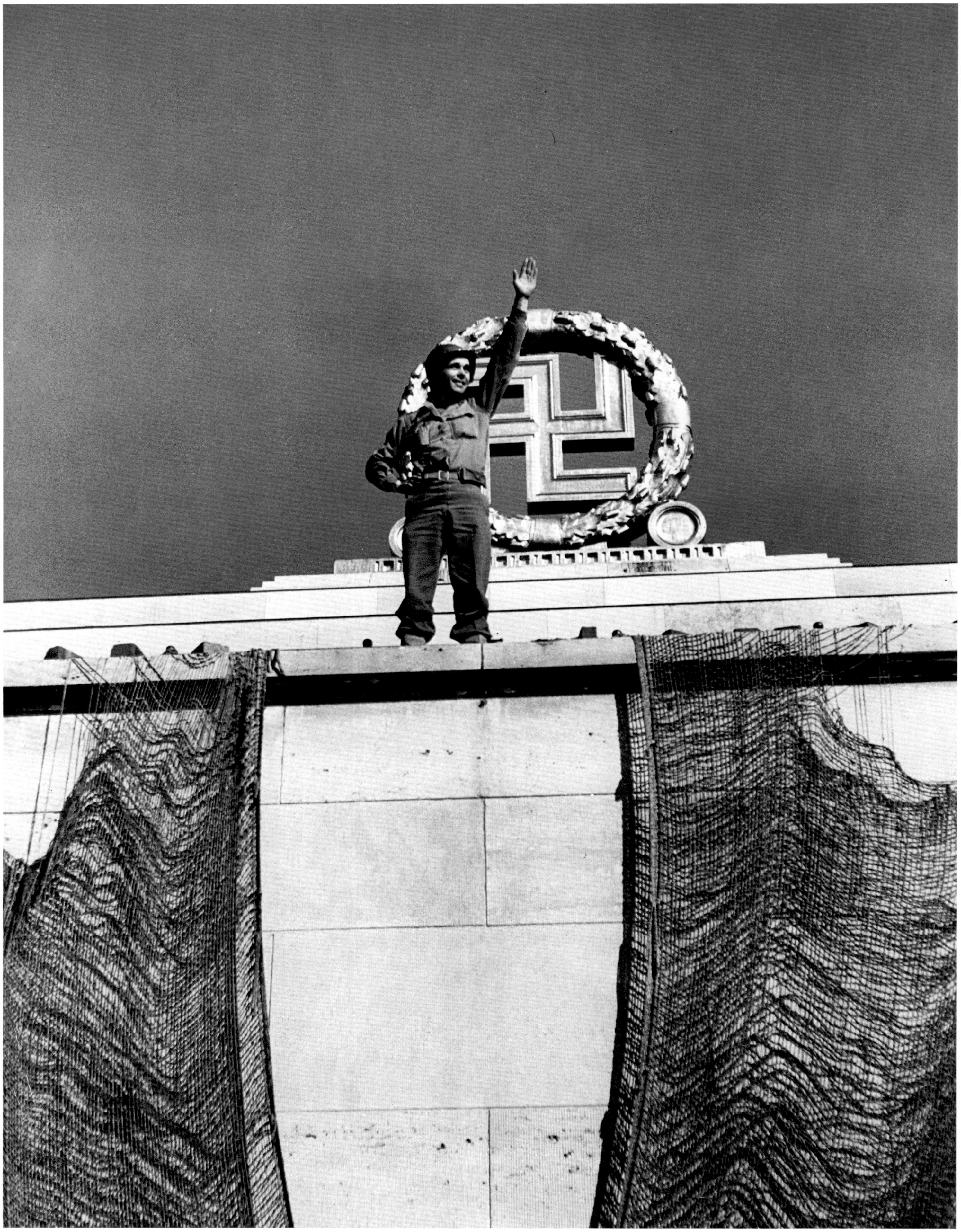

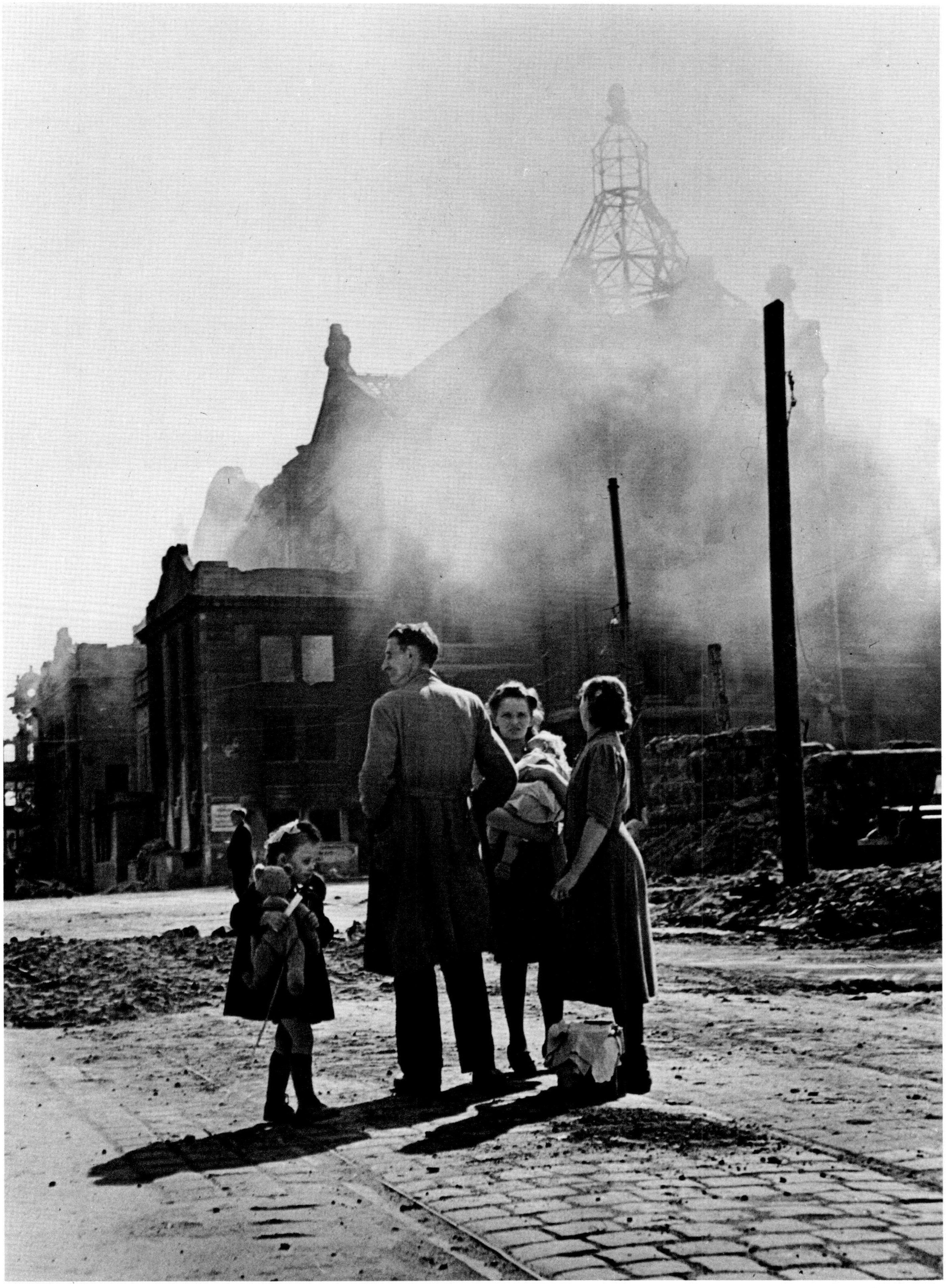

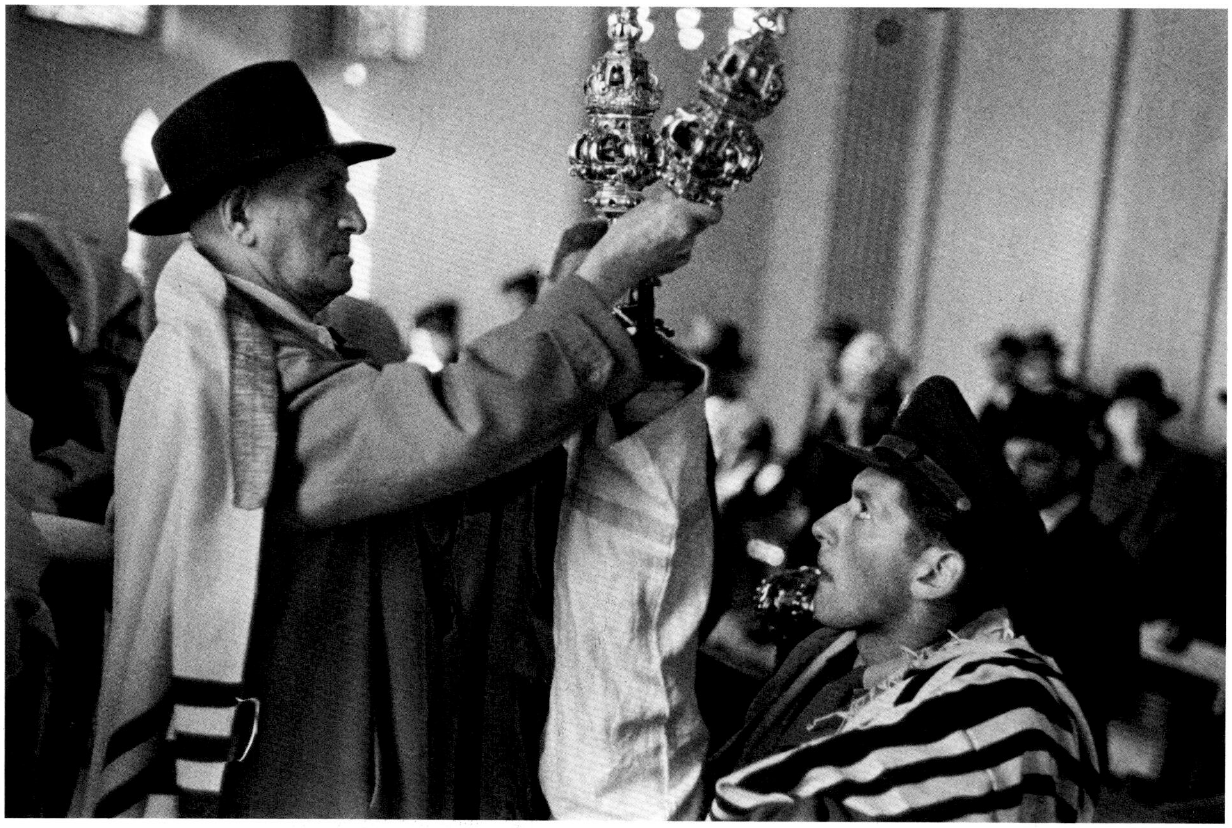

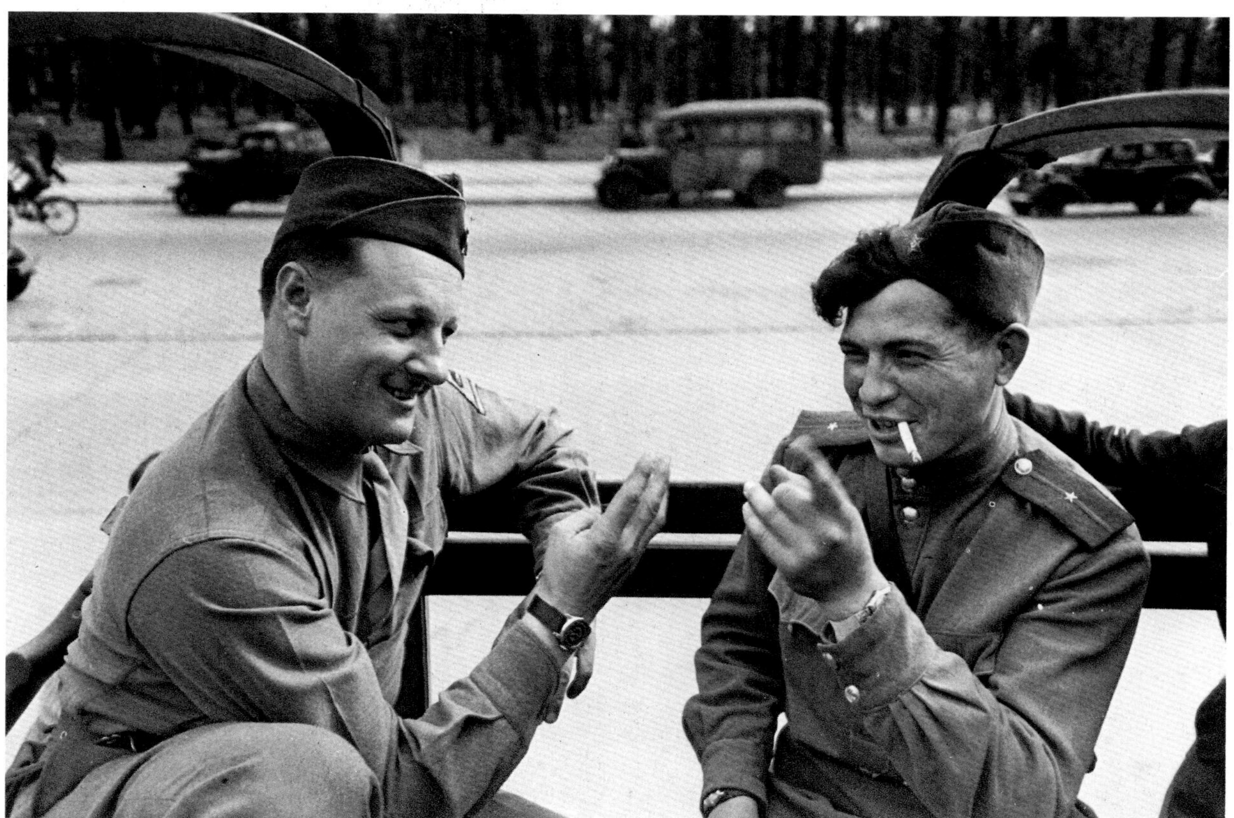

Oben: Berlin, 7. September 1945. Die erste Rosch Ha-Schanah-Feier seit 1938 in einer der Synagogen der Stadt.
Unten: Berlin, August 1945. Ein amerikanischer Soldat, der mit Hilfe der Zeichensprache einem Russen eine Armbanduhr zu verkaufen versucht. Rechts: Berlin, August 1945.

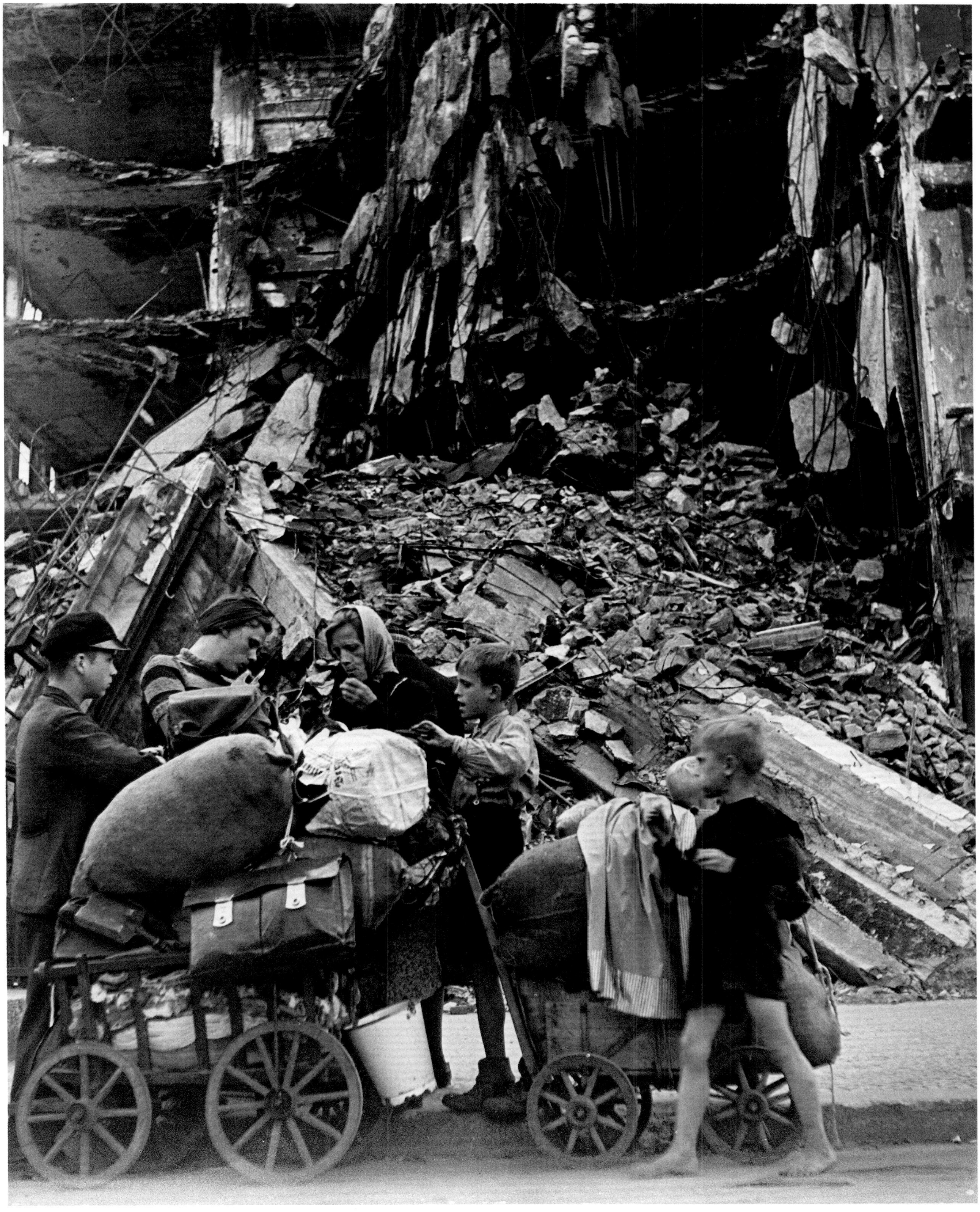

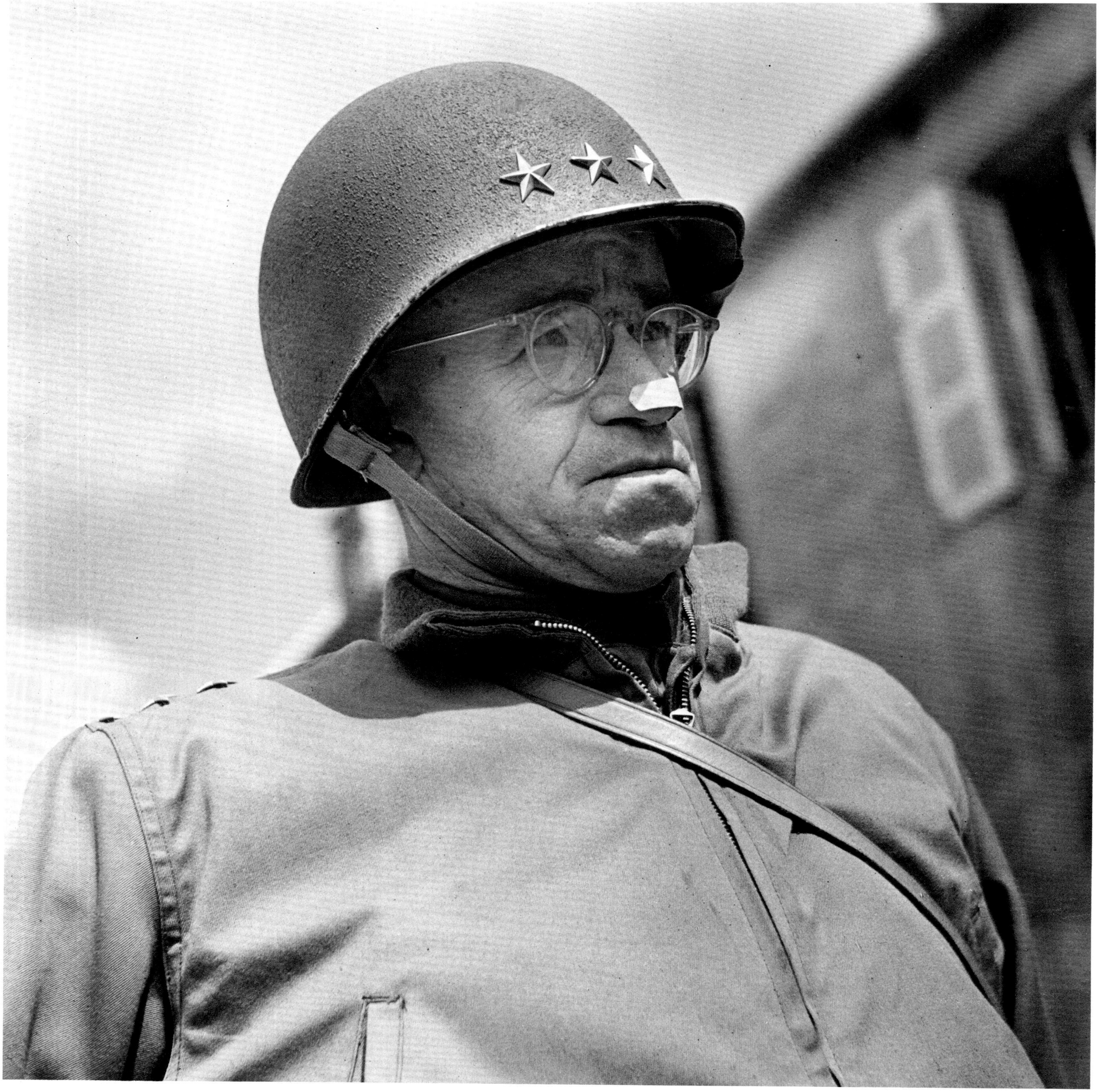

Oben: Brückenkopf in der Normandie, Juni 1944.
General Omar N. Bradley, dem vor kurzem ein Furunkel auf der Nase aufgeschnitten worden war.
Rechts: Hollywood, Juli-Oktober 1946. Ingrid Bergmann bei Dreharbeiten zu einer Szene aus *Arc de Triomphe*.

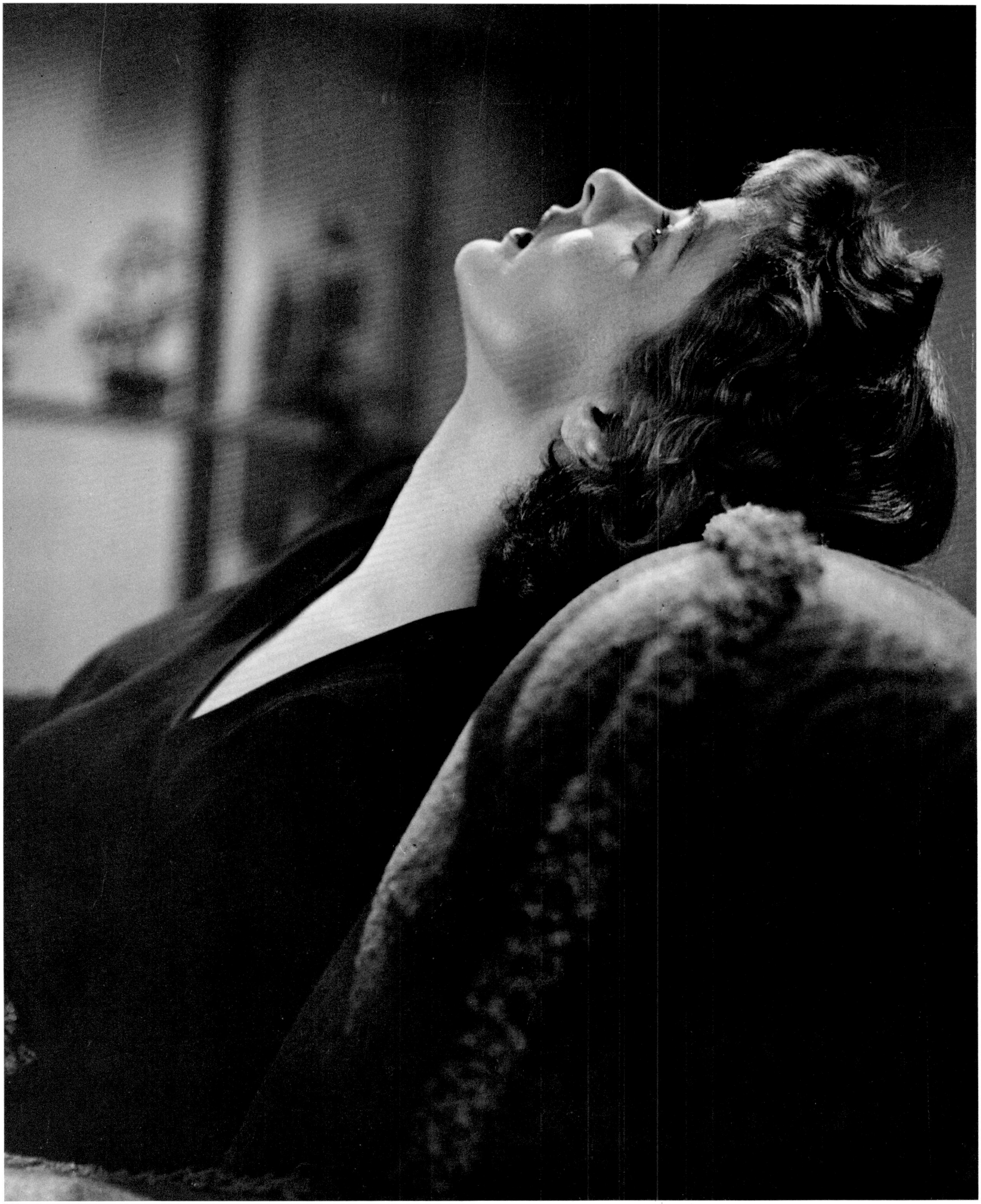

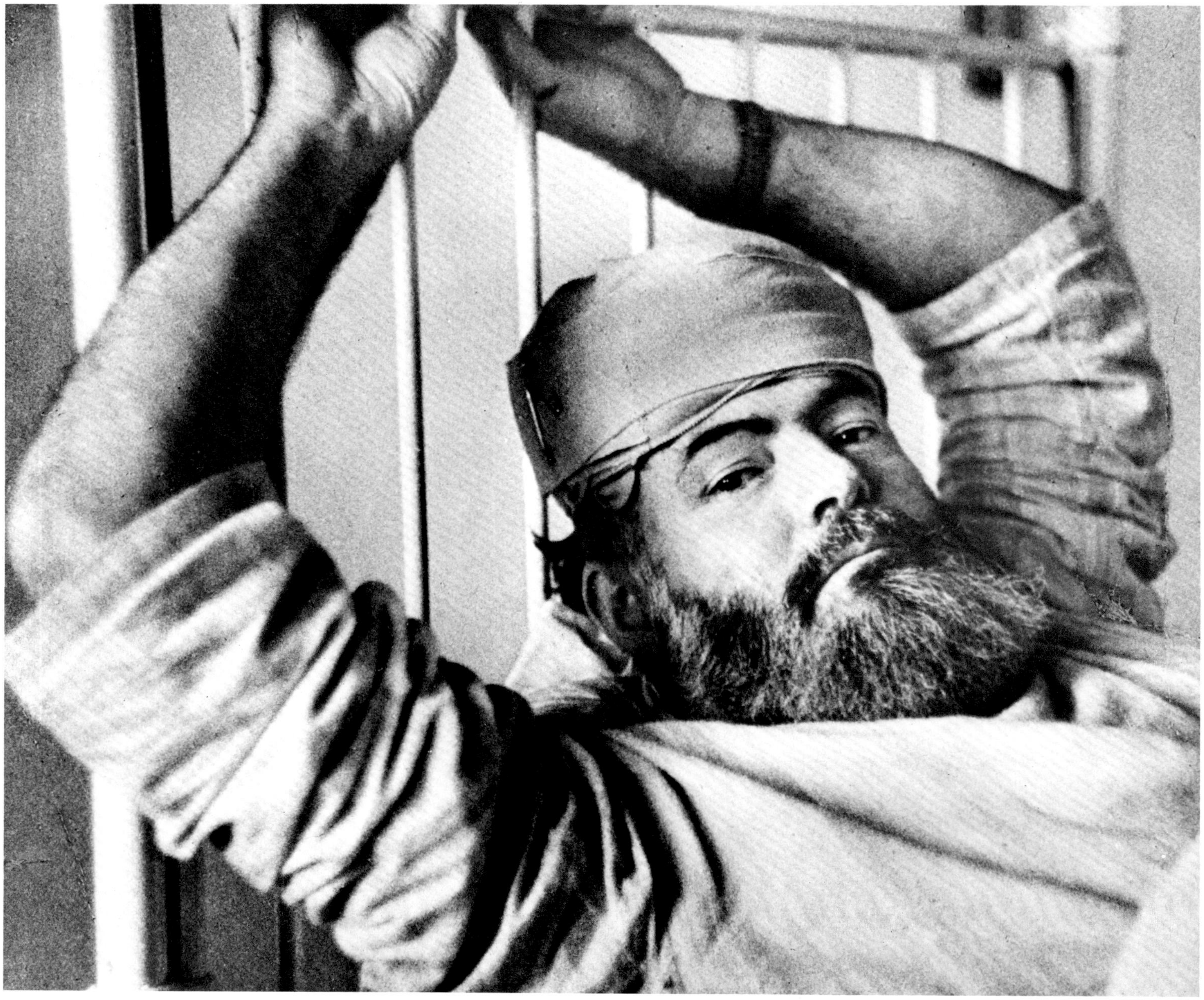

Oben: London, Mai 1944. Ernest Hemingway in der Londoner Klinik, in der er sich von den Verletzungen erholte, die er sich zugezogen hatte, als er bei der Heimfahrt von Capas Party in einen stählernen Wasserbehälter fuhr.
Rechts: Golfe-Juan, Frankreich, August 1948. Pablo Picasso mit seinem Sohn Claude.

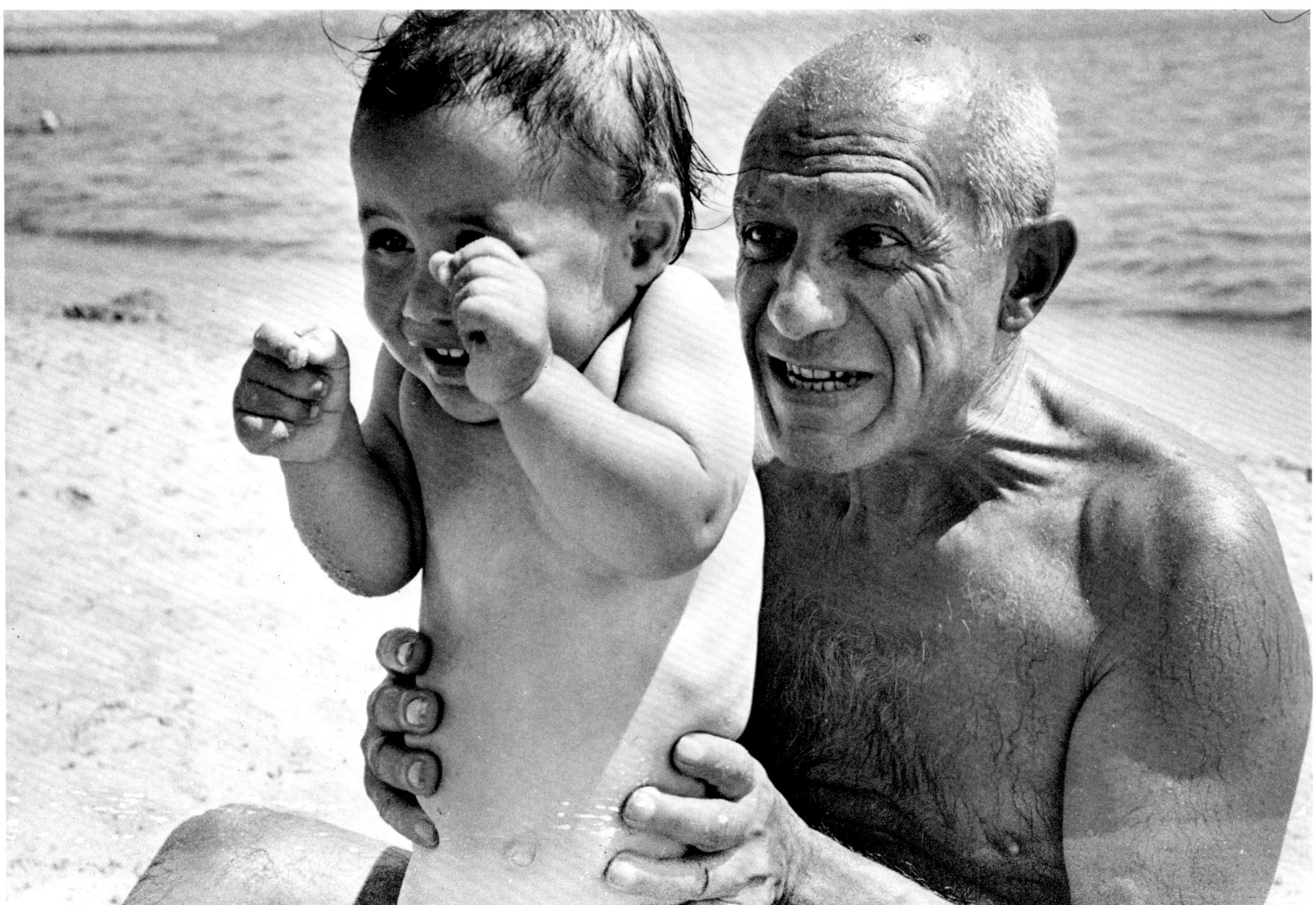

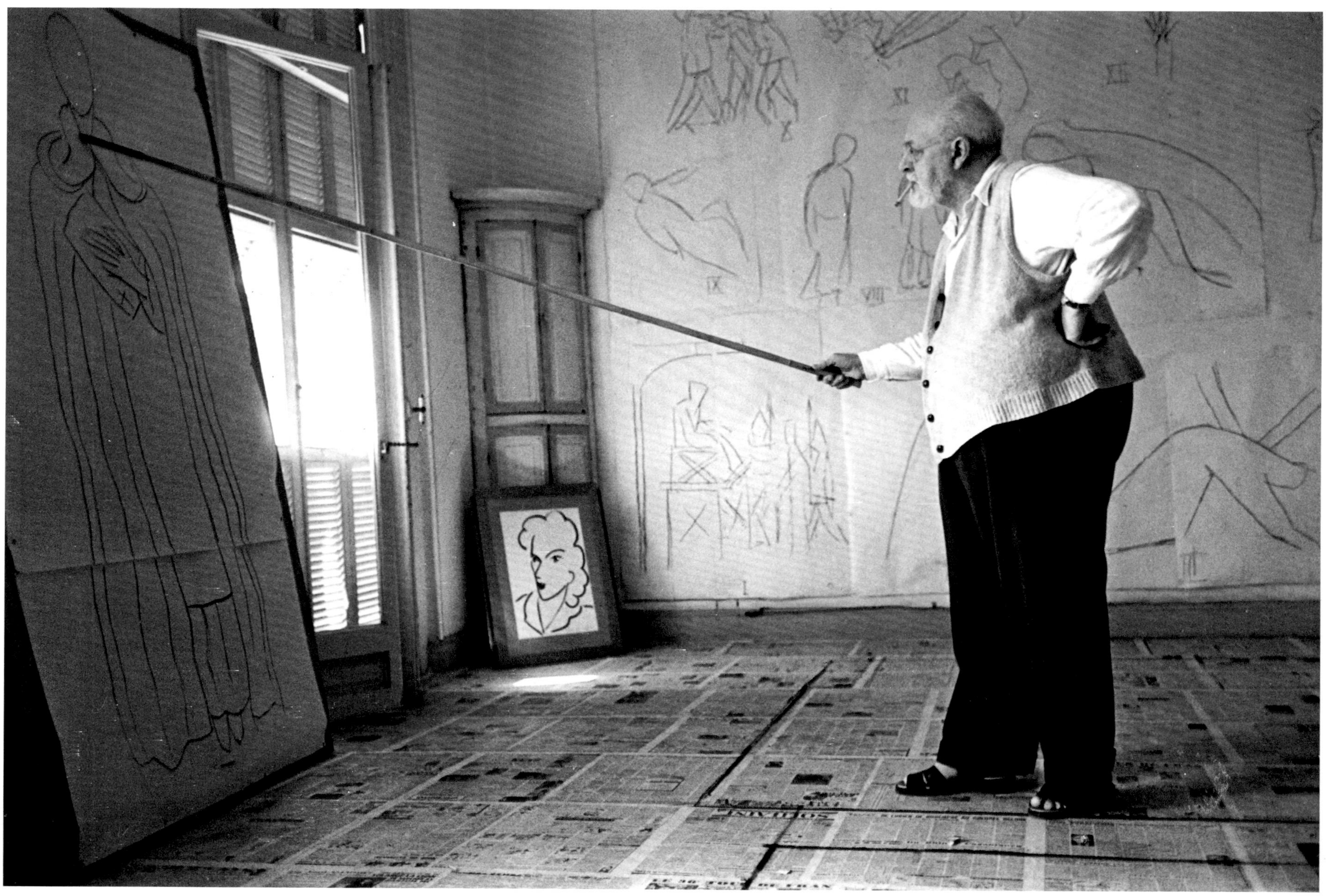

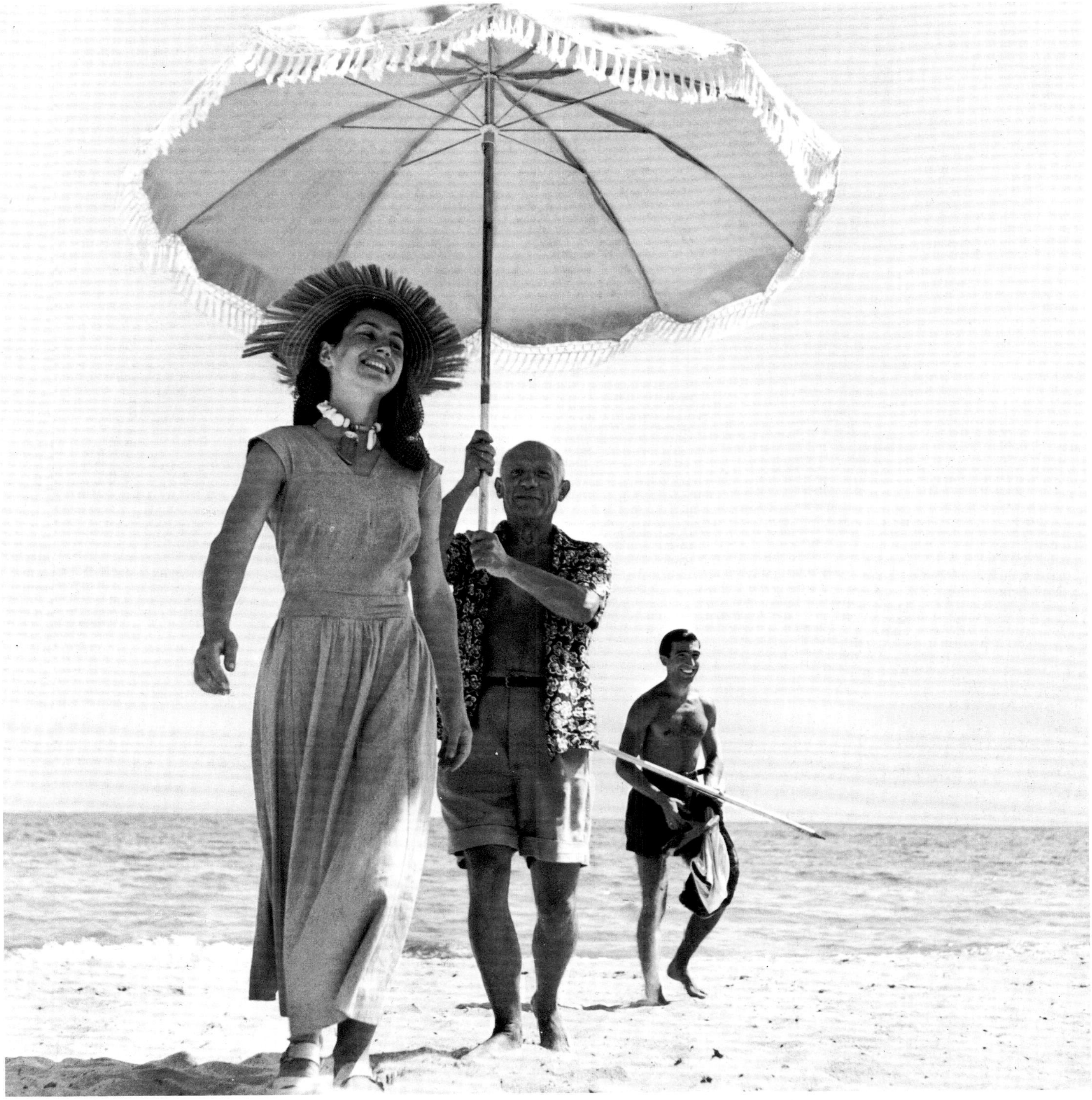

Cimiez (Nizza), August 1949. Henri Matisse beim Zeichnen mit einem Bambusstock, dessen Spitze er in Holzkohle stippte.
Oben: Golfe-Juan, August 1948. Picasso und Françoise Gilot. Im Hintergrund Picassos Neffe Javier Vilato.

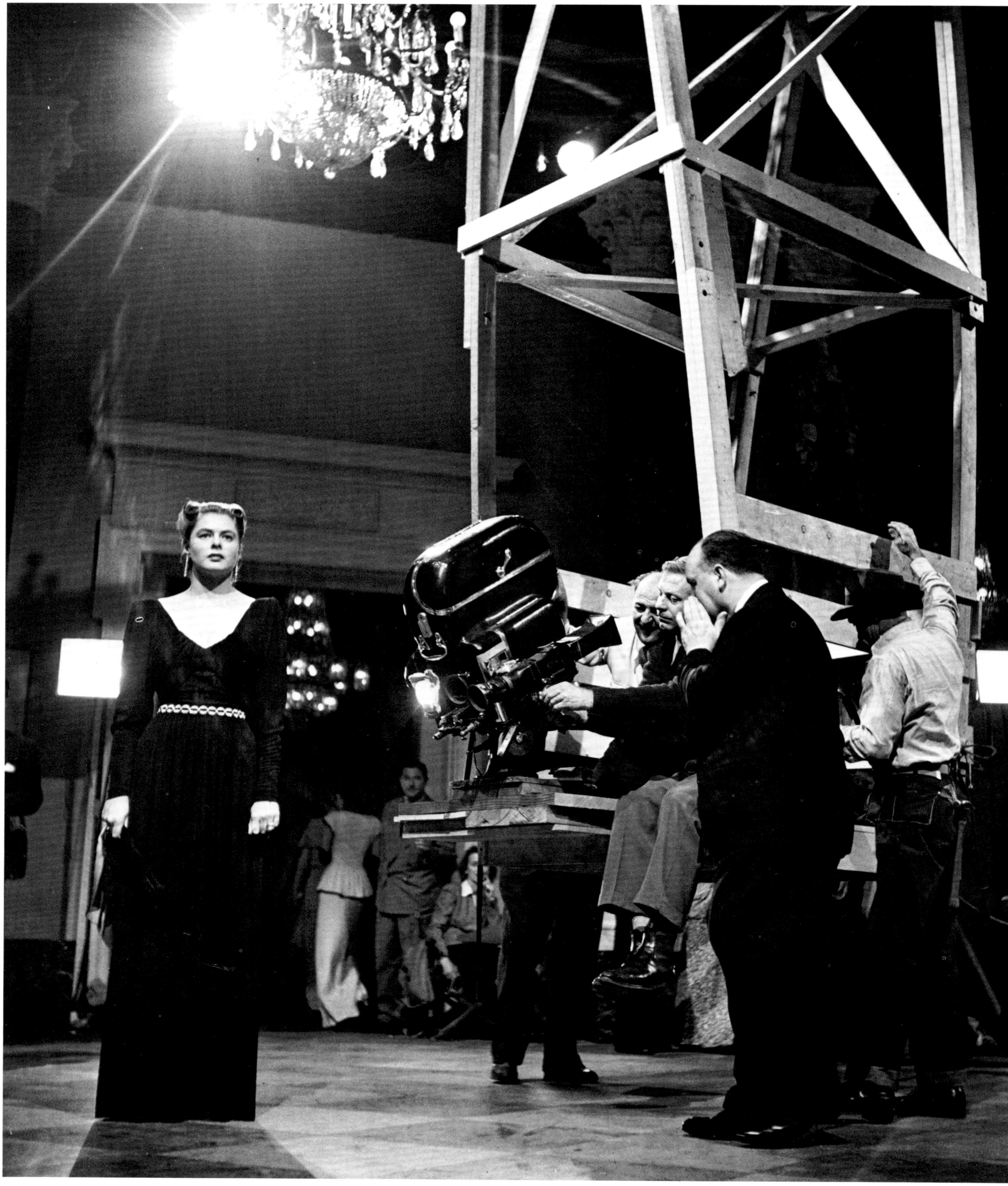

Links: Hollywood, April-Mai 1946. Bei den Aufnahmen zu *Berüchtigt* weist Alfred Hitchcock den Kameramann an, auf den Schlüssel zum Weinkeller in Ingrid Bergmanns Hand einzuschwenken.

Unten: Independence, Missouri, Dezember 1948. Präsident Harry S. Truman beim Weihnachtsbesuch in seiner Heimatstadt während seines frühmorgendlichen Gesundheitsspazierganges.

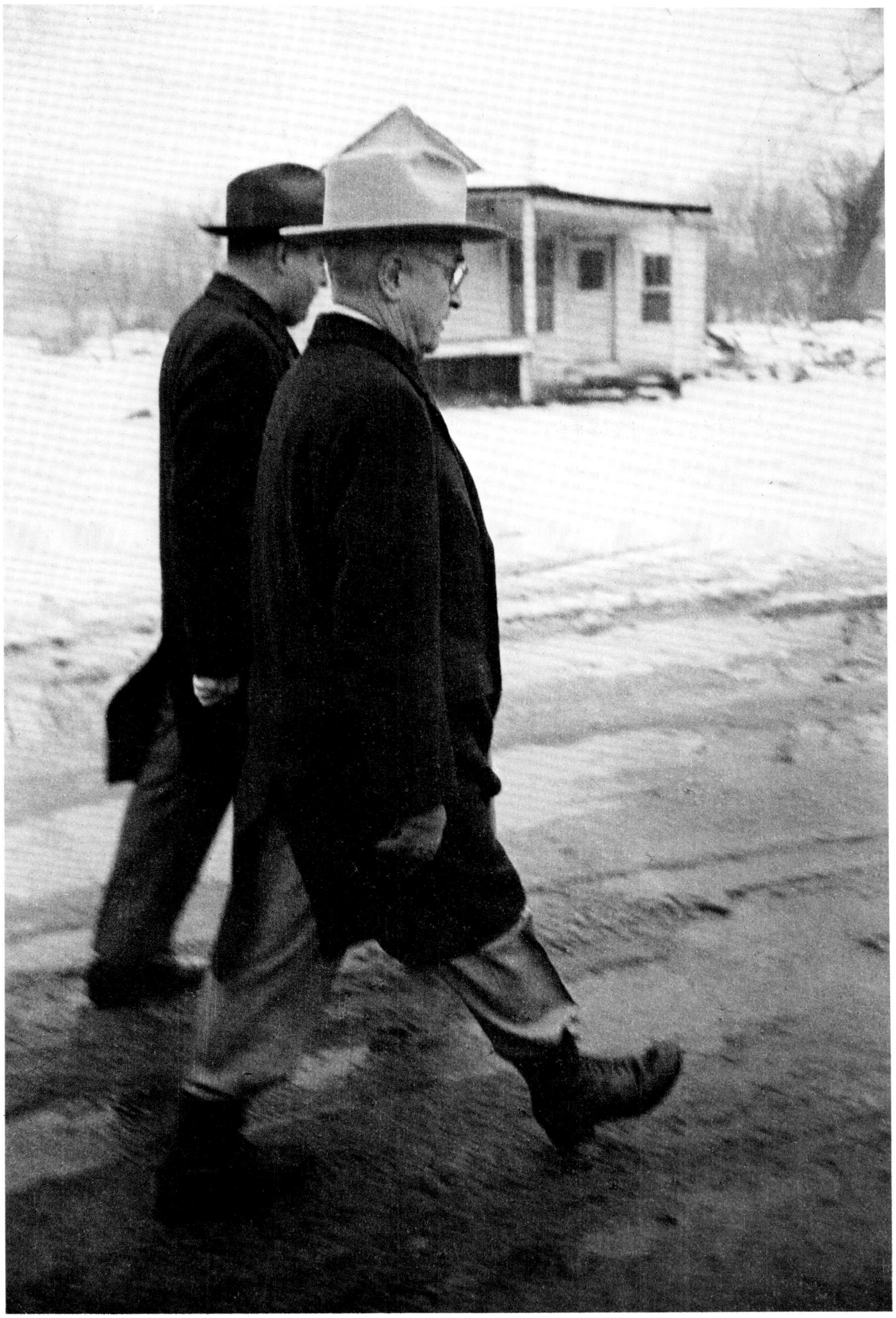

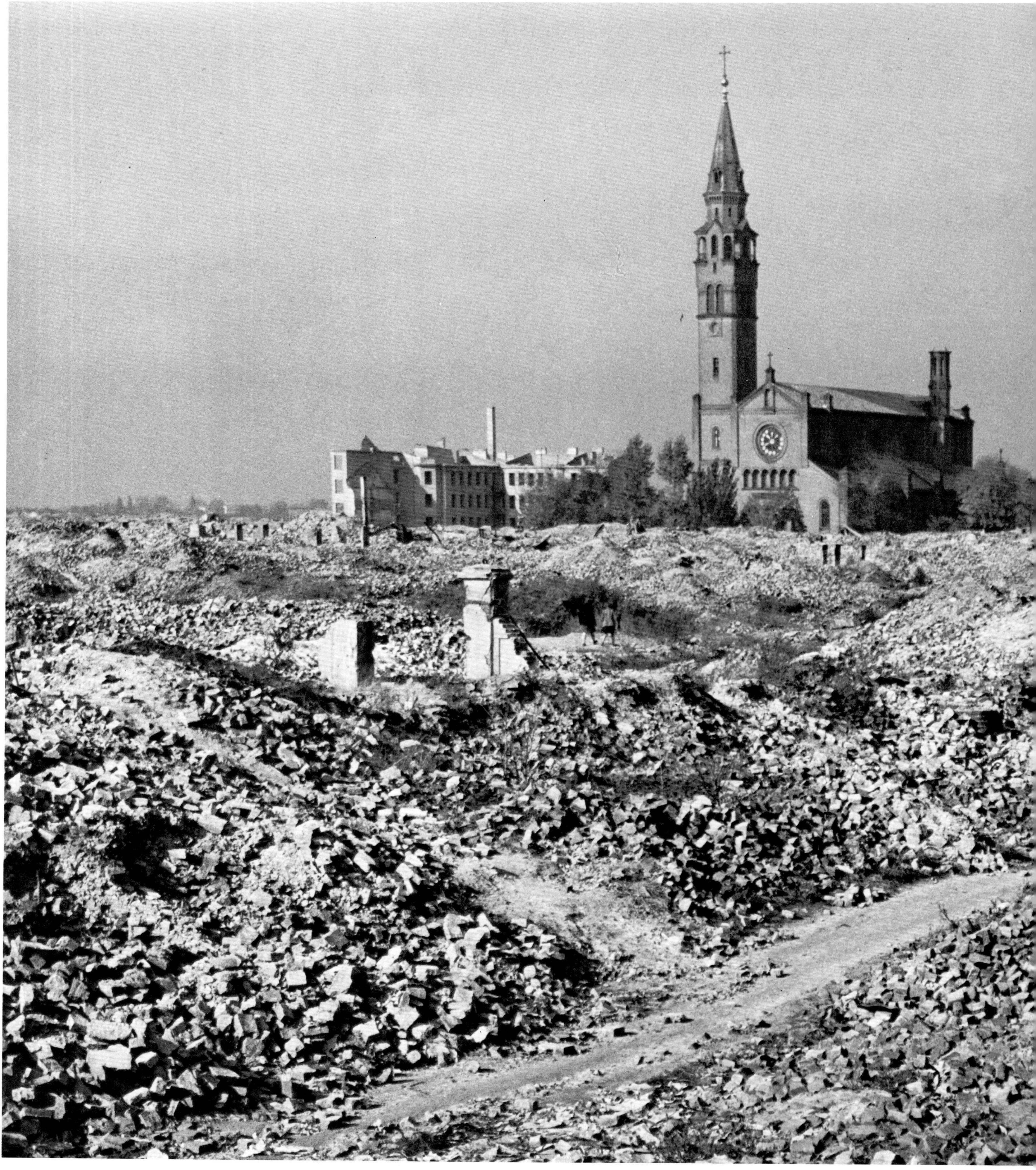

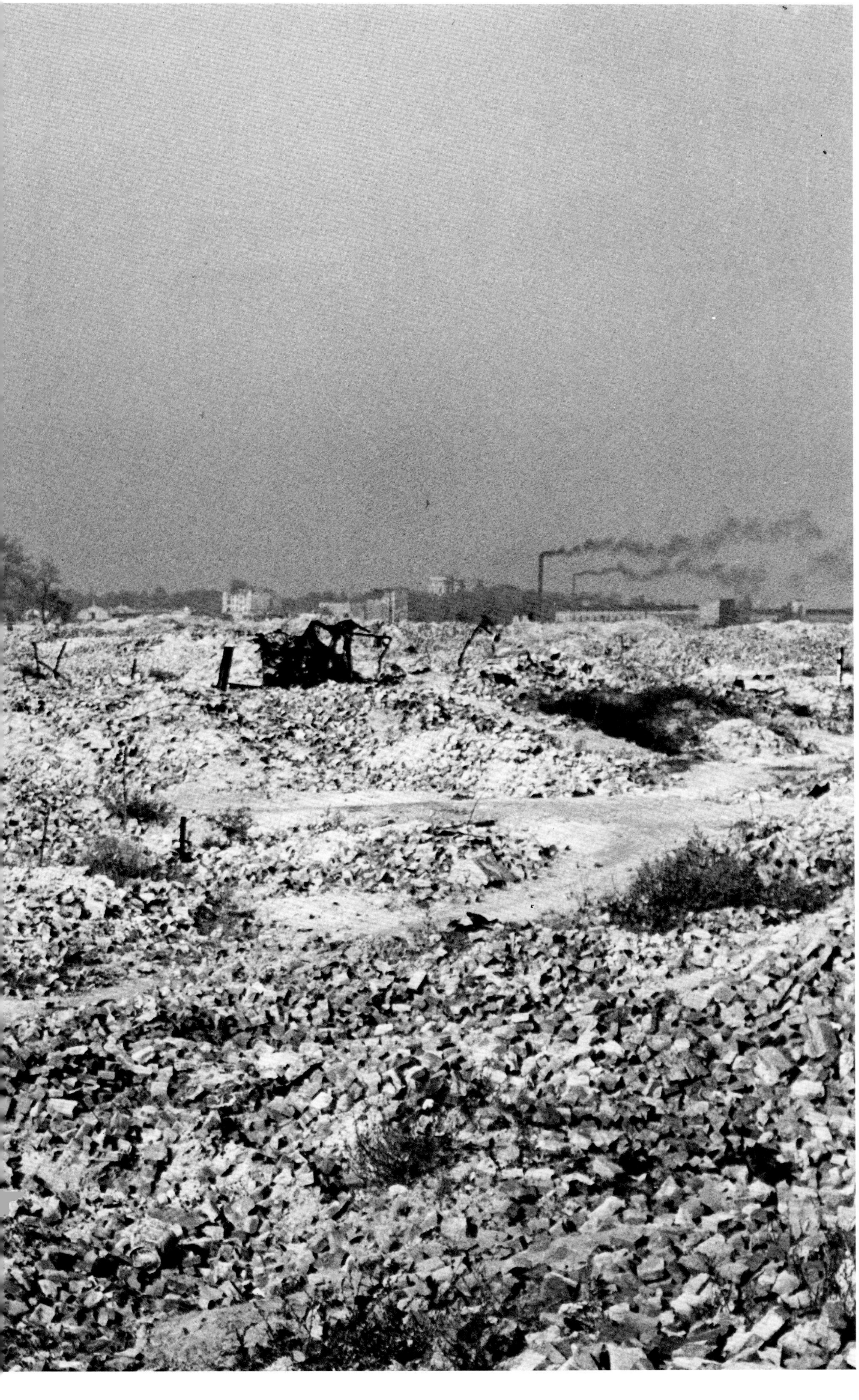

Warschau, Oktober 1948.

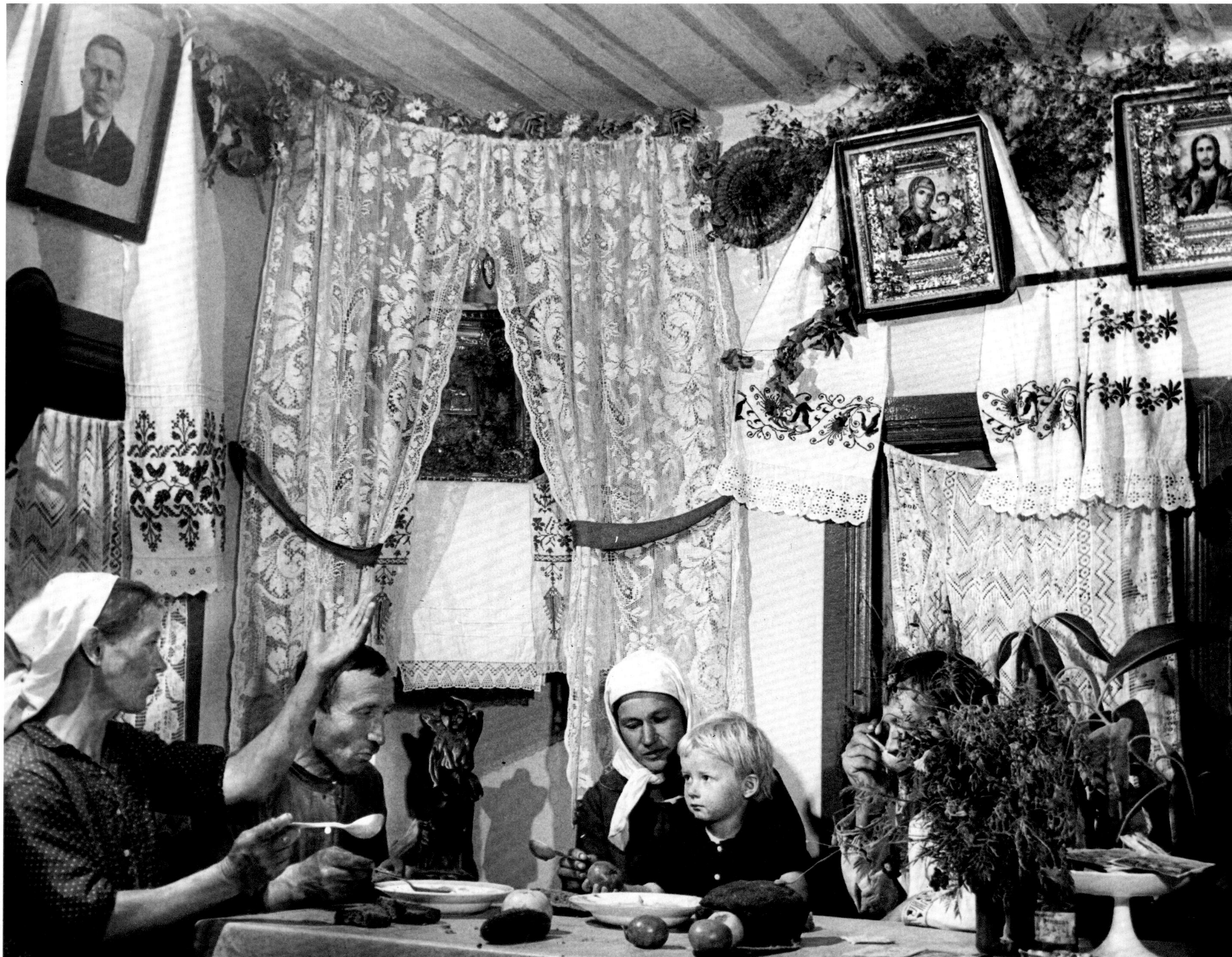

Oben: Ukraine, August 1947.
Rechts: Moskau, August-September 1947.

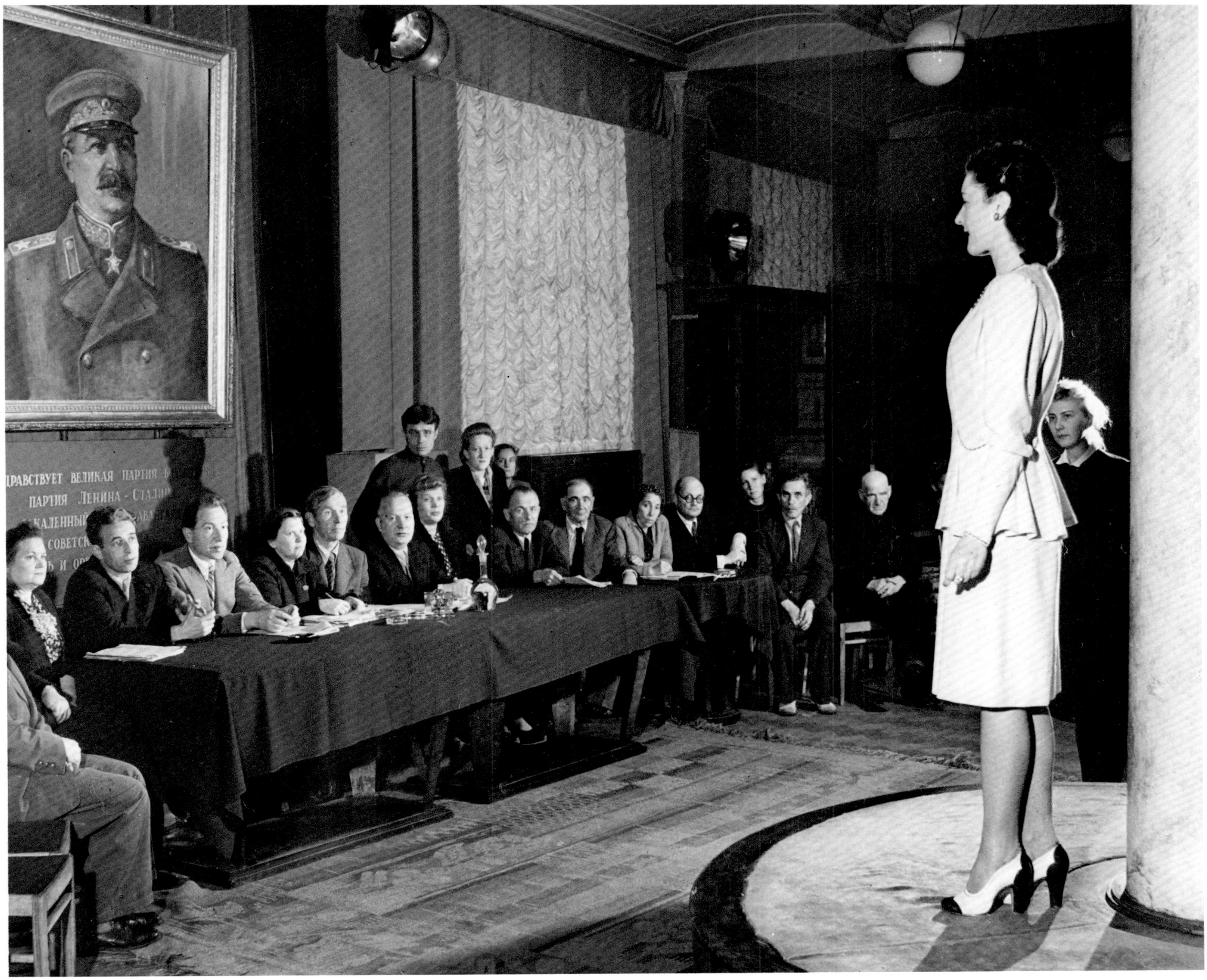
ВЕЛИКАЯ ПАРТИЯ
ПАРТИЯ ЛЕНИНА -

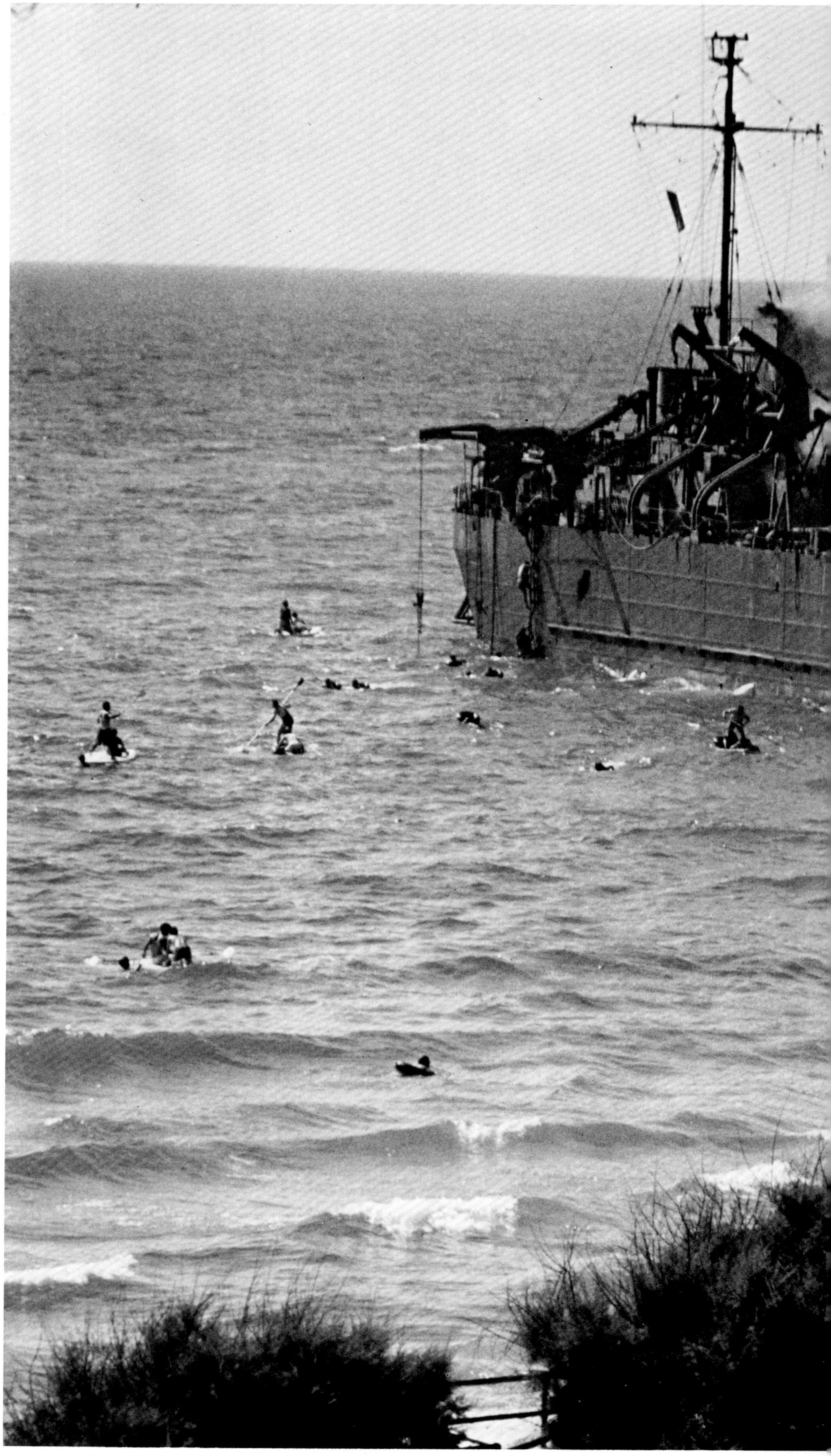

Tel Aviv, 22. Juni 1948. Als Anhänger der rechtsradikalen Untergrundorganisation Irgun Zwai Leumi während einer Feuerpause versuchen, ein Schiff voller Waffen zu entladen, eröffnen die Regierungstruppen das Feuer auf das Schiff, die *Altalena*.

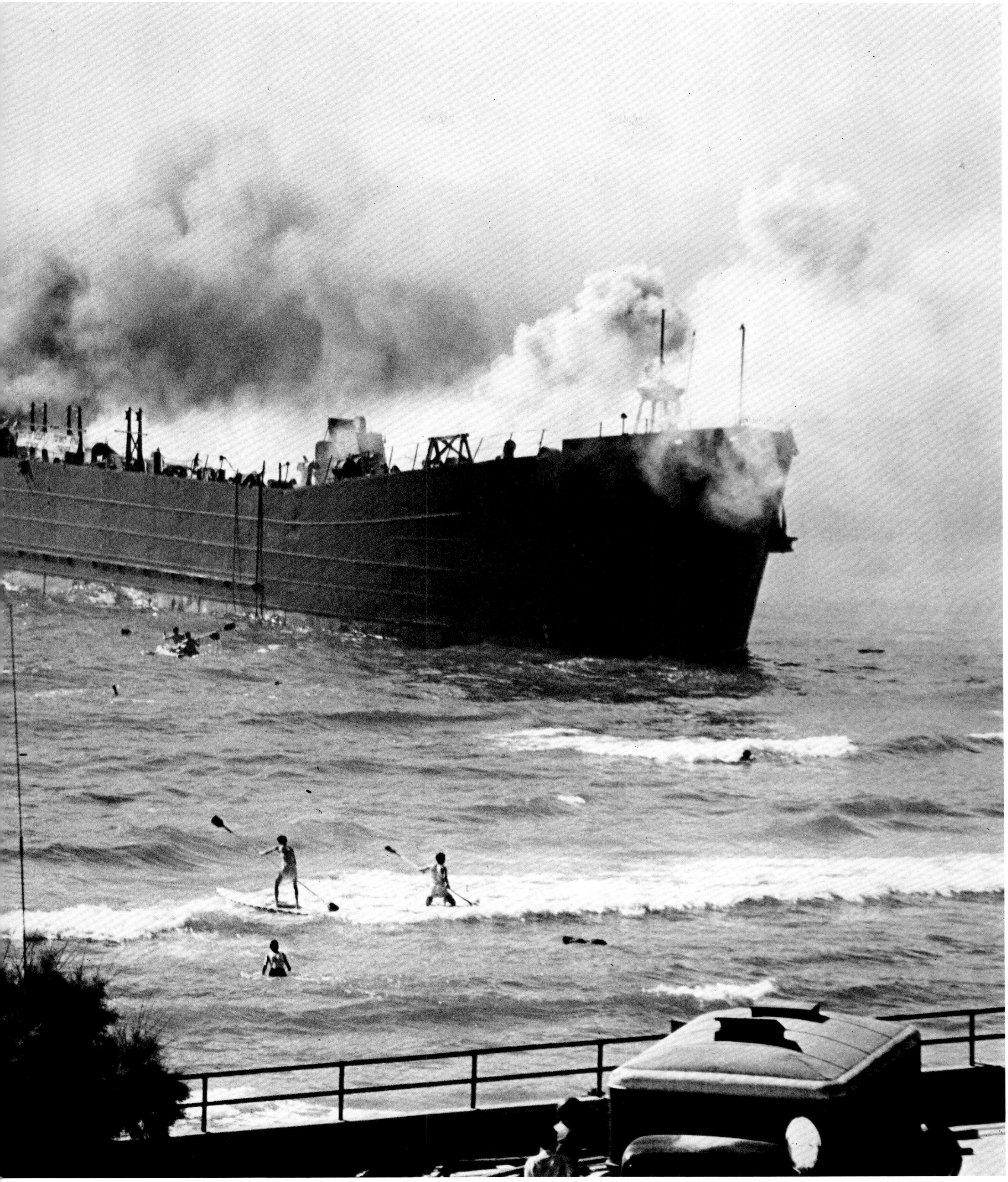

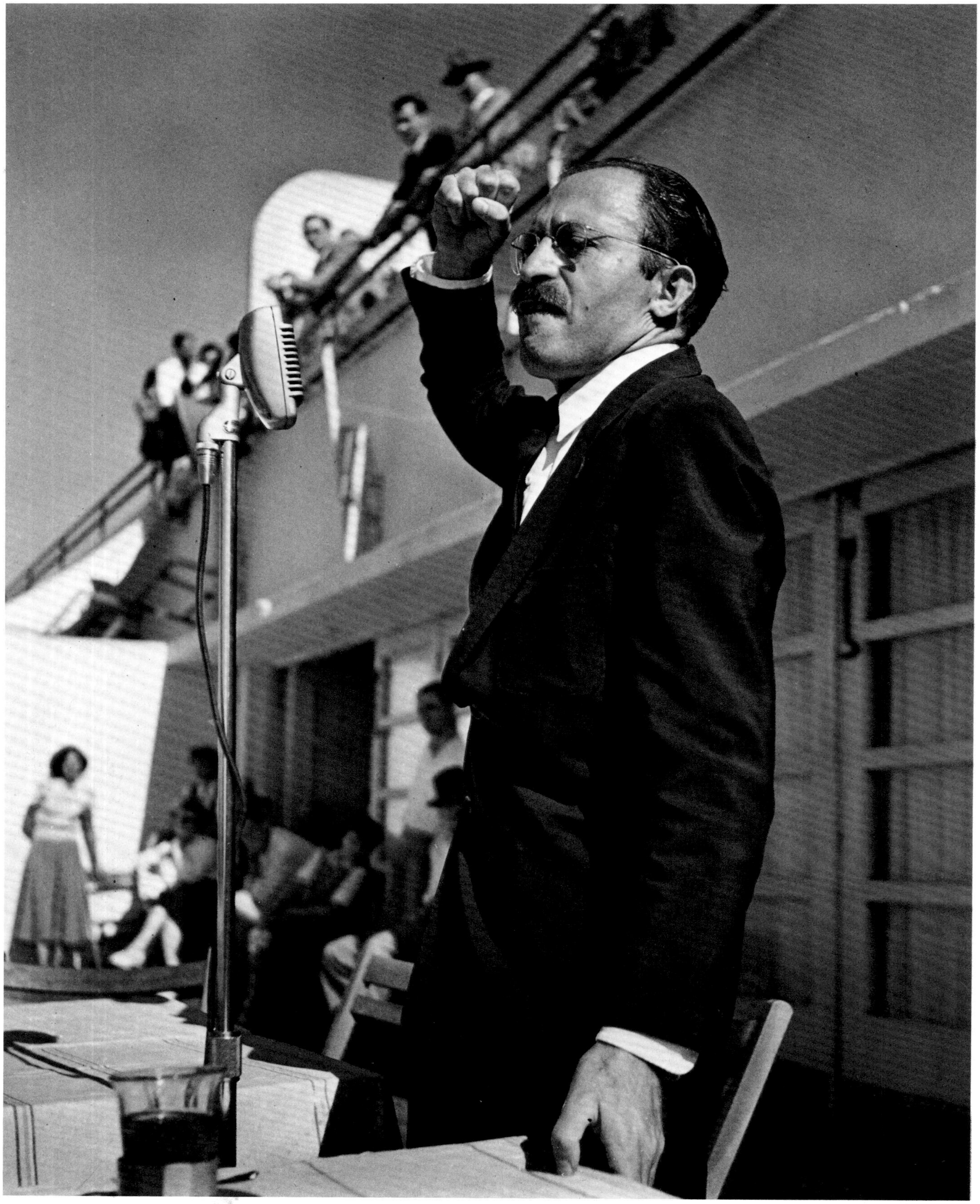

Tel Aviv, Oktober-November 1950, Menachem Begin.

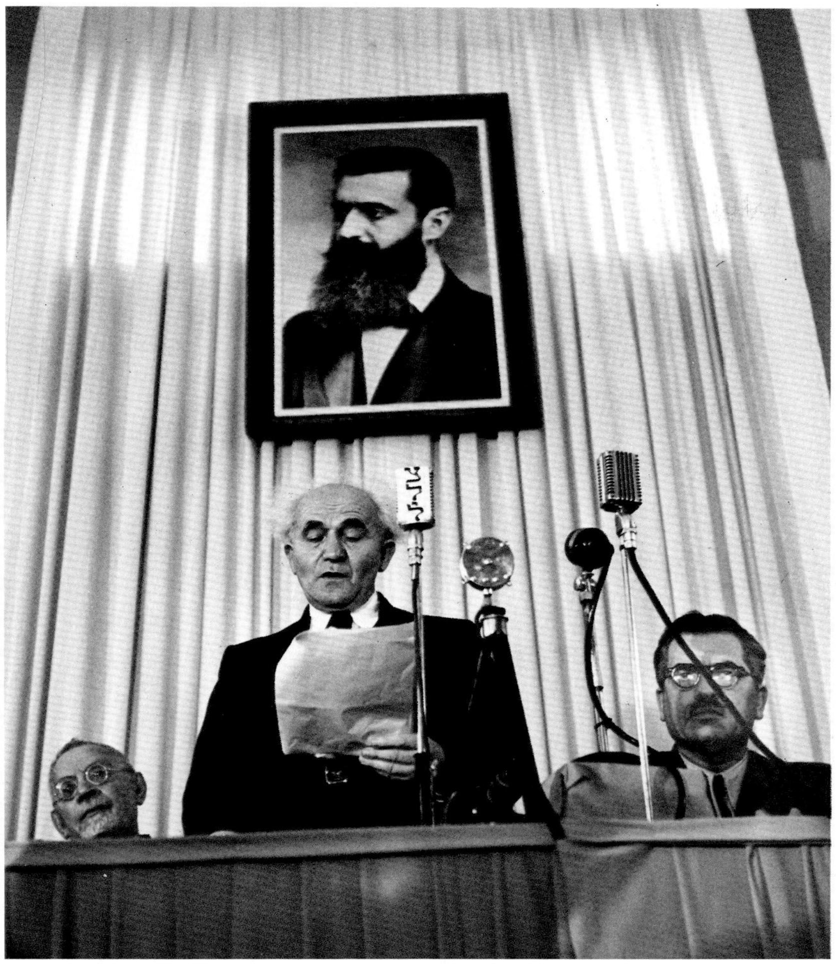

Links: Tel Aviv, 14. Mai 1948. David Ben Gurion verliest die Proklamation des selbständigen Staates Israel.
Unten: Tel Aviv, 14. November 1950. Chaim Weizmann, der erste israelische Präsident beim Betreten des Wahllokals für die Gemeindewahlen.

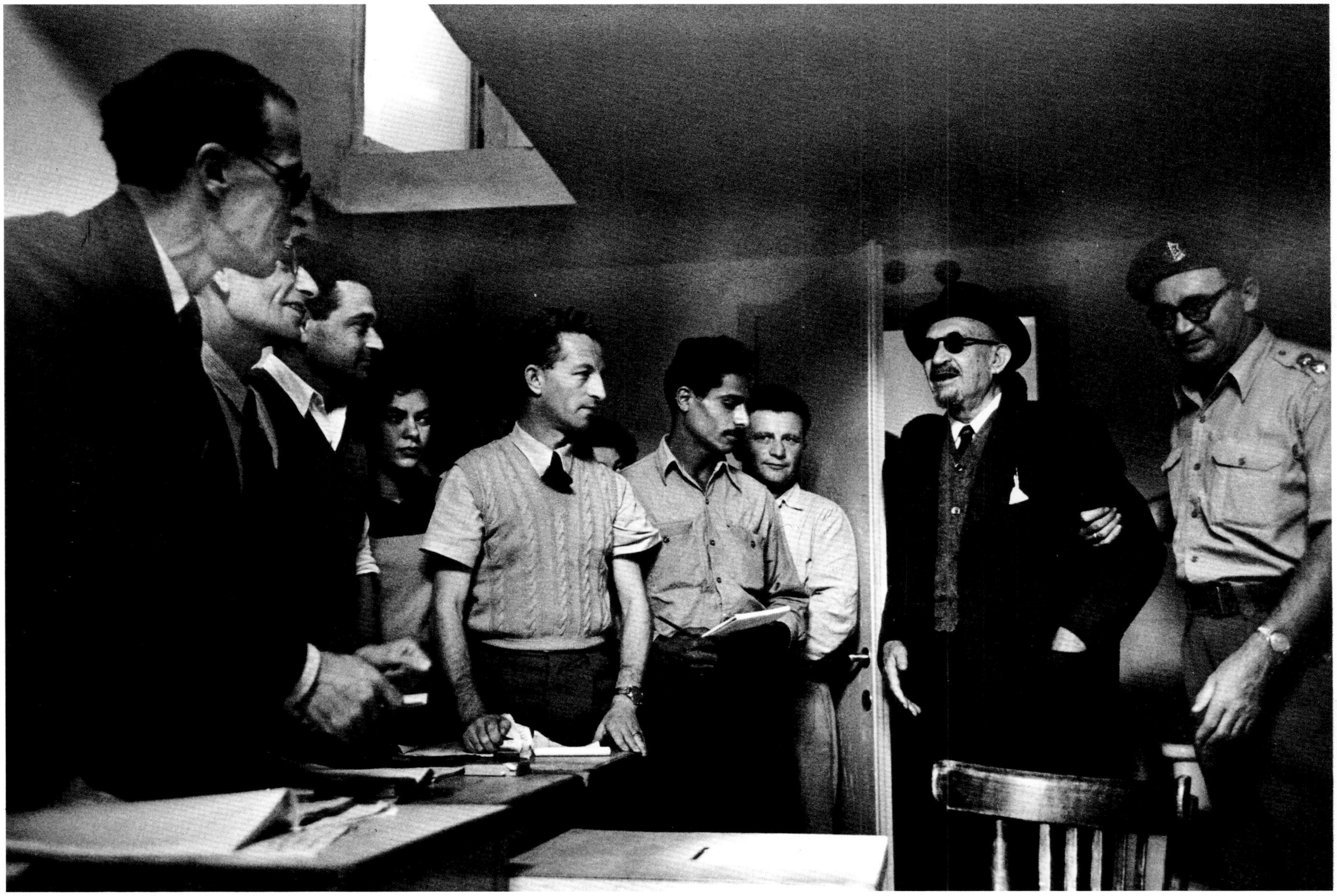

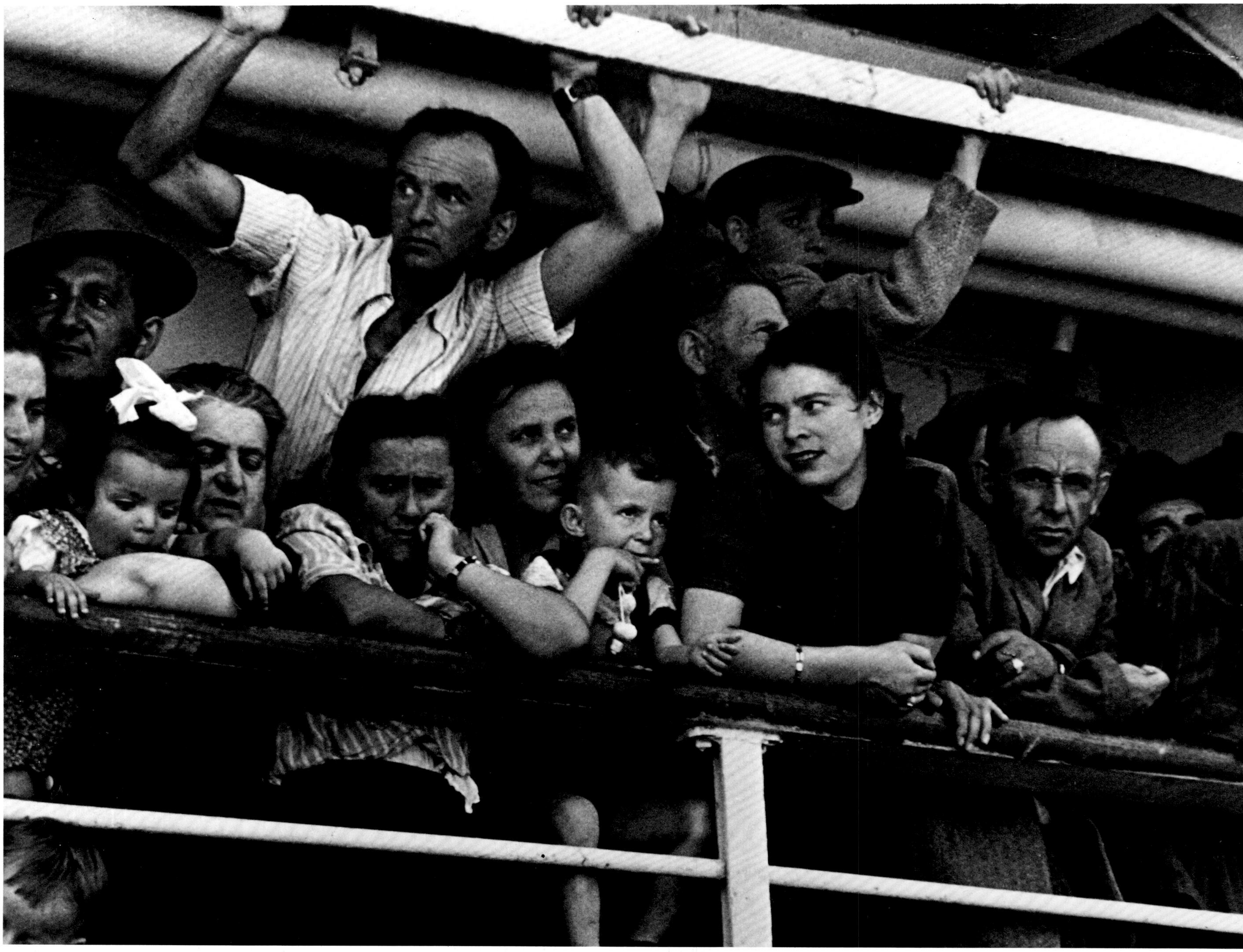

Haifa, Mai-Juni 1949.

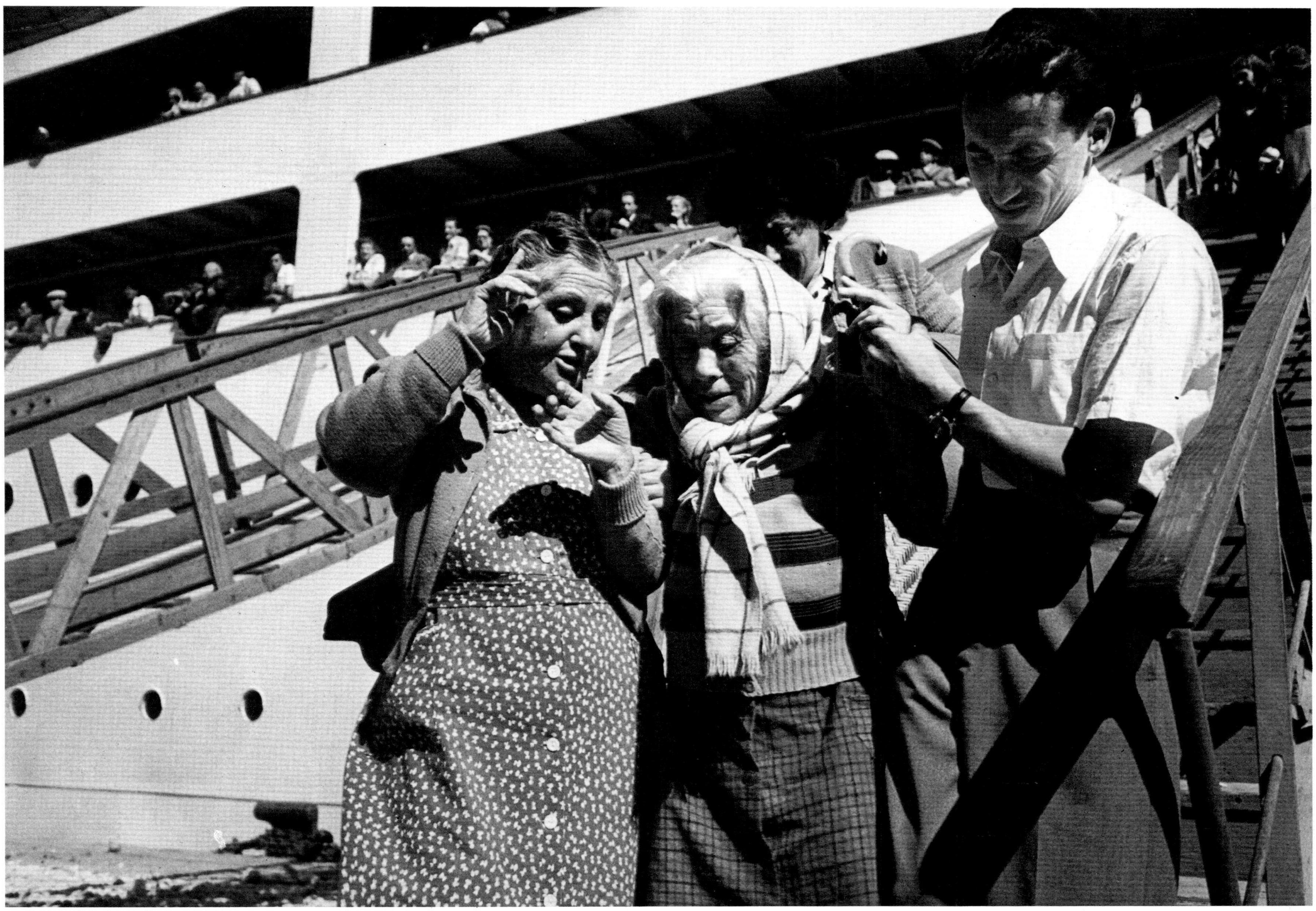

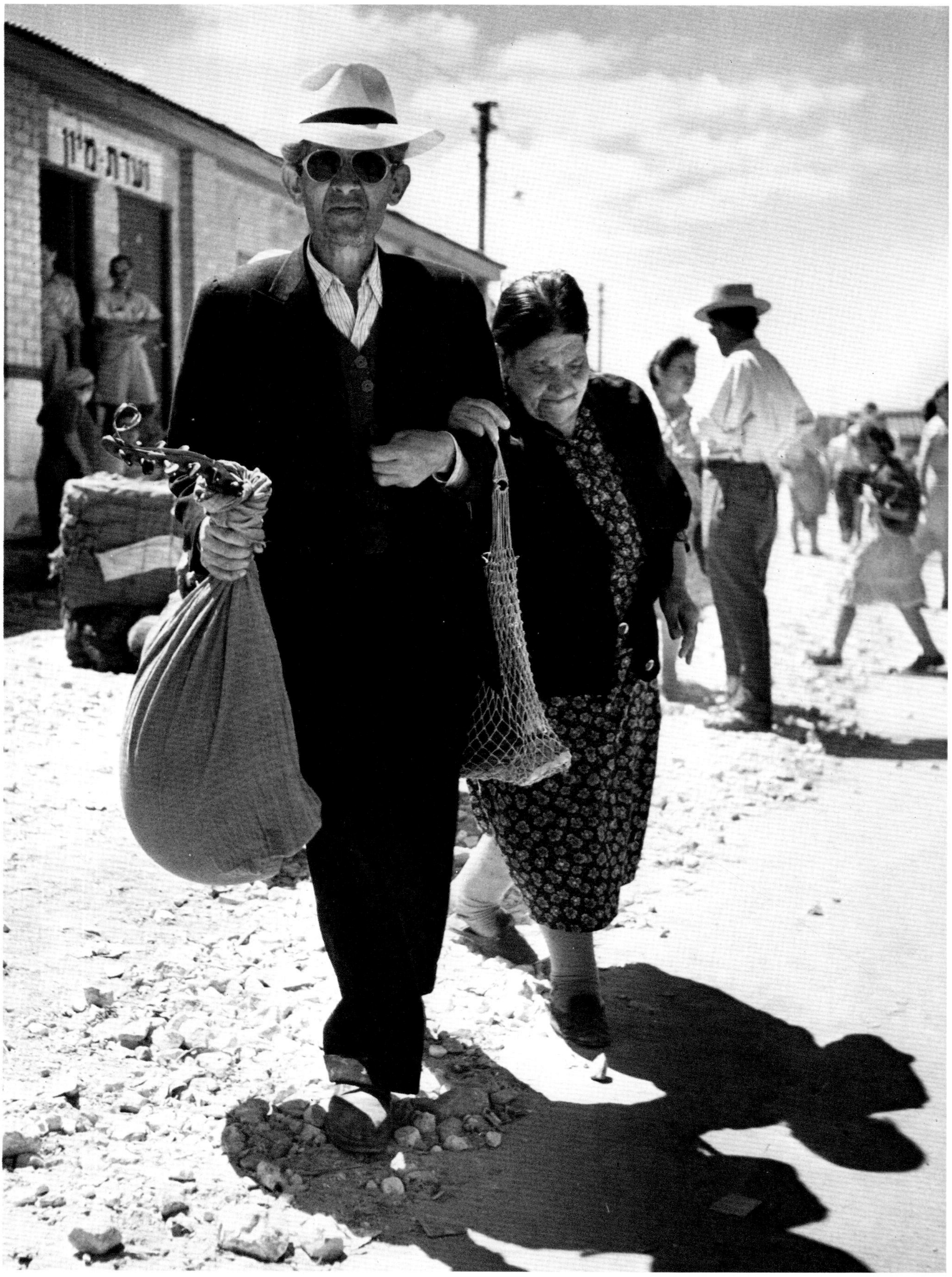
ועדת-מיון

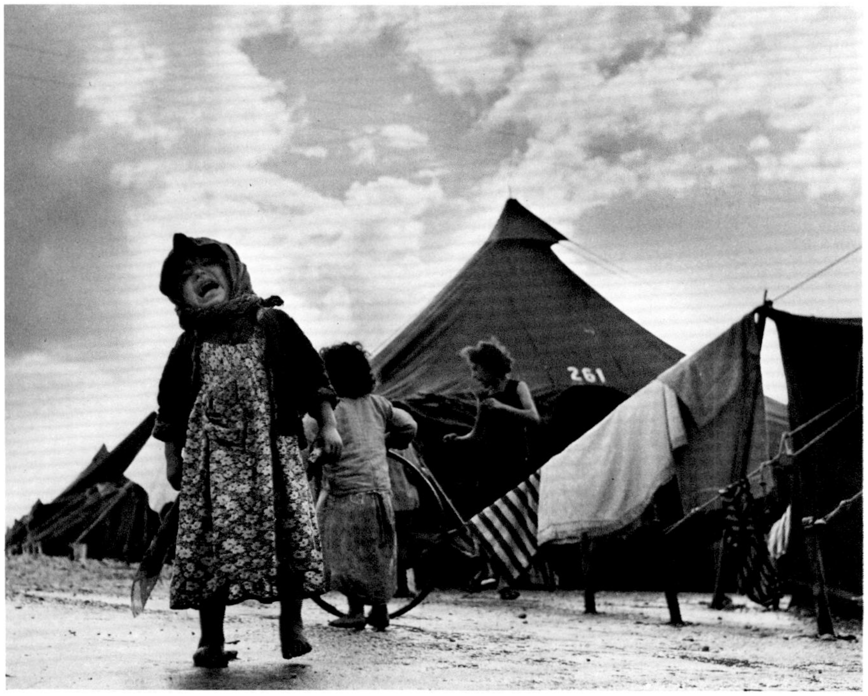

Gegenüberliegende Seite: Haifa, Mai-Juni 1949. Türkische Einwanderer.
Links: Rosh Hays Internierungslager Shaar Aliyah bei Haifa, Oktober-November 1950.
Unten: Bei Gedera (südlich von Tel Aviv), November-Dezember 1950. In einem damals noch namenlosen Dorf für blinde Einwanderer und ihre Familien werden drei Männer in den Speisesaal der Gemeinde geführt.

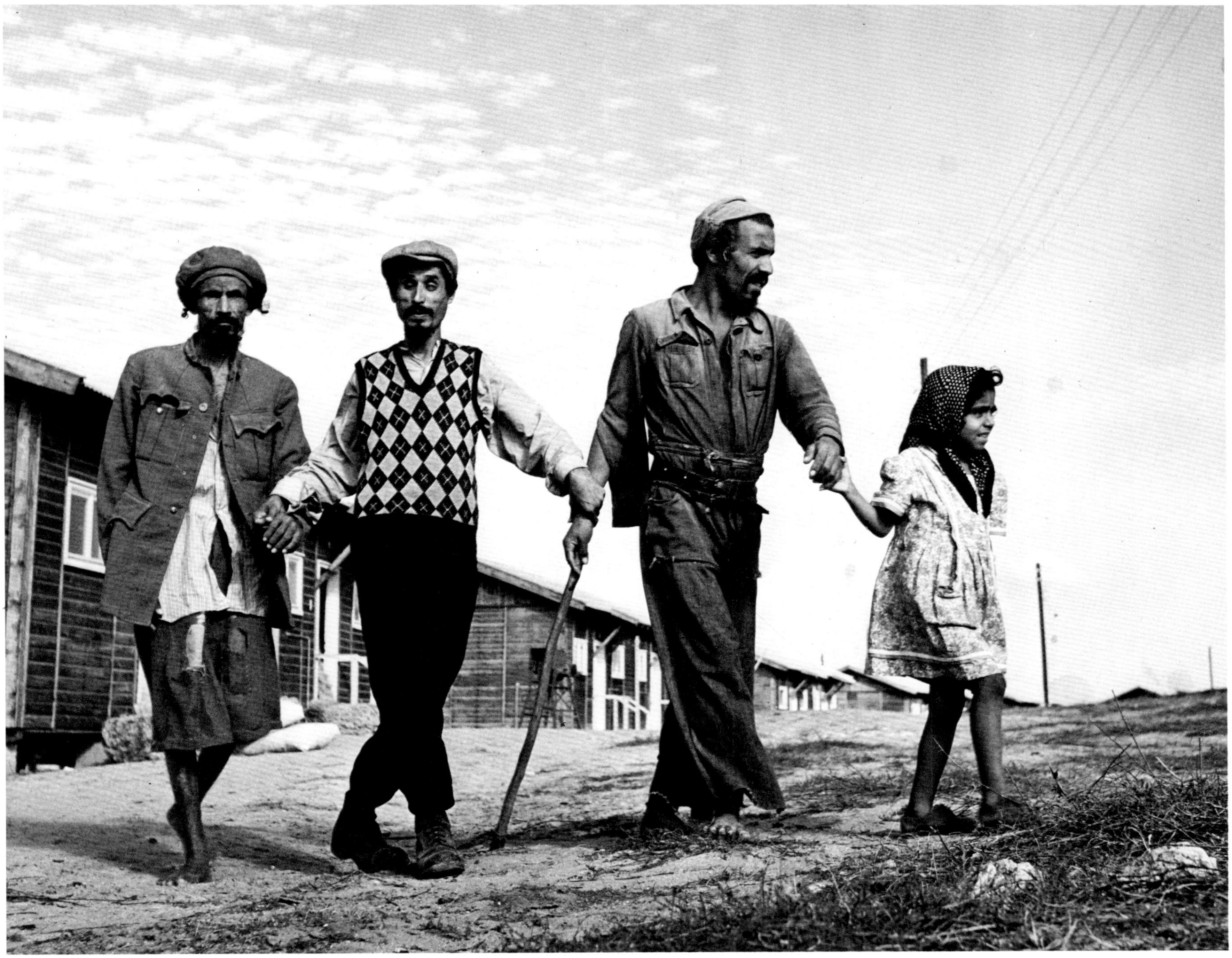

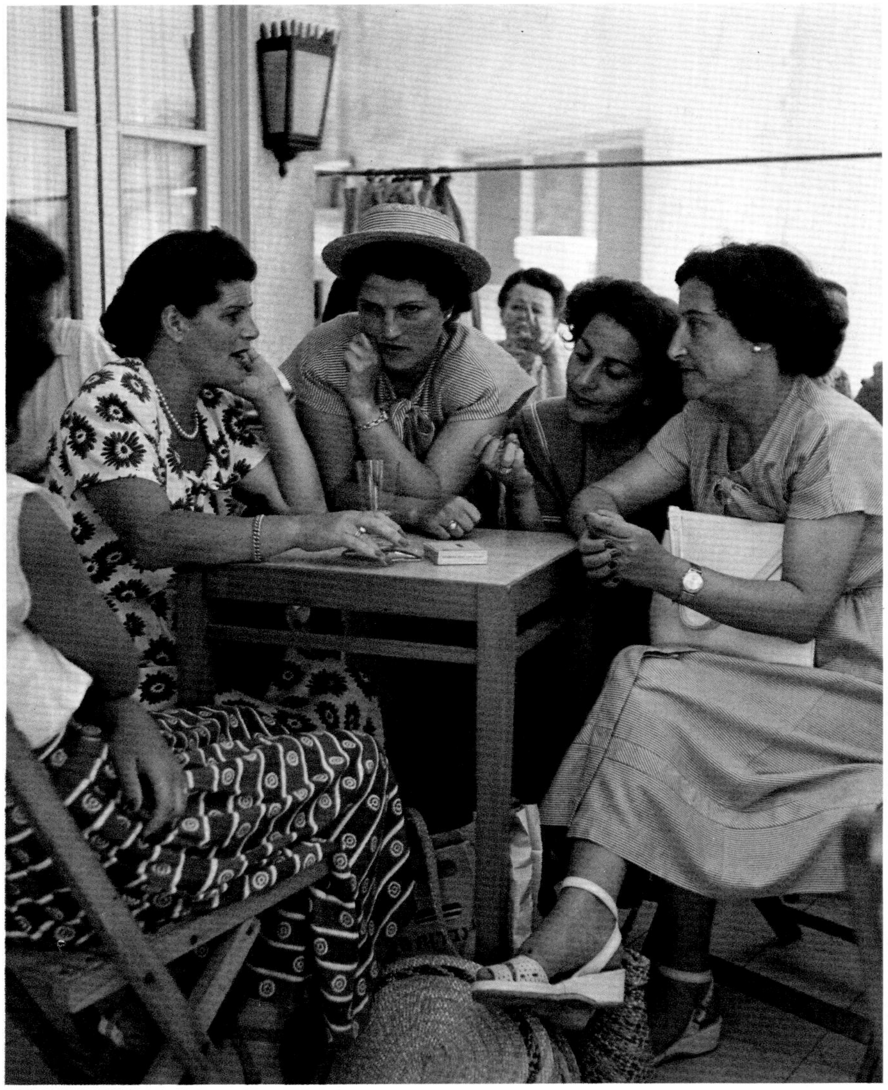

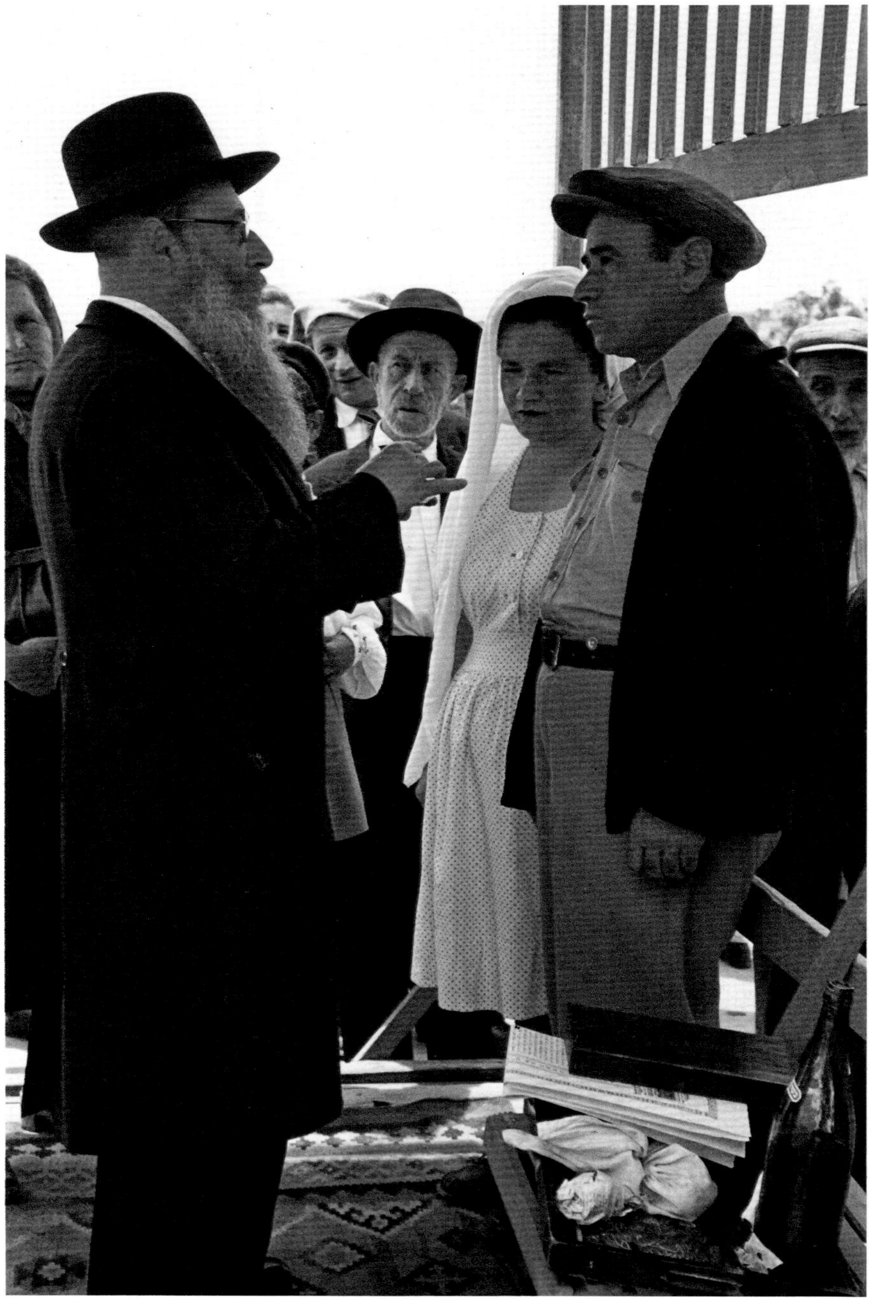

Oben: Tel Aviv, Mai 1949.
Rechts: Jerusalem, Mai-Juni 1949.
Gegenüberliegende Seite: Jerusalem, Mai-Juni 1949. Ein Treffen der Talmudgesellschaft im Viertel Mea Shearim.

Umseitig: Tel Aviv, Mai 1949. Das rostende Wrack der *Altalena*.

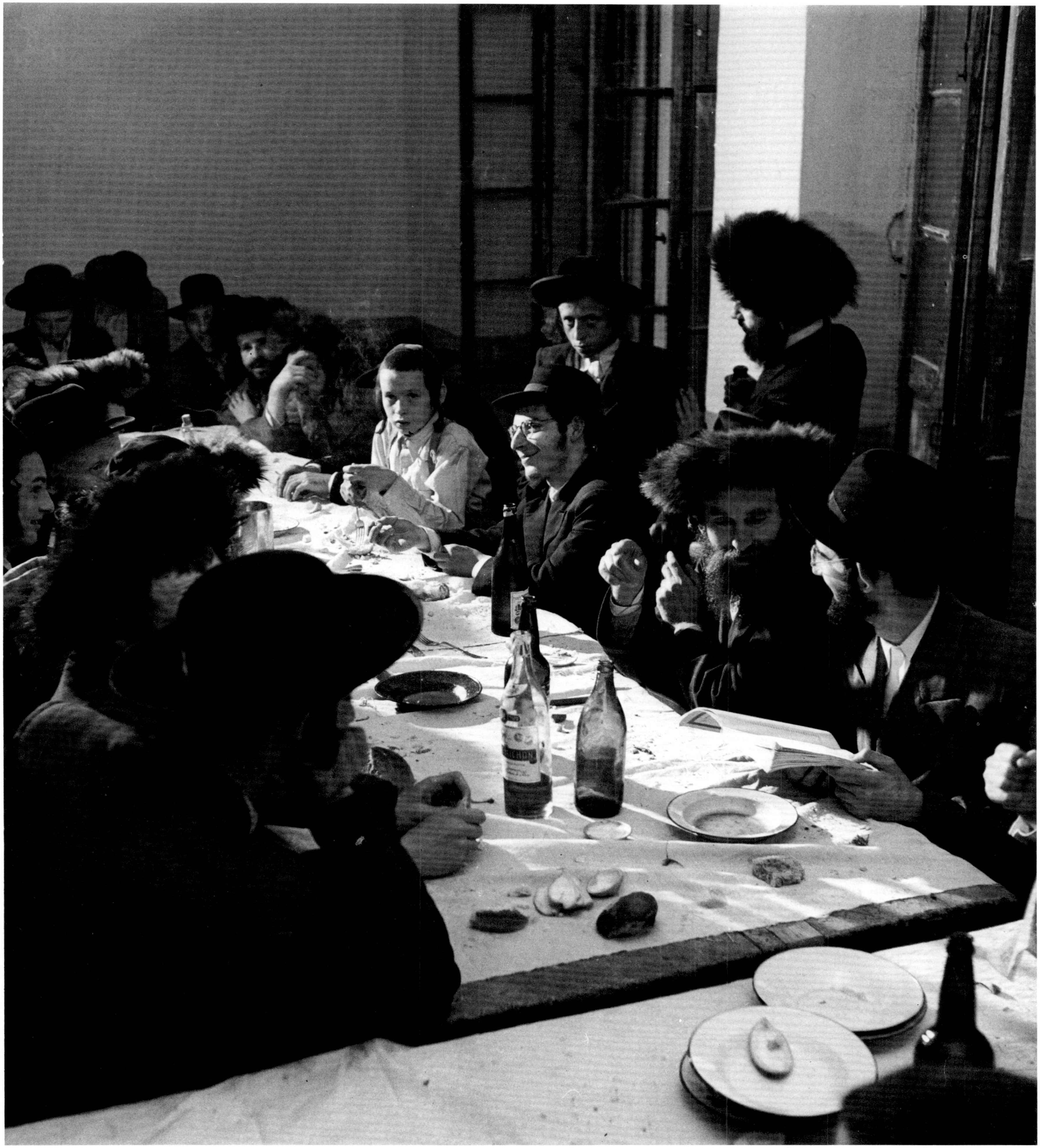

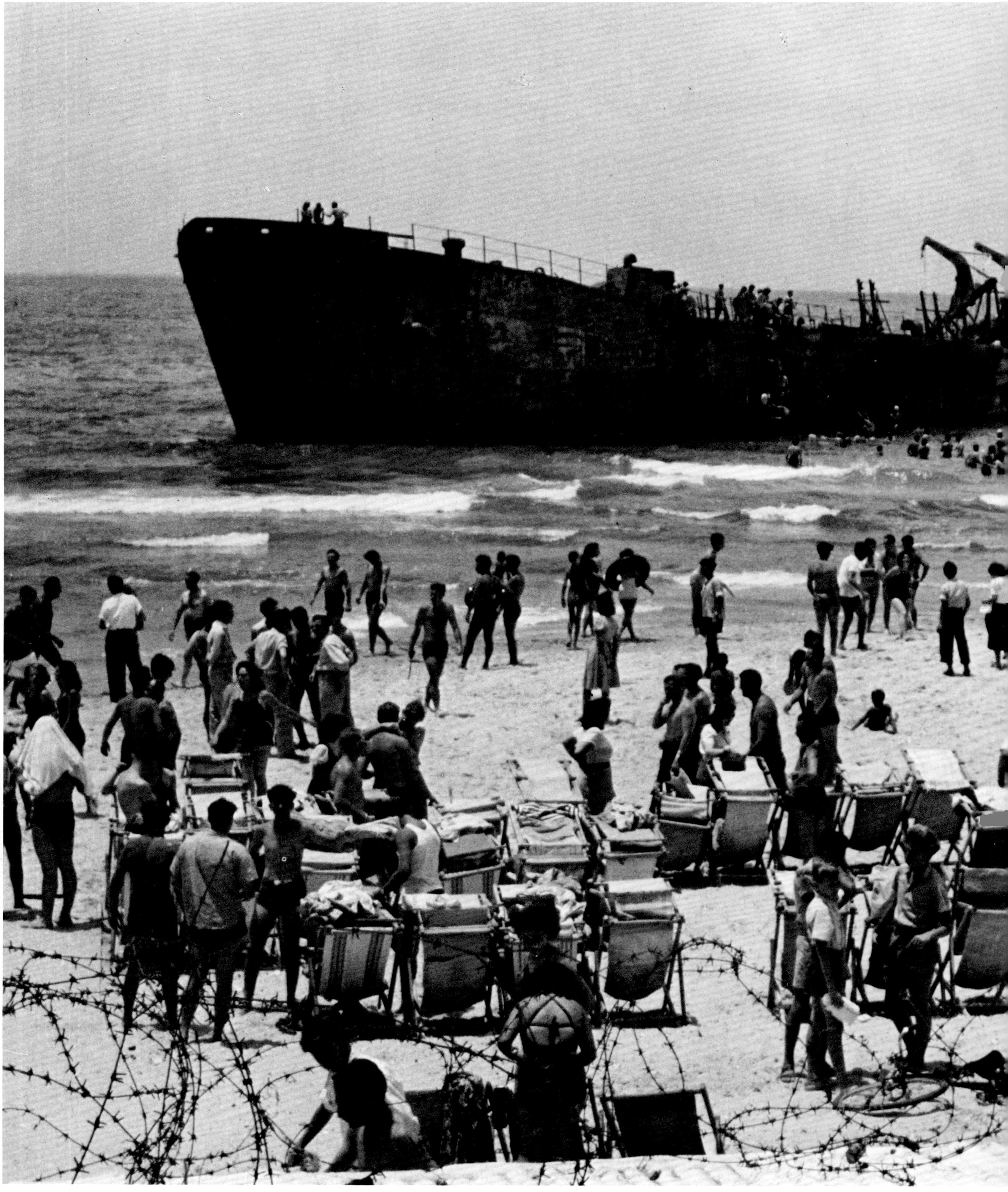

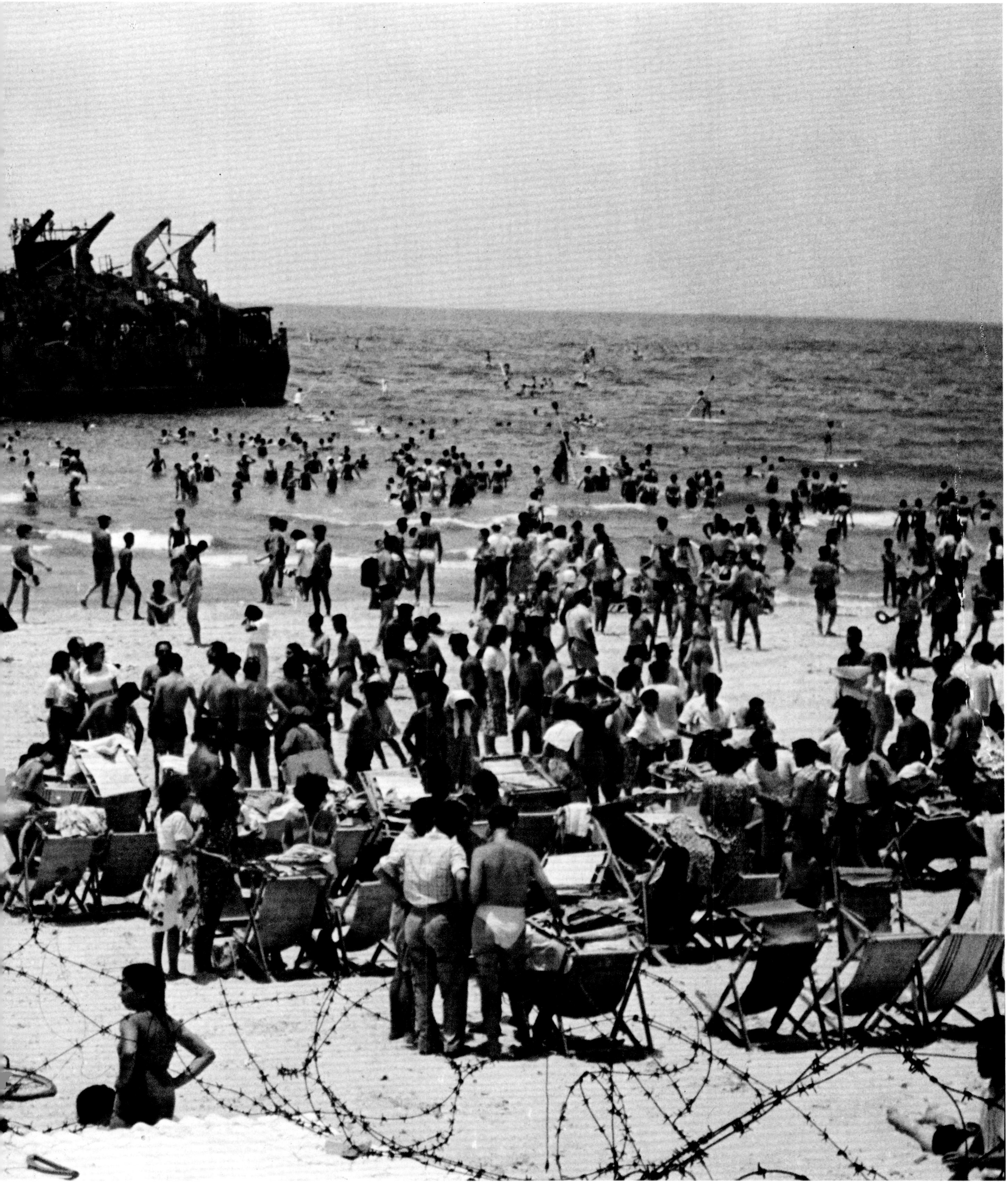

Unten: Paris, Juli 1952.
Rechts: Deauville, August 1951.

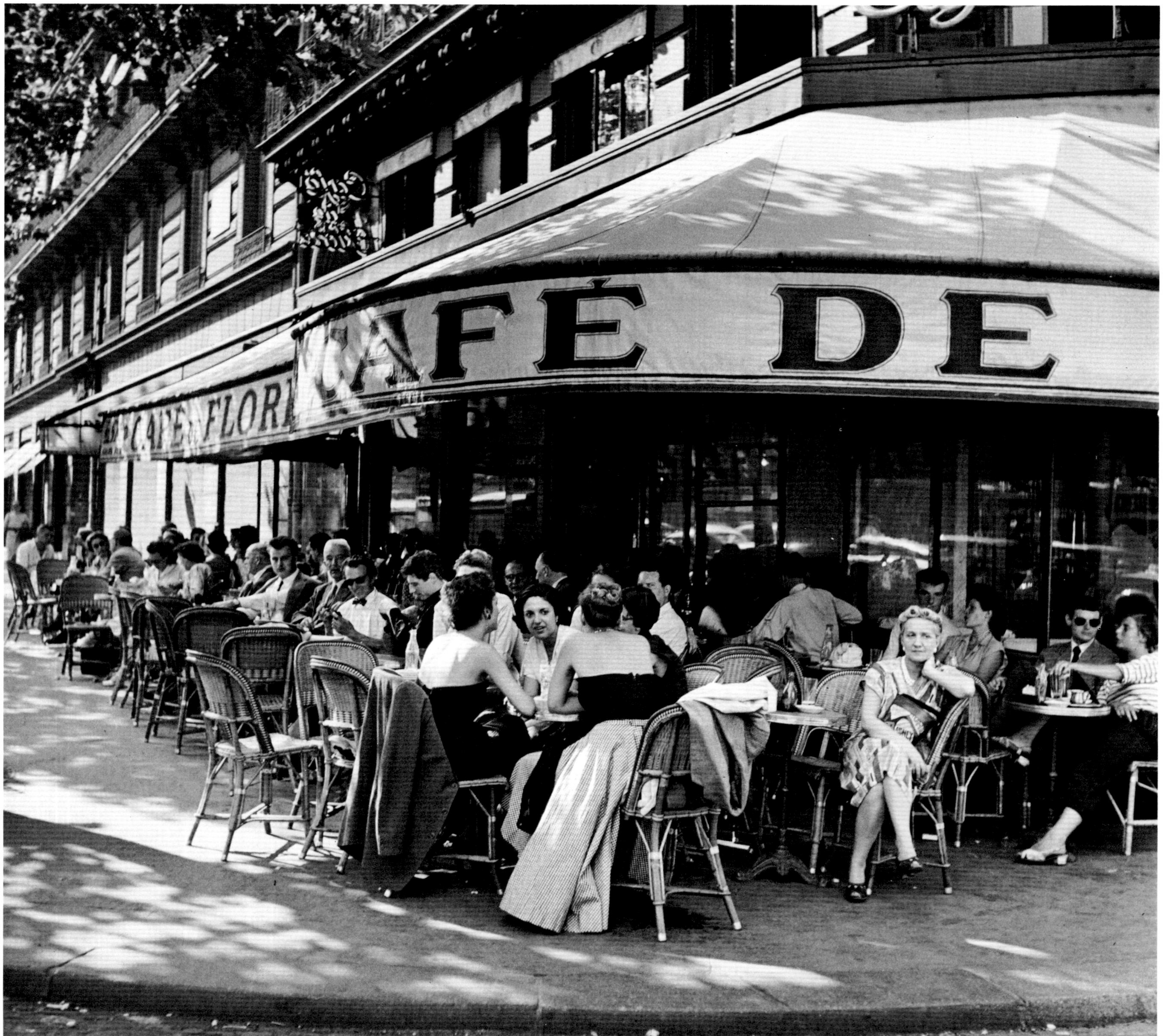

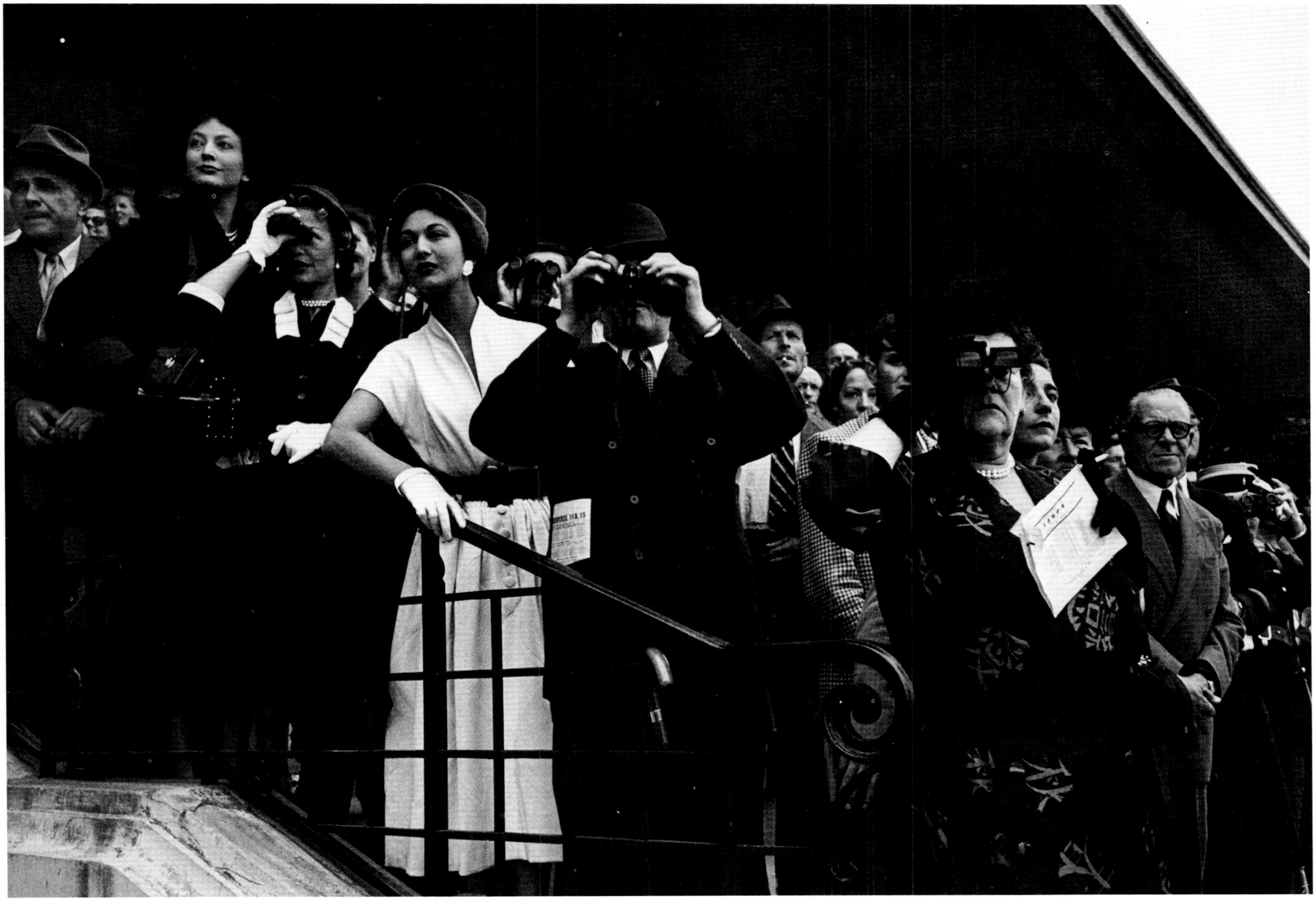

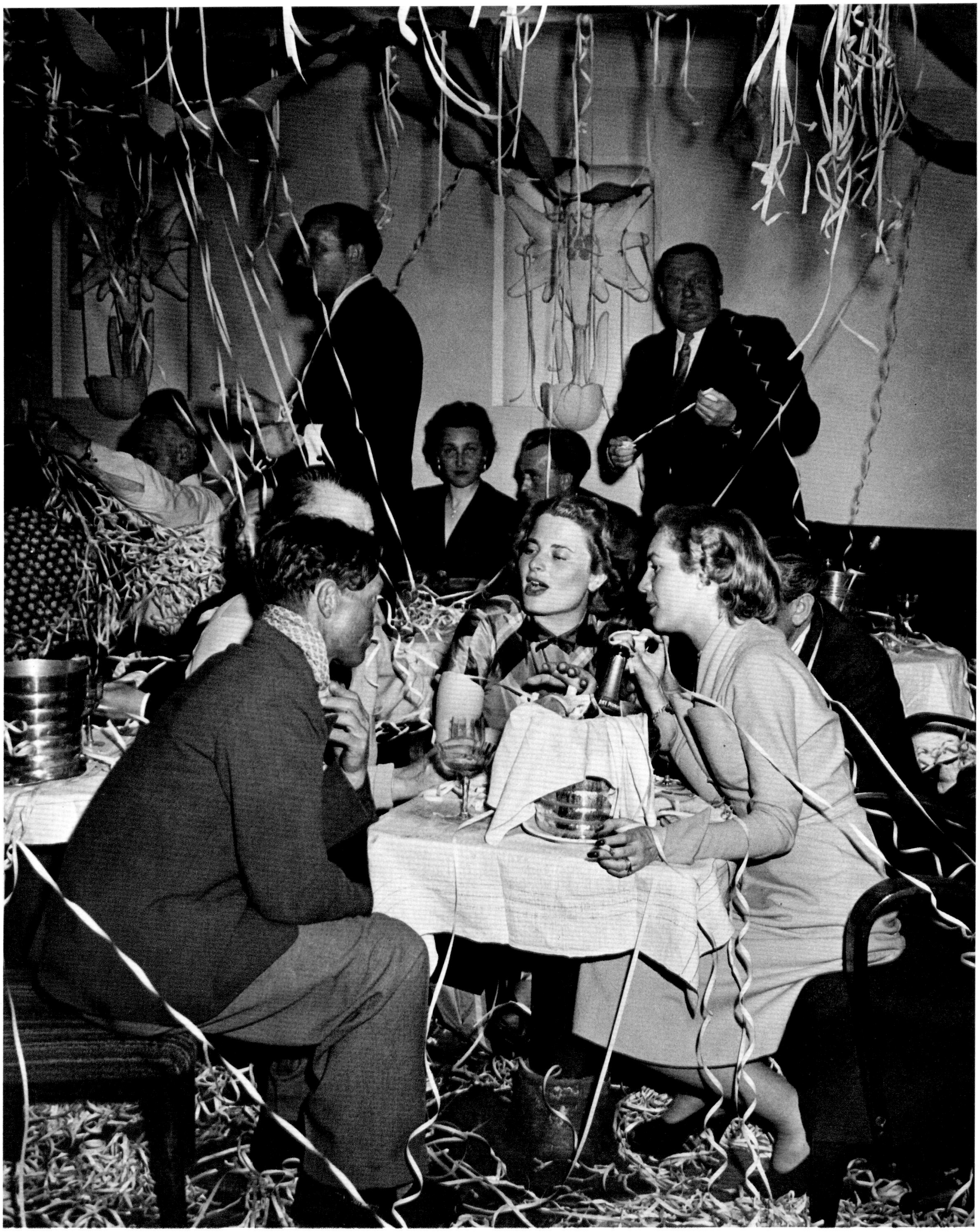

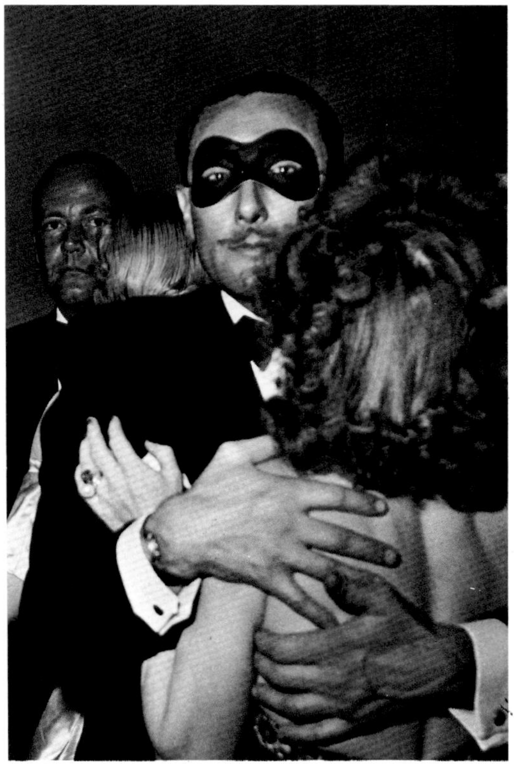

Zürs, Österreich, Februar 1950.
Unten: Biarritz, August 1951.

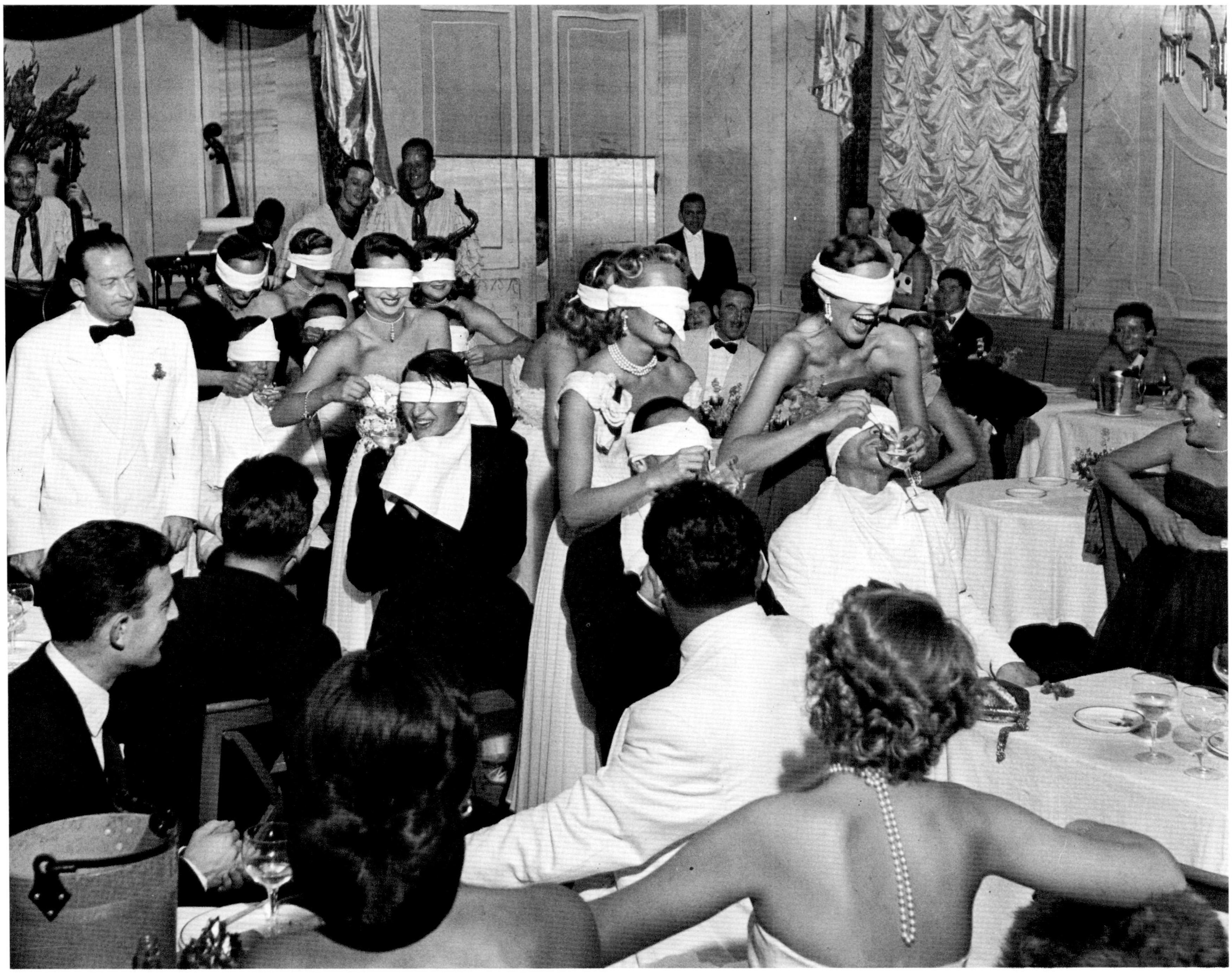

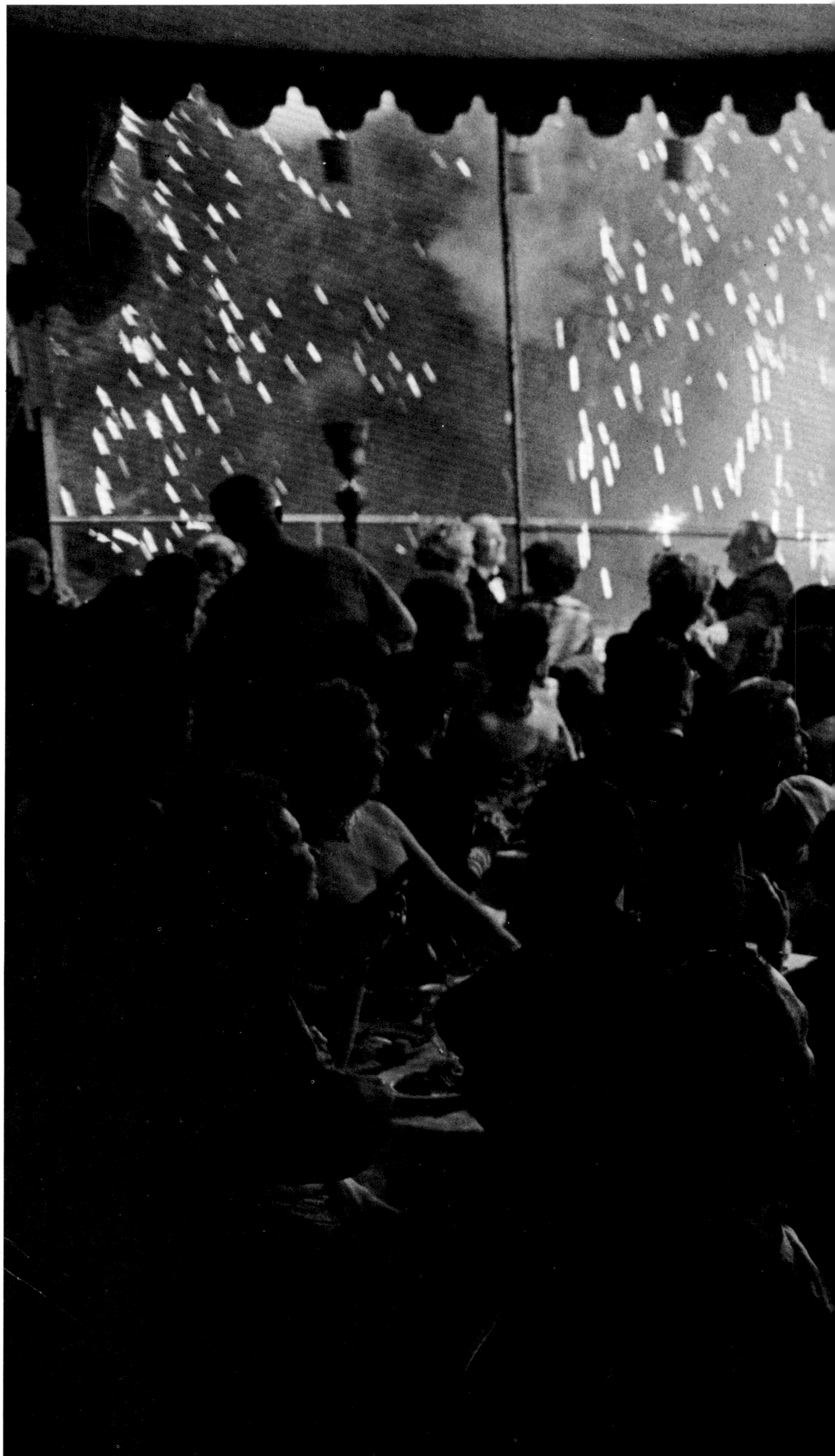

Paris, 14. Juli 1952. Speisegäste im Tour d'Argent, vertieft in den Anblick des Feuerwerks zum Tage der Bastilleerstürmung.

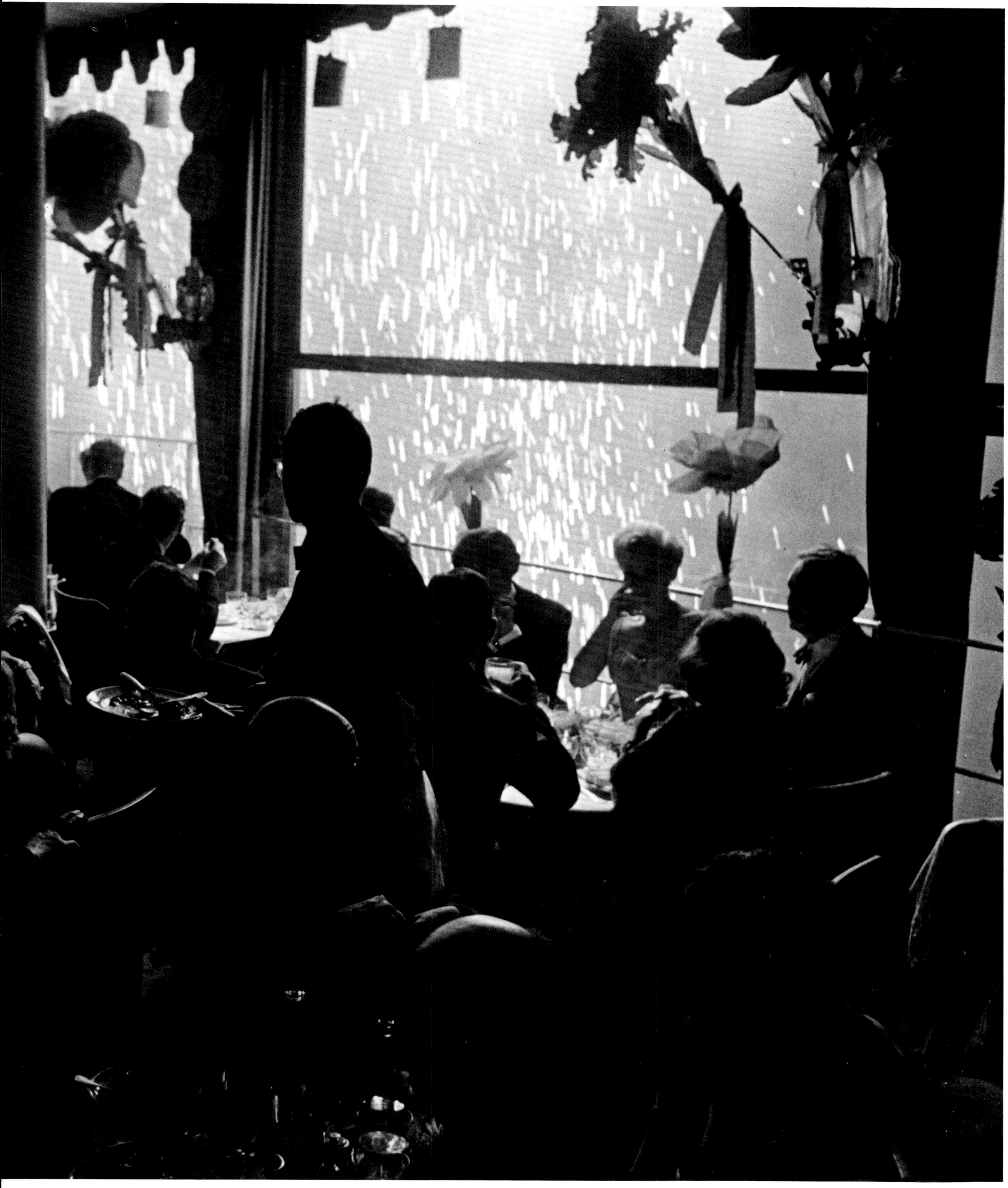

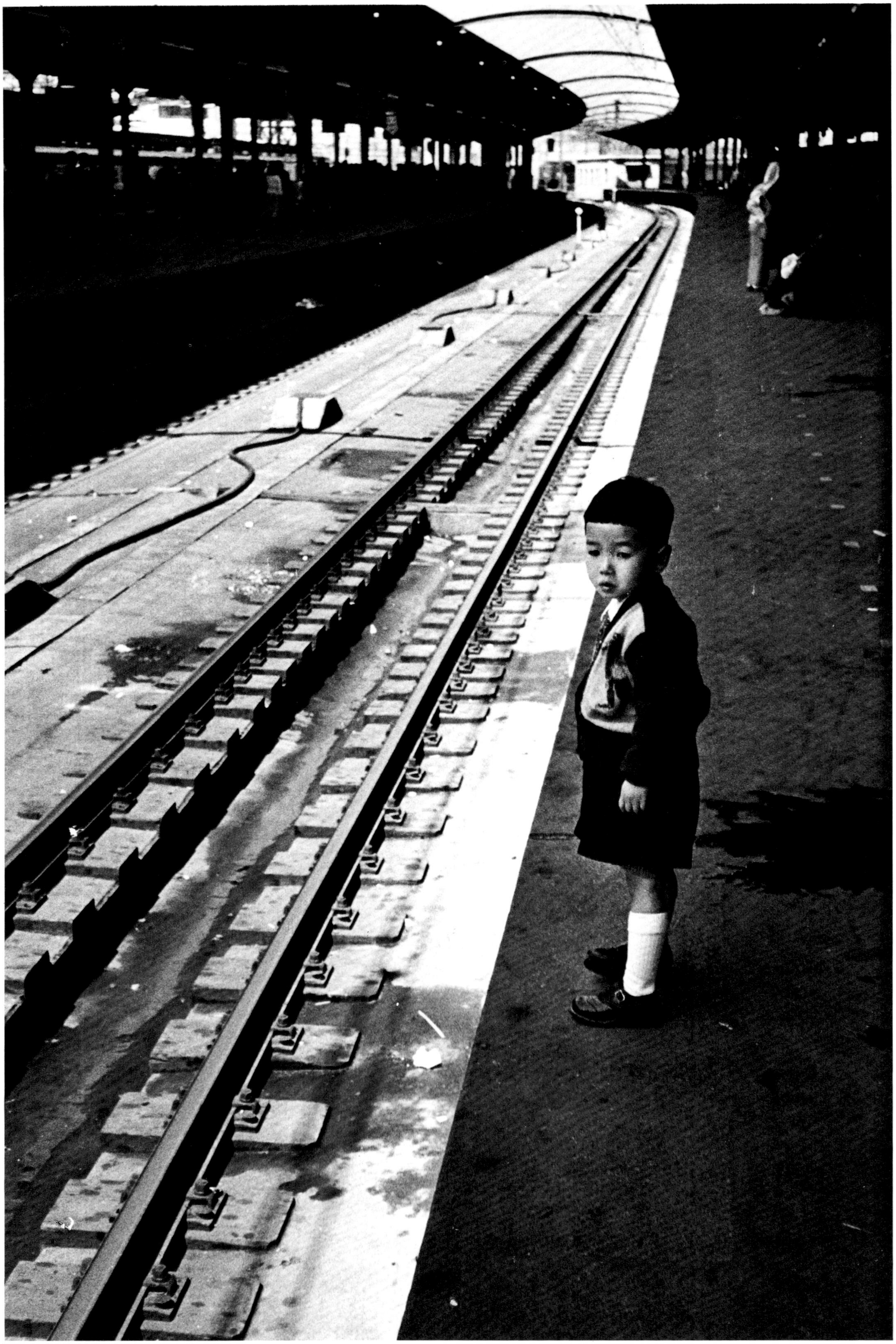

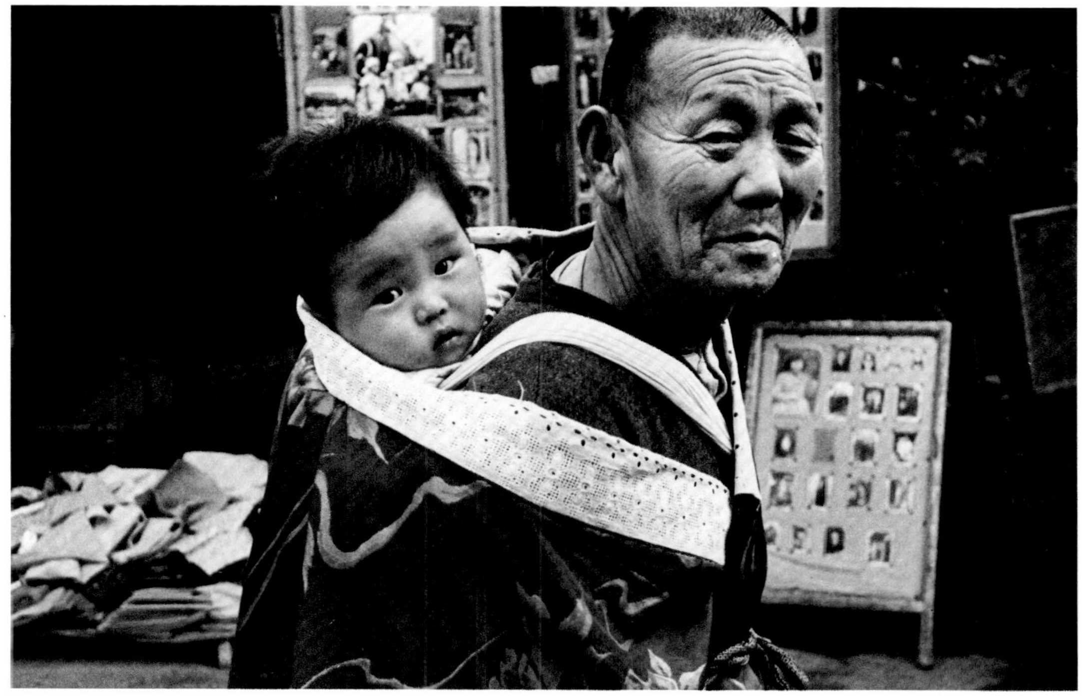

Japan, April 1954.

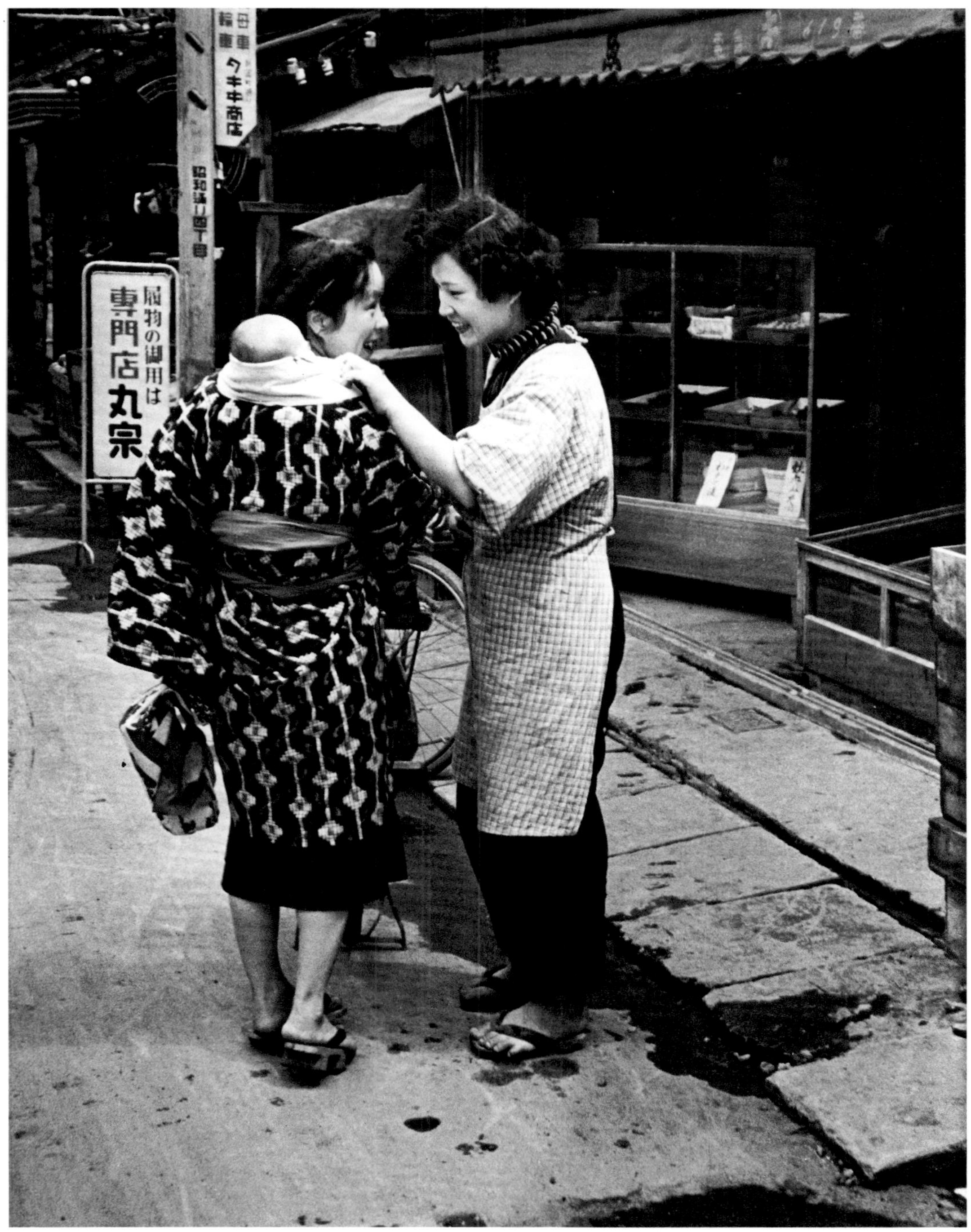

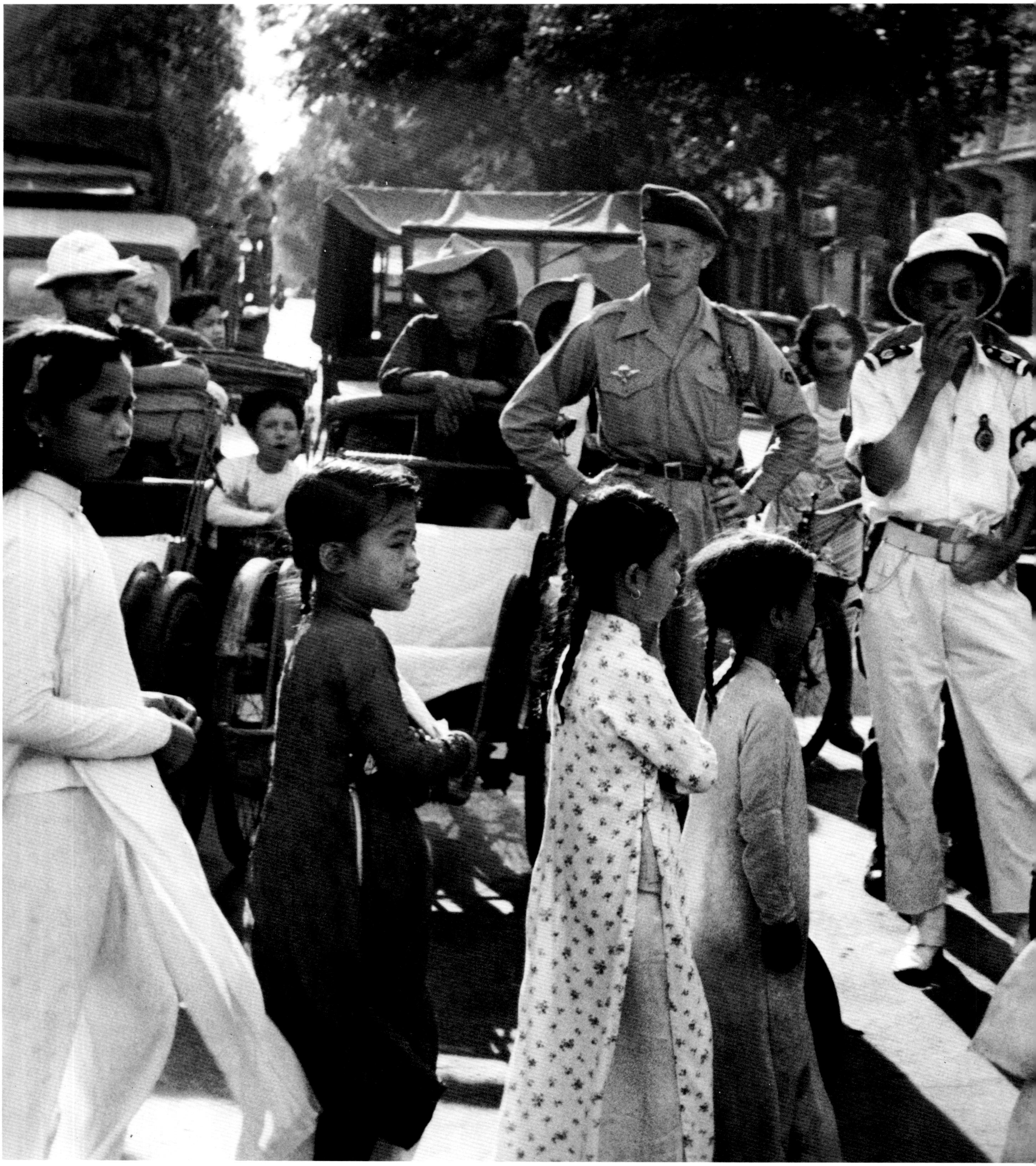

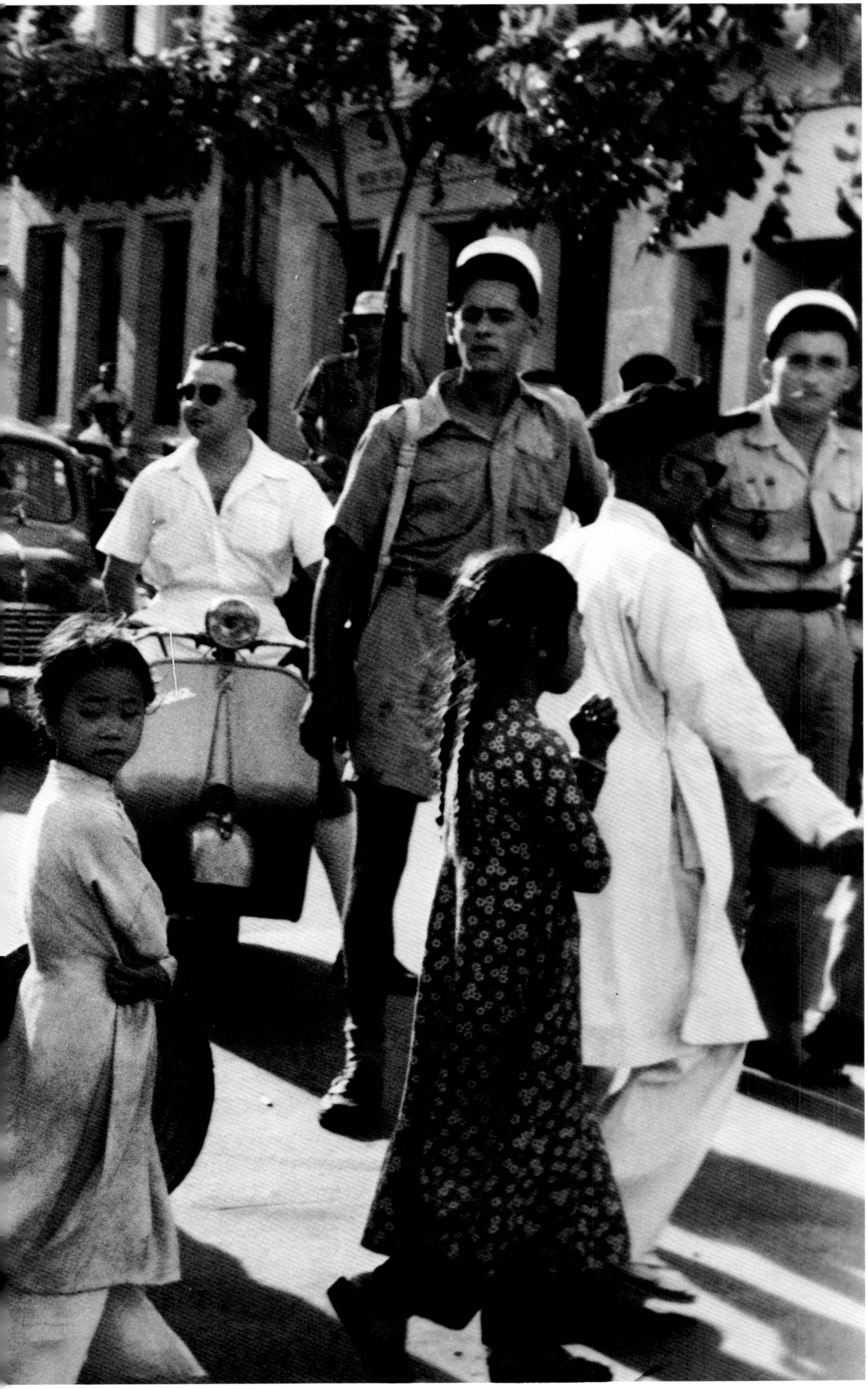

Hanoi, 23. Mai 1954.

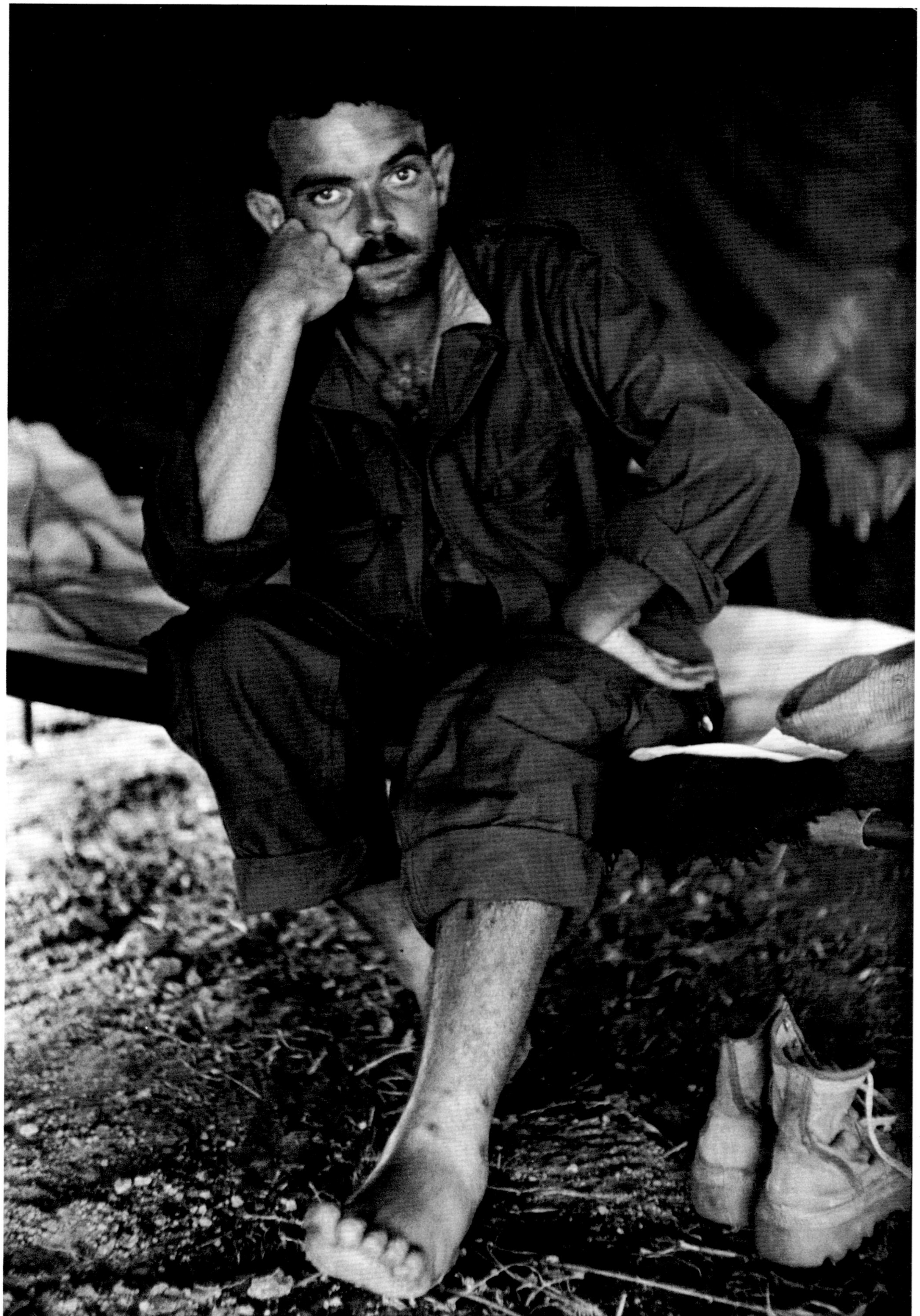

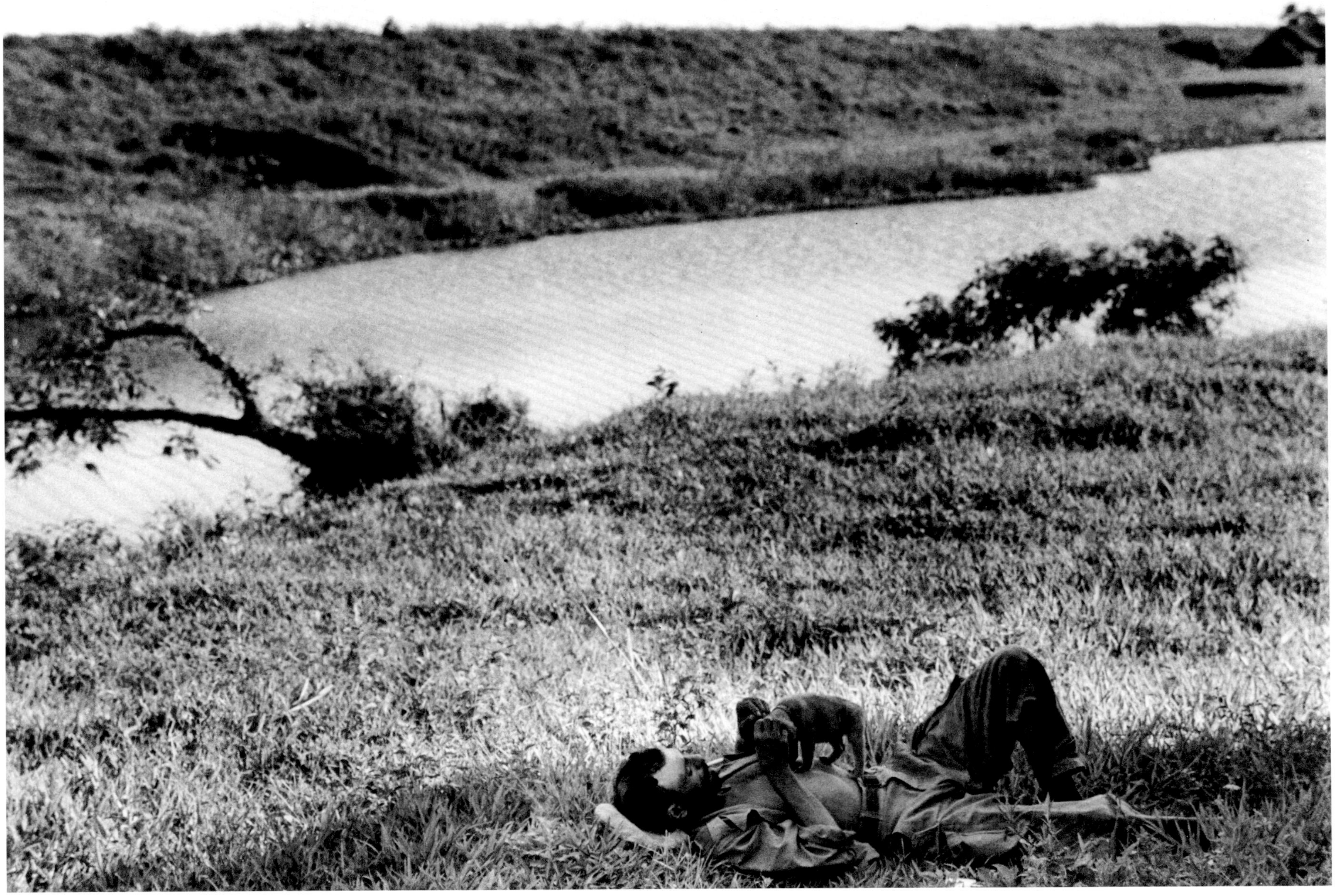

Links: Luang Prabang, Laos, um den 10. Mai 1954. Französischer Soldat nach dem Rückzug aus Stellungen bei Diên Bîen Phu, das nach langer Belagerung am 7. Mai an den Vietminh gefallen war.
Oben: Phuly (westlich von Nam Dinh), 24. Mai 1954.

Auf der Straße von Nam Dinh nach Thai Binh, Delta des Roten Flusses, 25. Mai 1954.

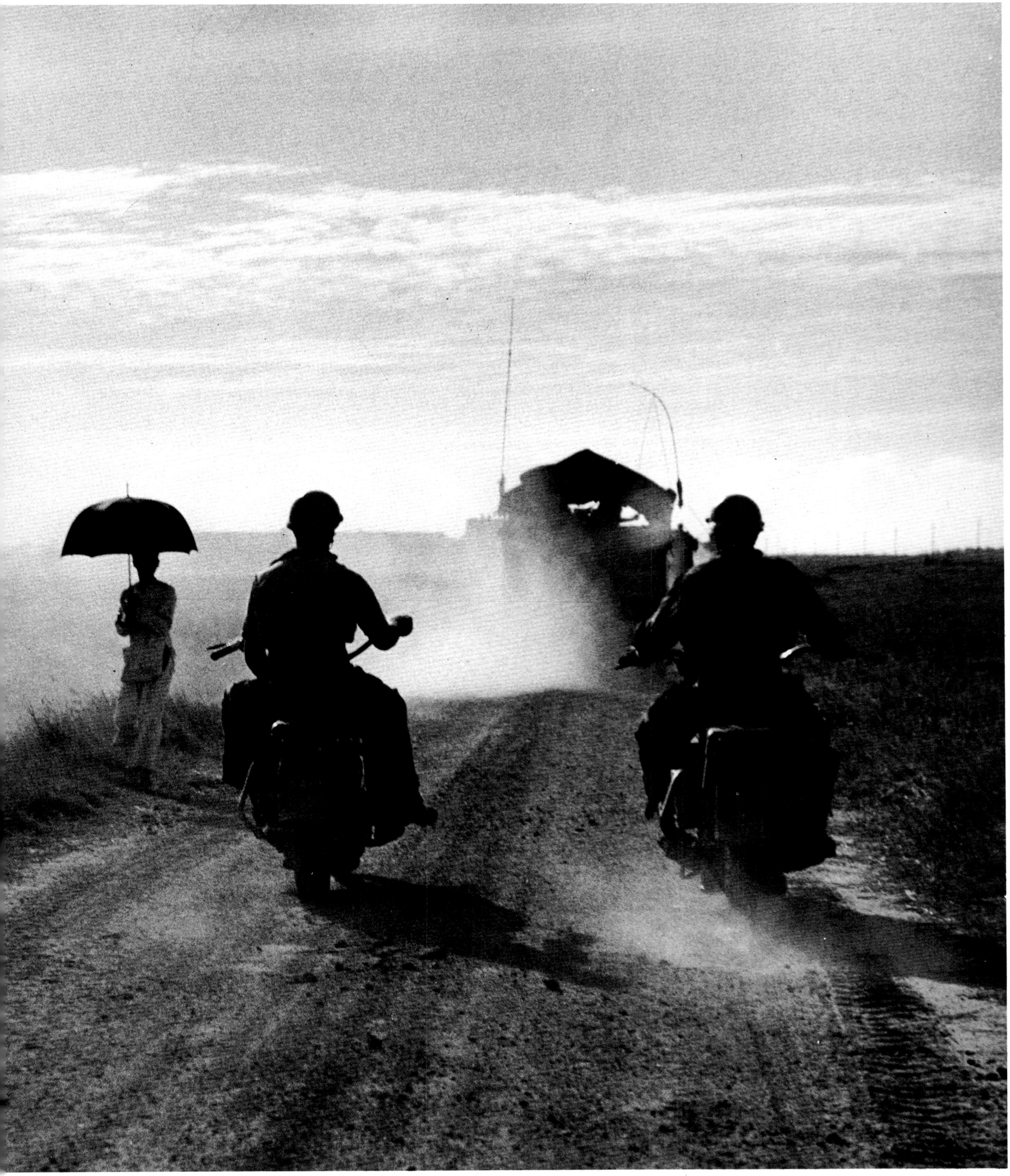

Unten: An der Straße nach Thai Binh, 25. Mai 1954.
Rechts: Nam Dinh, 21. Mai 1954.

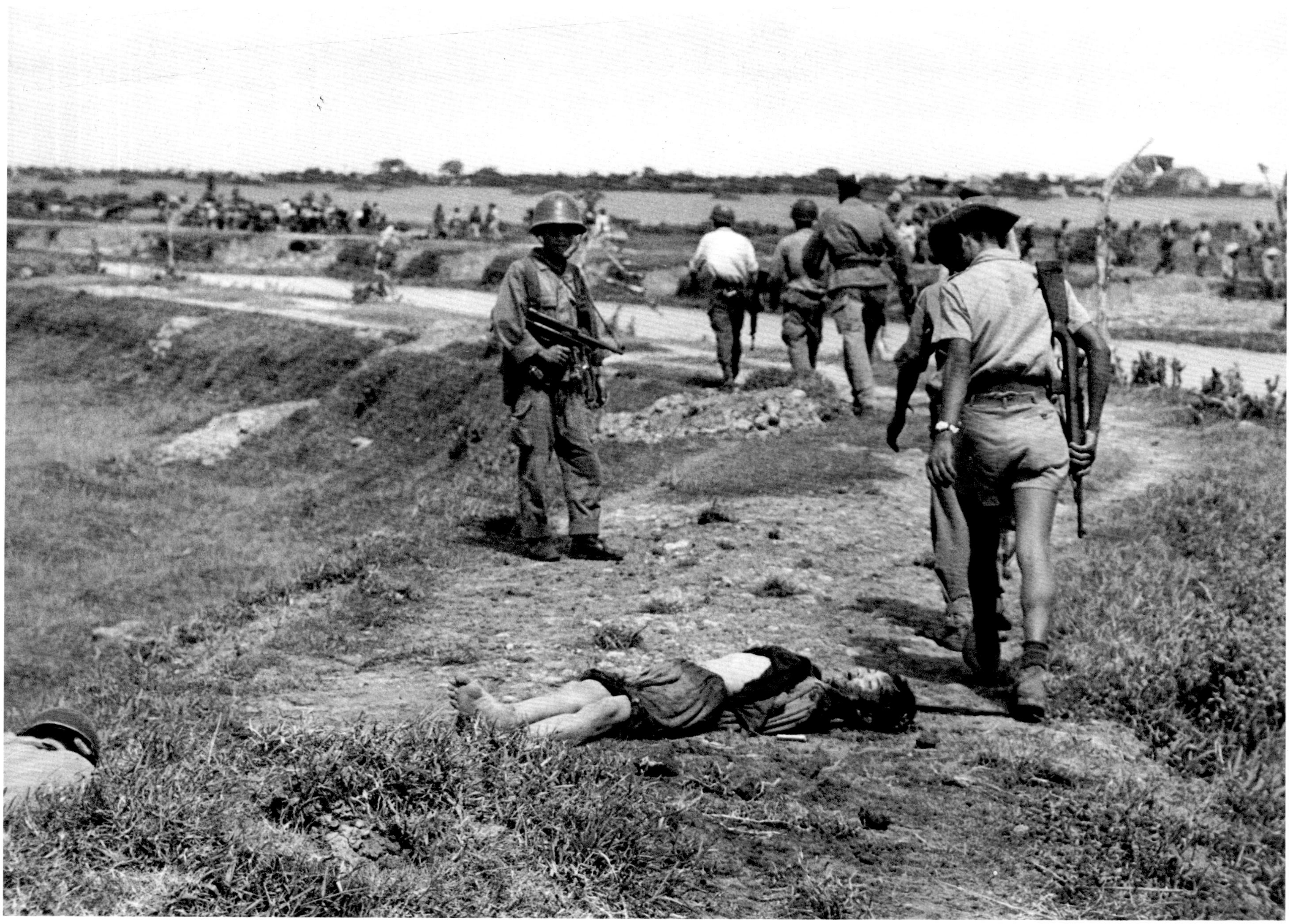

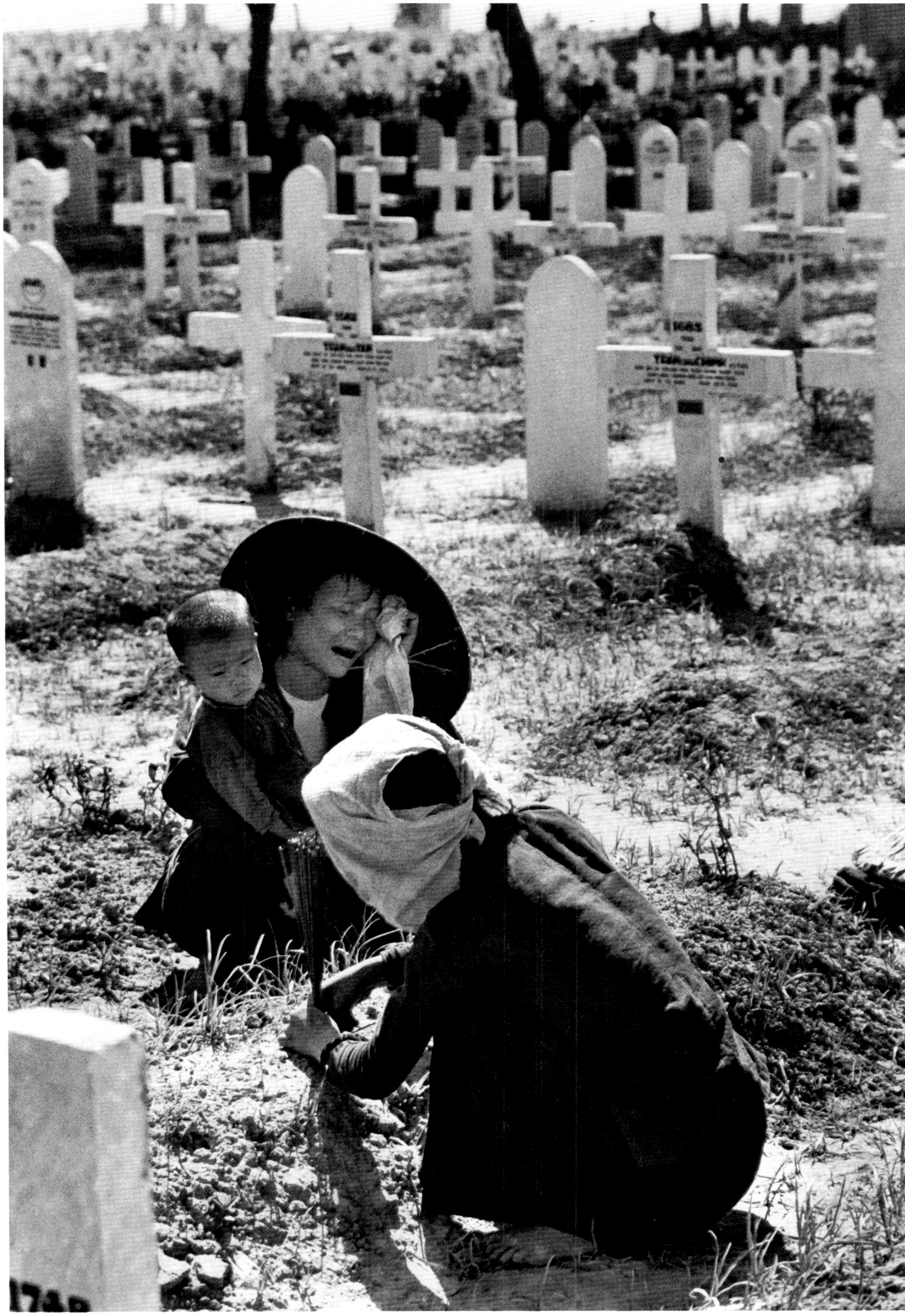

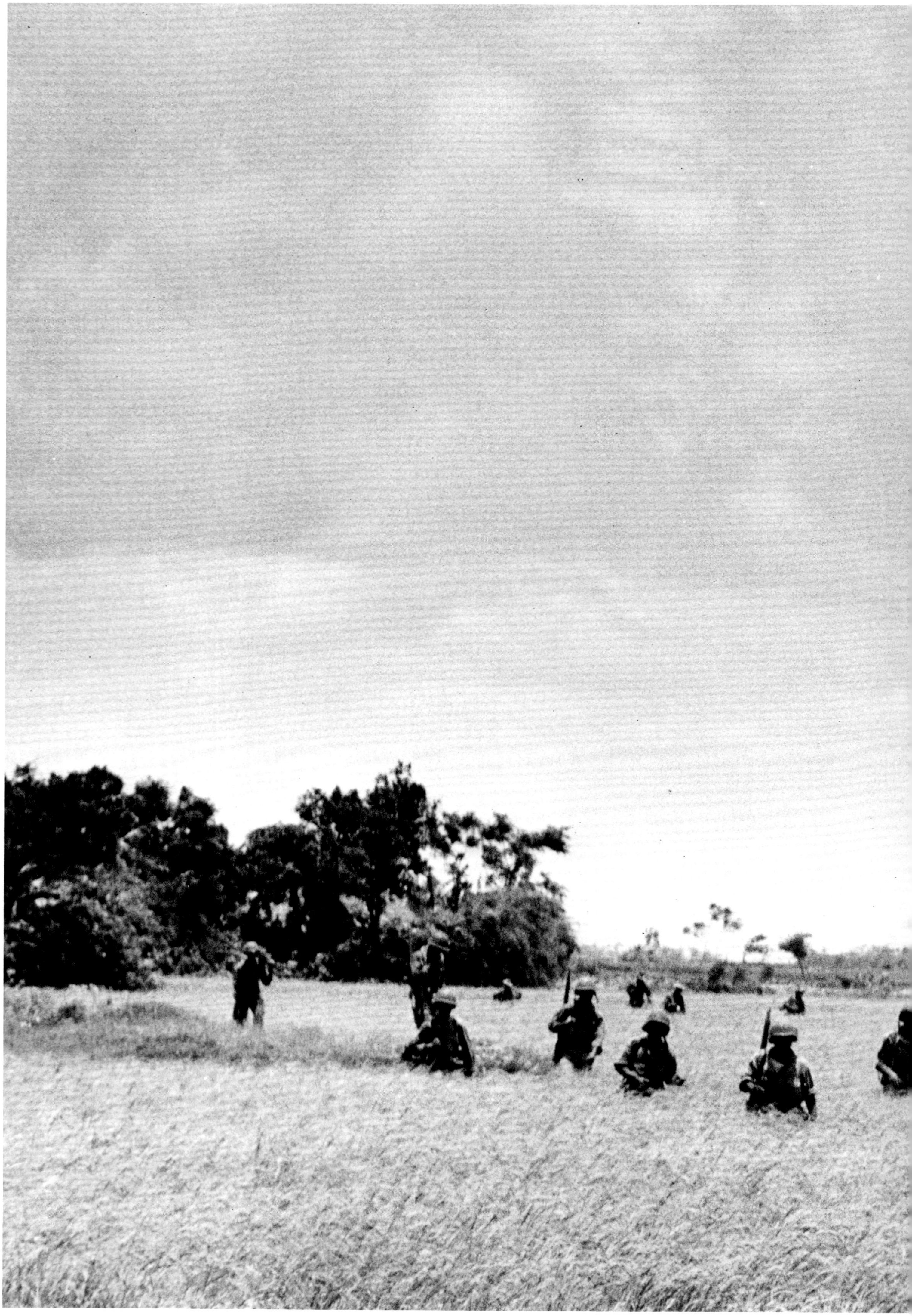

An der Straße nach Thai Binh, 25. Mai 1954. Französische Soldaten auf dem Weg zu einer Granatwerferstellung des Vietminh, die die Straße unter Beschuß hatte.

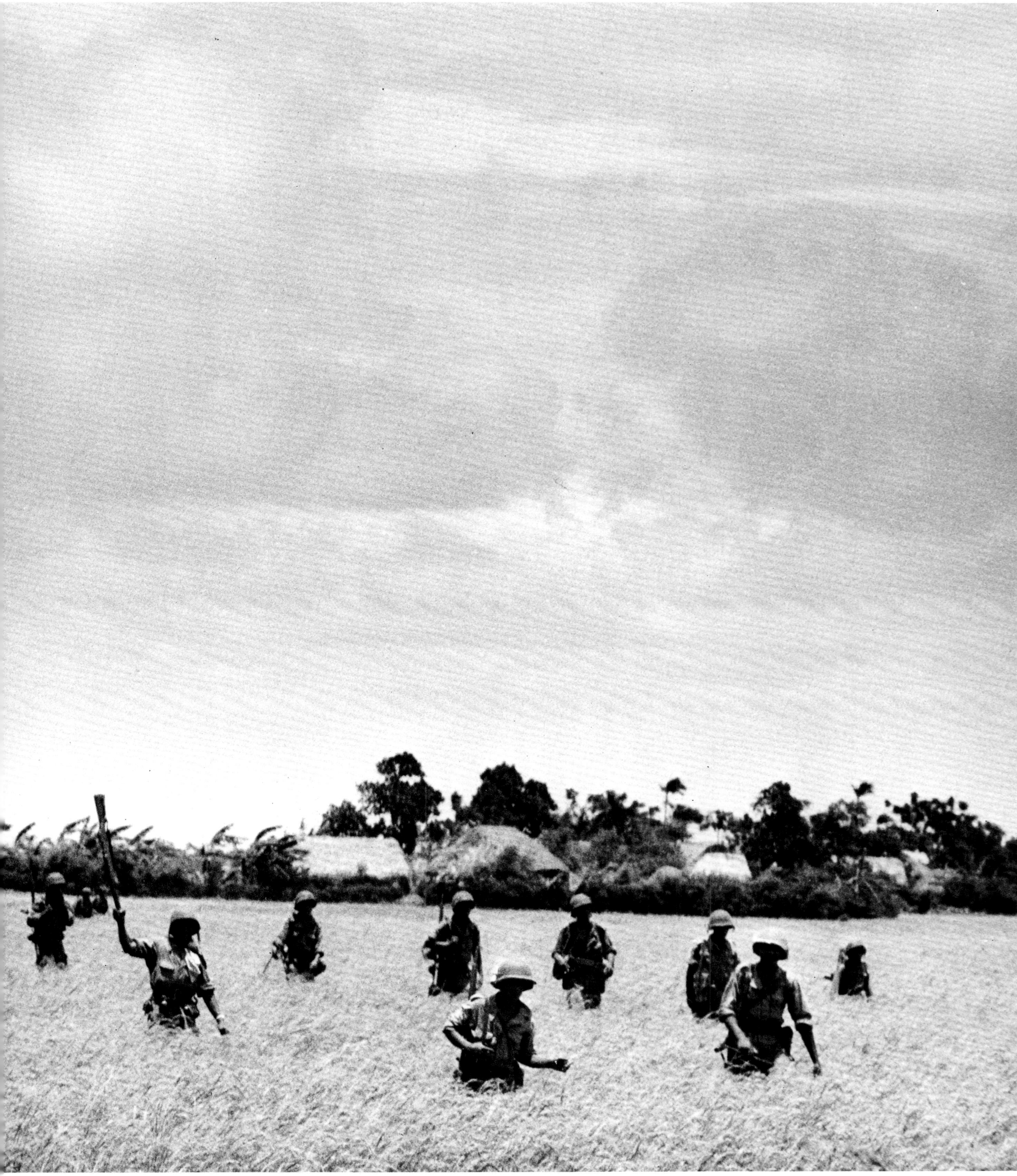

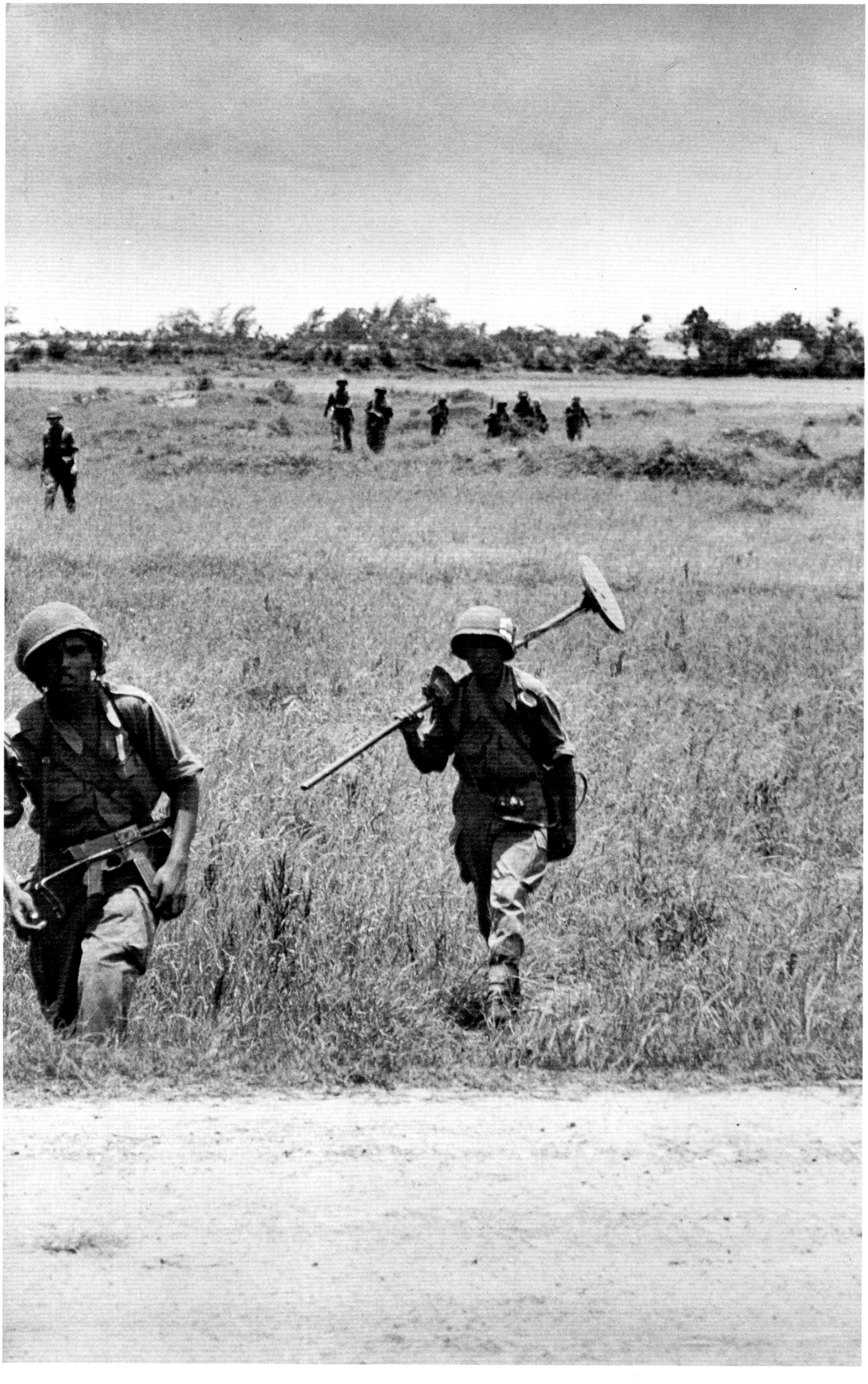

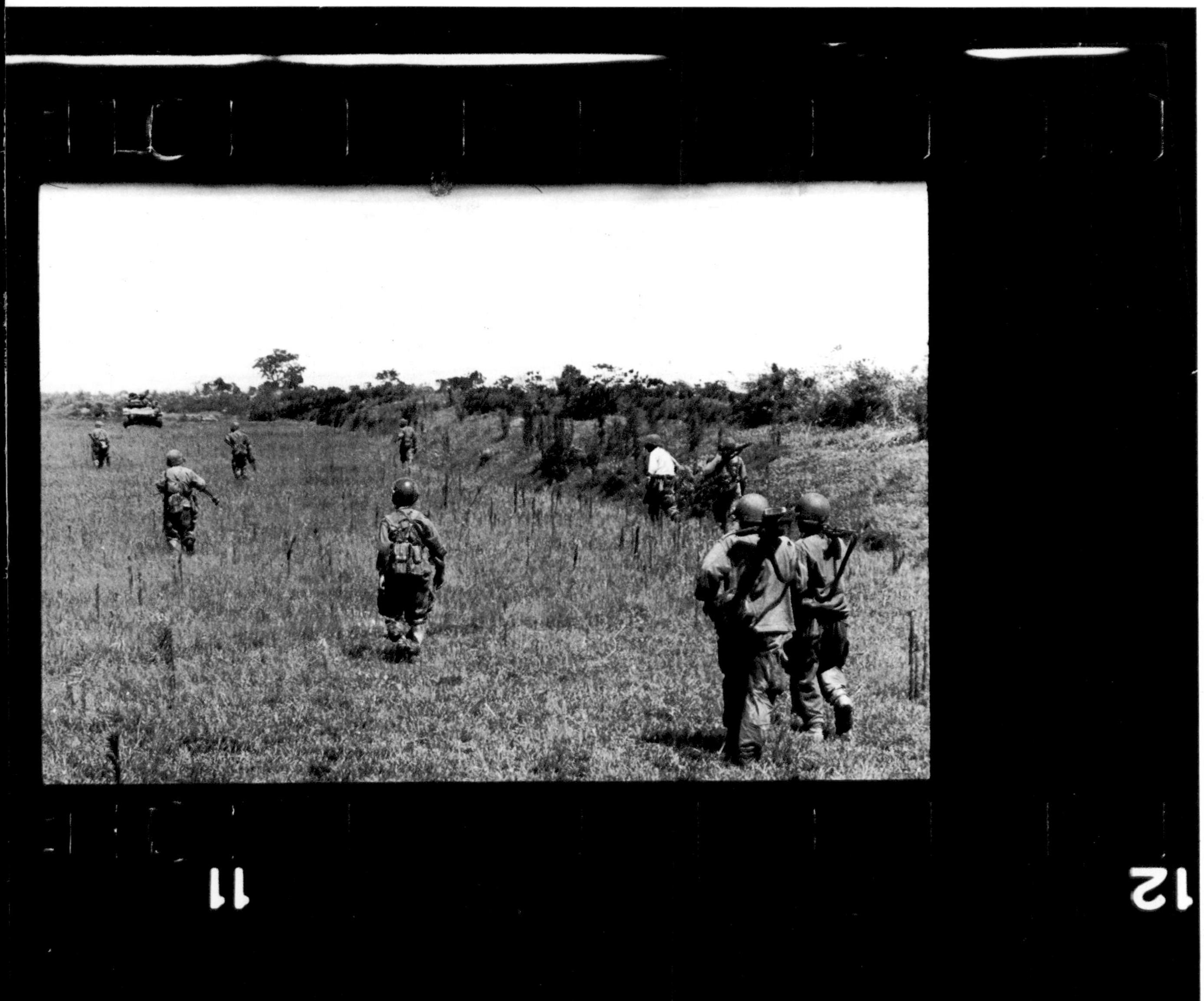

An der Straße nach Thai Binh, 25. Mai 1954.
Links: Soldaten mit einem Minensuchgerät.
Oben: Das letzte Schwarzweißphoto von Robert Capa. (Wenige Sekunden nach diesem machte er noch ein ähnliches Farbphoto mit einer anderen Kamera.) Er wurde von einer Mine getötet, als er auf den Deich am rechten Bildrand kletterte.

Zitate

Capa wußte, wonach er Ausschau zu halten und was er damit anzufangen hatte, wenn er es fand. Er wußte beispielsweise, daß man den Krieg nicht photographieren kann, weil er großenteils ein Gefühl ist. Aber er hielt dieses Gefühl fest, indem er an ihm vorbeiphotographierte. Er konnte den Schrecken eines ganzen Volkes im Gesicht eines Kindes sichtbar machen. Seine Kamera fing Gefühle ein und hielt sie fest.
Capas Werk selbst ist das Abbild eines großes Herzens und eines überwältigenden Mitgefühls. Niemand kann seinen Platz einnehmen. Niemand kann den Platz eines wahren Künstlers einnehmen, doch wir können uns glücklich schätzen, daß wir in seinen Bildern die Vorzüge des Menschen besitzen.
Ich habe viel mit Capa gearbeitet und bin oft mit ihm gereist. Er mag bessere Freunde besessen haben, jedoch keinen, der ihm mehr zugetan war. Er erweckte gern den Eindruck, daß ihm seine Arbeit gleichgültig war. Sie war es nicht. Seine Bilder sind keine Zufallsprodukte. Das Gefühl in ihnen kommt nicht von ungefähr. Er konnte Bewegung, Fröhlichkeit und Herzeleid photographieren. Er konnte Gedanken photographieren. Er fing eine Welt ein, und es war Capas Welt.

John Steinbeck

Capa ist gefährlich, weil er es wie kein zweiter versteht, das Leben in den zerbombten Städten und auf den wüsten Schlachtfeldern unserer Zeit fröhlich, aufregend und abwechslungsreich erscheinen zu lassen. Seine photographische Laufbahn ist eine einzige Flucht, die Flucht vor den schrecklichen Beweisen seiner eigenen Kameras, eine Flucht, die ihn in alle Himmelsrichtungen verschlug, doch immer und unausweichlich im gleichen Stil. Es ist ein ansprechender Stil, etwas altmodisch und steif, dessen erste und einzige Regel lautet: bleibe liebenswürdig.
Wie ein von der Armut geschlagener junger Wanderer auf seinen Streifzügen durch die gräßlichen Slums des Europa zwischen den Weltkriegen ausgerechnet auf diesen absurden ritterlichen Wahlspruch verfallen konnte, wird wahrscheinlich sogar Capa nicht ganz klar geworden sein. Jedenfalls ist es ein strenges Glaubensbekenntnis, dem gar nicht so leicht nachzuleben ist. Es bedeutet, daß man niemals schlapp machen darf, immer bereit sein muß, in die nächste Bar oder den nächsten Krieg zu ziehen, ganz gleich, wie fortgeschritten die Stunde oder wie dreckig der Krieg. Es bedeutet, daß ein Mann aus keinem Spiel aussteigen und mit keinem Blatt passen darf, daß er den Lohn eines halben Jahres verliert und die nächste Runde schmeißt, daß er sein Geld gedankenlos verleiht und feierlich zusammenborgt, sich nur mit den schönsten Frauen abgibt, vorzugsweise denen, die oft in der Zeitung stehen; es bedeutet, daß man immer weiß – auch in der trockensten Stadt –, wo eine Flasche vom Besten aufzutreiben ist und in welchen Restaurants – sogar mitten in Hungersnöten – das schmackhafteste Essen serviert wird.
Nur am Morgen, wenn sich Capa taumelnd aus dem Bett erhebt, läßt er erkennen, daß all das Leid und Unglück, das er vor dem Objektiv gehabt hat, nicht spurlos an ihm vorübergezogen sind. Sein Gesicht ist grau, seine Augen sind stumpf und verstört von den dunklen Träumen der Nacht. Dies ist endlich der Mann, dessen Kamera auf soviel Tod und Verderben gerichtet war, dies ist ein Mann, der voller Verzweiflung und Qual ist, der leidet, der alles andere als falsch und liebenswürdig ist. Dann nimmt Capa einen kräftigen Schluck, schüttelt sich, setzt versuchsweise sein Nachmittagslächeln auf, sieht, daß es geht, weiß, daß er einmal mehr die Kraft aufbringen wird, den glitzernden Hügel des Tages zu erklimmen, zieht sich an und begibt sich lässig, absichtsvoll unbeschwert in die Bar *»21«*, das *Scribe* oder das *Dorchester*, alles Orte, an denen sich dieser unbehauste Mann zu Hause fühlt, wo er seine Freunde treffen und unterhalten kann, und wo seine Freunde ihm helfen können, die bitteren, einsamen, freudlosen Stunden der Nacht zu vergessen, die hinter ihm liegt, und der Nacht, die vor ihm liegt.

Irwin Shaw

Hinter allen Verstellungen und Posen verbirgt Capa, irgendwo in der Mitte, eine Wirklichkeit. Sie ist seine Begabung – eine Verbindung aus Menschlichkeit, Mut, Geschmack, einer romantischen Ader, Gleichgültigkeit gegenüber bloßer Technik, einem Instinkt für das, was angemessen ist, und der Fähigkeit, sich zu entspannen. Im innersten Kern besitzt er sogar Bescheidenheit. Er hat den sechsten Sinn eines Spielers... [Er] hat Humor. Er hat eine klare Vorstellung von dem, was ein großes Bild ausmacht: »Ein Ausschnitt aus dem Gesamtereignis«, sagt er, »wird jemandem, der nicht dabei war, einen besseren Eindruck von der Wahrheit der Angelegenheit vermitteln als der ganze Anblick.«
Vor allem aber – und dies drückt sich in seinen Bildern aus – hat Capa, der soviel Energie darauf verwandt hat, sich selbst zu verstellen, eine tiefe, menschliche Sympathie für die Männer und Frauen, die in der Wirklichkeit gefangen sind.

John Hersey

Er verstand das Leben. Er lebte es rückhaltlos. Er gab reichlich von dem, was er dem Leben zu geben hatte... [Er] lebte kühn, kraftvoll und mit seltener Integrität.
Als Photographen kannten wir wenige, die es ihm auf seinem Gebiet gleichtaten; er hat uns alle beeinflußt und angeregt.
Als einer der älteren auf dem Gebiet der Photographie darf ich, glaube ich, für seine Kollegen sprechen. Mögen sie einstimmen, wenn ich ausrufe: »Robert Capa, wir grüßen dich!«

Edward Steichen